# DIEGO DE SAN PEDRO'S
## *CARCEL DE AMOR*

### A CRITICAL EDITION

IVY A. CORFIS

# DIEGO DE SAN PEDRO'S
## *CARCEL DE AMOR*

### A CRITICAL EDITION

TAMESIS BOOKS LIMITED
LONDON

Colección Támesis
SERIE B - TEXTOS, XXIX

DISTRIBUTORS:

Spain:
Editorial Castalia,
Zurbano, 39,
28010 Madrid

United States and Canada:
Longwood Publishing Group,
27 South Main Street,
Wolfeboro, New Hampshire 03894-2069, U.S.A.

Great Britain and rest of the world:
Grant and Cutler Ltd.,
55-57 Great Marlborough Street,
London W1V 2AY

Depósito legal: M. 5365-1987

Printed in Spain by Talleres Gráficos de SELECCIONES GRÁFICAS
Carretera de Irún, km. 11,500 - 28049 Madrid

for
TAMESIS BOOKS LIMITED
LONDON

27 February 1989

for Charles,

with deepest
admiration and
all best wishes
from

Guy

Woodcut from Burgos 1496 edition
(British Library, IA. 53247)

Woodcut from Burgos 1496 edition
(British Library, IA. 53247)

*To My Family*

# CONTENTS

# ACKNOWLEDGMENTS

The early exemplars of the *Cárcel de amor* are cited and reproduced here with permission of the various libraries consulted: Biblioteca Nacional de Madrid; Bibliotheca Bodmeriana, Cologny-Genève; Bibliothèque de l'Arsenal, Paris; Bibliothèque Municipale, Rouen; Bibliothèque Nationale, Paris; British Library, London; Hispanic Society of America, New York; Huntington Library, San Marino; F. J. Norton, Cambridge; Patrimonio Nacional, Biblioteca de Palacio, Madrid; University of Illinois Library, Urbana-Champaign; Yale University Library, Beinecke Rare Book and Manuscript Library.

I would also like to express my appreciation to the Fulbright-Hays Grant and Rackham Graduate School Dissertation and Pre-doctoral Grants; and a special thanks to Prof. and Mrs. Fraker for their constant encouragement and moral support.

# INTRODUCTION

The works of Diego de San Pedro include both prose and poetry. The poetic works consist of the *Pasión trovada*, the *Siete angustias de Nuestra Señora*, the *Desprecio de la fortuna*, and minor poetic works, mostly found in the *Cancionero general de muchos y diversos autores de Hernando del Castillo* (Valencia 1511). The prose works are three: the *Tractado de amores de Arnalte y Lucenda*, the *Sermón*, and *Cárcel de amor*.

Although the chronology of the texts is not easily established, Keith Whinnom, whose evaluation of the problem seems most reliable and accurate, considers the *Pasión* to be probably the earliest of San Pedro's writings.[1] The *Pasión* survives in manuscript dated ca. 1485 and was first printed in Zaragoza: Paulo Hurus, 1492 in the *Coplas de Vita Cristi: de la Cena: con la Pasión: e de la Verónica: con la Resurrección de nuestro Redentor: e las siete Angustias: e siete Gozos de nuestra Señora, con otras obras mucho provechosas*. The composition of the *Siete angustias* would fall between the years of the *Pasión*, from which it adopted several stanzas, and the date of *Arnalte*, which incorporated the independent poetic piece. The *Tractado de amores* was first printed in Burgos: Fadrique Alemán de Basilea, 1491; and the remaining works of San Pedro were published in the following order: *Cárcel de amor*, Sevilla: Quatro compañeros alemanes, 1492; the *Desprecio de la fortuna*, Zaragoza: Jorge Coci, 1506; the *Sermón*, Alcalá de Henares: [Arnao Guillén de Brocar], 1511.

As Whinnom has shown from the historical references in the works and from Diego de San Pedro's own testimony within the texts themselves, *Arnalte y Lucenda* and the *Sermón* were probably written before *Cárcel* since both are mentioned in the latter's prologue.[2] Their estimated dates of composition, then, would be the early 1480s and the mid-1480s respectively, for the only chronological clue available, the textual reference to the

---

[1] Diego de San Pedro, *Obras completas*, I, ed. Keith Whinnom, Clásicos Castalia, 54 (Madrid: Castalia, 1973), pp. 36-48.

[2] «Porque de vuestra merced me fue dicho que deuía hazer alguna obra del estilo de vna oración que enbié a la señora doña Marina Manuel, porque le parescía menos malo que el que puse en otro tractado que vido mío» (my critical edition, ll. 13-16). It is generally agreed that the *oración* refers to the *Sermón;* and the *tractado*, to the *Tractado de amores de Arnalte y Lucenda*.

1

«war of last year» (most likely the Battle of Lucena, 1483), would suggest composition of *Cárcel* between 1483 and the terminus date given, 1492, the year of the first known printed edition. The *Desprecio de la fortuna* seems to follow next in chronological order since it refers to all three earlier works *(Arnalte y Lucenda, Sermón,* and *Cárcel de amor),* thus placing its dates between 1492 and 1506.[3]

It is striking that all Diego de San Pedro's works were first published in Castile except *Cárcel de amor.* In modern editions of *Cárcel,* the editors have always accepted Sevilla 1492 as the *editio princeps* since it is the first known edition of the romance. Yet, the number of errata in this edition, as noted in the textual variants of the critical edition, suggests that the author did not supervise or proof the printing: for example,[4]

A:     atormentator
Σ:     atormentador (l. 86)[5]

A:     acabó leer
Σ:     acabó de leer (l. 676)

A:     tomallas ʒ prestadas
Σ:     tomallas he prestadas (l. 1346)

---

[3] Diego de San Pedro, *Obras completas,* III *Poesías,* ed. Dorothy S. Severin and Keith Whinnom, Clásicos Castalia, 98 (Madrid: Castalia, 1979), p. 276:

> Aquella Cárcel de Amor
> que assí me plugo ordenar,
> ¡qué propia para amador,
> qué dulce para sabor,
> qué salsa para pecar!
> Y como la obra tal
> no tuvo en leerse calma,
> he sentido por mi mal
> cuán enemiga mortal
> fue la lengua para el alma.
>
> Y los yerros que ponía
> en un Sermón que escreví,
> como fue el amor la guía
> la ceguedad que tenía
> me hizo que no los vi.
> Y aquellas cartas de amores
> escriptas de dos en dos,
> ¿qué serán, dezí, señores,
> sino mis acusadores
> para delante de Dios?

Critics maintain that the passage cited refers to *Cárcel, Sermón,* and *Arnalte.*

[4] From now on all quotations from the works of San Pedro will refer to the Whinnom editions, except for the *Arnalte y Lucenda* and *Cárcel* citations which will be taken from my critical editions.

[5] Letter symbols referring to texts are explained in the stemma description; *A* stands for the Sevilla 1492 edition; *B,* for the Burgos 1496; *E,* for the Sevilla 1509; and Σ, for all nonvariant corpus editions.

A:    no quise esperar
Σ:    no quiso esperar (l. 1371)

A:    son atados
E:    son a todo
Σ:    son a todos (l. 1880)

A:    apalacan
Σ:    aplacan (ll. 1972-73)

A:    batalles
Σ:    batallas (l. 2121)

The number of linguistic distinctions found in the first known edition also reinforces its uniqueness: use of single rather than double *s*, possible *seseo* indicators, the *-ié* ending of the imperfect and conditional indicative tenses, and non-Latinate spellings.[6] To date scholars have not mentioned the possibility that the singularity of the language may characterize the text as a non-authorized printing or, at least, an edition not supervised by the author. Nevertheless, the evidence does point to a non-archetypal text and negates the former privileged position of Sevilla 1492 as the best, archetypal edition. On the basis of the early editions, one may state that the Sevilla 1492 text does not directly reflect the archetype of the work Diego de San Pedro wrote; instead A and B, being similar in variants, form one of three branches of the genealogical stemma, and neither the first nor second known edition reflects a definitive text.[7]

The variants of *Cárcel de amor* present a chronological record of how the text was read and transformed throughout the fifteenth and sixteenth centuries. The variants of reordering, deletion, and addition, through expansion or condensation of the discourse, represent an interesting facet of textual change at the hands of both author and editor. It is not certain if any of the variants are author-sanctioned, but those changes in editions until the early 1500s, during the possible lifetime of Diego de San Pedro, reflect the style of a contemporary editor, if not that of Diego de San Pedro himself.[8]

## VARIANTS OF REORDERING

Variants of reordering are those which do not change the meaning or words of a phrase but merely arrange the same words in a different manner. They are more intricate than a simple inversion or transposition of one

---

[6] See Linguistic Description (below, pp. 70-75) for more detailed information on the linguistic distinctions of the Sevilla 1492 exemplar.

[7] See the stemma description for a full explanation of the textual family relationships and siglas to the *Cárcel* editions.

[8] According to Whinnom (*Obras completas,* I, pp. 30-34), the probable date of San Pedro's death is after 1498.

word and occur most frequently in edition M, usually at the beginning of text sections, for example:

| | |
|---|---|
| M: | Suplícote primero que nada te diga que |
| δ: | Primero que nada te diga suplico |
| Σ: | Primero que nada te diga, te suplico (l. 480) |

| | |
|---|---|
| M: | Conócese por el despacho que traygo |
| Σ: | Por el despacho que traygo, se conoce (l. 557) |

| | |
|---|---|
| M: | Con mayor voluntad por cierto, señor, |
| Σ: | Por cierto, señor, con mayor voluntad (l. 916) |

| | |
|---|---|
| M: | Estuuo atento el Rey |
| Σ: | Atento estuuo el rey (l. 954) |

| | |
|---|---|
| L, M, O, R: | Leriano, no sé |
| Σ: | No sé, Leriano (l. 1126) |

Examples from other editions are as follows:

| | |
|---|---|
| F, G, H, Hh, I, J, K, L, M, O, R, AA, BB, CC, CCc, DD, EE, FF, GG, HH: | Mostrado has, señor, en tus palabras |
| II, IIi: | Mostrados has, señor, en tus palabras |
| Σ: | En tus palabras, señor as mostrado (l. 263) |

| | |
|---|---|
| Bilinguals: | No salió vn solo punto Leriano |
| Σ: | Solo vn punto no salió Leriano (l. 1055) |

| | |
|---|---|
| Bilinguals: | Laureola con mucha pena recibió |
| Σ: | Con mucha pena recibió Laureola (l. 1715) |

All are section-initial variants, and five remove the verb from post- to pre-position in order to establish a less artificial, less Latinate syntax.

## ADDITIONS AND DELETIONS

The additions and deletions affect many syntactic items such as prepositions, articles, coordinating conjunctions *y* and *o*, subject pronouns, and indirect object pronouns. These items, being easily manipulated in the various editions, change so frequently that no fixed pattern of usage or style arises. The variance of adjectives, verbs, bimembration, and phrase deletions or additions reflects a more consistent pattern of change and is, therefore, analyzed in the following sections.

### Adjectives

Of the adjective variants, 75 per cent of the additions are descriptive, for example:

| | |
|---|---|
| β: | la virtuosa señora |
| Σ: | la señora (l. 15) |

4

| β: | me turbaua la vista de los ojos |
|----|----|
| Σ: | me turbaua la vista (l. 48) |

| H, Hh: | el beuir del desdichado de Leriano |
|----|----|
| Σ: | el beuir de Leriano (l. 521) |

| δ: | a la falsa acusación de Persio |
|----|----|
| Σ: | a la acusación de Persio (l. 1445) |

| δ: | la noche escura |
|----|----|
| Σ: | la noche (l. 1612) |

| Bilinguals: | vna copa llena de agua |
|----|----|
| Σ: | vna copa de agua (l. 2253) |

Most of the descriptive adjective variants come from β, δ, or bilingual editions. The remaining 25 per cent of adjective additions are limiting (i.e., demonstrative, possessive, and partitive adjectives), for example:

| G, J, bilinguals: | le dixo estas palabras |
|----|----|
| Σ: | le dixo palabras (l. 1303) |

| θ: | en algún pensamiento |
|----|----|
| Σ: | en pensamiento (ll. 1932-33) |

| A, B: | O hijo mío |
|----|----|
| Σ: | O hijo (l. 2231) |

| A, B: | ni tu fortuna |
|----|----|
| Σ: | ni fortuna (l. 2240) |

The adjective deletions are fewer in number than the additions, and approximately 50 per cent are descriptive while the other half are possessives, for example:

| L: | mi entendimiento y mi rarón y mi memoria y mi voluntad |
|----|----|
| O: | mi entendimiento y mi razón y mi memoria mi voluntad |
| Bilinguals: | mi entendimiento, mi razón, mi memoria, y mi voluntad |
| S, T: | mi entendimiento y mi razón y memoria y mi voluntad |
| Σ: | mi Entendimiento y mi Razón y mi Memoria y mi Voluntad (ll. 194-95) |

| C, E, F, H, Hh, I, K: | amatar sus ansias |
|----|----|
| G, J: | matar sus ansias |
| L, M, O, R: | amansar sus ansias |
| Bilinguals: | matar ansias |
| Σ: | amatar tus ansias (l. 590) |

| F, G, H, Hh, I, J, K, M, R, bilinguals: | palabras de las dichas bastan |
|----|----|
| δ: | palabras bastauan |
| L, O: | palabras de las dichas basten |
| Σ: | palabras de las dichas bastauan (ll. 1236-37) |

| L, M, O, R: | alguno seguridad |
|----|----|
| Σ: | alguno su seguridad (l. 1423) |

5

| B, FF: | cerca de la villa |
|---|---|
| δ: | cerca del cerco |
| L, M, O, R: | bien cerca de la villa |
| Σ: | cerca de la cerca de la villa (l. 1548) |

| θ: | de las gentiles |
|---|---|
| Σ: | de las castas gentiles (l. 2062) |

| Bilinguals: | emperador |
|---|---|
| Σ: | emperador en el mundo (l. 2085) |

Most of the deletion variants occur in β, ω, or the bilingual editions.

In general, the additions are more frequent than the deletions. Especially β and δ tend to add more than they suppress. Most β additions occur in the opening sections of the text; and, while δ additions are throughout, they have considerable concentration in the war scene. Consistent use of deletion occurs only in the bilingual texts and especially in the final sections of the work. Thus, for the most part, as in the case of β and δ, the branches add to, rather than reduce, the descriptive discourse.

*Verbs*

Infrequently is a verb deleted. Only a few cases arise, for example:

| A, B: | la otra Congoxa |
|---|---|
| Σ: | la otra es Congoxa (ll. 216-17) |

| C, D, N, P: | a vnos malicia |
|---|---|
| Q: | a vnos matas por enbidia |
| S, T, U, Uu: | a vnos por malicia |
| Σ: | a vnos matas por malicia (ll. 2221-22) |

| Bilinguals: | lloro de su madre |
|---|---|
| Σ: | lloro que hazía su madre (l. 2244) |

There are several examples of addition, however, for example:

| θ: | la otra es trabajo |
|---|---|
| Σ: | la otra Trabaio (l. 217) |

| β: | para más poder afearte |
|---|---|
| Σ: | para más afearte (l. 850) |

| β: | no queda sin culpa |
|---|---|
| Σ: | no sin culpa (l. 1190) |

| Bilinguals: | la tercera es porque |
|---|---|
| Σ: | la tercera, porque (l. 1917) |

| θ: | bienauenturados son los baxos |
|---|---|
| Σ: | bienauenturados los baxos (ll. 2211-12) |

6

Thus, the variants tend to repeat and clarify, eliminating elliptical expressions rather than creating them. Syntactical or semantic condensation does not appear to be a high priority in the textual evolution of *Cárcel de amor*.

## Bimembration

Bimembration is the basis of Diego de San Pedro's style. As can be seen throughout his romances, two- and three-membered phrases abound in and are essential to *Cárcel*'s prose. Several variants either create or destroy the bifurcation style of the discourse. The following variants create bimembrations:

| | |
|---|---|
| β: | muy fuerte y muy rezio |
| Σ: | muy fuerte (l. 46) |
| | |
| δ: | la causa y razón |
| Σ: | la causa (ll. 179-80) |
| | |
| δ: | bien o remedio |
| Σ: | bien (l. 294) |
| | |
| O, R: | tal y tan grande razón |
| Σ: | tal razón (l. 439) |
| | |
| δ: | mis males y trabajos |
| Σ: | mis males (l. 463) |
| | |
| Q: | desciendo y procedo |
| Σ: | procedo (l. 1387) |
| | |
| δ: | mucho vigor y esfuerço |
| Σ: | mucho vigor (l. 1609) |
| | |
| δ: | loando y esforçando los viuos |
| Σ: | loando los biuos (l. 1618) |
| | |
| B: | bozes y aullydos |
| Σ: | aullydos (l. 2202) |

The following variants eliminate bimembered phrases:

| | |
|---|---|
| E: | trabaios passados por la cuyta presente |
| F, G, H, Hh, I, J, K, L, M, O, R, bilinguals: | trabaios passados la cuyta presente |
| Σ: | trabaios pasados, y por la cuyta presente (l. 267) |
| | |
| δ: | trato |
| Σ: | trato y estilo (l. 301) |
| | |
| δ: | dueñas |
| Σ: | dueñas y damas (l. 1300) |
| | |
| H, Hh: | ayudar |
| Bilinguals: | ayudar a fauorecer |
| Σ: | ayudar y fauorecer (ll. 1513-14) |
| | |
| Q: | todo el reyno |
| Σ: | la corte y todo el reyno (l. 1792) |

7

| Q: | grandes alabanças |
|----|-------------------|
| Σ: | grandes onrras y alabanças (l. 1978) |

| H, Hh: | vasallos |
|--------|----------|
| II, IIi: | visallos y vasallas |
| Σ: | vasallos y vasallas (ll. 2176-77) |

In general, δ is richest in bimembration variants, and, except for H, Hh and the bilinguals, the corpus of texts relies more heavily on additions than on deletions. Thus, the tendency to embellish the text with bimembration holds true in the variants as well as in the archetype. It is not known if these variants represent the work of the author, but they are consonant with the *Cárcel* prose style of balance and symmetry.

## Phrase Additions and Deletions

There are several phrase additions, half of which seemingly are errata, for example:

| C: | quisieres ti Laureola qual me viste: y si por ventura te qui-sieres dello |
|----|---------------------------------------------------------------------------|
| J: | quisieros dello |
| EE: | quesieres dello |
| II, IIi: | quisieres dallo |
| Σ: | quisieres dello (l. 256) |

| O, R: | claramente el mal que le has causado viendo el mal que le queda |
|-------|------------------------------------------------------------------|
| Σ: | claramente el mal que le queda (l. 500) |

| HH: | graue. E como tristeza. |
|-----|-------------------------|
| Σ: | graue tristeza (l. 1294) |

| B: | le faleçía ya las dos partes |
|----|------------------------------|
| C: | le fallecía tres mes: da manera que le fallecían ya las dos partes |
| J: | le fallecían ya las dos partess |
| R: | le fallecían y à las dos partes |
| FF: | le falecían ya las dos partes |
| EE, GG, HH, II, IIi: | le fallacían ya las dos partes |
| Σ: | le fallecían ya las dos partes (l. 1561) |

The remaining addition variants are possible editorial emendations, for example:

| R: | Comiença la obra intitulada cárcel de amor |
|----|---------------------------------------------|
| Σ: | Comiença la obra (l. 38) |

| Q: | responder cosa ninguna. E después |
|----|-----------------------------------|
| Σ: | responder, y después (l. 790) |

B:      çient y çiencuenta: y en su rostro
δ:      ciento y cinquenta de los quales auía muchos malamente heridos y en su
        rostro
Σ:      ciento y cinquenta, y en su rostro (l. 1615)

A, B:   sienpre esperan. esperan en su fe
C:      sienpre esperen en su fe
Σ:      sienpre esperan en su fe (ll. 1941-42)

There are over thirty deletions of which about half are apparent errata,[9] for example:

β:      allí desesperaua mi perdimiento
Σ:      allí desesperaua de toda esperança; allí esperaua mi perdimiento
        (ll. 95-96)

Bilinguals: menos equidad
Σ:      menos esquiuidad para que deuiese callar, en sus muestras hallaua
        licencia (ll. 415-16)

S, T, U, Uu: por lo que yo sufro
Σ:      por lo que a ti toca, no podré beuir por lo que yo sufro (ll. 463-64)

O, R:   mal
Σ:      mal que ay en su mal (ll. 484-85)

Errata of addition or deletion are not suprising since a typesetter could easily skip or repeat words or lines in the text. There are not significantly more errata of omission than of repetition.

The majority of the editorial deletions come from the bilingual texts.[10] Although there are deletions throughout the discourse, these variants mostly occur in the last sections of the romance. There seems to be no semantic content of the phrases which would warrant deletion on an ideological level. Since some of the deletions are extended enumerations, the reductions could be for brevity; or, they could be due to translation.[11] The bilingual editions were a tool to learn one language from another, and sections difficult to translate or ones which were thought to present obstacles to the learner may have been omitted. Examples of the bilingual deletions are:

[9] In the case of the bilingual editions, the errata are determined not only on syntactic and semantic context (as in the case of the errata in other editions), but also in comparison with the facing French translation. If the translation reproduces the archetype reading and the Spanish text produces an addition or deletion, I have considered the bilingual, Spanish-text variant an erratum. Other errata deletions are: in the bilinguals — ll. 454-55, 739, 1440, 2251-52; in R — l. 1153; in FF — l. 248; in GG — l. 1211; in HH, II, IIi — ll. 1592-93; in Q — ll. 1481-82.
[10] There are many non-errata deletions in the bilingual editions: for example, ll. 726-27, 746-47, 868-69, 1146-47, 1339-42, 2155-63, 2202-03, 2207-10, 2215-18, 2220-22, 2228-29, 2246, 2261-65.
[11] As discussed later in the stemma description of this study, the bilingual editions inherit some of the deletions from the first French translation (1525) and the Italian translation (1515): for example, ll. 726-27, 746-47, 868-69, 1146-47, 2261-65.

Bilinguals:   y como llegué
Σ:       Pues yo, que no leuaua espacio, como llegué (ll. 746-47)

Bilinguals:   segund lo que merecías. A todos eras agradable
Σ:       segund lo que merecías; podiste caber en la yra de tu padre, y dizen los
que te conoscen que no cupiera en toda la tierra tu merescer. Los
ciegos deseauan vista por verte, y los mudos habla por alabarte, y los
pobres riqueza por seruirte. A todos eras agradable (ll. 1339-42)

Bilinguals:   tan grandes aullydos, que de aquel lugar
Σ:       tan grandes aullydos, que assí me cortó el cuerpo y la habla, que de aquel
lugar (ll. 2202-03)

Bilinguals:   de tu muerte. Por cierto
Σ:       de tu muerte: tú, en edad para beuir; tú, temeroso de Dios; tú, amador
de la virtud; tú, enemigo del vicio; tú, amigo de amigos; tú, amado
de los tuyos! Por cierto, (ll. 2207-10)

Bilinguals:   sentimiento delgado. O muerte
Σ:       sentimiento delgado; pluguiera a Dios que fueras tú de los torpes en el
sentir, que meior me estuuiera ser llamada con tu vida madre del
rudo, que no a ti por tu fin, hijo que fue de la sola. ¡O muerte
(ll. 2215-18)

In editions other than the bilinguals, some deletions eliminate repetitions,
for example:

θ:       tu hermosura causó el afición y el desseo, y el desseo la pena, y la pena
el atreuimiento
Bilinguals:   tu hermosura causó el afición, y el desseo la pena, y la pena el atreuimiento
Σ:       tu hermosura causó el afición, y el afición el deseo, y el deseo la pena, y
la pena el atreuimiento (ll. 454-55)

Q:       Los ciegos desean vista por verte y los pobres riqueza por seruirte
Σ:       Los ciegos deseauan vista por verte, y los mudos habla por alabarte, y
los pobres riqueza por seruirte (l. 1341)

Q:       desmayáuale la color
Σ:       desmayáuale el coraçón, fallecíale la color (ll. 1507-08)

Q:       coraçón por lo que siente
Σ:       coraçón por lo que passa, el sentido por lo que siente (l. 1698)

β:       ni se esforçasse ni recibiesse consuelo
Σ:       ni se esforçasse, ni se alegrasse, ni recibiesse consuelo (l. 1776)

These examples reduce repetitions of four members to three, from three to
two, and two to one. Thus, even the variants, consonant with San Pedro's
art, tend to maintain repetitions of two and three members.

In general, there are many more deletions than additions of phrases, and
the majority of the former come from the bilingual editions. Only one addition creates an acoustic semantic repetition when the same verb is repeated
back to back: «sienpre esperan, esperan en su fe» (ll. 1941-42). More
frequently repetitions are reduced. The phrase deletions, typical of the

10

*Cárcel* sytle, avoid acoustic repetitions and form enumerations of two or three.[12]

## Conclusion

In summary, the majority of the additions tend to be decorative and short, usually single adjectives or verbs. Rarely do variants purposefully add whole phrases to the discourse. The deletions, on the other hand, tend to comprise whole phrases and less frequently are single words. The additions are textual embellishments while the deletions are reductions of repetitions and extensive condensations: $\beta$ and $\delta$ are the branches more significantly affected by these variants.

### SECTION LACUNAE

While there are no additions of major sections, there are two deletions. The first comes from the $\delta$ texts. In the archetype, the list of virtuous and chaste gentile women in «Prueua por enxenplos la bondad de las mugeres» is: Lucretia, Portia, Penelope, Julia, Artemisa, Argeia, Hippo the Grecian, and the wife of Admetus. The $\delta$ family excludes Julia, Artemisa, Argeia, and Hippo the Grecian and mentions only Lucretia, Portia, Penelope, and the wife of Admetus. There is no clear ideological explanation for the deletion. Why would the text exclude those particular «castas gentiles» from the list and leave the others? One stylistic explanation for the reduction could be the disproportionate size of the section of examples:

| Group | $\alpha$[13] Number Lines | $\delta$ Number Lines | $\alpha$ Number Women | $\delta$ Number Women |
|---|---|---|---|---|
| Gentiles | 50 | 26 | 8 | 4 |
| Jews | 19 | 19 | 5 | 5 |
| Christians | 22 | 22 | 3 | 3 |
| Gentile virgins (briefly mentioned) | 10 | 10 | 7 | 7 |

[12] The style of San Pedro's prose has been discussed by Keith Whinnom, «Diego de San Pedro's Stylistic Reform,» *BHS*, 37 (1960), 1-15; *Obras completas*, II, Clásicos Castalia, 39 (Madrid: Castalia, 1971), pp. 44-66; and *Diego de San Pedro*, Twayne's World Author's Series, 310 (New York: Twayne, 1974), especially pp. 65-70, 84-87, 91-92, 101-105, 113-116. The structural balance and equilibrium of *Cárcel de amor* has been noted by Regula Langbehn-Rohland, *Zur Interpretation der Romane des Diego de San Pedro*, Studia Romanica, 18 (Heidelberg: Carl Winter, 1970); and Dorothy Sherman Severin, «Structure and Thematic Repetitions in Diego de San Pedro's *Cárcel de Amor* and *Arnalte y Lucenda*,» *HR*, 45 (1977), 165-69.

[13] The number of lines is calculated from the text of the critical edition.

The δ family has more evenly balanced the four groups and has put into practice what the Auctor of *Cárcel* always states in theory: he does not want to belabor the narrative for fear he might tax the reader's patience and cause him to lose interest because of repetition or lengthy explanations. As noted before, balance is a general concern of *Cárcel de amor* prose and the reduction of the first section of examples would be consistent with the overall style of San Pedro — to seek symmetry and equilibrium.

The second instance of section deletion occurs in the bilingual editions. The bilinguals exclude the incipit, prologue, and five of the twenty reasons why men are indebted to women: reasons five through nine, the theological virtues women inspire in men. As will be discussed later in the chapter on textual filiation, the exclusion of the incipit and prologue and last few lines of the text, ending the romance with «fueron conformes a su mereci-miento», is most probably due to influence of the Italian translation (1515) from which the first French translation (1525) was made, the latter in turn, probably influencing the second French translation (G. Corrozet, 1552), taken directly from the Spanish and used in the bilingual editions.[14]

The theological virtues excluded are the traditional faith, hope, and charity. Two other related virtues (contemplation and contrition) also find no place in the list of reasons. Since the twenty virtues are reduced to fifteen, the section title becomes: «Da Leriano algunas razones por qué los ombres son obligados a las mugeres.» The omission could be due to several reasons. The reduction could be stylistic to create a symmetry between the fifteen reasons of the previous section, «Leriano contra Tefeo y todos los que dizen mal de mugeres», and the fifteen «algunas razones» of the section under discussion. Or, more probably, the deletion could be for aesthetic reasons: that is to say, the French translator could have found references to religion in a work of secular, courtly love to be in bad taste — a sensitivity not shared by the Spanish editor. Or, although less likely as discussed in the following section, the elimination could have been for some religious reason or preference. Moralists of the early sixteenth century did consider the work profane and dangerous reading, and by the early seventeenth century the text was prohibited by the Inquisition.[15] The Sevilla 1632 *Index* includes in the list of prohibited books: «Diego de S. Pedro, su

---

[14] See the section on stemma description, pp. 51-69, below.

[15] Juan Luis Vives, *Formación de la mujer cristiana,* in *Obras completas,* trans. Lorenzo Riber (Madrid: Aguilar, 1947-48), chapter V, says: «Se ha llegado a tal extremo, que parece que los que componen tales cancioncillas no tienen más afán que corromper las costumbres públicas. ¿Qué uso es éste, que ya no se tiene en aprecio ninguna canción que está limpia de torpeza? Todo esto estaría bien que cuidasen las leyes y los alguaciles. También debieran preocuparse de los libros pestíferos, como son en España, *Amadís, Esplandián, Florisandro, Tirante, Tristán,* cuyas insulseces no tienen fin y diariamente salen de nuevas, *Celestina,* alcahueta, madre de maldades, y *Cárcel de amor.*»

*Cárcel de Amor,* que el mismo Autor la reprueua, como se ve en el Cancionero Castellano, fol. 158, col. 2. de la impresion de Anvers 1573.» Later in the Madrid 1640 *Index,* the judgement was repeated: «Diego de S. Pedro. Su *Cárcel de Amor,* se prohibe.»[16]

## REFERENCES TO THE DEITY

There are various references to the Deity in *Cárcel de amor,* both religious and formulaic.[17] There are also examples of suppression of God's name in two families: editions M, O, R and S, T, U, Uu. The latter variant is:

| | |
|---|---|
| S, T, U, Uu: | porque cierto y en verdad |
| Σ: | porque como Dios es verdad (l. 1394). |

As noted before, S, T, U, Uu, as part of the δ family, frequently create bimembration and balance in the variants. Here is another such example, with the added interest of having deleted the reference to God. In the context of Laureola pleading for her life, there seems nothing unusual about referring to God as witness to her innocence. The preference for stylistic bimembration is explicable, but an ideological reason for the deletion seems elusive. There is no obvious religious bias for the deletion except to avoid repeating the Lord's name. But, then, why delete this rather formulaic usage and leave untouched the other thirty references to the Divinity, 60 per cent of which are ideological references, not merely formulas such as «por Dios,» «pluguiera a Dios,» «que Dios perdone»? If not for stylistic concerns, there appears to be no reason for censoring this specific form while maintaining many other formulaic and ideological references.

The M, O, R texts also delete references to God and the Apostles:

| | |
|---|---|
| M, O, R: | lo mismo que otro |
| Σ: | lo mismo que Dios (l. 352) |

| | |
|---|---|
| M, O, R: | como otro |
| Σ: | como Dios (l. 354) |

| | |
|---|---|
| M, R: | que ninguno les hizo |
| Σ: | que ninguno Apóstol les hizo (l. 1939). |

---

[16] *Novvs Index Librorvm Prohibitorvm et Expvrgatorvm; Editus Autoritate & Iussu Eminent. ac Reuern. D. D. Antonii Zapata* (Hispali: Ex typographaeo Francisc de Lyra. An. M.DC.XXXII.), p. 221, col. b, under Class II of letter C «En Castellano»; p. 304, col. a, under Class II of letter D «En Castellano.» And *Novissimvs Librorvm Prohibitorvm et Expvrgandorvm Index* (Pro Catholicis Hispaniarum Regnis, Philippi IIII, Reg. Cath. Ann. 1640), p. 323, col. a, under Class II, letter D.

[17] For example: «que Dios perdone,» l. 182; «Assí te dé Dios tanta parte,» l. 503; «que daua gracias a Dios,» ll. 797-98; «Por Dios, señor,» l. 951; «como fuese verdadera sierua de Dios,» ll. 2129-30; «Nunca plega a Dios,» l. 2144.

These references occur in courtly circumstances and refer directly to a human being becoming like, and serving the function of, God. This may have been considered blasphemous by the editor or someone else involved in the printing, and therefore eliminated. There seems to be valid religious reason for deleting references to the Divinity in these circumstances. Since, then, the theological virtues in the «veynte razones» and the other God-related deletions are not suppressed in the same edition as the M, O, R variants here under discussion, a religious bias alone seems not to be sufficient to censor the former sections. The context of God and the Apostles seems to have been considered harmful ideologically and not merely aesthetically displeasing. The M, O, R editor, being inclined to censor religious material, would have eliminated the bilingual and S, T, U, Uu variants as well if they were, in reality, ideologically controversial. Conversely, since no other text contains the three M, O, R variants, it would add proof that the theological virtues, the «castas gentiles,» and the S, T, U, Uu variant were not ideological deletions. If the latter three had been censored on a religious basis, the editors would also have deleted the M, O, R variants. Since the deletions do not all occur in the same edition, they seem to arise from different criteria: stylistic, aesthetic, and ideological.

Conclusion

Thus, the *Cárcel de amor* variants reveal a great deal about contemporary style and thought. The variants of single words and section additions and deletions reflect how the editor and reader reacted to the romance. Stylistically the changes are in tune with the *Cárcel* style as conceived by Diego de San Pedro in the archetype. Ideologically, although the secular romance was progressively viewed as unfit reading by the moralists, there are no sure signs of possible religious censure until the M edition.

The year 1544, the date of M, is consistent with the general trend in Spain and the activities of the Spanish Inquisition. Before the 1520s and the threat of Protestantism, the Inquisition, as a tool of social and political force, was concerned mostly with *converso* heterodoxy on the level of individual practice and obedience. The Church only censored religious texts on the basis of theology and dogma. After the 1520s, the cry of *luteranismo* caused concern not only for Spanish, but also for foreign, heterodoxical influence and silence was imposed on writers, scholars, and students. Censorship applied to all books and no work escaped scrutiny for sacrilegious references.

The Spanish Inquisition had a rough, unofficial *Index* of its own in the early 1540s, but the first *Index* published in Spain, a reprint of the Louvain 1546 text with an appendix of Spanish books, was not released until 1547. Censorship began in earnest in 1558 when doña Juana, regent for Phillip II, decreed that all foreign books be banned in Spanish translation, that printers be licensed by the Council of Castile, that there be a strict procedure of censorship of the manuscript before and after publication, and that the Inquisition issue its own publication license, thus giving the Holy Office full power and complete freedom to combat what they considered heresy. It is not surprising, then, that the 1544 edition of *Cárcel de amor* shows deletion of religiously controversial material.

# CATALOGUE OF EDITIONS

The dissemination of *Cárcel de amor* is attested to by the large number of editions published in the fifteenth and sixteenth centuries. Although no manuscript is extant, it is probable that the romance was a popular success from the time of its composition and that, like other texts of the period, it began its bibliographical history in manuscript form, passed from hand to hand among the courtiers; however, we have no evidence for or against the supposition in the case of *Cárcel*.[1] In fact, little is known about the genesis and production of the work, except that the text had numerous editions in Spanish, a fifteenth-century Catalan translation, and several translations into Catalan, Italian, French, and English in the sixteenth-century.[2]

The following catalogue describes all recorded early Spanish editions, including those no longer extant. The brief entries are intended to be as complete as possible. It is the aim of the catalogue to identify each edition

[1] An example of such a bibliographical history is *Marco Aurelio* by Antonio de Guevara. From Guevara's own testimony in the prologue of the *Relox de príncipes* (Valladolid: 1529), we know that he was writing *Marco Aurelio* from the year 1518, and in 1524 it became available to selected friends at court. By 1528, there were many manuscripts, most of them spurious, circulating among the courtiers. In the case of *Cárcel de amor*, we have no written testimony of a manuscript, and we do not have any evidence that San Pedro personally supervised or authorized any of the early printings; however, until recently his other romance, the *Tractado de amores de Arnalte y Lucenda*, was also not known to have an extant manuscript; but in 1976 one was purchased by the Biblioteca Nacional de Madrid.

[2] The translations are as follows: *Cárcel de Amor, Obra intitulada lo Carcer de Amor* (Barcelona: Johan Rosenbach, 1493); *Carcer d'amore* (Venesia: Gregorio de Rusconi, 1515); *Prison d'amour* (Paris: Antonio Courteau, 1525); *The Castell of Love* (London: 1549?). Keith Whinnom, in *Obras completas*, II, p. 69, lists additional Italian editions printed in Venice in 1513?, 1518, 1521, 1525, 1533, 1537 (two versions), 1546, and 1621. Additional French editions were printed in Paris in 1526, 1527, 1533, 1581, and 1594 and in Lyon in 1528, 1583. There are also four manuscripts of the French translation: MS. Phillips 3631, sold by Sotheby, No. 1971; Bibliothèque Nationale, Paris — MSS. Fr. 24382, 7552, and 2150. MS. Fr. 24382 gives the name of the translator as Francisco d'Assy or d'Acy. Charles B. Faulhaber, *Medieval Manuscripts in the Library of the Hispanic Society of America*, I (New York: The Hispanic Society of America, 1983), nos. 705-06, pp. 616-19, lists two additional MSS of *Cárcel de amor, Prison d'amour:* HC 327/1475 and HC 380/636 of the Hispanic Society of America. Faulhaber suggests at least one is a hitherto unknown French translation. A second English translation was made in London, 1550?; and in the seventeenth century a German translation was made: *Carcell de amor oder Gefängnis der Lieb* (Leipzig: 1625, 1630, 1635, and Hamburg: 1660, 1675).

so as to differentiate it from other editions and to preserve its description in the event that a unique exemplar might ever be lost. The entries are arranged in chronological order in two groups: first, Spanish editions, and secondly, bilingual Spanish and French editions. Each description has the following format:

TITLE PAGE:    A description of the title page.

COLOPHON:    An exact transcription of the colophon. If there is no colophon in the text, the word *none* is written in the entry. If the edition is no placed in the entry.
longer extant and no information is available, the word *unknown* is

DESCRIPTION:    A bibliographical, physical description of the text. If the edition is no longer extant and no information is available, the word *unknown* is placed in the entry.

CONTENTS:    A description of the division of the textual contents of the volume. If the edition is no longer extant and no information is available, once again, the word *unknown* is written in the entry.

BIBLIOGRAPHIES:    Bibliographical sources which describe the edition, all listed in chronological order.

CATALOGUES:    Catalogues which list the work as belonging to a particular library, listed in chronological order.

LOCATION:    Present-day locations of the various extant exemplars of the edition and their respective library call numbers when known. If no location has been found through the sources at my disposal, the word *unknown* is placed in the text.

N.B.:    Any other information pertinent to the description of the text.

In the description of the title page and colophon, square brackets are used for woodcut descriptions, or, in the case where no information is available, to report the possible reconstruction of the lost data. Woodcut dimensions are given in millimeters in the form: length x width. In those cases where a border surrounds the woodcut or title page, two separate dimensions are given: one for the outer compartment size which encloses the cut or page and a second, in parenthesis, for the size of the woodcut itself.

Italics are used in the title page description to identify the short title. In the colophon or other descriptions, italic print signifies one of two things: 1. If a whole word is italicized, that word is found in manuscript in the text; 2. If only selected letters of a word are italicized, then those letters are missing or abbreviated in the text. Also, in the transcription of titles and colophons, a single slash (/) marks the end of a line. A slash preceded by a dash (−/) or double dash (=/) indicates the end of a line where the text has either a single or double rule mark. A dash alone represents a medial rule mark as punctuation in the text.

The physical description of the edition employs these abbreviations:

col.   column
f.     folio
ff.    folios
G.L.   gothic letters
mm.    millimeters
n.d.   no date
#      number
nn.    numbered
n.p.   no place or no printer, according to context
p.     page
pp.    pages
Signs. folio signatures
unn.   unnumbered
vol.   volume

The bibliographical sources and catalogues are abbreviated when possible. References to periodicals and journals follow the abbreviations established by the Modern Language Association. Other abbreviations are as follows:

## BIBLIOGRAPHIES

Antonio            Antonio, Nicolas. *Biblioteca hispana nova.* 2 vols. Madrid: 1783-88.

Brunet             Brunet, Jacques-Charles. *Manuel du libraire et de l'amateur de livres.* 5 vols.+Supplement. Paris: 1864.

BOOST              Faulhaber, Charles, Angel Gómez Moreno, David Mackenzie, John J. Nitti, and Brian Dutton. *Bibliography of Old Spanish Texts.* 3rd edition. Madison: 1984.

Copinger           Copinger, W. A. *Supplement to Hain's Repertorium Bibliographicum.* Part I. London: 1895.

Escudero           Escudero y Perosso, Francisco. *Tipografía hispalense.* Madrid: 1894.

Foulché-Delbosc    Foulché-Delbosc, Raymond. *Bibliographie hispano-française, 1477-1700.* 3 Parts. In *Bibliographie hispanique,* 8-10 (1912-1914).

Gallardo           Gallardo, Bartolomé. *Ensayo de una biblioteca española de libros raros y curiosos, formado con los apuntamientos de Don Bartolomé José Gallardo, coordinados y aumentados por D. M. R. Zarco del Valle y D. J. Sancho Rayón.* 4 vols. Madrid: 1863-89.

Gayangos           Gayangos, Pascual de. *Libros de caballerías.* BAE, 40. Madrid: 1874.

Haebler            Haebler, Konrad. *Bibliografía ibérica del siglo XV.* 2 vols. La Haya: 1903-17.

Haebler, *Early Printers*    — *The Early Printers of Spain and Portugal.* London: 1896-1897.

| | |
|---|---|
| Haebler, *Typographie* | — *Typographie ibérique du quinzième siècle.* La Haya and Leipzig: 1902. |
| Krause | Krause, Anna. «Apunte bibliográfico sobre Diego de San Pedro.» *RFE,* 36 (1952), 126-30. |
| Méndez/Hidalgo | Méndez, Fray Francisco and Don Dionsio Hidalgo. *Tipografía española, ó Historia de la introducción, propagación y progresos del arte de la imprenta en España.* [...]. Madrid: 1861. |
| Norton | Norton, F. J. *A Descriptive Catalogue of Printing in Spain and Portugal: 1501-1520.* Cambridge: 1978. |
| Palau | Palau y Dulcet, Antonio. *Manual del librero hispanoamericano.* 28 vols. Barcelona: 1948+. |
| Pérez Pastor | Pérez Pastor, Cristóbal. *La imprenta en Medina del Campo.* Madrid: 1895. |
| Peeters | Peeters-Fontainas, Jean. *Bibliographie des impressions espagnols des Pays-Bas méridionaux.* 2 vols. Ed. Anne-Marie Frédéric. Nieuwkoop: 1965. |
| Sánchez | Sánchez, Juan M. *Bibliografía aragonesa del siglo XVI.* 2 vols. Madrid: 1913-14. |
| Simón Díaz | Simón Díaz, José. *Bibliografía de la literatura hispánica.* 11 vols. to date. Madrid: 1951+. |
| Vaganay | Vaganay, Hugues. «Bibliografía hispanique extrapéninsulaire. Seizième et dix-septième siècles.» *RH,* 42 (1918), 1-304. |
| Vindel | Vindel, Francisco. *Manual gráfico-descriptivo del bibliófilo hispano-americano. (1475-1850).* 12 vols. Madrid: 1930-34. |
| Whinnom | Whinnom, Keith. *Obras completas de Diego de San Pedro,* II. Madrid: 1971. |

## CATALOGUES

| | |
|---|---|
| BNM | Biblioteca Nacional de Madrid. *Catálogo de incunables.* Ed. Diosdado García Rojo and Gonzalo Ortiz de Montalván. Madrid: 1945. |
| BNP | Bibliothèque Nationale, Paris. *Catalogue général des livres imprimés de la Bibliothèque Nationale.* 226 vols. Paris: 1924-42. |
| BM | British Museum. *General Catalogue of Printed Books.* 263 vols.+ Supplements. London: 1959+. |
| *Catálogo colectivo* | *Catálogo colectivo de obras impresas en los siglos XVI al XVIII existentes en las bibliotecas españolas. Edición provisional.* Parts A-S. Madrid: 1972-79. |
| *Regestrum* | Colón, Fernando. *Catalogue of the Library of Ferdinand Columbus, reproduced in facsimile from the unique manuscript in the Columbine Library of Seville, by Archer M. Huntington.* New York: 1905. [The original *Regestrum librorum* dates from 1530.] |
| Consens | Cosens, Frederick William. *Catalogue of the valuable and extensive library of printed books, engravings, and drawings* [...] *which will be sold by auction by Messrs. Sotheby,* |

|  | *Wilkinson and Hodge* [...] *11th of November, 1890, and eleven following days.* London: 1890. |
|---|---|
| Doublet | Doublet, Arlette. *Catalogue du fonds ancien espagnol et portugais de la Bibliothèque Municipale de Rouen. 1479-1700.* Rouen: 1970. |
| Goff | Goff, Frederick R. *Incunabula in American Libraries. A Third Census of Fifteenth-Century Books Recorded in North American Collections Compiled and Edited by* [...]. New York. 1963. |
| Heredia | Heredia y Livermoore, Ricardo. *Catalogue de la bibliothèque de Ricardo Heredia, comte de Benahavis.* 4 vols. in 2. Paris: 1891-94. |
| HSA | Hispanic Society of America. *Catalogue of the Library.* 10 vols. and First Supplement. Boston: 1962. |
| Hiersemans | Hiersemans, Karl Wilhelm. *Katalog NS4: An illustrated catalogue of valuable books and manuscripts on Spain and Portugal, partly from the libraries of D. Pedro Félix de Silva, conde de Cifuentes and Sir Thomas Phillipps.* Leipzig: 1914. |
| Huth | The Huth Library. *A Catalogue of the Printed Books, Illuminated Manuscripts, Collected by Henry Huth.* Strand: 1914. |
| Jerez | Jerez de los Caballeros, Marqués de. *Catálogo.* n.p. (Sevilla?): ca. 1899? |
| *Spanish Golden Age* | Laurenti, J. L. and A. Porqueras Mayo. *The Spanish Golden Age. A Catalog of Rare Books Held in the Library of the University of Illinois and in Selected North American Libraries.* Boston: 1979. |
| Maggs | Maggs Bros. *A Catalogue of Spanish Books.* London: 1927. |
| NUC | National Union Catalogue. *Pre-1956 Imprints.* 690 vols. London: 1968+. |
| Penney | Penney, Clara Louisa. *Printed Books 1468-1700 in the Hispanic Society of America.* New York: 1965. |
| Salvá | Salvá y Pérez, Vicente. *Catálogo de la biblioteca de Salvá por D. Pedro Salvá y Mallén.* 2 vols. Valencia: 1872. |
| Laurencín | Vindel, Pedro. *Catálogo de una colección de cien obras raras procedentes de la biblioteca del* [...] *Marqués de Laurencín.* Madrid: 1927. |
| Ticknor | Whitney, J. L., ed. *Catalogue of the Spanish Library and of the Portuguese Books, Bequeathed by George Ticknor to the Boston Public Library.* Boston: 1879. |
| Yéméniz | Yéméniz, Nicholas. *Catalogue de la bibliothèque de M. N. Yéméniz* [...] *Précédé d'une notice par M. Le Roux de Lincy* [...]. Paris: 1867. |

The most commonly cited libraries are also abbreviated as follows:

| BL | British Library, London |
|---|---|
| BNM | Biblioteca Nacional, Madrid |
| BNP | Bibliothèque Nationale, Paris |
| HSA | Hispanic Society of America, New York |

Following the catalogue of early Spanish and bilingual editions (entries 1.1-2.18), a second section will review the modern editions which will be referred to by the given abbreviations:

| | |
|---|---|
| Pérez Gómez | San Pedro, Diego de. *Cárcel de amor*. Facsimile edition by Antonio Pérez Gómez. Valencia: 1967. |
| Foulché-Delbosc | — — Ed. R. Foulché-Delbosc. Barcelona: 1904. |
| Menéndez y Pelayo | — — *Orígenes de la novela*. II. NBAE, Madrid: 1907. |
| Biblioteca de Autores Célebres | — — Madrid: 1918. |
| Biblioteca Renacimiento | — — Madrid: n.d. [1912-19]. |
| Rubió Balaguer | — — Ed. J. Rubió Balaguer. Barcelona: 1941. |
| Gili Gaya | — *Obras*. Ed. Samuel Gili Gaya. Madrid: 1950, 1958, 1967. |
| Uyá | — *Cárcel de amor*. Ed. Jaime Uyá. Barcelona: 1969. |
| Souto | — *Cárcel de amor, Arnalte e Lucenda, Sermón, Poesías, Desprecio de la Fortuna, Questión de amor*. Ed. Arturo Souto. México: 1971. |
| Whinnom | — *Obras completas*, II. *Cárcel de amor*. Madrid: 1971. |
| Moreno Báez | — *Cárcel de amor*. Ed. Enrique Moreno Báez. Madrid: 1977. |

## EDITIONS

### EARLY EDITIONS

#### *Spanish Editions*

1.1

TITLE PAGE: [*Cárcel de amor*]

COLOPHON: Acabose esta obra intitulada Carcel de amor En / la muy noble Z muy leal cibdad de Seuilla a tres / dias de março. Año de .j492. por quatro conpa—/ñeros alemanes. *naturales*.—[Italicized word *naturales* is in manuscript.]

DESCRIPTION: 4°; Signs. A-E⁸, F¹⁰; 50 ff. unn.; 31 lines; 144×94 mm.; G.L.; Decorated capital at the beginning of each text section.

CONTENTS: *Cárcel de amor*: f. A¹r.—incipit; ff. A¹r.-A¹v.—prologue; ff. A³v.-F¹⁰r.—text; f. F¹⁰r.—colophon; f. F¹⁰v.—blank.

BIBLIOGRAPHIES: Méndez/Hidalgo, p. 91, #31; Brunet, Vol. 5, col. 110; Gayangos, p. LXXX; Escudero, #32; Haebler, #603; Haebler, *Typographie*, #91; Haebler, *Early Printers*, p. 120; Vindel, #2743; Palau, #293343; Simón Díaz, III, #5577; Whinnom, p. 68; BOOST, #2120.

CATALOGUES: BNM, #1641.

LOCATION: BNM: Incunable 2134. BNM copy lacks the upper right corner section of f. A¹. The signature A¹ must have been retouched and is actually A² since A³ (which follows consecutively) continues the text without breaking

21

or changing the content. The title page (which would have been A$^1$) is missing.

N.B.: According to Haebler and Escudero, the four printers are Paulus de Colonia, Johann Pegnitzer, Magnus Herbst, and Thomas Glockner.

1.2

TITLE PAGE: [Woodcut: Courtier, carrying sword, on right, walking up the steps to the Castle of Love; banner about his head reading: «carcel de . amor» (154×96 mm.)]

COLOPHON: ¶Fue emprentada la presente obra por Fadrique ale=/man de Basilea en la muy noble y leal ciudad de Bur=/gos. Año del nascimiento de nuestro señor Jesu christo / Mill .cccc. xcvi. a .xvij. de otubre.

DESCRIPTION: 4º; Signs. a-h$^8$, i$^4$; 68 ff. unn.; 30 lines; 150×97 mm.; G.L.; Decorated capital at the beginning of prologue, all *Cárcel* text sections, and prologue of Núñez; Woodcut on title page and thirty-three additional woodcuts throughout the text:
f. a$^2$v.—Wild man in forest with courtiers (139×96 mm.)
f. a$^4$v.—Same as title page
ff. a$^6$r., a$^8$r., b$^7$r., d$^1$v., h$^4$r.—two men talking in a library (116×97 mm.)
ff. b$^1$v., b$^3$r., b$^6$r., c$^3$r., h$^2$r.—Courtier, on left, on bended knee hands letter to woman on right (110×97 mm.)
ff. b$^4$v., c$^1$v., c$^5$v., d$^4$r., f$^2$v.—Man seated at a table, on right, writes letter (104×97 mm.)
f. c$^7$r.—King, at back, watches joust (114×97 mm.)
ff. c$^8$r., d$^7$r.—King listens to two courtiers (109×97 mm.)
ff. d$^5$v., e$^4$r., f$^4$r.—Woman seated at desk on left writes letter (112× 98 mm.)
f. e$^1$—Queen kneels in supplication before king on right (110×98 mm.)
f. e$^2$v.—Queen on right speaks to Laureola, on left, through jail window (111×95 mm.)
f. e$^6$v.—War scene with courtier escorting woman from prison on right (107×96 mm.)
f. e$^7$v.—War scene; attack on castle (111×95 mm.)
ff. f$^6$r., f$^8$r., g$^3$r.—Courtiers on left at foot of dying man's bed on right (112×95 mm.)
f. g$^6$v.—Man lying on death bed on left with mother kneeling in sorrow at the foot of the bed on right (114×96 mm.)
f. g$^7$v.—Dying man in bed tearing letter into goblet (110×98 mm.)
f. h$^8$v.—Courtier, on left, on bended knee before woman seated on right (109×94 mm.)

CONTENTS: *Cárcel de amor* and the continuation of Núñez: f. a$^1$r.—title page; f. a$^1$v.—incipit; ff. a$^1$v.-a$^2$r.—prologue; f. a$^2$v.—woodcut; ff. a$^3$r.-g$^8$r.— text; f. g$^8$v.—blank; On f. h$^1$r.—«Tratado que hizo Niculas [*sic*] núñez / sobre el q*ue* sant pedro compuso de leriano y laureola lla=/mado carçel de amor.»; ff. h$^1$r.-i$^4$r.—text of Núñez; f. i$^4$r.—colophon; f. i$^4$v.—«Carcel de amor» centered on page.

BIBLIOGRAPHIES: Méndez/Hidalgo, p. 137, #14; Brunet, vol. 5, col. 110; Gayangos, p. LXXX; Haebler, #604; Haebler, *Early printers,* p. 110; Copinger, #12545; Vindel, #2745; Palau, #293344; Simón Díaz, III #5578; Whinnom, p. 68; BOOST, #897.

CATALOGUES:  BM, vol. 212, col. 847.

LOCATION:  BL: IA. 53247.

N.B.:  The woodcut on the title page is the same as used on the title page of the Burgos 1522, 1526 editions and Barcelona 1493 Catalan translation. The 1493 Catalan translation includes the same interior woodcuts, but in different positions and number.

1.3

TITLE PAGE:  [Title page is missing and is replaced by handwritten copy which reads as follows: ]
*Carcel de Amor / del cunplimiento de / Nicolas Nuñez / Toledo. / Por maestro Pedro Ha/genbach Aleman* ∼ / *Año de 1500* ∼

COLOPHON:  Acabose el presente tratado : intitulado / Carcel de amor : / que hizo Nicolas nuñez. Impremido / en la muy noble e muy leal cibdad de Tole/do: por maestro Pedro hagenbach aleman: / A dos dias de junio. En el año de nuestro / saluador Mil ʒ quinientos.

DESCRIPTION:  4°; Signs. a-g⁸; 56 ff. unn.; 30 lines; 166×107 mm.; G.L.; Decorated capital at the beginning of each printed text section.

CONTENTS:  *Cárcel de amor* and the continuation of Núñez: f. a¹r.—incipit; ff. a¹r.-a²r.—prologue; ff. a²r.-f⁵v.—text; On f. f⁵v.: «¶ Aqui se acaba el Carcel de amor. / Siguese el tratado que hizo Nicolas / nuñez sobre el que Diego de sant Pedro conpuso de Le/riano y Laureola: llamada Carcel de amor.»; ff. f⁶r.-g⁸r.—text of Núñez; f. g⁸r.—colophon; f. g⁸v.—blank.

BIBLIOGRAPHIES:  Gallardo, III, #3229; Haebler, #605; Haebler, *Early Printers,* p. 137; Copinger, #4663; Palau, #293345; Krause, pp. 126-30; Simón Díaz, III, #5579; Goff, S-161; Whinnom, p. 68; BOOST, #2917.

CATALOGUES:  None.

LOCATION:  Huntington Library, San Marino, California: 93515. The Huntington copy lacks the original title page and ff. a¹ and a⁸. The title page and first folio are replaced in manuscript, and folio a⁸ is in typescript. The ex-libris is as follows: «De la Biblioteca de VINCENSIO DE LASTANOSSA, Cauallero Infançon, Ciudadano de Huesca, y Señor de Figaruelas.»

1.4

TITLE PAGE:  [Within a compartment of seven pieces: a woodcut showing a courtier to the right climbing the stairs to the Castle of Love; the title listed below cut but within border: «*Carcel de amor con el con−/plimiento de nicolas nuñez*» (160 (113)×101 (86) mm.)]

COLOPHON:  ¶ Este presente tratado fue empremido por maestro Arnao / guillen de Brocar en la muy noble y leal cibdad de Logro/ño. E se acabo a tres dias de Octubre Año del señor mill y / quinientos y ocho años.

DESCRIPTION:  4°; Signs. A-E⁸, F⁶; 46 ff. unn.; 34 lines; 158×101 mm.; G.L.; Decorated capital at the beginning of most text sections; Woodcut on title page.

CONTENTS:  *Cárcel de amor* and the continuation of Núñez: f. A¹r.—title page; f. A¹v.—incipit; ff. A¹v.-A²r.—prologue; ff. A²v.-E⁴v.—text of *Cárcel;*

On f. E⁴v.—«¶ Aqui se acaba el carcel de amor.»; On f. E⁵r.—«¶ Sigue se el tratado que hizo Nicolas nuñez so/bre el que Diego de sant pedro compuso de Leri/ano ⁊ Laureola: llamado carcel de amor.»; ff. E⁵r.-F⁵v.—text of Núñez; f. F⁵v.—colophon; f. F⁶—blank.

BIBLIOGRAPHIES:   Gallardo, IV, #3811; Gayangos, p. LXXX; Vindel, #2746; Palau, #293346; Simón Díaz, III, #5580; Whinnom, p. 68; Norton, #396.

CATALOGUES:   *Regestrum,* #3006; Laurencín, #86; *Catálogo colectivo,* S, #272.

LOCATION:   Bibliotheca Bodmeriana, Cologny-Genève: Cod. Bodmer 149; Biblioteca Provincial, Logroño. The Logroño location is listed in the *Catálogo colectivo,* but according to María del Carmen Rubio Marín, Director of the Biblioteca Provincial, the edition does not appear in their holdings. The entry in the *Catálogo colectivo* is incorrect.

### 1.5

TITLE PAGE:   [Woodcut: Ornamental strips on vertical sides of cut showing a courtier to the left climbing the stairs to the Castle of Love (108×86 (106) mm.)] *Carcel de / amor* [printer's ornament].

COLOPHON:   None. [The last folio is missing. Sevilla: J. Cromberger, Jan. 15, 1509 has been established by the bibliographers.]

DESCRIPTION:   4°; Signs. a-f⁸; 48 ff. unn.; 34 lines; 166×100 mm.; G.L.; Decorated capital at the beginning of all *Cárcel* text sections and the Núñez prologue and second section of text; Woodcut on title page.

CONTENTS:   *Cárcel de amor* and the continuation of Núñez: f. a¹r.—title page; f. a¹v.—incipit; ff. a¹v.-a²r.—prologue; ff. a²r.-e⁷v.—text of *Cárcel;* On f. e⁷v.: «¶ Tratado que fizo Nico/las nuñez sobre el que sant pedro conpuso de le/riano ⁊ Laureola: llamado carcel de amor.»; ff. e⁷v.-f⁷v.—text of Núñez; f. f⁸—missing.

BIBLIOGRAPHIES:   Escudero, #151; Palau, #293346; Simón Díaz, III, #5581; Whinnom, p. 68; Norton, #780.

CATALOGUES:   *Regestrum,* #3262; *Catálogo colectivo,* S, #271.

LOCATION:   BNM: R/31446. BNM copy lacks ff. 20-31, 48.

N.B.:   Woodcut on title page is the same as appears on title page of the Sevilla 1525 edition.

### 1.6

TITLE PAGE:   [*Cárcel de amor*]

COLOPHON:   Fue empremido el presente tractado: intitulado car/cel de amor; con otro tratadillo añadido por nico/las nuñez: fecho en çaragoça por Jorge coci / y acabose a seys dias de octubre año / de mill quinientos ⁊ xj. años.

DESCRIPTION:   4°; Signs. A-F⁸; 48 ff. unn.; G.L.; Woodcuts.

CONTENTS:   *Cárcel de amor* and the continuation of Nicolás Núñez.

BIBLIOGRAPHIES:   Brunet, vol. 5, col. 110; Sánchez, I, #41; Palau, #293347; Whinnom, p. 68.

CATALOGUES: None.

LOCATION: Unknown.

**1.7**

TITLE PAGE: [*Cárcel de amor*]

COLOPHON: Fue empremido el presente tractado: intitulado carcel de amor: con otro tratadillo añadido por nicolas nuñez: fecho en çaragoça por Jorge coci. Y acabo se a seys dias de octubre año de mill Ƶ quinientos Ƶ xvj años.

DESCRIPTION: 4°; Signs. a-f8; 48 ff. unn.; G.L.; Woodcut on title page and 29 woodcuts throughout the text.

CONTENTS: *Cárcel de amor* and the continuation of Nicolás Núñez.

BIBLIOGRAPHIES: Antonio, I, p. 308; Gayangos, p. LXXX; Sánchez, I, #75; Palau, #293348; Simón Díaz, III, #5582; Whinnom, p. 68; Norton, #690.

CATALOGUES: Huth, IV, p. 1838, #6581.

LOCATION: Unknown.

**1.8**

TITLE PAGE: [*Cárcel de amor*]

COLOPHON: Unknown. [The last folio is missing. Sevilla: J. Cromberger, ca. 1511-1516 has been established by F. J. Norton.]

DESCRIPTION: 4°; Signs. a-f8; 48 ff. unn.; 34 lines; 169×102 mm.; G.L.; Decorated capital at the beginning of each text section.

CONTENTS: *Cárcel de amor* and the continuation by Núñez: ff. a2r.-e7v.—text; On f. e7v.: «¶ Tratado que hizo Nico/las nuñez sobre el que sant pedro conpuso de Le/riano y Laureola: llamado carcel de amor.»; ff. e7v.-f6v.—text of Núñez. Last two folios missing.

BIBLIOGRAPHIES: Norton, #871.

CATALOGUES: None.

LOCATION: Personal library of F. J. Norton, Cambridge, England. FJN copy wants folios 1, 8, 17, 24, 41, 42, 47, and 48.

**1.9**

TITLE PAGE: [Woodcut: Ornamental strips on vertical sides of cut and horizontal strip below title. Cut: Courtier with sword, on right, climbing stairs to the Castle of Love; banner on right reading: «carcel de. amor» (156×113 (99) mm.). Including ornamental horizontal strip and title: 176 (156)× 113 (99) mm.]
[printer's ornament] ¶ *Carcel de amor.* [printer's ornament]

COLOPHON: ¶Fenesce el presente tratado inti—/tulado Carcel de amor. Con otro tratadillo añadido que / hizo Nicolas nuñez. fue impresso en la muy noble Ƶ muy / mas leal cibdad de Burgos: por Alonso de Melgar en el / Año del señor de mil Ƶ quinientos Ƶ veynte Ƶ dos. A veynte Ƶ cinco dias del mes de febrero.

25

DESCRIPTION:   4°; Signs. a-f⁸; 48 ff. unn.; 34 lines; 170×106 mm.; G.L.; Decorated
capital at the beginning of *Cárcel* prologue and Núñez prologue; Woodcut
on title page and on f. a⁶v.: Within a compartment a cut shows a
courtier, on the right, in a patio where on bended knee, he hands a
letter to a lady standing in a doorway on left [112 (88)×89 (65) mm.];
Printer's device on f. f⁸v.: «HAEC POSI/TA EST IN/RVINAM» written
between horns of skull and below the skull is «ΑΛ» set on a decorated
base (117×72 mm.).

CONTENTS:   *Cárcel de amor* and the continuation of Núñez: f. a¹r.—title page;
f. a¹v.—incipit; ff. a¹v.-a²r.—prologue; ff. a²r.-e⁷r.—text of *Cárcel;* On
f. e⁷v.: «¶Tractado que hizo Nicolas / nuñez sobre el que diego de
sant pedro compuso de / Leriano y Laureola: llamado Carcel de amor.»;
ff. e⁷v.-f⁸r.—text of Núñez; f. f⁸v.—colophon and printer's device. Also
bound in the same volume, all with separate signatures and as separate
texts, are, in order: Penitencia de amor conpuesta por don pedro manuel
de vrrea. (Signs. a-d⁸, e⁶)
Arnalte y Lucenda (a-c⁸, d⁴)
Triumpho Raymundino Coronation en que las antiguedades de la Ciudad
Salamanca se celebran Caualleros mayorados muchos generoso y claros
varones armas isignias historias y blasones se describen (A⁸, B⁴)
Aqui comiençan dos romances del marques de mantua (a¹²)
Sermon ordenado por Diego de sant Pedro: porque dixeron vñas señoras
que le desseauan oyr predicar (a⁴)
Cartas y coplas para requerir nueuos amores (a⁴)
Romance del conde Marcos ⁊ de la Infanta Solisa (a⁴)
Romance nueuamente hecho por andres ortizen que se tratan los amores
de Floriseo y de la reyna de bohemia (a⁴)
Aqui comiençan .iij. Romances Glosados (a⁴)
Romance del moro Calaynos de como requería de amores a la infanta
sibilla (4 ff.)

BIBLIOGRAPHIES:   Brunet, vol. 5, col. 110; Gayangos, p. LXXX; Palau, #293349;
Simón Díaz, III, #5583; Whinnom, p. 68.

CATALOGUES:   BNP, CLXII, col. 831.

LOCATION:   BNP: Rés. Y².855.

N.B.:   The woodcut on the title page is the same as on the title page of the
Burgos 1496, 1526 editions and the Barcelona 1493 Catalan translation.
The woodcut on f. a⁶v. is the same as on f. a⁶v. of the Burgos 1526
edition and on the title page of the Burgos 1522 edition of the *Tractado
de amores de Arnalte y Lucenda.*

1.10

TITLE PAGE:   [Woodcut: cut shows a courtier to the right climbing the steps to the
Castle of Love (92×77 mm.)]
   ¶ *Carcel de amor Compuesto por / Diego de sant Pedro a pedimiento
del señor / don Diego hernandez alcayde de los donzel—/les ⁊ de otros
caualleros cortesanos: Nueua/mente correydo.*

COLOPHON:   ¶ Fue empremido el presente tractado: intitulado car—/cel de amor: con
otro tratadillo añadido por Nico/las nuñez: fecho en çaragoça por Jorge

26

coci / Y acabose a seys dias de Agosto año de / mill Ɀ quinientos Ɀ veynte tres años.

DESCRIPTION: 8°; Signs. A-M⁴; 48 ff. unn.; 34 lines; 121×79 mm.; G.L.; Decorated capital at the beginning of the *Cárcel* prologue and first text section of the *Cárcel* and at the beginning of the Núñez prologue; Woodcut on title page and 24 woodcuts in the text.

CONTENTS: *Cárcel de amor* and continuation of Núñez: f. A¹r.—title page; ff. A¹v.-A²r.—prologue; ff. A²r.-K³v.—text of *Cárcel;* On f. K⁴r.: «¶ Tratado que fizo Nicolas nuñez sobre / el *que* sant pedro co*n*puso de leriano Ɀ lau—/reola llamado carcel de amor.»; ff. K⁴r.-M⁴r.—text of Núñez; f. M⁴r.—«¶ Finis.» and colophon; f. M⁴v.—blank.

BIBLIOGRAPHIES: Brunet, vol. 5, cols. 110-111, and Supplement, col. 584; Gayangos, p. LXXX; Palau, #293350; Whinnom, p. 68.

CATALOGUES: Yéméniz, #1580; BM, vol. 212, col. 847; HSA, vol. 9, p. 8254, col. a; Penney, p. 495; NUC, NS 0087819; *Catálogo colectivo,* S, #273.

LOCATION: BNM: R/31062; BL: C.63.e.16; HSA. HSA copy has two ex-libris: «EX MUSAEO CAROLI NODIER»; «Gomez de la Cortina et ami / CORUM FALLITUR HORA / LEGENDO».

N.B.: The Zaragoza 1523 edition has the same woodcuts as late₁ found in the Venecia 1531 edition, but in different number.

1.11

TITLE PAGE: [Woodcut: A courtier to the right climbing the stairs to the Castle of Love (93×77 mm.)]
¶ *Carcel de amor Compuesto por / Diego de sant Pedro a pedimiento del señor / don Diego hernandez alcayde de los donze—/les Ɀ de otros caualleros cortesanos: Nueua/mente historiados y bien correydo.*

COLOPHON: Same as 1.10. [Zaragoza: Jorge Coci, 1523].

DESCRIPTION: Same as 1.10.

CONTENTS: Same as 1.10.

BIBLIOGRAPHIES: Gallardo, IV, #3812; Brunet, vol. 5, cols. 110-111 and Supplement, col. 584; Gayangos, p. LXXX; Sánchez, I, #117; Vindel, #2747; Palau, #293350; Simón Díaz, III, #5584; Whinnom, p. 68.

CATALOGUES: Salvá, II, #1670; Heredia, II, #2467; BM, vol. 212, col. 847; NUC, NS 0087823.

LOCATION: BNM: R/33584, R/13346, U/687; BL: C.63.e.15; Harvard, Houghton Library, Cambridge, Mss. BNM copy R/13345 has ex-libris of Gayangos and ff. A² and A³ are interchanged. BNM copy U/987 has ex-libris Usoz.

N.B.: According to Palau, Salvá, and Sánchez, the Zaragoza 1523 editions were printed in Venice. The theory is based on the close similarity between the type and woodcuts of the 1523 editions and the later Venice 1531. The two Zaragoza 1523 editions are the same except for the title page.

**1.12**

TITLE PAGE: [Within a compartment of six pieces: a woodcut showing a courtier to the left climbing the stairs to the Castle of Love (137 (109)×109 (87) mm.)]
*Carcel de amor* [printer's ornament]

COLOPHON: ¶ Acabo se el p*r*esente tratado: intitulado Car/cel de amor: co*n* otro tratadillo añadido que hi=/zo Nicolas nuñez. Fue empremido en la muy / noble ⁊ muy leal cibdad de Sevilla por Jaco=/bo cronberger Aleman y j a*n* [*sic*] cronberger en el año / del señor de mil ⁊ quinientos ⁊ veynte ⁊ cinco A / .ix. dias del mes de Setiembre.

DESCRIPTION: 4°; Signs. a-f⁸; 48 ff. unn.; 34 lines; 167×102 mm.; G.L.: Decorated capital at beginning of all *Cárcel* sections and first three sections of Núñez; Woodcut on title page.

CONTENTS: *Cárcel de amor* and the continuation of Núñez: f. aⁱr.—title page; f. aⁱv.—incipit; ff. aⁱv.-a²r.—prologue; ff. a²r.-e⁷v.—text; On f. e⁷v.: «¶ Tratado que hizo Nico=/las nuñez sobre el que sant pedro co*n*puso de Leri/ano y Laureola: llamado Carcel de amor.»; ff. e⁷v.-f⁸v.—text of Núñez; f. f⁸v.—colophon.

BIBLIOGRAPHIES: Brunet, vol. 5, col. 111; Gayangos, p. LXXX; Vindel, #2748; Palau, #273351; Simón Díaz, III, #5585; Whinnom, p. 68.

CATALOGUES: BM, col. 212, col. 847.

LOCATION: BL: G.10226. BL copy has ex-libris «Rᵀ. HONᴮᴸᴱ. THOˢ. GRENVILLE.»

N.B.: The woodcut on the title page is the same as used earlier on the title page of the Sevilla 1509 edition.

**1.13**

TITLE PAGE: [Woodcut: Ornamental strips on vertical sides of the cut which shows a courtier to the right climbing the stairs to the Castle of Love. Beside the Castle a banner reads «carcel de.amor» (165 (154)×110 (96) mm.)]
*Carcel de amor.*

COLOPHON: ¶ Fenesce el presente tratado inti=/tulado Carcel de amor. Con otro tratadillo añadi=/do que hizo Nicolas nuñez. Fue impresso en / la muy noble ⁊ muy mas leal ciudad de / Burgos: en el Año del señor de mil / ⁊ quinientos ⁊ veynte ⁊ seys / años. A diez dias / del mes de Se=/tiembre [printer's ornament] / ✠

DESCRIPTION: 4°; Signs. a-f⁸; 48 ff. unn.; 34 lines; 167×104 mm.; G.L.; Decorated capital at the beginning of the *Cárcel* prologue and Núñez prologue; Woodcut on title page and on f. a⁶v.: Within a compartment a cut shows a courtier, on the right, in a patio where on bended knee, he hands a letter to the lady standing in a doorway on the left [99 (76)×76 (56) mm.].

CONTENTS: *Cárcel de amor* and the continuation of Núñez: f. aⁱr.—title page; f. aⁱv.—incipit; ff. aⁱv.-a²r.—prologue; ff. a²r.-e⁷r.—text of *Cárcel;* On f. e⁷v.: «¶ Tratado que hizo Nicolas / nuñez sobre el que diego de sant pedro compuso de / Leriano y Laureola: llamado Carcel de amor.»; ff. e⁷v.-f⁸r.—text of Núñez; f. f⁸v.—colophon.

BIBLIOGRAPHIES:   Brunet, Supplement, col. 584; Palau, #293351; Simón Díaz, III, #5586; Whinnom, p. 68.

CATALOGUES:   BM, vol. 212, col. 847.

LOCATION:   BL: C.33.f.5. BL copy has ex-libris «J. Gomez de la Cortina et amicorum fallitur hora legendo.»

N.B.:   Title page woodcut also appeared on the title page of the Burgos 1496, 1522 editions and the Barcelona 1493 Catalan translation. The medial woodcut also appeared on f. a⁶v. of the Burgos 1522 edition and on the title page of the Burgos 1522 edition of the *Tractado de amores de Arnalte y Lucenda.*

**1.14**

TITLE PAGE:   [Woodcut: exactly like that of 1.10 and 1.11]
*Carcel de amor compuesto / por diego de sant Pedro a pedimiento / del señor don Diego hernandez al cayde / de los donzeles ⁊ de otros caualleros cor/tesanos: Nueuamente correydo.*

COLOPHON:   ¶ Estampado en la ynclita ciudad de Venecia hizo—/lo estampar miser Juan Batista Pedrezano mer—/cader de libros: por importunacio*n* de muy munchos / señores a quien la obra: y estillo y lengua Ro—/mance castellana muy muncho plaze. Core—/cto de las letras que tras trocadas estaua*n* / se acabo año del Señor. 1531. A dias / 20. Nouembrio Reinando el inclito / y serenissimo principe miser An/drea Griti Duque clarissimo. / ¶ Cum gracia y priuilegio del inclito ⁊ prude*n*=/tissimo senado a la libreria o botecha que / tiene por enseña la Tore iunta / al puente de Rioalto.

DESCRIPTION:   8°; Sign. A-G⁸; 56 ff. unn.; 34 lines; 128×77 mm.; G.L.; Decorated capital at the beginning of the *Cárcel* prologue and first section of *Cárcel* text and prologue of Núñez; Woodcut on title page and 26 other woodcuts throughout the text.

CONTENTS:   *Cárcel de amor* and the continuation of Núñez: f. A¹r.—title page; f. A¹v.—blank; f. A²r.—incipit; ff. A²r.-A²v.—prologue; ff. A³r.-F⁷r.—text of *Cárcel;* On f. F⁷r.: «¶ Tratado que hizo Nicolas nuñez sobre q*u*e sant / pedro compuso de Leriano y Laureola: / llamado Carcel de amor.»; ff. F⁷r.-G⁸v.—text of Núñez; f. G⁸v.—colophon.

BIBLIOGRAPHIES:   Brunet, vol. 5, col. 111; Gayangos, p. LXXX; Vindel, #2749; Palau, #293352; Simón Díaz, III, #5587; Whinnom, p. 68.

CATALOGUES:   Salvá, II, #1671; Heredia, II, #2468; Jerez, p. 95; Maggs, #942; HSA, vol. 9, p. 8254, col. a; Penney, p. 495; NUC, NS 0087825; *Catálogo colectivo*, S, #274.

LOCATION:   Barcelona, Biblioteca Central: Toda-I-II-9; BNM: R/3260; HSA. BNM copy has ex-libris Gayangos.

N.B.:   The Zaragoza 1523 and Venecia 1531 editions have the same woodcuts on the title page and in the text, but in different number.

**1.15**

TITLE PAGE:   [*Cárcel de amor*]

COLOPHON:   Unknown. [Zaragoza: Jorge Coci, 1532]

DESCRIPTION: 8°; G.L.

CONTENTS: *Cárcel de amor* and the continuation of Núñez.

BIBLIOGRAPHIES: Palau, #293352; Simón Díaz, III, #5588; Whinnom, p. 68.

CATALOGUES: None.

LOCATION: Unknown.

1.16

TITLE PAGE: [Within a compartment of six pieces: A woodcut showing a courtier speaking to a lady through a window. The man is standing on left and the woman is in a window in upper right; title listed below cut and within frame: «¶ *Carcel de amor. Agora / nueuamente hecho.*» (171 (94)×117 (86) mm.)]

COLOPHON: ¶ Acabose el presente tratado: intitula/do Carcel de amor—/con otro tratadillo añadido: q*ue* / hizo Nicolas nuñez. Fue impresso en la impe=/rial ciudad de Toledo eu [*sic*] casa de Juan de / ayala a .xxviij. dias del mes de Febre=/ro. Año de nuestro saluador jesu x*p*o / de mil *τ* quinie*n*tos *τ* .xl. años.

DESCRIPTION: 4°; Signs. a-f⁸; 48 ff. unn.; 34 lines; 172×110 mm.; G.L.; Decorated capital at the beginning of each section of text; Woodcut on title page.

CONTENTS: *Cárcel de amor* and the continuation of Núñez: f. a¹r.—title page; f. a¹v.—incipit; ff. a¹v.-a²r.—prologue; ff. a²r.-e⁷r.—text of *Cárcel*; f. e⁷v.: «¶ Tractado que hizo Nicolas nu=/ñez sobre el q*ue* Diego de sant pedro compuso de / Leriano *τ* Laureola llamado carcel de amor.»; ff. e⁷v.-f⁸v.—text of Núñez; f. f⁸v.—colophon.

BIBLIOGRAPHIES: Palau, #293353; Whinnom, p. 68.

CATALOGUES: BM, vol. 212, col. 847.

LOCATION: BL: C.62.b.13. BL copy has ex-libris «J. S.+SEMPER IDEM+TODO POR ARAGON Y PARA ARAGON.» and underneath the above-quoted ex-libris is another, partially legible: «BIBLIOTECA DE JUAN M...»

1.17

TITLE PAGE: [Within a compartment of four pieces: A woodcut showing a woman, on the left in a garden, handing a courtier, on the right, a letter; outside the garden wall a servant is attending a horse; title is listed below cut and within frame: «¶ *Carcel de amor. Agora / nueuamente hecho. / ✠*» (171 (90)×117 (90) mm.)]

COLOPHON: ¶ Fue impresso el presente ser/mon de amores en la muy / noble villa de Medina del / campo por Pedro de / Castro impressor / de Libros. / [printer's ornament] / Acabose a ocho dias del / mes de Debrero [*sic*] Año [printer's ornament] / 1544 / [printer's ornament]

DESCRIPTION: 4°; Signs. a-f⁸, a²⁰ (2 vols. in one); 2 title pages; 68 ff. unn.
First Part: Signs. a-f⁸; 48 ff. unn.; 34 lines; 172×117 mm.; G.L.: Decorated capital at the beginning of all sections of the *Cárcel* text and

at the beginning of the first two sections of Núñez'; Woodcut on title page.

Second Part: Sign. a²⁰; 20 ff. unn.; 2 col.; 35 lines; 174×117 mm.; G.L.; Ornamental frame on title page.

CONTENTS: *Cárcel de amor* and the continuation of Núñez and the *Sermón de amores del maestro Fray Nidel:* f. a¹r.—title page; f. a¹v.—incipit; ff. a¹v.-a²r.—prologue; ff. a²r.-e⁷v.—text of *Cárcel;* On f. e⁷v.: «✠ Tratado que hizo Nicolas / nuñez sobre el q*ue* Diego de sant pedro compuso / de leriano y laureola llamado carcel de amor.»; ff. e⁷v.-f⁸v.—text of Núñez; On f. f⁸v.: «[printer's ornament] fin de la obra.»; f. a¹r.—Second title page: [Within an ornamental compartment (171×117 mm.): «[printer's ornament] / [printer's ornament] / Sermon de amo/res del maestro bue*n* / tala*n*te llamado / fray Nidel de / la orde*n* del fris/tel Agora / Nueuamente corregi—/do y eme*n*dado. / [printer's ornament] Año .1544 [printer's ornament]»]; ff. a¹v.-a²⁰v.—text of *Sermón.*

BIBLIOGRAPHIES: Brunet, vol. 5, col. 111; Gayangos, p. LXXX; Pérez Pastor, #41; Palau, #293353; Simón Díaz, III, #5589; Whinnom, p. 68.

CATALOGUES: Doublet, p. 118.

LOCATION: Bibliothèque Municipale de Rouen: 0.649(2). Rouen copy has two ex-libris: «BIBLIOTH. ROTHOMAG.»; «De Lineyrac».

1.18

TITLE PAGE: *Question / DE AMOR. / y, / Carcel de / AMOR. /* [Printer's Device: Two storks struggling over a fish (34×35 mm.)] / Fue impreso en Enueres en el vnicor/nio doro par Martin Nucio. / M.D.XLVI.

COLOPHON: None.

DESCRIPTION: 12°; Signs. A⁸, B⁴, A-N¹², A-H¹² (2 vols. in one); 2 title pages; 240 ff. unn.

First Part: Signs. A⁸, B⁴, C-N¹²; 144 ff. unn.; 26 lines+head line+direction line; 102 (110)×51 mm.; Roman type; Decorated capital at the beginning of the first text section of the *Questión;* Printer's device on title page and on f. N¹²v.

Second Part: Signs. A-H¹²; 96 ff. unn.; 26 lines+head line+direction line; 102 (110)×51 mm.; Roman type; Decorated capital at the beginning of the *Cárcel* prologue and Núñez prologue; Printer's device on both title page and f. H¹²v.

CONTENTS: *Questión de amor, Cárcel de amor,* the continuation of Núñez, and three *romances:* f. A¹r.—title page; f. A¹v.—«¶ LO QVE EN ESTE / presente libro se contiene es / lo siguiente.»; f. A²r.—prologue of *Questión;* ff. A²r.-N¹²r.—text of *Questión;* f. N¹²v.—Printer's Device: identical to one on title page; f. A¹r.—Second title page: «Carcel de / AMOR DEL COM=/plimiento de nico=/las nuñez. / [Printer's Device: Same as on first title page (34×35 mm.)] / ¶ Fue impreso en Enueres en el vni=/cornio doro por industria de / Martin Nucio»; f. A¹v.—incipit; ff. A¹v.-A²v.—prologue; ff. A²v.-F¹²v.—text; On f. G¹r.: «[printer's ornament] SIGVE/SE EL TRATADO QVE / hizo Nicolas nuñez so-bre el que die=/go de sant Pedro compuso de le=/riano y laureola:

llamado / carcel de amor.»; ff. G[1]r.-H[6]v.—text of Núñez; On f. H[6]v.: «Aqui se acaba la carcel de amor. / ¶ Lo *que* se sigue no es de la obra—mas / puso se aqui porque no vuiesse tanto / papel blanco—y es buena letu=/ra—y verdadera.»; On. f. H[7]r.: «[printer's ornament] AQVI / COMIENCAN TRESRO/mances nueuamente compues=/tos—con vn villancico al ca=/bo: como se torno a ga=/nar España.»; ff. H[7]r.-H[11]v.—three *romances;* f. H[12]r.—blank; f. H[12]v.—Printer's Device, same as above.

BIBLIOGRAPHIES: Palau, #243462; Peeters, #1162; Whinnom, p. 68.

CATALOGUES: HSA, vol. 4, p. 119; Penney, p. 160.

LOCATION: HSA; Ulm, W. Germany, Stadt-bibl. HSA copy has Sign. B[2] misnumbered as A[7] in the first part and has Sign. G[7] mismarked G[2] in the second part.

1.19

TITLE PAGE: [Woodcut: Courtier with servant companion on right serenades lady in window on left (52×77 mm.)]
[printer's ornament] *Carcel de Amor / hecho por Hernando de sant Pe/dro.* Con otras obras suyas / va agora añadido al sermo*n* / que hizo a vnas señoras / que dixeron que le de/sseauan oyr predi/car. Nueuame*n*/te ympresso / ✠ / M.D.xlvij. Años.

COLOPHON: ¶ Fue impresso el presente trata/do de Carcel de amor en la no/ble villa de Medina del ca*n*/po. por Pedro de castro / impressor d*e* libros. A/cabose en fin de fe/brero. Año de mil y qui/nientos / ⁊ quarenta y siete. / [printer's ornament].

DESCRIPTION: 8°; Signs. a-i[8], a[8], b[4] (2 vols. in one); 84 ff. unn.
First Part: Signs. a-i[8]; 72 ff. unn.; 28 lines; 116×74 mm.; G.L.; Decorated capital at the beginning of the *Cárcel* prologue and first section of *Cárcel* text; Woodcut on title page.
Second Part: Signs. a[8], b[4]; 12 ff. unn.; 23 lines; 113×75 mm.; G.L.; Print of second part is larger than that of the first part.

CONTENTS: *Cárcel de amor,* the continuation of Núñez, *Sermón* of Diego de San Pedro, and other poetic works of the author; f. a[1]r.—title page; f. a[1]v.—incipit; ff. a[1]v.-a[2]r.—prologue; ff. a[2]v.-g[8]r.—text; On f. g[8]v.: «[printer's ornament] Tratado que hi/zo Nicolas nuñez: sobre el que Diego de / sant pedro compuso de Leriano y Laureo/la: llamado carcel de amor.»; ff. g[8]v.-i[5]r.—text of Núñez; On f. i[5]r.: «¶ Fin de carcel de Amor.»; On f. i[5]v.: «[printer's ornament] Comie*n*çan las / obras de Diego de sant pedro y esta pri/mera es vna que hizo a vna dama de la rey/na doña ysabel.»; ff. i[5]v.-i[7]v.—poetry; f. i[8]r.—colophon; f. i[8]v.—blank; f. a[1]r.—«¶ Sermo*n* ordenado / por diego de sant pedro. Porq*ue* le dixe=/ron vnas señoras / *que* le desseauan oyr / predicar.»; ff. a[1]r.-b[2]v.—*Sermón;* On f. b[2]v.: «[printer's ornament] Comiençan [printer's ornament] / las obras de Diego de san pedro: y esta / primera es vna que hizo a vna dama de / la reyna doña ysabel.»; ff. b[2]v.-b[4]v.—poetry.

BIBLIOGRAPHIES: Pérez Pastor, #56; Palau, #293354; Simón Díaz, III, #5590; Whinnom, p. 68.

CATALOGUES: Salvá, II, #1672; Heredia, II, #2469; HSA, vol. 9, p. 8254, col. a; Penney, p. 495; NUC, NS 0087827.

LOCATION: HSA. HSA copy has folios e⁴r. and e⁵v. transposed.

N.B.: The type of the poetic works is larger than that of the *Cárcel* text and could possibly belong to a different impression.

1.20

TITLE PAGE: *Question / DE AMOR. / Y, / Carcel de / AMOR. /*
[Printer's Device: Winged man, half beast, named «TEMPVS» carrying a sickle; «HANC ACIEM SOLA RETVNDIT VIRTVS» (43×44 mm.)]
/ En Paris, / En casa de Hernaldo Caldera, / y de Claudio Caldera su hijo. / 1548.

COLOPHON: None.

DESCRIPTION: 12°; Signs. A-M¹², N⁶, a-h¹² (2 vols. in one); 2 title pages; 245 ff. nn.
First Part: Signs. A-M¹², N⁶; 149 ff. nn.; 30 lines+head line+direction line; 120 (127)×51 mm.; Roman type; Decorated capital at the beginning of the first text section of the *Questión;* Printer's device on title page and f. N⁶v.
Second Part: Signs. a-h¹²; 96 ff. nn.; 30 lines+head line+direction line; 120 (127)×51 mm.; Roman type; Decorated capital at the beginning of the *Cárcel* prologue and first text section and Núñez prologue; Printer's device on both title page and f. 96v.

CONTENTS: *Questión de amor, Cárcel de amor,* the continuation of Núñez, and three *romances:* f. A¹r.—title page; f. A¹v.—«¶ LO QVE EN ESTE / presente libro se contiene / es lo siguiente.»; ff. 2r.-2v.—prologue of *Questión;* ff. 2v.-149v.—text of *Questión;* f. N⁶r.—blank; f. N⁶v.—Printer's Device, same as on title page; f. a¹r.—Second title page: «Carcel de / AMOR DEL COM=/plimiento de nico=/las nuñez. / [Printer's Device: same as on first title page (43×44 mm.)] / En Paris, / En casa de Hernaldo Caldera, / y de Claudio Caldera / su hijo. / 1548.»; f. a¹v.—incipit; ff. a¹v.-2v.—prologue; ff. 3r.-74v.—text; On f. 74v.: «¶ Aqui se acaba el carcel / de amor.»; On f. 75r.: «[printer's ornament] SIGVESE / EL TRATADO QVE / hizo Nicolas nuñez sobre el que / diego de sant Pedro conpuso de / Leriano y Laureola: llama=/do carcel de amor.»; ff. 75r.-91v.—text of Núñez; On f. 91v.: «Aqui se acaba la carcel de amor. / ¶ Lo que se sigue no es de la obra, / mas puso se aqui porque no vuiesse / tanto papel blanco, y es buena le=/tura, y verdadera.»; On f. 92r.: «[printer's ornament] AGVI CO=/MIENCAN TRES RO=/mances nueuamente conpues—/tos, con vn villancico al ca—/bo: como se tor/no a ganar / España.»; ff. 92r.-96r.—three *romances;* f. 96v.—Printer's Device, same as above.

BIBLIOGRAPHIES: Brunet, Supplement, col. 584; Vaganay, #181b; Palau, #293355, #243463; Whinnom, p. 68.

CATALOGUES: HSA, vol. 3, p. 2790, col. a; Penney, pp. 160, 496; NUC, NS 00887828.

LOCATION: HSA. HSA copy came from the library of the Marqués de Jerez and has ex-libris «Freiderici Beckleri 1596 15 octob.»

**1.21**

TITLE PAGE: [*Questión de amor y Cárcel de amor*]

COLOPHON: Unknown. [n.p. (Zaragoza?), n.p. (Stevan de Nagera?), 1551]

DESCRIPTION: 8°; Signs. A-H⁸, a-1⁸, m¹⁰ (2 vols. in one); 3 title pages; 162 ff. unn. First Part: Signs. A-H⁸; 64 ff. unn.; 33 lines+head line; 113 (118)× 70 mm.; G.L.; Woodcut on second title page; Printer's device on f. H⁸r.; 16 vignettes and 27 woodcuts in text; Red headings and head lines on ff. A³r., A⁴v., A⁵r., A⁶v., A⁷r.
Second Part: Signs. a-1⁸, m¹⁰; 98 ff. unn.; 33 lines+head line; 113 (118)× 70 mm.; G.L.; Woodcut on third title page; 13 vignettes and 18 woodcuts in text.

CONTENTS: *Cárcel de amor,* the continuation of Núñez, and *Questión de amor:* [First two folios are missing; f. A³ starts into the *Cárcel* text.] ff. A³r.- G³v.—text of *Cárcel;* On f. G³v.: «¶ Aqui se Acaba el / Cercel [*sic*] de Amor.»; f. G⁴r.—Second title page: [Within a compartment: A cut of Cupid, with a key, fleeing from the Castle of Love; Title follows below cut but within frame: «¶ Siguese el tratado que / hizo Nicolas Nuñez sobre el q*ue* Die/go de san Pedro compuso de Leriano y Laureola: lla=/mado Carcel de / Amor. / M.D.L.J.» (120 (50)×83 (64) mm.)]; ff. G⁴v.-H⁷v.—text of Núñez; On f. H⁸r.—Printer's device set in figure of Greek temple (Temple - 120×71 mm.; Round device depicting eagle eating a crab, «VLTIO IVSTA / M.D.L.J. / [printer's ornament]» - 40× 40 mm.); f. H⁸v.—blank; f. a¹r.—Third title page: [Within a compartment of a Greek temple (120×71 mm.)]: «¶ Libro llama=/do Question de amor: / nueuamente Hy/storiado. / Año. / M.D.L.J.»]; f. a¹v.—«✠ Lo que en este pre=/sente libro se contie-/ne es lo siguien-te.»; ff. a²r.—prologue of *Questión;* ff. a²v.-m¹⁰v.—incomplete text of *Questión,* at least one folio seems to be missing at the end.

BIBLIOGRAPHIES: Sánchez, II, #320; Palau, #293356; Whinnom, p. 68.

CATALOGUES: HSA, vol. 9, p. 8254, col. a and vol. 3, p. 2790, col. a; Penney, p. 496.

LOCATION: HSA. HSA copy belonged to the library of the Marqués de Jerez. HSA copy lacks ff. A¹, A², A⁸, and m¹¹.

**1.22**

TITLE PAGE: *CARCEL DE AMOR / HECHA POR HERNANDO / DE SANCT PEDRO, CON / OTRAS OBRAS SUYAS. /* VA AGORA AÑADIDO EL SER=/mon que hizo à unas señoras que dixeron / que le desseauan oyr predicar. / DIRIGIDA AL MVY MAGNIFICO SEÑOR / Antonio de Pola, y nuevamente con diligentia / corregida y emmendada por el Señor / Alonso de Vlloa. / [Printer's Device: Phoenix rising from his ashes, supported by two gargoyles below (54×39 mm.), reading «DE LA MIA MORTE ETERNA VITA VIVO / SEMPER EADEM», and in the center of the device: «G.G.F.»] / IMPRIMIOSE EN VENETIA EN CASA / DE GABRIEL GIOLITO DE FER−/RARIIS Y SVS HER-MANOS. / MDLIII.

COLOPHON: Fue impresso el presente tractado llamado Carcel de Amor / en la inclita Ciudad de Venetia, en casa de Gabriel Gio/lito de Ferrarijs y sus hermanos. Acabose a xxviii / dias andados del mes de Iunio. año de nuestra re/paracion. MDLIII.

DESCRIPTION: 8°; Signs. A-H⁸, I⁵; 68 ff. nn.; 30 lines+head line; 129 (133)× 73 mm.; Italic print; Decorated capital at the beginning of each text section of the *Cárcel*, Núñez, and *Sermón* and at the beginning of the poetry; Printer's device on title page and f. 68v.

CONTENTS: *Cárcel de amor*, the continuation of Núñez, *Sermón*, and other poetry of the author: f. A¹r.—title page; f. A¹v.—blank; ff. A²r.-A²v.—Dedication dated «De Venetia xxvii. de Iunio. 1553.»; f. 3r.—incipit; ff. 3r.-3v.— prologue; ff. 4r.-49v.—text of *Cárcel;* f. 50r.—«TRATADO QVE HIZO NI=/colas Nuñez sobre el que Diego de san Pedro=/ compuso de Leriano y Laureola llama=/do Carcel de Amor.»; ff. 50r.-61v.—text of Núñez; On f. 61v.—«FIN DE LA OBRA»; On f. 62r.—«SERMON ORDENADO / POR DIEGO DE SANT PEDRO / PORQVE LE DIXIERON VNAS SE=/ÑORAS, QVE LE DESSEAVAN / OYR PREDICAR.»; ff. 62r.-67v.—text of *Sermón;* On f. 67v.: «FIN DEL SERMON DE AMOR. / COMIENÇAN LAS OBRAS DE DIEGO DE / SANT PEDRO, Y ESTA PRIMERA ES / VNA QVE HIZO A VNA DAMA / de la Reyna doña Ysabel.»; ff. 67v.-68v.—poetry; On 68v.: «Error, en el titulo del libro diZe Hernando de S. Pedro por Diego de S. Pedro.»; Later on the same folio is Printer's Device [Phoenix rising from his ashes, reading «SEMPER EADEM / G.G.F.» (46×39 mm.)]; f. 68v.—colophon.

BIBLIOGRAPHIES: Brunet, vol. 5, col. 111 and Supplement, cols. 584-85; Gayangos, p. LXXX; Vindel, #2750; Palau, #293358; Simón Díaz, III, #5591; Whinnom, p. 68.

CATALOGUES: Salvá, II, #1673; Cosens, #9345; Heredia, #2470; BM, vol. 212, col. 847; HSA, vol. 9, p. 8254, col. b; Penney, p. 496; *Catálogo colectivo*, S, #275.

LOCATION: BNM: R/3238, R/8916, R/11164; BL: 12490.a.10; HSA. BNM copy R/3238 has ex-libris Agustín Durán. BNM copy R/8916 lacks ff. 57, 58, 59, 62, 63, 64. BNM copy R/11164 has ex-libris Gayangos and only has *Cárcel* and Núñez texts. The volumen ends with f. 61v.: «FIN DE LA OBRA», and has additionally bound in *Dialogo de las empresas militares y amorosas, compuesto en lengua italiana, por el illvstre, y reverendissimo Señor Paulo Iouio Obispo de Nucera* (Venecia: Gabriel Givlito de Ferraris, MDLVIII), ff. 1-173.

1.23

TITLE PAGE: *QVESTION / DE AMOR, / Y / CARCEL DE AMOR.* / [Printer's Device: two storks, «TVTISSIMA VIRTVS PIETAS HOMINI» (36+ 28 mm.)] / EN ANVERS / En casa de Martin Nucio, a la / enseña de las dos Cigueñas. / M.D.LVI.

COLOPHON: None.

DESCRIPTION: 12°; Signs. A-R¹²; 204 ff. unn. in two parts (121 ff. and 83 ff. respectively); 2 title pages, one at the beginning of each part; 31 lines+

head line+direction line; 109 (116)×54 mm.; Roman type; Decorated capital at the beginning of the *Cárcel* prologue, the *Questión* prologue and the first two text sections of the *Questión*, the Núñez prologue, and the dedication of the poetry; Poetry section has smaller italic print. Printer's device on each of the title pages.

CONTENTS: *Questión de amor, Cárcel de amor*, continuation of Núñez, and *Verso elegiaco sobre la muerte de la Fortuna, dada por la Virtud*: f. A¹r.—title page; f. A¹v.—«¶ Lo que en este presente libro se con=/tiene es lo siguiente.»; f. A²r.-A²v.—prologue of *Questión*; ff. A³r.-L¹v.—text of *Questión*; f. L²r.—Second title page: «CARCEL / DE AMOR, / del cumplimiento de / Nicolas Nuñez. / [Printer's Device: two storks, «TVTISSIMA VIRTVS PIETAS HOMINI» (36×28 mm.)] / EN ANVERS / En casa de Martin Nucio, a la / enseña de las dos Cigueñas. / M.D.LVI.»; f. L²v.—incipit; ff. L²v.-L³v.—prologue; ff. L³v.-Q¹v.—text; On f. Q¹v.: «Aqui se acaba el carcel de amor.»; On f. Q²r.: «Siguese el tratado que / hizo Nicolas Nuñez sobre el que Die=/go de sant Pedro compuso de Le=/riano y Laureola, llamado Car/cel de amor.»; ff. Q²r.-R⁴v.—text of Núñez; On f. R⁴v.: «Aqui se acaba la Carcel de amor.»; On f. R⁵r.: «Al muy magnifico / Señor Don Diego de / Herrera, &c. / mi Señor.», dated «De Anuers / a xxv. de Setiemb. / M.D.LVI.»: On f. R⁵v.: «Verso Elegiaco so—/bre la muerte de la Fortuna, dada / por la Virtud.»; ff. R⁵v.-R⁹r.—text of *Verso*; ff. R⁹v.-R¹⁰v.—poetry; ff. R¹¹r.-R¹²v.—blank.

BIBLIOGRAPHIES: Gallardo, II, #1069; Brunet, Vol. 5, col. 111; Gayangos, p. LXXX; Vindel, #2324; Palau, #293360; Simón Díaz, III, #5592; Peeters, #1163; Whinnom, p. 68.

CATALOGUES: Salvá, II, #1211; Heredia, #6140; Jerez, p. 95; BNP, CLXII, col. 831; BM, vol. 46, col. 861; HSA, vol. 3, p. 2790, col. a-b; Penney, pp. 160, 496; NUC, NS 008730; *Catálogo colectivo*, C, #3767.

LOCATION: Antwerp, Musée Plantin-Moretus; BNM: R/9192, R/1998, R/13601; BNP: Rés. Y². 2348; BL: 12316.a.53; HSA; Madrid, Biblioteca Real de Palacio: I.B.191; Salamanca, Biblioteca Universitaria. Real Palacio copy has ex-libris «Ex biblioth. Franc. Ott. Lerepʰhere. 1645». BNM copy R/1998 has ex-libris D. Cayetano Alberto de la Barrera and measures 109 (115)×54 mm.; it also has the *Questión* title page dated 1598, but the *Cárcel* title page reads 1556. BNM copy R/9192 has ex-libris «BIBLIOT. DE LOS CAROS. Valencia» and ends with f. R⁹. BNM copy R/13601 has ex-libris Gayangos.

1.24

TITLE PAGE: *QVESTION / DE AMOR, / Y / CARCEL DE AMOR.* / [Printer's Device: two storks, «TVTISSIMA VIRTVS PIETAS HOMINI» (36×28 mm.)] / EN ANVERS / En casa de Phillipo Nucìo, a la / enseña de las dos Cigueñas. / M.D.LXXVI.

COLOPHON: None.

DESCRIPTION: 12°; Signs. A-R¹²; 204 ff. unn. in two parts (121 ff. and 83 ff.); 2 title pages, one at the beginning of each part; 31 lines+head line+direction line; 109 (115)×54 mm.; Roman type; Decorated capital at the beginning of the *Cárcel* prologue, the *Questión* prologue and first two text sections, and the dedication to the poetry; Printer's device on each of the title pages; Poetry in smaller italic print.

CONTENTS: *Questión de amor, Cárcel de amor,* continuation of Núñez, and *Verso Elegiaco sobre la muerte de la Fortuna, dada por la Virtud:* f. A¹r.—title page; f. A¹v.—«Lo que en este libro se con—/tiene es lo siguiente.»; ff. A²r.-A²v.—prologue of *Questión;* ff. A³r.-L¹v.—text of *Questión;* f. L²r.—Second title page: «CARCEL / DE AMOR, / del cumplimiento de / Nicolas Nuñez. / [Printer's Device: two storks, «TVTISSIMA VIRTVS PIETAS HOMINI» (36×28 mm.)] / EN ANVERS / En casa de Phillippo Nucio, a la / enseña de las dos Cigueñas. / M.D.LXXVI.»; f. L²v.—incipit; ff. L²v.-L³v.—prologue; ff. L³v.-Q¹v.—text; On f. Q¹v.: «Aqui se acaba el carcel de amor.»; On f. Q²r.: «Siguese el tratado / que hizo Nicolas nuñez sobre el que / Diego de sant Pedro compuso de Le—/riano y Laureola, llamado Car=/cel de amor.»; ff. Q²r.-R⁴v.—text of Núñez; On f. R⁴v.: «Aqui se acaba la Carcel de amor.»; On f. R⁵r.: «Al muy magnifico / Señor Don Diego de / Herrera, &c. / mi Señor.» dated «De Anuers / a xxv. de Setiemb. M.D.LVI»; On f. R⁵v.: «Verso Elegiaco so—/bre la muerte de la Fortuna, dada / por la Virtud.»; ff. R⁵v.-R⁹r.—*Verso Elegiaco;* ff. R⁹v.-R¹⁰v.—poetry; ff. R¹¹r.-R¹²v.—blank.

BIBLIOGRAPHIES: Brunet, vol. 5, col. 111; Palau, #2993363, #243266; Peeters, #1166; Whinnom, p. 68.

CATALOGUES: Salvá, II, #1212; Ticknor, p. 320; Jerez, p. 95; BM, vol. 46, col. 861; HSA, vol. 3, p. 2790, col. b; Penney, pp. 160, 496; NUC, NS 0087831; *Catálogo colectivo,* C, #3768.

LOCATION: BNM: R/30476, U/752; Boston Public Library: D.150.a.27 (Ticknor Collection); BL: 1074.a.15 and 245.b.29; Brussels, Royal Library; HSA; Poitiers, City Library. BNM copy U/752 has ex-libris Usoz and ends with f. R¹⁰.

## 1.25

TITLE PAGE: [*Cárcel de amor*]

COLOPHON: Unknown. [Salamanca, 1580]

DESCRIPTION: 12°.

CONTENTS: Unknown.

BIBLIOGRAPHIES: Brunet, vol. 5, col. 111; Gayangos, p. LXXX; Palau, #293363; Simón Díaz, III, #5594; Whinnom, p. 68.

CATALOGUES: None.

LOCATION: Unknown.

## 1.26

TITLE PAGE: [*Cárcel de amor del cumplimiento de Nicolás Núñez*]

COLOPHON: Unknown. [Lovain, Roger Velpio, n.d., but 1580]

DESCRIPTION: 12°.

37

CONTENTS: *Cárcel de amor* and continuation of Núñez. Possibly *Questión de amor*.

BIBLIOGRAPHIES: Brunet, vol. 5, col. 111; Gayangos, p. LXXX; Whinnom, p. 68.

CATALOGUES: None.

LOCATION: Unknown.

1.27

TITLE PAGE: *QVESTION / DE AMOR, / Y / CARCEL DE AMOR.* / [Printer's Device: 2 storks, «TVTISSIMA VIRTVS PIETAS HOMINI» (59× 46 mm.)] / EN ANVERS, / En casa de Martino Nucio, / à la enseña de las dos Cigueñas. / M.D.XCVIII.

COLOPHON: None.

DESCRIPTION: 12°; Signs. A-I¹², K⁴, A-F¹², G² (2 vols. in one); 2 title pages; 221 pp. nn.+1 f.+135 pp. nn.+6 ff.
First Part: Signs. A-I¹², K⁴; 221 pp. nn.+1 f.; 31 lines+head line+ +direction line; 104 (110)×56 mm.; Roman print; Section headings in italic print; Decorated capital at the beginning of the first section of *Questión* text; Printer's device on title page.
Second part: Signs. A-F¹², G²; 135 pp. nn.+6 ff.; 31 lines+head line+direction line; 104 (110)×56 mm.; Roman print; Section headings in italic print; Decorated capital at the beginning of the *Cárcel* prologue; Poetry in smaller italic type; Printer's device on title page.

CONTENTS: *Questión de amor, Cárcel de amor,* continuation of Núñez, and *Verso elegiaco sobre la muerte de la Fortuna, dada por la Virtud*: f. A¹r.—title page; f. A¹v.—«Lo que en este presente libro se / contiene es lo si- guiente.»; pp. 3-4—prologue of *Questión*; pp. 5-221—text of *Questión*; ff. K³v.-K⁴v.—blank; f. A¹r.—Second title page: «CARCEL / DE AMOR, DEL / CVMPLIMIENTO DE / NICOLAS NUÑEZ. / [Printer's Device: 2 storks, «TVTISSIMA VIRTVS PIETAS HOMINI» (48×37 mm.)] / EN ANVERS, / En casa de Martin Nucio, / à las dos Cigueñas, / M.D.XCVIII.»; f. A¹v.—blank; p. 3—incipit; pp. 3-4—prologue; pp. 5- 110—text of *Cárcel*; On p. 110: «Aqui se acaba el carcel de amor. / SIGVESE EL TRA−/TADO QVE HIZO NICO−/las Nuñez sobre el que Diego de sant / Pedro compuso de Leriano y / Laureola, llamado Car−/cel de amor.»; pp. 110-135—text of Núñez; On p. 135: «Aqui se acaba la Carcel de Amor.»; f. F⁸v.—Dedication: «Al muy magnifico Señor / Don Diego de Herrera, / &c. mi Señor.», dated «De Emberes / à xxv. de Setiemb. / M.D.LVI.»; ff. F⁹r.-G¹r.—«Verso Elegiaco so=/bre la muerte de la Fortuna, dada / por la Virtud»; ff. G¹v.-G²v.—poetry.

BIBLIOGRAPHIES: Gallardo, I, #1071; Brunet, vol. 5, col. 111; Gayangos, p. LXXX; Vindel, #2751; Palau, #243466, #263359; Peeters, #1167; Whinnom, p. 68.

CATALOGUES: Heredia, #2696; Hiersemans, NS4/16; BNP, CLXII, col. 831; BM, vol. 46, col. 862; HSA, vol. 3, p. 2790, col. b; Penney, pp. 160, 496; NUC, NS 008783; Doublet, p. 118.

LOCATION: Antwerp, Musée Plantin-Moretus; BNM: R/1998, R/7105; BNP: Y².11028; BL: 12490.df.1; Brussels, Royal Library; HSA; Rouen, Bibliothèque Municipale: Mf.P.12880; Yale U., Beinecke Library:

He48/18. BNM copy R/7105 has ex-libris «Dⁿ Jph. Nicolas de Azura». BNM copy R/1998 has ex-libris D. Cayetano Alberto de la Barrera and measures 109 (115)×54 mm.; it also is dated 1598 on the *Questión* title page and 1556 on the *Cárcel* title page.

## 1.28

TITLE PAGE: *CARCEL / DE AMOR, DEL / CVMPLIMIENTO DE / NICOLAS NUÑEZ.* / [Printer's Device: 2 storks, «TVTISSIMA VIRTVS PIETAS HOMINI» (43×37 mm.)] / EN ANVERS. / En casa de Martin Nucio, / à las dos Cigueñas, / M.D.XCVIII.

COLOPHON: None.

DESCRIPTION: 12°; Signs. A-F¹², G²; 135 pp. nn.+6 ff.; 31 lines+head line+direction line; 104 (110)×56 mm.; Roman print; Section headings in italic print; Decorated capital at the beginning of the *Cárcel* prologue; Printer's device on title page; Poetry in smaller italic type.

CONTENTS: *Cárcel de amor,* the continuation of Núñez, and *Verso elegiaco sobre la muerte de la Fortuna, dada por la Virtud:* f. A¹r.—title page; f. A¹v.—blank; p. 3—incipit; pp. 3-4—prologue; pp. 5-110—text of *Cárcel;* On p. 110: «Aqui se acaba el carcel de amor. / SIGVESE EL TRA−/TADO QUE HIZO NICO−/las Nuñez sobre el que Diego de sant / Pedro compuso de Leriano y / Laureola, llamado Car−/cel de amor.»; pp. 110-135—text of Núñez; On p. 135: «Aqui se acaba la Carcel de Amor.»; f. F⁸v.—Dedication: «Al muy magnifico Señor / Don Diego de Herrera, / &c. mi Señor.», dated «De Emberes / à xxv. de Setiemb. / M.D.LVI.»; ff. F⁹r.-G¹r.—«Verso Elegiaco so−/bre la muerte de la Fortuna, dada / por la Virtud»; f. G¹v.-G²v.—poetry.

BIBLIOGRAPHIES: Palau, #293368; Simón Díaz, III, #5593.

CATALOGUES: *Catálogo colectivo,* S, #276.

LOCATION: BNM: R/7612; Santander, Biblioteca de Menéndez y Pelayo: R-III-3-10. BNM copy has ex-libris: «Bibliot. de los Caros / Valencia.»

N.B.: This edition appears to be the second part of the *QVESTION DE AMOR Y CARCEL DE AMOR.* Anvers, Martin Nucio, 1598, but bound separately.


## Bilingual Editions

### 2.1

TITLE PAGE: *CARCEL / DE AMOR. / LA PRISON / D'AMOVR.* / En deux langages, Espaignol & Fran−/cois, [sic] pour ceulx qui uouldront / apprendre l'un par / l'autre. / [printer's ornament] / AVEC PRIVI-LEGE. / A PARIS. / Pour Gilles Corrozet, tenant sa boutique en / la grand' salle du Palais pres la / chambre des consultations. / 1552.

COLOPHON: None.

DESCRIPTION: 12°; Signs. A-T⁸; 160 ff. unn.; 26 lines+head line+direction line; 87 (94)×47 mm.; Spanish text in Roman type on verso of folio and

French text in italic print on recto of folio; Spanish section headings in italic and French headings in Roman type; Decorated capital at the beginning of many text sections.

CONTENTS: *Cárcel de amor:* f. A¹r.—title page; ff. A¹v.-T⁸r.—text of *Cárcel;* f. T⁸v.—blank.

BIBLIOGRAPHIES: Foulché-Delbosc, I, #151; Palau, #293357; Simón Díaz, III, #5632; Whinnom, p. 68.

CATALOGUES: BM, vol. 212, col. 848; HSA, vol. 9, p. 8254, col. b; NUC, NS 0087835.

LOCATION: Bibliothèque de l'Arsenal, Paris: B.L.17645.8°; BL: 245.a.30; HSA.

## 2.2

TITLE PAGE: *CARCEL / DE AMOR. / LA PRISON / D'AMOVR. / En deux langages, Espaignol & Fran—/çois, pour ceulx qui vouldront / apprendre l'un par / l'autre. / [Printer's Device: «FORTVNA ROTAT OMNE FATVM 1555»] / EN ANVERS, / Chez Iehan Richart au soleil d'or / M.D.LV.*

COLOPHON: Unknown.

DESCRIPTION: Unknown.

CONTENTS: *Cárcel de amor.*

BIBLIOGRAPHIES: Whinnom, p. 68.

CATALOGUES: None.

LOCATION: Unknown.

## 2.3

TITLE PAGE: *CARCEL / DE AMOR. / LA PRISON / D'AMOVR. / En deux langages, Espaignol & Fran—/çois, pour ceulx qui vouldront / apprendre l'un par / l'autre. / [Printer's Device: Nude Fortune on rock in the sea casts his cape to the wind, «FORTVNA ROTAT OMNE FATVM 1555» (47×36 mm.)] / EN ANVERS, / Chez Iehan Richart au Soleil d'or / M.D.LVI.*

COLOPHON: None.

DESCRIPTION: 12°; Signs. A-K¹², L⁶; 126 ff. unn.; 31 lines+head line+direction line; 96 (102)×47 mm.; Spanish text on verso of folio in Roman type, and French text on recto of folio in italic print; Spanish section headings in italic and French headings in Roman type; Decorated capital at the beginning of many text sections; Printer's device on title page.

CONTENTS: *Cárcel de amor:* f. A¹r.—title page; ff. A¹v.-L⁶r.—text of *Cárcel;* f. L⁶v.—blank.

BIBLIOGRAPHIES: Gayangos, p. LXXX; Palau, #293359; Simón Díaz, III, #5633; Whinnom, p. 68.

CATALOGUES: *Catálogo colectivo,* S, #266.

LOCATION: BNM: R/7639 and R/13624. BNM copy R/13624 is from the library of Gayangos. On the spine of R/13624 is the date 1556, on the inside leaf in script is the date 1560, and on the title page is M.D.LVI., but the *LVI* is very faint. R/7639 is identical and clearly says M.D.LVI.

**2.4**

TITLE PAGE: *CARCEL / DE AMOR. / LA PRISON / D'AMOVR.* / En deux langages, Espaignol & Fran—/çois, pour ceulx qui vouldront / apprendre l'un par / l'autre. / [Printer's Device: Nude Fortune on rock in the sea casts his cape to the wind, «FORTVNA ROTAT OMNE FATVM 1555» (48×36 mm.)] / EN ANVERS, / Chez Iehan Richart au Soleil d'or. / M.D.LX.

COLOPHON: None.

DESCRIPTION: 12°; Signs. A-K¹², L⁶; 126 ff. unn.; 32 lines+head line+direction line; 105 (108)×47 mm.; Spanish text on verso of folio in Roman type and French text on recto of folio in italic print; Spanish section headings in italic and French headings in Roman type; Decorated capital at the beginning of many text sections; Printer's device on title page.

CONTENTS: *Cárcel de amor:* f. A¹r.—title page; ff. A¹v.-L⁶r.—text of *Cárcel;* f. L⁶v.—blank.

BIBLIOGRAPHIES: Brunet, Supplement, col. 585; Gayangos, p. LXXX; Foulché-Delbosc, I, #249; Palau, #293361; Simón Díaz, III, #5634; Peeters, #1164-65; Whinnom, p. 68.

CATALOGUES: *Catálogo colectivo*, S, #267.

LOCATION: Louvain, Personal library of J. Peeters-Fontainas; Oviedo, Biblioteca Universitaria: R.33.429.

N.B.. This edition was shared with Iehan Bellere au Faulcon (2.5).

**2.5**

TITLE PAGE: *CARCEL / DE AMOR. / LA PRISON / D'AMOVR.* / En deux langages, Espaignol & Fran—/çois, pour ceulx qui vouldront / apprendre l'un par / l'autre. / [Printer's Device: «CORONA IVTITIAE DEVS» (39×39 mm.)] / EN ANVERS. / Chez Iehan Bellere au Faulcon. / M.D.LX.

COLOPHON: None.

DESCRIPTION: Same as 2.4.

CONTENTS: Same as 2.4.

BIBLIOGRAPHIES: Peeters, #1164.

CATALOGUES: None.

LOCATION: Louvain, Personal Library of J. Peeters-Fontainas.

N.B.: Shared edition with 2.4.

2.6

TITLE PAGE: *CARCEL / DE AMOR. / LA PRISON / D'AMOVR.* / En deux langages, Espaignol & François, / pour ceux qui voudront apprendre l'vn / par l'autre. / [Printer's Device: Decorated serpent eating its tail under a sky forms the frame around the phrase «RLM / BENEDICES CORONAE ANNI BENIGNITATIS TVAE / PSAL. 64» (40×35 mm.)] / A PARIS, / Pour Robert le Mangnier, rue neuue nostre Dame, / à Limage S. Iean Baptiste, Et au Palais en la / gallerie par ou on va à la Chancellerie. / 1567.

COLOPHON: None.

DESCRIPTION: 16°; Signs. A-Y⁸; 352 pp. nn.; 23 lines+head line+direction line; 91 (98)×57 mm.; Spanish text in Roman type on verso of folio and French text on recto of folio in italic print; Spanish section headings in italic and French headings in Roman type; Decorated capital at the beginning of the first section of *Cárcel* text and the beginning of the *Epitaphes;* Printer's device on title page.

CONTENTS: *Cárcel de amor* and *Epitaphes singvliers de plusieurs Dames Illustres, traduitz d'Italien en François:* f. A¹r.—title page; pp. 2-343—text of *Cárcel;* pp. 344-52—*Epitaphes.*

BIBLIOGRAPHIES: Gayangos, p. LXXX; Foulché-Delbosc, I, #329; Palau, #293362; Simón Díaz, III, #5635; Whinnom, p. 68.

CATALOGUES: Salvá, II, #1674; Heredia, II, #2471; BM, vol. 212, col. 848.

LOCATION: BL: 12489.a.12. BL copy has ex-libris «Biblioteca de Salvá».

2.7

TITLE PAGE: [*CARCEL DE AMOR. LA PRISON D'AMOVR.* En deux langages, Espaignol & François, pour ceux qui voudront apprendre l'vn par l'autre. A PARIS, Pour Gilles Corrozet, 1567]

COLOPHON: Unknown.

DESCRIPTION: 12°.

CONTENTS: Unknown.

BIBLIOGRAPHIES: Foulché-Delbosc, I, #330; Palau, #293362; Whinnom, p. 68.

CATALOGUES: None.

LOCATION: Unknown.

N.B.: Foulché-Delbosc cites the bibliographical source *Bulletin de la Librairie Damascène Morgand,* I, 2617.

2.8

TITLE PAGE: *CARCEL / DE AMOR. / LA PRISON / D'AMOVR.* / En deux langages, Espaignol & François, / pour ceux qui voudront apprendre / l'vn par l'autre. / [Printer's Device: Decorated serpent eating its tail under a sky forms the frame around the phrase «RLM / BENEDICES CORONAE ANNI BENIGNITATIS TVAE / PSAL. 64» (41×35 mm.)] / A PARIS, / Pour Robert le Mangnier, Ruë nenfue nostre / Dame à l'image sainct Iean Baptiste: & en / sa boutique au Palais, en la Galleriepar / ou on va à la Chancellrie. / 1581.

COLOPHON: None.

DESCRIPTION: 16°; Signs. A-Y⁸; 352 pp. nn.; 22 lines+head line+direction line; 92 (99)×58 mm.; Spanish text in Roman type on verso of folio and French text in italic print on recto of folio; Spanish section headings in italic and French section headings in Roman print; Decorated capital at the beginning of the *Cárcel* and the *Epitaphes*; Printer's device on title page.

CONTENTS: *Cárcel de amor* and *Epitaphes singvlieres de plusieurs Dames Illustres, traduitz d'Italien en François:* f. A¹r.—title page; pp. 2-343—text of *Cárcel*; pp. 344-52—*Epitaphes singvlieres.*

BIBLIOGRAPHIES: Gayangos, p. LXXX; Foulché-Delbosc, I, #517; Palau, #293364; Simón Díaz, III, #5636; Whinnom, p. 68.

CATALOGUES: None.

LOCATION: Bibliothèque de l'Arsenal, Paris: 8°.B.L.29581. Arsenal copy has page 224 mislabeled 244.

2.9

TITLE PAGE: [*CARCEL DE AMOR. LA PRISON D'AMOVR.* En deux langages, Espaignol & François, pour ceux qui voudront apprendre l'vn par l'autre. A PARIS, Pour Galio L'Corrozet, en la grande salle du Palais joignant les consultations, 1581.]

COLOPHON: Unknown.

DESCRIPTION: 16°.

CONTENTS: *Cárcel de amor.*

BIBLIOGRAPHIES: Palau, #293364; Whinnom, p. 68.

CATALOGUES: Maggs, #943.

LOCATION: Unknown.

N.B.: Palau gives the location as the Biblioteca Pública de Gijón, but the library at Gijón has no record of the edition. It may possibly have belonged to the library of Jovellanos, housed at Gijón, and destroyed during the Civil War.

2.10

TITLE PAGE: *CARCEL* / *DE AMOR.* / *LA PRISON.* / *d'Amour.* / En deux langages, Espaignol & / François, pour ceux qui / voudront aprendre l'vn / par l'autre. / [Woodcut: Winged cupid with lighted torch on left approaching a woman, on the right, who rejects his approach (31×52 mm.)] / A LYON, / Pour Benoist Rigaud. / 1583.

COLOPHON: None.

DESCRIPTION: 16°; Signs. A-S⁸; 283 pp. nn.; 28 lines+head line+direction line; 92 (98)×48 mm.; Spanish text in Roman type on verso of folio, and

French text in italic type on recto of folio; Spanish section headings in italic and French headings in Roman print; Decorated capital at the beginning of most sections of the *Cárcel* text; Woodcut on title page.

CONTENTS: *Cárcel de amor:* f. A¹r.—title page; pp. 2-283—text of *Cárcel;* ff. S⁴v.-S⁸v.—blank.

BIBLIOGRAPHIES: Gayangos, p. LXXX; Foulché-Delbosc, I, #535; Palau, #293365; Simón Díaz, III, #5637; Whinnom, p. 68.

CATALOGUES: Salvá, II, #11675; BNP, CLXII, col. 832; *Catálogo colectivo*, S, #268.

LOCATION: BNM: R/7638; BNP: 8°Y²52479.

2.11

TITLE PAGE: [*CARCEL DE AMOR. LA PRISON. D'AMOVR.* En deux langages, Espaignol & François, pour ceux qui voudront apprendre l'vn par l'autre. A PARIS, Pour Galliot Corrozet, 1587.]

COLOPHON: Unknown.

DESCRIPTION: 12°.

CONTENTS: *Cárcel de amor.*

BIBLIOGRAPHIES: Palau, #293367.

CATALOGUES: None.

LOCATION: Unknown.

2.12

TITLE PAGE: *CARCEL / DE AMOR. / LA PRISON / D'AMOVR.* / En deux langages, Espaignol & François, pour / ceux qui voudront apprendre l'vn par / l'autre. / [Printer's Device: Two Grecian women, accompanied by two angels, stand under the face of God appearing from the sky and hold a heart with a burning flame within. In the sky appear the words: «PROBA ME DEVS ET SCITO COR MEVM» and «N.B.» (42×42 mm.)] / A PARIS. / Par NICOLAS Bonfons, rue neuue / nostre Dame, Enseigne S. Nicolas. / 1594.

COLOPHON: None.

DESCRIPTION: 12°; Sign. A⁸, B⁴, C⁸, D⁴ [...], X⁸, Y⁴, Z⁸, Aa⁴; 288 pp. nn.; 26 lines+ head line; 107 (110)×59 mm.; Spanish text on recto of folio in Roman type and French text on verso of folio in italic print; Spanish section headings in italic print and French headings in Roman print; Decorated capital at the beginning of many text sections; Printer's device on title page.

CONTENTS: *Cárcel de amor* and *Elegies*: f. A¹r.—title page; f. A¹v.—blank; pp. 2-278—text of *Cárcel*; pp. 279-88—*Elegies*; f. Aa⁴—blank.

BIBLIOGRAPHIES: Foulché-Delbosc, I, #650; Palau, #293367; Simón Díaz, III, #5638; Whinnom, p. 68.

CATALOGUES: BNP, CLXII, col. 832; *Catálogo colectivo*, S, #269.

LOCATION: BNM: R/3795; BNP: Z. Payen. 598; Madrid, Real Academia de Lengua Española: 22.XI.24; Naples, Nazionale: 40-B-63. BNM copy ends on

Z⁶v. and has only 278 pp. nn. and does not include the *Elegies*. The R/3795 copy also lacks pp. 4, 5, 10, 11.

## 2.13

TITLE PAGE: *CARCEL / DE AMOR. / LA PRISON / D'AMOVR.* / En deux langages, Espagnol & François, / pour ceux qui voudront apprendre / l'vn par l'autre. / [Printer's Device: Heart with rose inscribed is surrounded by the words, «IN CORDE PRVDENTIS REQVIESCIT SAPIENTIA P 14» (46×40 mm.)] / A PARIS, / Pour Galiot Corrozet, en la grande salle du / Palais, ioignant les Consultations. / 1595.

COLOPHON: None.

DESCRIPTION: 12°; Signs. A-Z⁸, Aa⁵; 378 pp. nn.; 21 lines+head lines+direction line; 87 (95)×55 mm.; Spanish text in Roman type on verso of folio and French text in italic print on recto of folio; Spanish section headings in italic print and French headings in Roman print; Decorated capital at beginning of *Cárcel* and *Elegies;* Printer's device on title page.

CONTENTS: *Cárcel de amor* and *Elegies:* f. A¹r.—title page; pp. 2-367—text of *Cárcel;* p. 368—blank; pp. 369-77—*Elegies;* f. Aa⁵v.—blank.

BIBLIOGRAPHIES: Gayangos, p. LXXX; Foulché-Delbosc, I, #652; Palau, #293367; Simón Díaz, III, #5639; Whinnom, p. 68; *Spanish Golden Age*, p. 432.

CATALOGUES: BNP, CLXII, col. 832; NUC, NS 0087832; *Catálogo colectivo*, S, #270.

LOCATION: BNM: R/7603; BNP: Rés. Inv. Y².2349; Urbana, University of Illinois Library: 862.S22.0cl595. BNP copy has manuscript corrections of faulty Spanish spellings.

## 2.14

TITLE PAGE: [*CARCEL DE AMOR. LA PRISON D'AMOVR.* En deux langages, Espagnol & François, pour ceux qui voudront apprendre l'vn par l'autre. Paris, 1598]

COLOPHON: Unknown.

DESCRIPTION: Unknown.

CONTENTS: *Cárcel de amor.*

BIBLIOGRAPHIES: Whinnom, p. 68.

CATALOGUES: None.

LOCATION: Unknown.

## 2.15

TITLE PAGE: [*CARCEL DE AMOR. LA PRISON D'AMOVR.* En deux langages, Espagnol & François, pour ceux qui voudront apprendre l'vn par l'autre. Lyon, 1604]

COLOPHON: Unknown.

DESCRIPTION: 8°.

CONTENTS: *Cárcel de amor.*

BIBLIOGRAPHIES: Palau, #293369; Whinnom, p. 68.

CATALOGUES: None.

LOCATION: Unknown.

2.16

TITLE PAGE: *CARCEL / DE AMOR. / LA PRISON / D'AMOVR.* / En deux langages, Espagnol & François, / pour ceux qui voudront apprendre / l'vn par l'autre. / [Printer's Device: Neptune with two tails—«I.B.» (24×26 mm.)] / A PARIS, / Imprimé par IACQVES BESSIN, au / bas de la rüe de la Harpe, deuant / les trois trompettes. / M.DC.XVI.

COLOPHON: None.

DESCRIPTION: 12°; Signs. A-Z⁸; 367 pp. nn.; 21 lines+head line; 87 (90)+58 mm.; Spanish text on verso of folio in Roman type, and French text on recto of folio in italic print; Spanish headings in italic and French headings in Roman print; Decorated capital at the beginning of the text; Printer's device on title page.

CONTENTS: *Cárcel de amor:* f. A¹r.—title page; pp. 2-367—text of *Cárcel;* f. Z⁸v.—blank.

BIBLIOGRAPHIES: Gayangos, p. LXXX; Palau, #293370; Simón Díaz, III, #5640; Whinnom, p. 68.

CATALOGUES: HSA, vol. 9, p. 8254, col. b; Penney, p. 496; Doublet, p. 118.

LOCATION: BNM: R/13632; HSA; Rouen, Bibliothèque Municipale: O.2425. BNM copy has ex-libris Gayangos.

N.B.: Shared edition with 2.17.

2.17

TITLE PAGE: *CARCEL / DE AMOR. / LA PRISON / D'AMOVR.* / En deux langages, Espagnol & François / pour ceux qui voudront apprendre / l'vn par l'autre. / [Printer's Device: Neptune with two tails—«I.B.» (24× ×27 mm.)] / A PARIS, / Chez IEAN CORROZET, dans la / Cour du Palais, / au pied des degrez / de la saincte Chapelle. / M.DC.XVI.

COLOPHON: None.

DESCRIPTION: 16°; Signs. A-Z⁸; 367 pp. nn.; 21 lines+head line+direction line; 88 (92)×58 mm.; Spanish text on verso of folio in Roman type and French text on recto of folio in italic print; Spanish section headings in italic and French headings in Roman print; Decorated capital at the beginning of the *Cárcel* text; Printer's device on title page.

CONTENTS: *Cárcel de amor:* f. A¹r.—title page; pp. 2-367—text of *Cárcel;* f. Z⁸v.—blank.

BIBLIOGRAPHIES: Gayangos, p. LXXX; Foulché-Delbosc, II, #969; Vaganay, #910; Palau, #293370; Simón Díaz, III, #5640; Whinnom, p. 68.

CATALOGUES: Jerez, p. 134; BM, vol. 212, col. 848; HSA, vol. 9, p. 8254, col. b; Penney, p. 496; NUC, NS 0087835.

LOCATION:   BL: 1074.a.16; HSA.

N.B.:   Shared edition with 2.16.

2.18

TITLE PAGE:   [*CARCEL DE AMOR. LA PRISON D'AMOVR.* En deux langages, Espagnol & François, pour ceux qui voudront apprendre l'vn par l'autre. Anvers, Chez Jehan Bellere au Falcon, 1650]

COLOPHON:   Unknown.

DESCRIPTION:   12°; 126 ff.

CONTENTS:   *Cárcel de amor.*

BIBLIOGRAPHIES:   Palau, #293371; Whinnom, p. 68.

CATALOGUES:   None.

LOCATION:   Unknown.

MODERN EDITIONS

The modern editions of *Cárcel de amor* all follow the first known edition (Sevilla, 1492) as the basic text. The only editions which carefully reproduce Sevilla 1492 without taking any liberties regarding modernization of spelling, orthography, or linguistic forms, are the Foulché-Delbosc (1904) and the facsimile edition by Pérez Gómez. The 1904 edition does, however, modernize the punctuation and paragraphing; yet the rest, even the errata, are faithfully transcribed. Foulché-Delbosc only emended those cases where words had been fused together: i.e., *trasí* becomes *tras sí*. Niether of the two transcriptions (Foulché-Delbosc's or the facsimile) annotates the text.

In 1907, Menéndez y Pelayo published the first annotated edition. Menéndez y Pelayo's edition provided the basis for the editorial standards of subsequent editions. The 1907 emendations may be either accepted or rejected by the other editors, but they are always taken into consideration. The notes don Marcelino added to the text are few; he modernized the punctuation and paragraphing, yet maintained the original spellings, orthography, and forms. The obvious errors of the Sevilla 1492 text are corrected and many confusing and ambiguous items are clarified: e.g., *se esforçaua* for *se forçaua*. Unfortunately, his edition also modifies items unnecessarily without noting the deviation from the original text, for example:

| SEVILLA 1492 | MENENDEZ Y PELAYO |
|---|---|
| y para cometer al que lo leuaua | y para acometer al que lo leuaua (p. 2a) |
| cosa tan fuera de su condición | cosa tan fuera de tu condición (p. 9a) |

Menéndez y Pelayo also stated that the Sevilla 1492 edition, in the Queen's speech to Laureola, read «quiero que mis errores conprehendiesen tu innocencia.» He then corrected the text, maintaining that it should read «quiso que mis errores conprehendiesen tu innocencia» (Menéndez y Pelayo, p. 17b, note 1). In fact, however, the 1492 text does indeed read *quiso* and apparently don Marcelino misread the passage.

The 1912 edition of the Biblioteca Renacimiento, like the 1918 edition of the Biblioteca de Autores Célebres and that of Rubió Balaguer, modernized the punctuation, paragraphing, orthography, and spelling of the Sevilla 1492 text. These three editions correct obvious and assumed errata: for example, the original *trasí* becomes *tras sí; se forçaua* is changed to *esforçaua;* «no osare el coraçón enprender estando tú en él» becomes «no osara el corazón enprender estando tú en él» and «ni pude entenderlas ni saber dezirlas» is changed to «ni pude entenderlas ni sabré decirlas.» Also the editions use modern spellings, forms, and orthography: the original *corónica* becomes *crónica; perlado, prelado; estó, estoy; auíe, había.* Neither edition annotates the text, and Rubió Balaguer's edition even rearranged the text by reducing the epigraph to a single line («Al Sr. Don Diego Hernández Alcaide de los Donceles»), and placing the author's name as a signature after the prologue — all without footnoting the alteration of the original.

After Menéndez y Pelayo, Gili Gaya published the next annotated edition of the *Cárcel de amor*. The Gili Gaya edition also bases itself on the Sevilla 1492 and modernized the punctuation and paragraphing of the text. Besides correcting obvious errors, it annotates many ambiguous phrases and, for the most part, points out and discusses those items which have been changed from the original; however, Gili Gaya tacitly altered some passages without any explanation, for example:

| SEVILLA 1492 | GILI GAYA |
|---|---|
| para cometer al que lo leuaua | para someter al que lo levava (p. 117) |
| no se puedan en los hombre escusar | no se pueden en los honbres escusar (p. 122) |
| por padecer que la muerte para acabar | por padecer que la muerte por acabar (p. 124) |
| como la meior parte de su persona le viese perdida | como la meior parte de su persona la viese perdida (p. 152) |
| más ay pena que cargo | más ay pena que carga (p. 162) |
| siguiendo la razón establécenles secución | siguiendo la razón establéceles secución (p. 165) |
| en tanto la tenían | en tanto las tenían (p. 193) |
| son enemigas de mi fama | son enemigos de mi fama (p. 187) |
| sotilizan todas las cosas | fertilizan todas las cosas (p. 200) |
| aver espíritu de profecía | aver espíritu de profecías (p. 204) |

None of the above changes can be found in any other sixteenth-century editions, except the «meior parte de su persona la viese perdida» which also occurs in the bilingual editions. The majority of the alterations simply represent Gili Gaya's personal emendations which he failed to footnote in the text.

Like Menéndez y Pelayo, Gili Gaya also included spurious readings of the original. For example, his edition reads «porque segund quedo, más estó en disposición de acabar la vida que de desculpar las razones» (p. 142), yet a footnote explains that the original only reads *qdo* which Foulché-Delbosc interpreted as *quando;* Menéndez y Pelayo, as *quedo;* and Gili Gaya followed the latter reading. Actually, the Sevilla 1492 reads *q̄do,* which is the correct abreviation for *quedo.* There is no doubt regarding the reading, for if the text were to read *quando,* the abbreviation would be *q̈ndo* or *quãdo.*

The editions of Uyá and Souto basically follow the Gili Gaya text without recognizing their source, yet rarely varying from the Gili Gaya reading. Whinnom's text is the only edition to correct errata, annotate the text, maintain original spelling and forms, and take into consideration other fifteenth- and sixteenth-century editions, though his references to other early editions are few and vague. When comparative readings were mentioned (e.g., notes 193, 199, 203, 206, 212, 229, 242, and 251), he never cited specific editions, but rather globally referred to «the sixteenth-century editions,» «some of the sixteenth-century editions,» or «the editions of the second half of the sixteenth-century.» Whinnom modernized the punctuation, orthography, and paragraphing, and, for the most part, noted those cases where he changed or emended the Sevilla 1492 edition. Nevertheless, there are instances when deviations slip by unnoticed and without clarification: e.g., «son enemigos de mi fama» (p. 153) reads *enemigas* in the original. On the whole, though, Whinnom's edition is the most thorough and careful effort made to date to edit *Cárcel de amor.*

Like Whinnom, Moreno Báez also modernized the Sevilla 1492 edition in punctuation, paragraphing, and orthography. He clarified errata and generally noted all deviations from the original text; however, once again, we find unexplained, unnoted alterations.

| SEVILLA 1492 | MORENO BAEZ |
|---|---|
| matarié la fama | mataría la fama (p. 101) |
| pensaua que sacarle a Laureola | pensaua que sacaríe a Laureola (p. 106) |
| hazer servicio a Laureola quitándola de enojos | hazer servicio quitándola de enojos (p. 118) |
| estudiamos todas las obras de nobleza | estuaimos todas las obras de nobleza (p. 126) |

Incorrect readings of the original also appear. Moreno Báez wrote *timbra* where the 1492 text has the erratum *tinibra* for *tiniebra* (p. 80); *fuersa* (p. 138), where the original reads *fueron;* and the colophon is inaccurately copied as «año 1492» when in fact it reads «año de 1492.»

From this brief review of the modern editions, it is clear that Hispanic studies lack a critical edition of *Cárcel de amor.* A serious collation of all early editions, a thorough textual annotation, and a careful conservation of the original language of the romance needed to be undertaken.

# STEMMA

The filiation of the *Cárcel de amor* witnesses represents a complex textual problem. Since there are no extant manuscripts of the work, we must rely solely on printed editions for the collation and for establishing the stemma. In the fifteenth century there were two Spanish editions and one Catalan translation; in the sixteenth century one finds recorded twenty-six Spanish editions, fourteen bilingual Spanish/French editions, and various Italian, French, and English translations. In the early seventeenth century, four more bilingual editions and a German translation were printed.[1] Of the total reported early editions, thirty-four can be located, and twelve remain only as footnotes to the vast dissemination of the *Cárcel*.

In the analysis of the stemmatic relationship, the early editions will be referred to by the following symbols.[2]

## Spanish Editions

A   Sevilla: Quatro conpañeros alemanes [Paulus de Colonia, Johann Pegnitzer, Magnus Herbst, Thomas Glockner], 1492.

B   Burgos: Fadrique Aleman de Basilea, 1496.

C   Toledo: Pedro Hagenbach Aleman, 1500.

D   Logroño: Arnao Guillen de Brocar, 1508.

E   Sevilla: Jacobo Cromberger, 1509.

F   Sevilla: Jacobo Cromberger, ca. 1511-16.

G   Burgos: Alonso de Melgar, 1522.

H   Zaragoza: Jorge Coci, 1523.

Hh   Zaragoza: Jorge Coci, 1523. The same as H but with a different title page.

I   Sevilla: Jacobo Cronberger Aleman, 1525.

---

[1] For the purposes of establishing the stemma, this study will principally be concerned with the editions printed in Spanish. The translations as witnesses will be important in establishing the archetype since they also can reflect early, possibly lost, editions. The translations will be referred to when they add insight into the filiation of the original-language texts. The German translation (1625) has not be considered in the collation or stemma since it is such a late edition.

[2] For a complete description of the editions see the Catalogue of Editions (pp. 16-50, above).

J    Burgos: n.p., 1526.

K    Venecia: Juan Batista Pedrezano, 1531.

L    Toledo: Juan de Ayala, 1540.

M    Medina del Campo: Pedro de Castro, 1544.

N    Enveres: Martin Nucio, 1546.

O    Medina del Campo: Pedro de Castro, 1547.

P    Paris: Hernaldo Caldera y Claudio Caldera, 1548.

Q    n.p. [Zaragoza?]: n.p. [Stevan de Nagera?], 1551.

R    Venetia: Gabriel Giolito de Ferrariis y sus hermanos, 1553.

S    Anvers: Martin Nucio, 1556.

T    Anvers: Phillippo Nucio, 1576.

U    Anvers: Martin Nucio, 1598.

Uu   Anvers: Martin Nucio, 1598. Same edition of the *Cárcel* as U, but bound separately.

*Bilingual Editions*

AA   Paris: Gilles Corrozet, 1552.

BB   Anvers: Iean Richart, 1556.

CC   Anvers: Iean Richart, 1560.

CCc  Anvers: Iean Bellere au Faulcon, 1560. Same as CC but with a different title page. Shared edition.

DD   Paris: Robert le Magnier, 1567.

EE   Paris: Robert le Magnier, 1581.

FF   Lyon: Benoist Rigaud, 1583.

GG   Paris: Nicolas Bonfons, 1594.

HH   Paris: Galiot Corrozet, 1595.

II   Paris: Iacqves Bessin, 1616.

IIi  Paris: Iean Corrozet, 1616. Same as II but with a different title page. Shared edition.

In terms of their contents, the editions show the following relationship:

| | |
|---|---|
| *Cárcel de amor.* | A |
| *Cárcel de amor* and the continuation of Núñez. | B, C, D, E, F, G, H, Hh, I, J, K, L |
| *Cárcel de amor*, the continuation of Núñez, and *Sermón de amores del maestro Fray Nidel.* | M |
| *Cárcel de amor*, the continuation of Núñez, San Pedro's *Sermón*, and other poetic works of San Pedro. | O, R |
| *Cárcel de amor*, the continuation of Núñez, and *Questión de amor.* | Q |
| *Questión de amor, Cárcel de amor*, the continuation of Núñez, and three *romances.* | N, P |

*Questión de amor, Cárcel de amor,* the continuation of
Núñez, and *Verso elegiaco.*                                  S, T, U, Uu

Bilingual *Cárcel de amor* (minus prologue).                 AA, BB, CC, CCc, FF,
                                                             II, IIi

Bilingual *Cárcel de amor* (minus prologue) and *Epitaphes.*  DD, EE

Bilingual *Cárcel de amor* (minus prologue) and *Elegies.*    GG, HH

Variants in the texts suggest several major divisions. From the archetype
$\alpha$ three separate versions derive: $\beta$, $\delta$, and $\gamma$. The $\beta$ family represents the
common ancestor of E, F, G, H, Hh, I, J, K, L, M, O, R and the bilingual
editions; the $\delta$ family is comprised of editions C, D, N, P, Q, S, T, U, Uu;
and from $\gamma$ come the first and second known editions, A and B.

For one text to derive from another, the former can not contain any
unique substantive variants.[3] For that reason it is interesting to note the
number of unique variants some editions have.

| Number of unique variants | Edition |
|:---:|:---:|
| over 100 | B, H, Hh, O |
| 75-100 | A, Q |
| 50-75 | C, M, P |
| 25-50 | E, I, K, L, R |
| 10-25 | G, J |

It would appear that none of these editions proceeds directly one from
another since not all the variants of one are contained in another. Yet, A
and B have over 90 common variants found in no other editions, for
example:

| | |
|---|---|
| A: | se forçaua |
| $\Sigma$: | esforçaua (l. 1554) |
| | |
| B: | por saluación |
| $\Sigma$: | por la saluación (l. 1296) |
| | |
| A, B: | considerado esto |
| $\Sigma$: | considerando esto (l. 30)[4] |

---

[3] W. W. Greg, «The Rationale of Copy-Text», in *Art and Error: Modern Textual
Editing* (Bloomington: Indiana University Press, 1970), p. 19, established the term
*substantive* to refer to significant, rather than accidental, readings.

[4] The notation which I will use to describe the stemma is generally adopted from
the system established by W. W. Greg, *The Calculus of Variants* (Oxford: Clarendon
Press, 1927), p. 14, «putting $\Sigma$ for 'the sum of the unspecified manuscripts'», and in
this case for 'the sum of unspecified editions'.

53

Since A and B have many exclusively shared variants, they must derive from a common ancestor:

However, there is also a slight resemblance between A, B, and C in some sixteen variants, for example:

| | |
|---|---|
| A, C: | puso estado |
| Σ: | puso en estado (l. 1068) |

| | |
|---|---|
| A, B, C: | sobre quien |
| Σ: | sobre que (l. 192) |

Since C shares variants with A, B, and with A only, it seems to be the A text, not B, which C resembles. There is no evidence of B and C sharing variants found in no other edition. B does, though, share variants with many other editions, for example:

| | |
|---|---|
| B, G, I, J, L, M, O, R, bilinguals: | quería emprender |
| Σ: | quería aprender (l. 303) |

| | |
|---|---|
| B, L, M, O, R: | con templança y contempla |
| C, D, N, S, T, U, Uu: | con templança contemplar |
| Σ: | con tenplança y contenplar (l. 1215) |

| | |
|---|---|
| B, δ: | que si en |
| Σ: | que en (l. 638) |

B has some twenty β-family related variants and twenty δ-family related variants, and, in almost every case, the variant also appeared earlier in the 1493 Catalan translation. Moreover, almost all the substantive γ variants are also present in the Catalan translation:

| | |
|---|---|
| A, B, Catalan: | de seruir (del seruir) |
| P: | del seruicie |
| Σ: | del seruicio (l. 452) |

| | |
|---|---|
| A, B, Catalan: | para vella (pera veurela) |
| O, R: | para esto |
| Σ: | para ello (l. 1109) |

| | |
|---|---|
| A, B, Catalan: | sienpre esperan; esperan en su fe (tostemps esperen. Esperen en la sua fe) |
| C: | sienpre esperen en su fe |
| Σ: | sienpre esperan en su fe (ll. 1941-42) |

The Catalan translation very closely resembles, then, the A, B texts. Also, while no unique A variants are found in the Catalan translation, many unique B variants are present in the 1493 text, for example:

B, Catalan:     En tantos estrechos (En tantes estretures)
Σ:              En tanto estrecho (l. 510)

B, Catalan:     cubiertas. cuello y testera (cuberts: coll y testera)
M:              cubiertas y cuelio y testera
Σ:              cubiertas y cuello y testera (ll. 859-60)

B, Catalan:     dígote será el más leal (dich te sera mes leal)
E:              dígote que te será más el leal
G, H, Hh, I, J, K, L, M, O, R, bilinguals:   dígote que será el más leal
Σ:              dígote que te será el más leal (l. 941)

At times, variants of β and δ texts also appear in the Catalan translation:

Catalan, δ:     desta triste cárcel (desta preso tenebrosa)
A, B:           deste triste cárcel
Σ:              de la triste cárcel (l. 222)

Catalan, β:     que con menos razón (que ab menys raho)
Σ:              que no con menos razón (ll. 1301-02)

The coincidence of β and δ variants in the Catalan translation is very slight, however.[5] The translation's general tendency is to resemble B, without the latter's unique variants. This relationship would seem to place the Catalan translation in the same line as, but previous to, the B edition since it has some, but not all, of B's variants and shares many other variants with γ.[6]

Since the similarity between A and C and B and other texts is slight and indecisive, any direct family relationship between A and B and texts other than themselves is hard to establish.[7] The A, B texts best reflect an independent branch headed by γ.

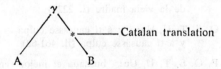

[5] It is difficult to say from where the variants which are found in both the Catalan translation and B and β or δ texts derive. They may be due to polygenesis or conflation. In any case, if we set aside the sporadic variants and analyze the coherent pattern of variants, a presumptive stemma can be suggested.

[6] Graphically there is also a relationship between the 1493 and 1496 texts. Both use the same woodcuts on the title page and within the work. The order and number of the interior woodcuts varies slightly, but all woodcuts contained in the 1493 translation are also reprinted in B.

[7] The similarity of A, B, and C and the coincidence of A and C against all other texts may be due to polygenesis or *contaminatio* (or conflation as Greg calls it). With respect to the latter, Paul Maas, *Textual Criticism,* translated from the German by Barbara Flower (Oxford: Clarendon Press, 1958), pp. 7-8, stated: «Contamination is revealed where the contaminated witness on the one hand fails to show the peculiar errors of its exemplar (having corrected them from another source), and on the other

Regarding the other editions, S, T, U, Uu share exclusively over 40 variants; N, P, S, T, U, Uu, some 10; D, N, P, S, T, U, Uu, 15; D, N, P, Q, S, T, U, Uu, over 20; and C, D, N, P, Q, S, T, U, Uu, over 80. All of this shows a great similarity between the nine editions which sets them apart from the rest. Examples of their family variants are:

C:                          porque los vnos se entiendan por honrra
Σ:                          porque los vnos se emiendan por honrra (l. 322)

D:                          Plugiesse a Dios
AA, DD, EE, GG, HH, II, IIi:  Pluguiere a Dios
Σ:                          Pluguiera a Dios (l. 1335)

P:                          honbre que te toviera menos auía de contradezìr
Σ:                          onbre que te tuuiera menos amor te auía de contradezir (l. 1808)

Q:                          Assí que dexadas más alargas
C, D, N, P, S, T, U, Uu:    Dexadas más alargas
Σ:                          Dexadas más largas (l. 664)

S, T:                       es tu esposo
Σ:                          es tu reposo (l. 1006)

T, U, Uu:                   sin razón muero
Σ:                          a sinrazón muero (l. 1677)

S, T, U, Uu:                tenía en el pico y en las alas el águila
Σ:                          tenía en el pico y alas el águila (l. 220)

N, P, S, T, U, Uu:          lo que el se prueua
BB, CC, CCc, FF:            lo qual que prueua
Σ:                          lo qual se prueua (l. 264)

D, N, P, S, T, U, Uu:       de la muy triste vieja madre
Σ:                          de la vieia madre (l. 2224)

D, N, P, Q, S, T, U, Uu:    y a tí causasse culpa
Σ:                          y a tí causasse culpa (ll. 461-62)

C, D, N, P, Q, S, T, U, Uu:  buscaua el mejor remedio que para su mal convenía
Σ:                          buscaua el meior medio que para su mal conuenía (l. 554)

hand *does* exhibit peculiar errors of exemplars on which be does not in the main depend. For instance, suppose there are three witnesses β, γ, and K. If an error is shared sometimes between β and γ against K, sometimes between K and β against γ, and sometimes K and γ against β, then β, γ, and K are contaminated with each other, and their isolated readings, which would be worthless in ordinary circumstances [...], all become 'presumptive variants' for the reconstruction of α.» Conflation (or *contaminatio*) makes the establishing of the stemma difficult due to the convoluted variant relationships. Yet, setting aside the small percentage of erratic similarities and fixing on the general configuration, a presumptive stemma can be suggested. This is the case of A and B. Since the link between A, B and C and other texts is slight, the family relation can only include A and B.

Analysis of the inner relations of the δ family reveals that the S, T, U, Uu texts must have a common ancestor as attested to by their number of common variants. S has no significant unique variants; therefore, it can be considered the antecedent of T since T contains all the S variants. U and Uu must derive from the same source as S and T since they coincide with S and T in all but a few cases where either (1) U, Uu add a unique variant (e.g., U, Uu: quiso ir con sus gentes solas acometello; Σ: quiso con sus gentes solas acometello, l. 1446) or (2) they agree with C and D in cases where S and T are deviant, as in the example shown above (S, T: esposo; Σ: reposo, l. 1006). In the latter instances, the S, T deviance usually is an obvious erratum such as *esposo*.

Beside the fewer than five cases where U, Uu agree with D over S, T, there are over ten instances where U, Uu agree with T over D or S, for example:

A, D, N, P, Q, S, AA, DD, EE, FF, GG, HH, II, IIi:   de lo qual quería escusarse
T, U, Uu:        de lo qual quiera escusarse
Σ:               de lo qual querría escusarse (l. 485)

The unique coincidence between T and U could be due to *contaminatio* or polygenesis. Or, more likely, U, Uu descend from T (the U, Uu editor having corrected various errata of T), for the percentage of U, Uu following T is greater than its deviation from T and the deviation is usually in cases of T error. However, both are possible interpretations of U, Uu's relationship within the family. I accept the position that U, Uu is descended from T. In such cases as U, Uu, where the text is separated from its possible antecedent by only a few variants which are errata, the editor could have corrected the printing. However, to indicate that there are variants of T not found in U, Uu and to point out that the relationship is not 100 per cent clear, I will use the symbol U′ to represent the descendant from T. If U, Uu are not U′, they are separted from U′ by only a few errata variants. In fact, U′ could even be a corrected typeset of T from which the U, Uu editor worked.

The ancestor of the S, T, U, Uu group seems to be N. N has no substantive unique variants. All the substantive variants of N are found in S, T, U, Uu and the latter texts then add additional variants common to their subgroup, as seen in the examples above. Thus, the S, T, U, Uu texts seemingly derive from the N edition.

In the collation of the P edition, P also contains all the variants of N and adds many other unique variants. P, as well as the S, T, U, Uu family, seems, then, to have N as its ancestor. Yet, since P does not share S, T, U, Uu variants and does add many unique variants as noted above, it cannot be in direct descent with the Anvers texts, but rather P represents a second independent descendant of N.

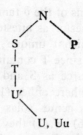

N
S          P
T
U'
U, Uu

D is probably the source of N, P, S, T, U, Uu for D has only ten unique variants, eight of which are typographical errors which the N, P, S, T, U, Uu editors could have easily corrected. The other two variants are changes in verb tense, which an editor also could have emended since they are inappropriate in the sentence, for example:

D:    su dolor del que me enbiaua me absuelue
Σ:    su dolor del que me envía me absuelue (l. 360)

D:    Pluguiesse a Dios
AA, DD, EE, GG, HH, II, IIi:    Pluguiere a Dios
Σ:    Pluguiera a Dios (l. 1335)

All of the other variants of D are contained in N, P, S, T, U, Uu. I will use the symbol D' to represent the ancestor of N, P, S, T, U, Uu. D may in fact be D', but it is not certain. To indicate the proximity of D to the ancestor (separated by only two variants), the symbol D' has been chosen. D', the exemplar from which the others derive, could be a corrected typeset of the same edition as the existing copy collated. That is to say, that after the first few copies of the Logroño 1508 edition were printed, the text was proofread and corrected in later impressions. The unique copy left to us today could be from the early, uncorrected texts; and the ancestor of N, P, S, T, U, Uu, from the later corrected copies. This is a possibility, but we have no proof for or against the supposition. If D is not the common ancestor of the group, then it is only once removed from the direct ancestor.

The collation of Q shows that the 1551 text shares nearly all the D variants, for example:

D, N, P, Q, S, T, U, Uu:    lo esperaua de ver
Σ:    lo esperaua ver (l. 673)

However, Q disagrees with D in favor of β, C, or γ in a few instances, e.g.:

A, B, F, G, H, Hh, I, J, K, L, M, O, Q, R, bilinguals:    vna cámara donde dormía
C, D, N, P, S, T, U, Uu:    vna cámara donde dormí (l. 1110)

A, B, Q.:    es prueua de la virtud
Σ:    es prueua de virtud (l. 1349)

A, B, L, M, O, Q, R, bilinguals:   con ellas se alcançan grandes casamientos
Σ:               con ellas si alcançan grandes casamientos (l. 1974)

A, B, C, D, N, P, S, T, U, Uu, AA, DD, EE, GG, II, IIi:   con la libertad
E, F, G, H, Hh, I, J, K, L, M, O, Q, R, BB, CC, CCc, FF:   con la liberalidad (l. 1982)

A, B, C, D, N, P, S, T, U, Uu:   da lugar a que
E, F, G, H, Hh, I, J, K, L, M, O, Q, R, AA, DD, EE, GG, HH, II, IIi:   da lugar que
BB, CC, CCc, FF:   de lugar que (ll. 2027-28)

Also, Q contains many unique variants as noted above; and while in general Q does not coincide with the N-family texts alone, there is a slight resemblance to the unique variants of N, P, S, T, U, Uu:

N, P, Q, S, T, U, Uu:   hombre cuydadoso
Σ:               onbre cuydoso (l. 161)

N, P, Q, S, T, U, Uu:   tal rebate
Σ:               tal rebato (l. 741)

The resemblances, which could be due to polygenesis or some other pheno-menon, represent a miniscule proportion of the variants and are more heavily outweighed by the significant coincidence of Q and D.

Since Q agrees with D in almost all cases, the Q text most likely is a fraternal edition of D; that is, there is a common ancestor from which both derive independently, each adding its own unique variants. The relationship between the texts would then be as follows:

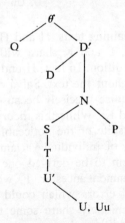

The relation of C is not as closely linked. C has a higher percentage of unique variants and thus can not be considered the common ancestor of D, N, P, Q, S, T, U, Uu. However, C and θ must derive from the same source since they share common variants not found in any other text. Above all, the decisive link between the C, D, N, P, Q, S, T, U, Uu texts is their common exclusion of four of the «castas gentiles.» In «Prueua por enxenplos la bondad de las mugeres,» other editions list the virtuous and chaste gentile women as: Lucretia, Portia, Penelope, Julia, Artemisa, Argeia, Hippo the Grecian, and the wife of Admetus. C, D, N, P, Q, S, T, U, Uu exclude Julia, Artemisia, Argia, and Hippo the Grecian. Thus, C, D, N, P, Q, S, T, U, Uu derive from a common source, which I have called δ. The relationship between the texts under discussion would resemble the following pattern:

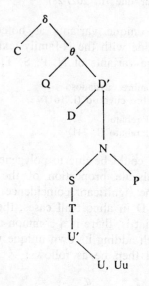

With respect to the remaining texts, H and Hh contain an extraordinary number of unique variants. F and K share with H and Hh some twenty variants found in no other edition. In fact, H and K have the same title-page design and woodcuts throughout the text. Salvá and Sánchez suspect that H and Hh were printed in Venice precisely because of the identical type and woodcuts used in H, Hh and K.[8] While this theory is not entirely persuasive, it is possible; however, in spite of the noticeable relationship between the two texts, the large number of individual variants in each would not make it possible for either of them to be derived one from the other. They do, however, derive from a common ancestor, F, which has only four unique variants — all typographical errors which could be easily emended by an editor. F, H, Hh, and K uniquely share some twenty variants not found in any other text, and in addition, there are times when F and K coincide against all other texts. There is no significant variant of F which is not found in H, Hh or K, or both, for example:

[8] Vicente Salvá y Pérez, *Catálogo de la biblioteca de Salvá por D. Pedro Salvá y Mallén*, II (Valencia: 1872), #1670, 1671. Juan M. Sánchez, *Bibliografía aragonesa del siglo XVI*, I (Madrid: 1913-14), #117.

| | |
|---|---|
| F, H, Hh, K: | lleuóle a la ciudad |
| Σ: | leuólo a la ciudad (l. 2100) |

| | |
|---|---|
| F, H, Hh, K: | Por cierto tú eras |
| E: | Por cierto que eres |
| Σ: | Por cierto tú eres (l. 643) |

| | |
|---|---|
| F, K: | por sí lo hará |
| Σ: | por sí lo haría (l. 1319) |

The reason why at times a unique variant of F is not found in both H, Hh and K, but rather in only one or another, may be due to independent correction. Both H, Hh and K claim to be «nueuamente correydo» and their corrections could have emended some of the variants of F. Since the 1523 and 1531 editions were produced independently, individual emendations would result in different readings.

The other editions of the *Cárcel* may possibly descend from the same source as F, H, Hh, K, each producing its own system of unique variants. There is a strong bond between L, M, O, R and a similarity between L, M, O, R, and I. O, R exclusively share at least 70 variants; M, O, and R, some 20; L, M, O, and R, over 60; I, L, M, O, and R, some 7, for example:

| | |
|---|---|
| I: | quando le vide |
| Σ: | quando le vido (l. 865) |

| | |
|---|---|
| L: | tú lo veas |
| Σ: | tú lo vees (l. 254) |

| | |
|---|---|
| M: | paréceme que |
| Σ: | pareció me que (l. 316) |

| | |
|---|---|
| O: | y no solamente ay estaua dubda |
| Σ: | y no solamente ay esta dubda (l. 283) |

| | |
|---|---|
| R: | Comiença la obra intitulada cárcel de amor |
| Σ: | Comiença la obra (l. 38) |

| | |
|---|---|
| O, R: | sin detenerme en echar juyzio |
| Σ: | sin detenerme en echar juyzios (l. 137) |

| | |
|---|---|
| M, O, R: | la pusiessen en saluo |
| Σ: | la pusiese en saluo (l. 1444) |

| | |
|---|---|
| L, M, O, R: | la vna ansia y la otra possessión |
| Σ: | la vna ansia y la otra passión (l. 237) |

| | |
|---|---|
| I, L, M, O, R: | como rigor de justo |
| Σ: | como el rigor de iusto (l. 1396) |

Since each text has a considerable number of unique variants, no one of them can be derived from any other. The significant number of O, R variants suggests a common source of these two editions. Since M agrees frequently, but not always, with O, R, the three would form a subgroup.

Finally, the many variants common to L, M, O, R presuppose a common ancestor for the four. The general coincidence of variants suggests the following configuration:

$$\pi$$

ι       ω

L       τ

M       η

R       O

Yet, there are exceptions to these relationships. At times M, O agree against L, R:

| | |
|---|---|
| M, O: | multitod |
| K: | multitudo |
| Σ: | multitud (l. 1521) |

Also, L, O agree against M, R:

| | |
|---|---|
| L, O: | lo que respondí a Leriano fue esto |
| F, K: | lo que respondía a Leriano fue esto |
| Σ: | lo que respondió a Leriano fue esto (l. 1124) |

L, M at times agree against O, R:

| | |
|---|---|
| L, M: | me como te tengo dicho |
| Σ: | mas — como te tengo dicho (l. 1035) |

Or L, R agree against M, O:

| | |
|---|---|
| L, R: | el entendimiento y la razón consiente |
| EE, GG, HH, II, IIi: | el entendimiento y la razón consientem |
| Σ: | el entendimiento y la razón consienten (l. 208) |

Or M, R coincide against L, O:

| | |
|---|---|
| M, R: | que gloriosa fama |
| Σ: | o gloriosa fama (l. 1586) |

At times there is also a resemblance between the ω group and the δ and γ families. For example, one sees variants such as the following:

| | |
|---|---|
| δ, γ, and ω: | mandó que tuviesen el rostro contra la ciudad |
| Σ: | mandó que estuviessen el rostro contra la ciudad (l. 1483) |

| | |
|---|---|
| δ and ω: | si alguna merced meresciese |
| Σ: | si alguna merced te mereciese (l. 446) |

Conflation would account for the few sporadic relationships between the texts and families which negate the general configuration of variants.[9] The theory seems likely since the L, M, O, and R texts state that they are «nueuamente hecho.» They may have been independently corrected or compared with some other text. This would account for their slight coincidence with the δ and γ families. The only other editions to claim «nueuamente correydo» are the H, Hh and K which do not have any further descendant texts. Since it would appear L, M, O, R were all individually established, the result is different emendations in each edition. The corrections sometimes are maintained in genealogical progression and sometimes not. Evidence of independent emendation is seen in the unique coincidence between L and M, or L and O, or R and O, or R and M. Simple textual derivation would not account for the wide variety of relationships in the ω subgroup.

The bilingual editions ally themselves with G and J. G has 15 unique variants; J has 20; the Paris bilinguals, some 100; the Antwerp and FF texts, some 70. While the Paris and Antwerp editions and FF share over 180 variants found in no other edition, the Paris and Antwerp editions, FF, G, and J share 37; J and bilinguals, 11; and G and J, 21, for example:

| | |
|---|---|
| J: | yo quiera ser llaue |
| H, Hh: | yo quiero ser lleue |
| Σ: | yo quiero ser llaue (l. 211) |

| | |
|---|---|
| G: | oy se acaba se o confirma |
| Σ: | oy se acaba o se confirma (l. 1578) |

| | |
|---|---|
| Paris bilinguals: | por dio señor |
| Σ: | por Dios señor (l. 951) |

| | |
|---|---|
| Antwerp family and FF: | por malas |
| Paris bilinguals: | por desuadarias |
| Σ: | por desuariadas (l. 1016) |

| | |
|---|---|
| Bilinguals: | no consientes |
| Σ: | no consientas (p. 935) |

| | |
|---|---|
| G, J: | no la puede bien deuisar |
| Σ: | no la pude bien deuisar (l. 1115) |

| | |
|---|---|
| G, J, bilinguals: | lo que tú sientes |
| Σ: | lo que sientes (l. 1002) |

Since G, J, and the bilinguals share variants found in no other edition, they must have the same common ancestor. Given that G and J also share variants which are not found in the bilinguals or any other edition, the two editions must form a subgroup which derives from the same common

---

[9] If not conflation, polygenesis is the only other answer. Although the percentage of variants in question is small, they seem too many to be attributed to chance or polygenesis. In any case, the exact cause is not known and both conflation and polygenesis are possibilities.

antecedent as the bilinguals, $\mu$. Yet, there also exist some eleven variants shared exclusively between J and the bilinguals and not found in G. The G edition must have somehow corrected these $\mu$ variants, for example:

J, bilinguals:    por ser dello
$\Sigma$:    por ser della (l. 850)

Also, in some four other instances G does not agree with J or the archetype, but shares variants with other texts:

G, N, P:    auían de heredar
A:    auiés de eredar
EE, GG, HH, II, IIi:    hauías heredar
$\Sigma$:    auías de eredar (l. 1339)

G, therefore, shows influence of other texts and/or polygenesis of variants. These few irregularities in G's filial relationship are noteworthy, but they are not prolific enough to negate G's close relationship to J and the related bilingual texts. G must be in the line of J, for while G and J share variants to the exclusion of the bilinguals, G and the bilinguals never share variants to the exclusion of J.

An important common trait among all the bilingual editions is their structural similarities. The bilingual family excludes the incipit and prologue of *Cárcel* and eliminates five of the twenty reasons why men are indebted to women; to wit, reasons five through nine, the theological virtues women inspire in men. The theological virtues, faith, hope, and charity, and two other related virtues, contemplation and contrition, are excluded. Since the twenty virtues become reduced to fifteen, the section title becomes «Da Leriano algunas razones por qué los onbres son obligados a las mugeres.» The bilingual editions also omit many sentences throughout «Prueua por enxenplos la bondad de las mugeres» so that the list of gentile virgins becomes a mere register of names with little or no explanation of who they were or what they did. The lament of Leriano's mother, as well as several other passages in the work, also undergoes a reduction of several sentences. The family also omits the last several lines of the work, ending the text with «fueron conformes a su merecimiento.»

The bilingual editions also show a slight similarity to the $\delta$ and $\gamma$ families, for example:

$\delta$, $\gamma$, and bilinguals:    la iniusticia de tu prisión
$\Sigma$:    la justicia de tu prisión (l. 1087)

$\gamma$, C, D, N, P, S, T, U, Uu, and bilinguals:    libertad
$\Sigma$:    liberalidad (l. 1982)

The similarity may be due to the fact that Giles Corrozet consulted the existing French translation, as well as the Spanish text, in preparing the translation for the bilingual printing. Since the bilingual edition was a teaching tool to learn one language from the other, the translator would want to make the Spanish and French texts as alike as possible. A comparative translation involving a Spanish text and the earlier French translation does not seem unreasonable. In fact, it is very likely given their similarities.

The first French translation (1525) was made from the Italian.[10] The new French translation by Corrozet, the first made directly from the Spanish, appears in the bilingual texts. The Italian translation (1515) from which the French (1525) was taken is a mixture of archetypal and δ-type variants. The Italian translation does not contain any of the unique γ variants, but does have δ variants:

S, T, U, Uu and Italian:    y en las alas (e ne le ale)
Σ:    y alas (l. 220)

δ and Italian:    bien o remedio (bene o rimedio)
Σ:    bien (l. 294)

Although on the whole the bulk of the Italian edition coincides with the archetype, its sprinkling of δ-like variants makes it resemble the δ text.

The Italian translation also did not have the original *Cárcel* prologue nor the last few lines of the text. The prologue was replaced by a new one dedicating the text to «Isabella Estense da Gonzaga Marchesana di Mantua,» and the *Cárcel* text ended with the words «fueron conformes a su merecimiento» («sien furent conformes»). Moreover, the Italian translation uses the name *Teseo* in Leriano's defense of women and adds variants which later appear in the bilingual texts and French translations, for example:

Italian and French and bilinguals:    copa llena de agua (una copa piena de acqua; vne couppe pleine de eau)
Σ:    copa de agua (l. 2253)

In addition, the Italian translation appended an epilogue to the romance.

The same text as found in the Italian translation was followed in the first French translation, except that the prologue was changed and the epilogue omitted. The same variants as appear in the Italian are found in the French text, and a few new variants arise. Many of the new variants are repeated later in the second French translation, for example:

French and bilinguals:    acabo. (faiz fin a ce propos)
Σ:    acabo; y para ... tanto. (ll. 726-27)

French and bilinguals:    Persio, sabiendo el rey (persio le roy sachant)
Σ:    Persio como es escrito, sabiendo el rey (ll. 868-69)

---

[10] The French translation recognizes its debt to the Italian translation in the title: «La Prison damour / laquelle traicte de lamour de Lerian et / Laureolle—faict en espaignol—puis / translate en tusquan et nagueres / en langage francois Ensem=/ble plusieurs choses sin=/gulieres a la louenge / des dames Im=/prime nouuel=/lement. / ¶ Auec priuilege. / ¶ Il se vend a Paris en la grant / salle du palais du premier pissier / en la boutique de Galliot du pre. / Mil cinqcens .xxv.»

The second French translation eliminated the prologue of the original text and the translations completely, but continued to end the romance with «fueron conformes a su merecimiento» («furent conformes a son merite»). The Corrozet translation maintained the same variants as mentioned above which, in some cases, can be traced back to the Italian translation, and in others, to the French text of 1525. The bilingual text further emended the romance by including variants which exclude textual passages such as the five virtues in Leriano's defense of women. Thus, the second French translation was influenced by the earlier Italian and French texts. What appears to be a relationship at times between the δ and bilingual editions, actually is the influence of the Italian translation which is in some way related to the δ family. The bilingual structure and many of its variants are explicable in terms of the translations' filiation.

While each bilingual edition has its own typographical errors, which could easily have been noticed and emended from one edition to another, all substantive variants are found continuously throughout the family. Thus, since there is a great number of exclusively shared variants between the Antwerp editions and FF on one hand, and the Paris editions on the other. and since there is no unique substantive variant contained in the editions, except in the last text of each branch, II, IIi and FF, the texts of each group must derive one from another. The variants common to the two groups of bilinguals presuppose a common ancestor, σ. Finally, then, the relationship between G, J and the bilingual group, σ, places all the texts in the same μ family. The relationship would be as follows:

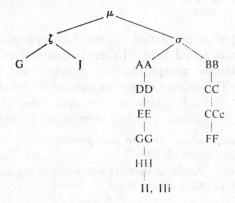

There is also a similarity between the π group and the μ group, for they often share the same variants found in no other edition, for example:

π and μ:     nueuo dolor
Σ:              nueuo su dolor (l. 910)

Thus, the two groups must have a common ancestor, $\nu$. Additionally, the $\nu$ family many times coincides with the F, H, Hh, K group, for example:

F, H, Hh, K and $\nu$:  lo dixiste
Σ:  la dexiste (l. 1815)

I shall call the common ancestor of these two groups $\lambda$.

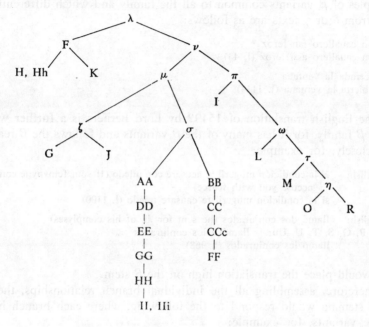

E represents a singular position in the stemma. Many times E aligns itself with the δ and γ families and other times it coincides with the $\lambda$ group, for example:

E and $\lambda$:  E puesto que assí lo conozco
Σ:  y puesto que assí lo conozca (l. 9)

E, δ, and γ:  En tus palabras, señor, as mostrado
II, IIi:  Mostrados has, señor, en tus palabras
Σ:  Mostrado has, señor, en tus palabras (l. 263)

The edition E also has unique variants:

E:  no fallares
Σ:  no la hallares (l. 1019)

Therefore, due to its some thirty unique variants, E can not be a direct ancestor of the $\lambda$-family texts, and since it has many $\lambda$-type variants, it can not belong to the other branches. E probably derives from an earlier text of the β family which was closer to the archetype than λ. The β family would be as follows:

Examples of β variants common to all the family and which differentiate β texts from δ or γ texts are as follows:

β:    vn cauallero tan feroz
Σ:    vn cauallero assí feroz (l. 43)

β:    cerrada la ventana
Σ:    abierta la ventana (l. 1114)

The English translation of 1549? by Lord Berners is a further witness to the β family, for it has many of the β variants and follows the β readings very closely, for example:

β, English:    si la condición mugeril te acusare con miedo (If your femynyne condycion
                accuse you with fearce)
Σ:             si la condición mugeril te causare miedo (l. 1100)

β, English:    llamó dos conjurados (he sent for .ii. of his complyses)
D, N, P, Q, S, T, U, Uu:    llamó a los conjurados
Σ:             llamó los coniurados (l. 968)

This would place the translation high on the β stem.

Therefore, assembling all the individual branch relationships, the proposed stemma would respond to the following, where each branch has its unique variants, for example:

β:    adorauan
Σ:    adornauan (l. 151)

δ:    esto eres tu causa
Σ:    esto tú eres causa (l. 340)

γ:    la otra Congoxa
Σ:    la otra es Congoxa (ll. 216-17)

The stemma as here examined will be the guide for establishing the archetype. Each reading will be reconstructed along family lines, following the stemmatic relationship back to α, in order to arrive at the archetypal text.

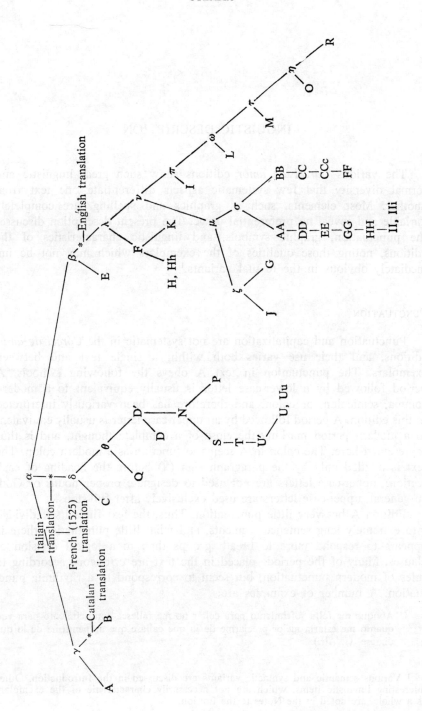

# LINGUISTIC DESCRIPTION

The various *Cárcel de amor* editions show such great linguistic and formal diversity that few systematic aspects differentiate one text from another. Most elements, such as graphics and spelling, are completely variable and reveal no preferential usage. The present description discusses the punctuation, graphic symbols, and linguistic characteristics of the editions, noting those qualities of the exemplars which may not be immediately obvious in the textual variants.[1]

## PUNCTUATION

Punctuation and capitalization are not systematic in the *Cárcel de amor* editions, and their use varies both within a single text and between exemplars. The punctuation in text A obeys the following symbols. A period followed by a lower-case letter is usually equivalent to a modern comma, semicolon, or colon, and therefore has been variously interpreted in this edition. A period followed by an upper-case letter is usually equivalent to a modern period marking the close of a complete thought, and is thus represented here. The colon in A seems to function as a modern colon. The text is divided only by the paragraph sign (¶) before the heading of each section; upper-case letters are not used to designate proper nouns or God. In general, upper-case letters are used exclusively after full-stops.

Edition A has very little punctuation. Thus, the text finds itself divided into extremely long sentence segments, and what little punctuation there is appears to respond more to breath groups than to a logical division of clauses. Many of the periods placed in the text are erroneous according to rules of modern punctuation, but seem to correspond to a rhythmic punctuation. A number of examples are:

> Aunque me falta sofrimiento para callar no me fallesce conoscimiento para ver. quanto me estaria meior preciarme de lo que callase que arepentirme de lo que dixiese. (f. A¹r.)

---

[1] Various semantic and syntactic variants are discussed in the Introduction. Other interesting linguistic items, which are not necessarily characteristic of the exemplars as a whole, are noted in the Notes to the Edition.

Quien yo soy quiero dezirte. de los misterios que vees quiero informarte. la causa de mi prision quiero. que sepas que me delibres quiero pedirte si por bien lo touieres. (f. A⁵v.)

la mesa negra que para comer me ponen es la firmeza con que como. y pienso y duermo en la qual sienpre estan los maniares tristes de mis contenplaciones. (f. A⁷r.)

y porque en detenerme en platica tan fea. ofendo mi lengua. no digo mas que para que sepas lo que te cunple lo dicho basta. (f. B²r.)

La carta que dizes que reciba. fuera bien escusada porque no tienen menos fuerça mis defensas que confiança sus porfias porque tu la traes plazeme de tomarla. (f. B⁵r.)

La quinta porque el buen conseio. muchas vezes asegura las cosas dudosas. (f. D³v.)

Clearly, the punctuation mark does not represent a syntactical usage, but rather reflects pauses in speech.

Editions subsequent to A use the same symbols as A, but use the colon functioning as a modern comma or colon more frequently and add a slash (/) corresponding to a modern comma. Beginning with edition B there is a more frequent use of upper-case letters, but their usage is sporadic and not systematic until the bilingual editions (1552 and after) and the subsequent sixteenth-century texts. In general, punctuation is more frequent in the sixteenth-century texts and breaks the discourse into periods smaller than those found in A. The punctuation also becomes more syntactical and less rhythmic in the post-1492 editions.

Until edition G, basically the period, colon, and slash were used to punctuate the texts. Although infrequent, the parenthesis and the question mark do appear in the Logroño 1508 and the Burgos 1522 editions, respectively. Bilingual editions, above all others, employed these last two punctuation marks repeatedly. Accents, acute and grave, also were absent in the early editions until the mid-century when the bilingual and later editions included them sporadically, but there was no systematic inclusion of accents. Similarly, the comma first appeared in edition M, but was not a frequent signal in any of the editions.

Paragraph marks (¶) became more frequent in post-1492 Castilian editions. The critical edition text has paragraphed the archetype according to a composite of early edition paragraph signs. Most texts, except for G and the bilinguals, have paragraph marks before section headings and have «Prueua por enxemplos la bondad de las mugeres» split into three divisions separated by paragraph signs. Additionally, F, H, Hh, and K mark a paragraph in the cardinal's speech to the king; and edition Q uses the paragraph mark abundantly and sets off almost every segment in the beginning two sections of the *Cárcel* and divides all twenty reasons in Leriano's defense of women, except for numbers five and nineteen. Since edition Q's frequent inclusion of paragraph signals is an exception to the norm of the other texts, Q has not been reflected in the archetype punctuation except where it coincides with the other editions.[2]

GRAPHICS

The option of *f* or *h* to represent the Latin *f* is not included as a variant in the collation of the text for several reasons. First and foremost, there no longer was a spoken, phonetic distinction between the two symbols.[3] Secondly, the use of either *f* or *h* is so fluctuating both between texts and within any single edition, that to collate the graphic symbol in the many editions of the *Cárcel* would be an enormous task and would add no insight into the relationship between the editions or in characterizing the individual exemplars. The only early text in which there seems to be a standardization of the *f, h* option is A, where the *h* is found almost exclusively; very rarely in A does the *f* appear as an alternative to *h*. The other texts use *f* and *h* with no apparent standard rule, for example: *hazer* and *fazer* coexist in the texts. This is one of the many linguistic distinctions unique to A which point to the singularity of A's language, as mentioned earlier in the Introduction.

Variance of *g* and *gu*; *i* and *y*; *j* and *i*; initial *l, li,* and *ll*; *s* and *ss*; and *u, b,* and *v* is not systematic and varies in any given text or between texts. The fluctuation is well documented in the history of the Spanish language and does not help establish textual family relationships; thus, like *f* and *h*, it has not been considered among the critical variants.[4] However, it can be noted that the *ss* is fairly standardized, especially in the imperfect subjunctive, in all texts but A. While in such cases A tends to use a single *s*, most other editions maintain the *ss*.

Also, A, in contrast to all subsequent editions, uses *r* for *rr* in various instances: e.g., *aboresce* for *aborresce, coren* for *corren,* and *guerra* for *guerra.* Only in a few cases does the *r/rr* variance also occur in other texts: for example when K, O, and HH use *arepentido* for *arrepentido.* Moreover, while other editions systematically use *gu* before *i* and *e*, A, S,

[2] The dashes in the archetypal text of the critical edition correspond to the composite use of parentheses in the early editions. Since the dash, rather than the parenthesis, is more frequent in modern Spanish punctuation, and since the dash cannot be misconstrued or resemble any of the critical notation (i.e., the square bracket), it has been selected to represent the early editions' use of parentheses.

[3] A discussion of the *f, h* variance and additional bibliography is given in Rafael Lapesa, *Historia de la lengua española* (9th ed., Madrid: Gredos, 1981), §70.7, and in Ramón Menéndez Pidal, *Manual de gramática histórica española* (15th ed., Madrid: Espasa-Calpe, 1977), §38.2.

[4] The *ss, s* coexistence and confusion is discussed in Lapesa, §72.3, and the *l, ll* and *u, b, v* are explained by Menéndez Pidal, §112 bis. 3 and §43.2, respectively.

and T vacilate between *g* and *gu* before *i* or *e*: e.g., *llege* for *llegue* and *page* for *pague*.

A few examples of a possible *seseo* pronunciation appear in the printed texts.[5] In the incipit of A and I, the author's name is spelled *Hernándes* instead of *Hernández,* as found in all other editions which include the incipit. A also includes other unique evidence of *s* for *z*: the word *ensuciar,* which occurs three times in the text, is twice spelled *ensuziar* and once *ensusiar.* The words *firmesa, agusaua, isquierda, desiseys, desir, vos,* and *vejes* are also examples of possible *seseo*; however, these are not all unique to A. *Isquierda* is found in A, B, C; *desiseys,* in A; *desir* in FF and II, IIi, twice respectively; *vos, vejes* in P; *agusaua* and *firmesa* in the Paris bilinguals. The other texts print *izquierda, dieziseys (.xvi.), dezir, voz, vejez, aguzaua, firmeza.* These scant examples of *s* for *z* are too few to point to any conclusion. The instances may represent oversights due to a *seseo* speech or just orthographic variants. The evidence is not conclusive.

A is the only edition to consistently exclude Latinate name spellings such as *Elisabeth, Zacharizas, Thebas.* A excludes the Latin consonant groups *ch* and *th* and maintains Castilian spellings: *Elisabel, Zacarias, Tebas.* In general, A maintains vulgar forms and spellings while other editions favor Latinate forms: e.g., *dino* and *malino* in A are *digno* and *maligno* in other texts, except for a very few cases where B and I agree with A's reading, *malino,* and A, G, J, K and bilinguals coincide in *dina.*[6] Edition B also has many singular linguistic traits. For example, B is the only edition to consistently use *ç* rather than *c* before *i* and *e*: e.g., *mereçe* for *merece.* Moreover, while other texts vacilate in the assimilation of *r* to *l* (e.g., *dezille* for *dezirle*), B systematically conserves the graphic *r*: e.g., *dezirle.*

The bilingual editions abound in spelling errors. Probably due to the language problem of a Spanish text being printed in France, the Spanish was not carefully reproduced and errors of spelling were not corrected. As a result, the bilingual texts are riddled with orthographic mistakes and contain French forms such as *soustenir* for *sostener* and *aceleration* for *ace-*

---

[5] The phenomenon of *seseo* is addressed by Lapesa, §72.3 and 92.2. The *seseo* dialect is one in which the symbols *c* before *i* and *e, z,* and *s* are all pronounced /ś/. The fricatives /ś/ and /ź/ relaxed and became confused with the apical-alveolar fricatives /ś/. Regarding *seseo* in the *Cárcel de amor* editions, Enrique Moreno Báez states in his 1977 ed.: «El que Hernandes se escriba con *s* en la ed. príncipe puede explicarse, como otras muchas erratas de ella, por el seseo de los cajistas sevillanos. Amado Alonso, *De la pronunciación medieval a la moderna en español,* libro ultimado y dispuesto para la imprenta por R. Lapesa, t. II, Madrid, Gredos, 1969, da a partir de la pág. 79 muchos ejemplos de seseo sevillano desde el s. XIV» (p. 51, n. 1). Nevertheless, Moreno Báez's estimation of the importance of the few examples of *s* for *z, ç,* or *c* before *i* or *e,* seems excessive.

[6] Menéndez Pidal, §3.2, notes the transformation of Latinate forms into the vernacular Spanish language.

*leración*. There are so many errata in the bilinguals, that in the Paris exemplar of FF, the printed Spanish text has been corrected by hand.

In general, linguistic forms such as vowel changes in *-ir* verbs (e.g., *escreuir* and *escriuir; recebir, recibir; cumplir, complir;* and *sofrir, sufrir*),[7] the use of geminate consonants (e.g., *suffrimiento, sufrimiento*) and even the use of double and single *s* (e.g., *dixese, dixesse*), and other various linguistic options coexisting in the fifteenth-century Spanish language are not consistent in the texts. No system is noted in or between editions. Consequently, the variance of these well-documented options does not help establish the critical text. Since the information neither characterizes the individual editions nor reveals new linguistic data, the deviance is not recorded in the critical apparatus.[8]

## LANGUAGE

The first known edition, A, is the only text to repeatedly include the *-ié* ending for the imperfect and conditional indicative tenses.[9] The other editions maintain the more modern ending, *-ía,* except in one instance where all editions, except M, use *oyé.* A uniquely uses the verb *auer* as *auié (-s, -n)* in the imperfect tense nine times; *poder* as *podié,* once; *deuer* as *deuié,* twice; and *poder* and *matar* as *podrié* and *matarié* in the conditional tense twice and once, respectively. In other editions, B coincides with A in three uses of *-ié* endings — *mereció, auiése, sabié* — and includes one unique use, *sacarié.* D adds one unique usage, *pareciéle;* I, another, *falleciéle;* O, *harié* and *reprehendiéle;* and the Paris bilinguals coincide with A once, *sabién,* and add one unique use of *oyé.* A definitely outnumbers all other editions in the use of *-ié* endings.

The B text repeatedly uses *empero* for *pero* and *nadi* for *nadie:* a preference for older forms unique to the γ branch, which is also reflected in the use of the forms *tiniebras* and *miraglo* for *tinieblas* and *milagro,* the former being archaisms which remained in the language as dialectal regionalisms of Aragon, Leon, and parts of Andalusia.

H, Hh also have some interesting linguistic traits: the inclusion of the article before the possessive adjective — e.g., *la mi honrra* and *la su fama* for *mi honrra* and *su fama;* and several examples of *nostra(o)* for *nuestra(o).* The bilinguals and A also share the latter, more Latinized, non-diphthongized form: A uses *bona* for *buena* in one instance and the bilinguals agree with H, Hh in one example of *nostra* for *nuestra.*

---

[7] Lapesa, §70.7, 72.1 and Menéndez Pidal, §105, 114 discuss the conflicting verb forms and the vowel changes.

[8] See the section on Editorial Standards (pp. 76-83, below).

[9] The transformation from the *-ié* to the *-ía* form is dealt with in Lapesa, §67.3 and 70.7.

The presence of *leísmo* in the editions is a subtle problem.[10] Since *leísmo* tends to be a regional norm of Old Castile, Leon, and northern Spain, the texts written by Castilian authors should incorporate the usage, and non-Castilian authors would most likely not use *leísmo*. Presence or absence of *leísmo*, then, may indicate if a text's language has been altered from the author's original version, depending on the author's regional norm and the concordance or nonconcordance of the textual norm.

In γ there is a 31 per cent occurrence of *lo* and a 69 per cent frequency of *le* as the masculine human accusative. Text C has 29 per cent *lo* and 71 per cent *le*. The θ group has 27 per cent *lo* and 73 per cent *le*; E, 27 per cent *lo* and 73 per cent *le*; F, H, Hh, K and the π group, also 27 per cent *lo* and 73 per cent *le*; and the μ group 25 per cent *lo* and 75 per cent *le*. In each edition the shift is so small that to real change in percentage occurs. *Leísmo* dominates all the texts; however, γ represents the lowest level of *leísmo*, although only by a small margin.

As all information to date shows, Diego de San Pedro was born and raised in Old Castile, and therefore his speech should reflect *leísmo*. The frequent appearance of the *leísmo* in all branches of the stemma substantiates that fact, but the 25 to 30 per cent inclusion of *lo* indicates that the *leísmo* norm is not strictly followed and there is vacilation in the use of *le* or *lo* as the accusative.

## CONCLUSION

In summary, then, the editions of *Cárcel de amor* testify to the moment of transition in which the Spanish language found itself in the fifteenth century. As Lapesa states:

> En la primera mitad del siglo xv pervivían en la lengua muchas inseguridades: no se había llegado a la elección definitiva entre las distintas soluciones que en muchos casos contendían (p. 272).

The tentative state of the written language continued throughout the years of the early editions of *Cárcel de amor*.

---

[10] *Leísmo* is the use of the pronoun *le* (dative) as the third person singular accusative in reference to male humans. The phenomenon is discussed in Lapesa, §97.7.

# EDITORIAL STANDARDS

Since no authoritative, author-supervised edition is known for *Cárcel de amor,* the first known edition (Sevilla 1492) has been selected as the copy-text.[1] In matters of spelling and accidental variants, the Sevilla 1492 text will be the accepted authority.[2] Only in cases where all other texts unanimously oppose the copy-text will Sevilla 1492 not be the considered authority in matters of accidentals. For example, the copy-text reads *Tebas,* while all other editions print *Thebas.* Therefore, the archetype text will incorporate *Thebas,* and A's reading, *Tebas,* will be listed as a variant. Where there is not unanimous opposition, the A text is followed.

As noted earlier in the Linguistic Description, punctuation and capital letters are not systematic in any edition, and their use varies both within any single edition and between the numerous editions in the corpus. Until the 1522 edition, the only punctuation marks found consistently in the texts were the period, slash, and colon. The punctuation did show some signs of systematization in the second half of the sixteenth century; however, since none of the texts shows any consistent use of punctuation or capital letters, and neither is known to reflect the preference of Diego de San Pedro, there is no positive value in maintaining a sporadic punctuation. Therefore, I have

---

[1] According to W. W. Greg, «The Rationale of Copy-Text», in *Art and Error: Modern Textual Editing,* ed. Ronald Gottesman and Scott Bennett (Bloomington: Indiana University Press, 1970), pp. 17-36, the copy-text is the extant text supposed to be most nearly what the author composed. In cases where there is no later authorial revision, it is general practice to select the first edition which can claim authority. The copy-text should have authority over accidental variants, and even editorial emendations should conform to the normative spelling of the copy-text. In the case of *Cárcel de amor,* since there is no authoritative text, the first known edition has been chosen as the copy-text. Additionally, R. C. Bald, «Editorial Problems — A Preliminary Survey», in *Art and Error,* p. 43, says: «The old-spelling text is of course requisite in any standard or definitive edition. After the copy-text has been chosen, the editor reproduces it faithfully except for such corrections as he finds it necessary to make.»

[2] Significant readings (or substantive readings in Greg's terminology) are those that affect the author's meaning or expression. Accidentals are variants of spelling, punctuation, word-division which affect the formal presentation. Greg discusses the difference between substantive and accidental readings in «The Rationale of Copy-Text», pp. 19-20.

chosen to modernize the punctuation, capital letters, and word separation.[3] I have maintained as much of the early edition standards as possible, and, as noted in the Linguistic Description, paragraphs and dashes follow the composite punctuation of the early texts: dashes following what were parentheses and paragraphs following paragraph signs (¶).

For ease of reading, since this is not a facsimile or diplomatic edition, I have chosen also to resolve the abbreviations. All letters which I have added to complete the abbreviations are italicized. The editorial symbols are the following: Italics: letters or words added to the text, such as resolutions of abbreviations; Square bracket: a change in folio, or a reconstruction of the copy-text where part of the text is missing or an irremediable reading where the archetype can not be positively determined, in which case the selection is discussed in the notes to the text.

In establishing the archetypal text from the system of variants, I have obeyed the following guidelines. If there is a reading which appears unanimously in two branches as opposed to a second reading exclusive to a single branch, the former reading is selected, for example:

$\delta$ and $\gamma$ as archetype:   su memoria
$\beta$:   tu memoria (l. 496)

$\beta$ and $\delta$ as archetype:   considerando
$\gamma$:   considerado (l. 30)

$\beta$ and $\gamma$ as archetype:   estará
$\delta$:   será (l. 205)

However, if a reading is found partially in two branches and another reading appears in all three branches, the latter is accepted as archetypal,[4] for example:

$\alpha$:   aprender
B, G, I, J, L, M, O, R, bilinguals:   emprender (l. 303)

In cases where no archetype can be established, such as where all readings are found in all branches (e.g., quería: A, D, N, P, Q, S, T, U, Uu,

---

[3] Paul Maas, *Textual Criticism*, translated from the German by Barbara Flower (Oxford: Clarendon Press, 1958), p. 24, supported the modernization under the rubric of *interpretatio*: «Once the text has been constituted on the basis of *recensio* and *examinatio* it must be elucidated by the separation of words, marking of pauses, colometry, stops, initial capitals, &c. This certainly comes within the sphere of a critical edition, but it belongs to *interpretatio*, the aims of which change with changing times and in any case cannot be standardized like those of textual criticism.»

[4] This variant configuration is fairly common in the *Cárcel de amor* stemma for reasons not eminently clear — either polygenesis or *contaminatio*. Regardless of the origin, the reading found in all three of the branches is always accepted as archetypal.

bilinguals; querría: B, C, E, F, G, H, Hh, I, J, K, L, M, O, R [l. 494]), or each branch has a different reading (e.g., parece: A, B; parecen: C, D, N, P, Q, S, T, U, Uu; parecer: E, F, G, H, Hh, I, J, K, L, M, O, R, bilinguals [l. 575]), or each reading is found in two branches (e.g., serte: A, B, E, F, G, H, Hh, I, K, L, O, Q, R; ser: C, D, J, M, N, P, S, T, U, Uu, bilinguals [l. 358]), the reading which seems most accurate is selected for the critical edition and placed in square brackets. In these cases, the reasons for selecting one reading over another are explained below in the notes to the edition. Also, cases where the critical edition reading is not the archetypal selection will be set off in square brackets and the reason for deviating from the archetype explained in the notes.

The lines of each page of text are numbered for ease of reference. The *apparatus criticus* accompanies the text, identifying the variants by line number. The critical notation is as follows: a bracket, ], separates the archetype reading from the variant. The variant texts are then identified by the system of symbols established in the stemma description. The only exception to the symbols occurs when all bilingual texts share the same variant. In that case, the word *bilinguals* is used to denote all eleven bilingual editions: AA, BB, CC, CCc, DD, EE, FF, GG, HH, II, IIi. The variant-carriers will be listed in chronological order by date of publication, first the Spanish editions and then the bilinguals.

The variants will be identified within the line of the text by context. If the variant is one of deletion or addition, the word before and after will be given in order to isolate the word or words added or eliminated. In the case of replacing one word by another, only the variant word/words are given, for example:

Deletion:     hazerlo, que se] hazerlo se - E, F, G, H, Hh, I, J, K, L, M, O, R (l. 34)

Addition:     como he] como yo he - E, F, G, H, Hh, I, J, K, L, M, O, R (l. 27)

Replacement:  pensé] piense - C, S, T, U, Uu (l. 17).

Every substantive variant departure from the archetype is indicated in the *apparatus criticus*. Accidentals of punctuation and spelling are not included since these come under the authority of the A copy-text. Accidental variance of *g* for *j*; *y* for *i*; *j* for *i*; or *u*, *v* and *b* is not considered substantive nor listed in the apparatus. Also, common, documented linguistic options (e.g., *mesmo, mismo*) are not included. Since the collation includes so large a number of texts, to record all the sporadic spellings would be an enormous and uninformative task. The deviance of the accidentals and spellings is systematic neither within nor between editions and the variance does not add linguistic or stemmatic insight. Examples of variance not included, except when all texts unanimously oppose A, follow below. These linguistic options have been discussed by Lapesa or Menéndez Pidal and references to the two historical grammars are listed with the examples.[5]

## Vacilation Between Vowels

In verbs:  acostumbrar/acustumbrar
              conplir/cumplir              MP §105.3
              deziendo/diziendo          MP §114.4
              dormía/durmía             MP §117.3
              dormió/durmió
              escreuir/escriuir            MP §105.2
              estoue/estuue
              fengía/fingía
              heziste/hiziste             MP §120.5
              profirieron/proferieron
              recebimos/recibimos         MP §105.2
              sobir/subir
              sotilizan/sutilizan
              touieres/tuuieres           MP §120.3
              veniendo/viniendo
              viniese/veniese            MP §120.6
              beuir/viuir               MP §105.2; L §70.7

In others:  codicia/cudicia
              disposición/dispusición
              engenio/ingenio
              enpedimiento/inpedimiento
              mismo/mesmo             MP §66.3
              sepultura/sepoltura
              sofrimiento/sufrimiento    MP §105.3; L §70.7; 72.1

## Geminate Consonants

comigo/commigo, conmigo
el/ell                               L §72.1
mil/mill
sufrimiento/suffrimiento

## Latinate Consonants/Groups (L §70.4)

absente/ausente
absueluo/asueluo
algund/algun
acto/aucto/auto
auctor/author/autor
captivo/cativo/cautivo

---

[5] Rafael Lapesa, *Historia de la lengua española* (9th ed., Madrid: Gredos, 1981), and Ramón Menéndez Pidal, *Manual de gramática histórica española* (15th ed., Madrid: Espasa-Calpe, 1977). References to Lapesa will be marked by L, followed by the section number. Similarly, references to Menéndez Pidal will be marked by MP, followed by the section number.

| | |
|---|---|
| cient/cien | MP §63.2 |
| cibdad/ciudad | MP §60.1 |
| dubda/duda | L §70.7 |
| escripto/escrito | |
| escriptura/escritura | |
| ningund/ningún | MP §63.2 |
| perfecto/perfeto | |
| respecto/respeto | |
| sant/san | MP §63.2 |
| segund/según | MP §63.2 |
| súbita/súpita | |
| substentación/sustentación | MP §72.1 |
| tractado/tratado | |
| victoria/vitoria | |

## S-X (MP §126.2; L §72.1)

esperiencia/experiencia
estender/extender
sesta/sexta

## H-F (MP §381.2; L §53.5, 70.7, 72.3)

hecho/fecho
satishazer/satisfazer

## Initial S-ES[6] (MP §39.3)

scándalo/escándalo
spíritu/espíritu
staua/estaua

## C-SC (MP §112.3)

conoce/conosce
desobedecer/desobedescer
esclarecer/esclarescer
fallece/fallesce
merecer/merescer
padecer/padescer
parecer/parescer

---

[6] Regarding the use of *s* or *es* in word-initial position, Juan de Valdés, *Diálogo de la lengua*, ed. José F. Montesinos (Madrid: Espasa-Calpe, 1976), pp. 56-57, said: «Marcio — ¿Por qué en los vocablos que comiençan en *s*, unas vezes ponéis *e* y otras no?, ¿hazéislo por descuido o por observancia? Valdés — Antes ésta es una de las cosas principales en que miro quando escrivo, porque ni apruevo por bueno lo que hazen los que, quiriendo conformar la lengua castellana con la latina, en los semejantes vocablos quitan siempre la *e* donde la latina no la pone, ni tampoco lo que hazen los que siempre la ponen, porque tengo por mejor, para conservar la gentileza de mi lengua, hazer desta manera, que si el vocablo que precede acaba en *e*, no la pongo en el que sigue; y assí digo: *casa de sgremidores*, y no *de esgremidores*, y *el socorro de Scalona*, y no *de Escalona*; y si el vocablo precedente no acaba en *e*, póngala en el que se sigue, y assí digo: *De los escarmentados se levantan los arteros.*»

## *S-SS* (MP §35bis. 2 and 6; L §72.3)

así/assí
callase/callasse

## *SC-ZC* (MP §112.3)

desfallesce/desfallezca
paresca/parezca

## *E-Y* (ζ) (L §72.1)

As a conjunction. The copy-text ζ is transcribed as y.

## *N-M* (MP §351b)

onbres/ombres
sienpre/siempre

## *H-Ø* (L §70.7, 72.1)

Abraham/Abraam
ahun/aun
Hespaña/España
hombres/onbres
ohẏa/oẏa

## *Y-I* (L §102.2)

oẏa/oía
ystoria/historia, istoria

## *L-Ll-Li* (MP § 112bis.3)

levar/llevar
leva/lleva/lieva

## *B-U-V* (MP 35 bis.4 and 6, 43.2; L §102.2)

biuir/viuir
ouiesse/hubiesse/vuiesse

## *J-G* (MP §35bis.3, 38.3)

linaje/linage

## *RL-LL* (MP §94.5)

remediarlo/remediallo
sofrirla/sofrilla

## C-Ç (MP §35bis.2 and 6)

merecía/mereçía

### Synaloepha

Despaña/de España
daquí/de aquí
desta/de esta

### Symbol and Word for Numbers

.ix./nueve[7]

Accidentals are listed along with substantive variants when they are linguistically important (e.g., *se, ge*); stemmatically informative, dividing along family lines (e.g., *tiniebras, tinieblas*); or reveal the nature of the individual edition (e.g., *coren, corren*). However, even when the accidentals are included in the apparatus, only substantive variants are debated as archetype decisions. Accidentals are not bracketed since they do not change the meaning or syntax or affect the reading of $\alpha$.

The variant notation will also reflect textual lacunae by the use of Greg's symbol, $\Sigma$ with subscript of missing texts.[8] A change in witnesses is noted in the apparatus whenever lacunae occur. For example, if all editions form part of the collation and there are no lacunae, $\Sigma$ will be displayed. If a text is missing, it will be placed subscript to $\Sigma$. Whenever, during the course of the text, the corpus changes, $\Sigma$ will reflect be new corpus. The change in corpus can be from one of two causes: 1. folios lacking in the exemplar; 2. textual variants of deletion. Thus, where text E, for example, is missing folios and does not form part of the corpus, its absence is noted by $\Sigma_E$ placed in the apparatus where E begins its lacuna. When E is no longer missing folios and rejoins the corpus of texts, $\Sigma$ is placed in the apparatus to note that all editions are once again part of the collation.

The $\Sigma$ notation is used whenever the lacuna is lengthy. Yet, if only a few lines are omitted, the lacuna is treated as a variant. The lines are listed in the variants by page and line number, typed out in full as found in $\alpha$, and set off by a bracket, ]. The texts lacking the lines are then recorded as variant-carriers. If the texts which are complete have word variants in the deviant line lacuna, the variants are listed individually after the omission is noted, for example:

---

[7] While *ix* and *nueue* are not considered variants, *ix* and *noveno*, or any number symbol and ordinal number, are two different words and noted as variants.

[8] The $\Sigma$ notation is described by W. W. Greg, *The Calculus of Variants: An Essay on Textual Criticism* (Oxford: Clarendon Press, 1927), p. 14: «putting $\Sigma$ for 'the sum of the unspecified manuscripts.'»

ll. 2207-10.  muerte: tú, en edad para beuir; tú, temeroso de Dios; tú, amador de la virtud; tú, enemigo del vicio; tú, amigo de amigos; tú, amado de los tuyos! Por] muerte. Por - bilinguals

ll. 2207-08.  tú, en edad] tu edad - C, D, N, P, S, T, U, Uu; tú de edad - Q

l. 2208.  amador] enamorador - E

l. 2210.  Por] Par - G

Textual notes follow the archetypal text and variants. The notes explain various items of interest such as neologisms, linguistic documentation, similar usages in other San Pedro texts, references to other modern editions and critical opinions, and archetype selections.

# CRITICAL EDITION

[f. A¹r.]

El siguiente tracta[do fue he]cho a pedime*nt*o del señor [don] Diego Hernández, Alcayde de los Donzeles y de otros caualleros cortesanos. Llámase Cárcel de Amor. Conpúsolo Diego de San Pedro. Comiença el prólogo assí.

5 ¶ *Muy virtuoso señor.*

Aunq*ue* me falta sofrimie*nt*o para callar, no me fallesce conoscimiento para ver quánto me estaría meior preciarme de lo que callase, que arrepe*nt*irme de lo q*ue* dixesse; y puesto que assí lo conozca, avnque veo la verdad, sigo la opinión; y como hago lo
10 peor, nunca quedo sin castigo, porque si co*n* rudeza yerro, co*n* vergüe*n*ça pago. Verdad es que en la obra presente no tengo tanto cargo, pues me puse en ella más por necessidad de obedescer, q*ue* co*n* voluntad de escreuir, porq*ue* de vuestra merced me fue dicho q*ue* deuía hazer algu*n*a obra de estilo de vna oració*n* q*ue* enbié a la
15 señora doña [Marina] Manuel, por [f. A¹v.] [que le parescía menos]

Σ_F, H, Hh, Q, bilinguals
1. siguiente] seguiente - A
2. Hernández] Herrnandes - A; Hernandes - I
2. Donzeles] Donzelles - C, D, N, P, S, T, U, Uu
2. de otros] de los otros - C, D, N, P, S, T, U, Uu
3. Llámase] Y llámase - C, D, N, P, S, T, U, Uu
3. Conpúsolo Diego de San] Conpúsolo San - A; Compúsolo digo de sanct - O
Σ_F, Q, bilinguals
4. Comiença el prólogo assí.] Prólogo deste tratado llamado Cárcel de Amor. - H, Hh; Comiença el prólogo - L, M, O, R
8. arrepentirme] arepentirme - A
8. dixesse] dixiese - A; dixiesse - B; dixese - C
9. conozca] conozco - E, G, H, Hh, I, J, K, L, M, O, R
12. necessidad] necesidad - A
14. estilo] estillo - G
14. enbié] enbí - H, Hh
15. señora] virtuosa señora - E, G, H, Hh, I, J, K, L, M, O, R
15. Marina] María - C, E, G, H, Hh, I, J, K, L, M, O, R
15. parescía] parescería - L, M, O, R

85

malo que el q*ue* puse en otro [tractado que vid]o mío. Assí que por
conplir su ma*n*[damient]o pensé hazerla, auiendo por meior errar
en el dezir que en el desobedecer; y tanbién [acordé de endere-
çarla] a vuestra merced porq*ue* la fauorezca como señor y la
20   emie*n*de como discreto. Comoquiera que primero que me determinase, estuue en gra*n*des dubdas: vista vuestra discreción temía;
mirada vuestra virtud osaua; en lo vno hallaua el miedo, y en
lo otro buscaua la seguridad; y en fin, escogí lo más dañoso para
mi vergüe*n*ça y lo más prouechoso para lo que deuía. Podré ser
25   reprehendido si en lo que agora escriuo, tornare a dezir algunas
razones de las que en otras cosas he dicho. De lo qual suplico a
vuestra merced me salue, porque como he hecho otra escritura
de la calidad désta, no es de marauillar que la memoria desfa-
llesca; y si tal se hallare, por cierto más culpa tiene en ello mi
30   oluido que mi querer. Sin dubda, señor, co*n*siderando esto y
otras cosas que en lo q*ue* escriuo se pueden hallar, yo estaua
determinado de cessar ya en el metro y en la prosa, por librar mi
rudeza de iuyzios y mi espíritu de trabaios; y paresce, qua*n*to más
pienso hazerlo, que se me ofrecen más cosas para no poder con-
35   plirlo. Suplico a vuestra merced: antes que condene mi falta, iuz-
gue mi voluntad, porque reciba el pago, no segund mi razó*n*, mas
segu*n*d mi deseo.

¶ *Comiença la obra.*

[f. A³r.] Después de hecha la guerra del año pasado, viniendo
40   a tener el inuierno a mi pobre reposo, passando vna mañana,
qua*n*do ya el sol q*ue*ría esclarecer la tierra, por vnos valles hondos

16.  vido] vio - C, S, T, U, Uu
17.  pensé] piense - C, S, T, U, Uu
18-19.  acordé de endereçarla] acordé endereçarla - A, E, G, H, Hh, I, J, K, L, M, O, R
22.  mirada] miraua - O
$\Sigma_{\text{O. bilinguals}}$
27.  como he] como yo he - E, F, G, H, Hh, I, J, K, L, M, O, R
27.  escritura] escitura - A
28.  calidad] qualidad - B, C, D, E, F, G, K, L, M, N, O, P, R
28.  es de marauillar] es marauilla - O, R; es de marauilla - P
30.  considerando] considerado - A, B
32.  cessar] cesar - A
33.  espíritu] espun - N, P
34.  pienso] pienso de - D, N, P, S, T, U, Uu
34.  hazerlo, que se] hazerlo se - E, F, G, H, Hh, I, J, K, L, M, O, R
35.  condene] condenne - B; condemne - O, R
$\Sigma_{\text{O}}$
38.  Comiença la obra.] Comiença la obra intitulada Cárcel de Amor - R
40.  passando] pasando - A

86

y escuros que se hazen en la Sierra Morena, vi salir a mi encuentro,
por entre vnos robledales do mi camino se hazía, vn cauallero assí
feroz de presencia, como espantoso de vista, cubierto todo de ca-
45  bello a manera de saluaie: leuaua en la mano yzquierda vn escudo
de azero muy fuerte y en la derecha vna ymagen femenil entallada
en vna piedra muy clara, la qual era de tan estrema hermosura
que me turbaua la vista. Salían della diuersos rayos de fuego, que
leuaua encendido el cuerpo de vn onbre quel cauallero forcible-
50  mente leuaua tras sí, el qual con vn lastimado gemido, de rato en
rato, dezía:

«En mi fe, se sufre todo.»

Y como enpareió comigo, díxome con mortal angustia:

«Caminante, por Dios te pido que me sigas y me ayudes en tan
55  grand cuyta.»

Yo, que en aquella sazón tenía más causa para temer, que
razón para responder, puestos los oios en la estraña visión, estoue
quedo, trastornando en el coraçón diuersas consideraciones: dexar
el camino que leuaua, parecíame desuarío; no hazer el ruego de
60  aquel que assí padecía, figuráuaseme inumanidad; en seguille auía
peligro; y en dexalle, flaqueza. Con la turbación, no sabía escoger

42. salir a mi] salir en mi - L, M, O, R
43. por entre vnos robledales] por entre vnos robredales - A, B; por unos roble-
    dales - E, F, G, H, Hh, I, J, K, L, M, O, R, bilinguals
43. do mi] do me - C
43. assí] tan - E, F, G, H, Hh, I, J, K, L, M, O, R, bilinguals
44. presencia] presentia - II, IIi
44. espantoso] espantable - L, M, O, R
44-45. cabello] cabellos - O, R
45. yzquierda] ysquierda - A, B; esquierda - C
46. fuerte y] fuerte y muy rezio y - E, F, G, H, Hh, I, J, K, L, M, O, R, bilinguals
46. la derecha] la mano derecha - E, F, G, H, Hh, I, J, K, L, M, O, R, bilinguals
48. la vista. Salían] la vista de los ojos. Salían - E, F, G, H, Hh, I, J, K, L, M, O, R,
    bilinguals
49. quel cauallero] que aquel cauallero - E, F, G, H, Hh, I, J, K, L, M, O, R,
    bilinguals
49-50. forciblemente] forçosamente - BB, CC, CCc, FF
50. tras sí] trasí - A
50. qual] qua - P
53. Y] Et - AA, DD, EE, GG, HH, II, IIi
54. sigas] siguas - B
56. temer] temor - A
56-57. que razón] qual razón - BB, CC, CCc
57. en la estraña] en estraña - bilinguals
58. consideraciones] considerationes - II, IIi
60. seguille] siguille - A
61. dexalle] dexallo - A
61. escoger] escoxer - O, R

lo meior. Pero ya quel espa*n*to dexó mi alteración en algund sosiego, vi quá*n*to era más obligado a la virtud q*ue* a la vida; y
enpachado de mi mesmo por la dubda en q*ue* estu[f. A³v.]ue, seguí
65  la vía de aquel que quiso ayudarse de mí. Y como apressuré mi
andar, sin mucha tardança alcancé a él y al que la fuerça le hazía,
y assí seguimos todos tres por vnas partes, no menos trabaiosas de
andar, que solas de plazer y de ge*n*te. Y como el ruego del forçado
fue causa que lo siguiesse, p*ara* cometer al que lo leuaua, faltáuame
70  apareio; y para rogalle, merescimiento; de manera que me fallecía
conseio. Y después que reboluí el pensamiento en muchos acuer-
dos, tomé por el meior ponerle en alguna plática, porque como él
me respondiese, así yo determinasse; y con este acuerdo, supliquéle
co*n* la mayor cortesía q*ue* pude, me quisiese dezir quien era; a lo
75  qual assí me respondió:

«Caminante, segu*n*d mi natural condición, ningu*n*a respuesta
quisiera darte, porque mi oficio más es para secutar mal, q*ue* p*ara*
responder bien; pero como sie*n*pre me crié entre onbres de buena
criança, vsaré contigo de la gentileza que aprendí, y no de la braue-
80  za de mi natural. Tú sabrás, pues lo quieres saber, yo soy principal
oficial en la casa de Amor; llámanme por nonbre Deseo; con la

64.  enpachado] empaehado - II, IIi
64.  estuue] estaue - FF
64.  seguí] según - L, M, O, R;  sequí - P
65.  apressuré] apresuré - A
66.  alcancé] la cancé - B
66.  fuerça le hazía] fuerça hazía - E, F, G, H, Hh, I, J, K, L, M, O, R, bilinguals
67.  todos] tunos - DD, EE
68.  Y como] Et como - DD, EE, GG, HH, II, IIi
69.  siguiesse] siguise - A
69.  cometer] acometer - E, F, G, H, Hh, I, J, K, L, M, O, R;  cameter - AA, DD,
      EE, GG, HH;  incomendar - II, IIi
71.  reboluí] rebuelue - B
72.  por el meior] por mejor - G, I, J, L, M, O, R, bilinguals
73.  determinasse] determinase - A
73-74.  supliquéle con] supliqué con - G, I, J, L, M, O, R, bilinguals
Σ
74.  cortesía] cortezía - C
74-75.  a lo qual] a la qual - C, D, N, P, S, T, U, Uu;  lo qual - AA, DD, EE, GG,
      HH, II, IIi;  el qual - BB, CC, CCc, FF
76.  segund] segúm - HH, II, IIi
77.  secutar] essecutar - C, D, F, H, Hh, K, Q;  assegurar - G, I, J, L, M, O, R,
      bilinguals;  executar - N, P, S, T, U, Uu
79.  vsaré] vsara - II, IIi
79.  contigo] contingo - AA, DD, EE, GG, HH, II, IIi
79-80.  braueza] praueza - B
80.  lo quieres saber, yo] lo quieres saber que yo - F, G, H, Hh, I, J, K, L, M,
      bilinguals;  lo quieres saber que - O, R;  lo que quieres saber yo - S, T, U, Uu

fortaleza deste escudo, defiendo las esperanças, y con la hermosura
desta ymagen, causo las aficiones, y con ellas quemo las vidas, como
puedes ver en este preso que lieuo a la Cárcel de Amor, donde con
85    solo morir se espera librar.»

Quando estas cosas el atormentador cauallero me yua diziendo,
sobíamos vna sierra de tanta altura, que a más andar mi fuerça
desfallecía; y ya que con mucho trabaio llegamos a lo alto della,
acabó su respuesta; y como vido que en más pláticas quería ponelle
90    yo, que comen[f. A⁴r.]çaua a dalle gracias por la merced recebida,
súpitamente desapareció de mi presencia; y como esto passó a
tiempo que la noche venía, ningund tino pude tomar para saber
dónde guió; y como la escuridad y la poca sabiduría de la tierra
me fuesen contrarias, tomé por propio conseio no mudarme de aquel
95    lugar. Allí comencé a maldezir mi ventura; allí desesperaua de toda
esperança; allí esperaua mi perdimiento; allí, en medio de mi tribulación, nunca me pesó de lo hecho, porque es meior perder haziendo virtud, que ganar dexándola de hazer. Y assí estuue toda
la noche en tristes y trabaiosas contemplaciones; y quando ya la
100   lunbre del día descubrió los canpos, vi cerca de mí, en lo más alto
de la sierra, vna torre de altura tan grande, que me parecía llegar

82.   defiendo] defiando - HH, II, IIi
82.   esperanças] asperezas - D, N, P, Q, S, T, U, Uu
83.   desta] deste - B
83.   ellas] ellos - B
84.   en este] en neste - AA, DD, GG, HH, II, IIi
86.   atormentador] atormentator - A; atormentado - BB, CC, CCc, FF
86.   yua] yda - A
87.   sierra de tanta] sierra de tanta - D; sierra áspera de tanta - E, F, G, I, J, K,
      L, M, bilinguals; sierra espera de tanta - H, Hh; sierra áspera y de tanta - O, R
87.   que a más] que más - HH, II, IIi
88.   desfallecía] desfalecía - G
88.   que con mucho] que mucho - AA, DD, EE, GG, HH, II, IIi
89.   vido] vio - E, F, G, H, Hh, I, J, K, L, M, O, R, bilinguals
90.   començaua] comencé - D, N, P, Q, S, T, U, Uu
91.   desapareció] desparesció - J
91.   passó] pasó - A
92.   pude] puede - D, N, P, S, T, U, Uu
93.   y la poca] y poca - H, Hh
94.   fuessen] fuesse - GG, HH, II, IIi
94.   propio] proprio - M, O, R, S, T, U, Uu, AA, DD, EE, GG, HH, II, IIi
95.   Allí comencé] assí comience - G, J; assí comencé - bilinguals
95.   mi] me - Q
95-96. allí desesperaua de toda esperança; allí esperaua mi perdimiento] allí deses-
       peraua mi perdimiento - E, F, G, H, Hh, I, J, K, L, M, O, R, bilinguals
96-97. de mi tribulación] de tribulación - H, Hh; de me tribulación - O; de mi tribu-
       laciones - BB, CC, CCc, FF
97.   meior perder] mejo perder - P, GG; mejor perdr - HH
99.   tristes] tristezas - E, F, H, Hh, K
100.  lunbre] sumbre - II, IIi

al cielo; era hecha por tal artificio, que de la estrañeza della comencé a marauillarme; y puesto al pie, avnque el tienpo se me ofrecía más para temer que para notar, miré la nouedad de su lauor
105 y de su edificio. El cimiento sobre que estaua fundada era vna piedra tan fuerte de su condición y tan clara de su natural, qual nunca otra tal iamás auía visto, sobre la qual estauan firmados quatro pilares de vn mármol morado muy hermoso de mirar. Eran en tanta manera altos, que me espantaua cómo se podían sostener;
110 estaua encima dellos labrada vna torre de tres esquinas; la más fuerte que se puede contenplar; tenía en cada esquina, en lo alto della, vna ymagen de nuestra vmana hechura, de metal, pintada cada vna de su color: la vna de leonado, y la otra de negro, y la otra de pardillo; tenía cada vna dellas vna [f. A⁴v.] cadena en la
115 mano asida con mucha fuerça. Vi más encima de la torre vn chapitel sobrel qual estaua vn águila que tenía el pico y las alas llenas de claridad, de vnos rayos de lunbre que por dentro de la torre salían a ella; oýa dos velas que nunca vn solo punto dexauan de velar. Yo, que de tales cosas iustamente me marauillaua, ni sabía dellas que
120 pensasse, ni de mí qué hiziese; y estando conmigo en grandes dubdas y confusión, vi trauada con los mármoles dichos vn escalera que llegaua a la puerta de la torre, la qual tenía la entrada tan escura, que parescía la sobida della a ningund onbre possible. Pero, ya deliberado, quise antes perderme por sobir, que saluarme por
125 estar; y forçada mi fortuna, comencé la sobida; y a tres passos del escalera, hallé vna puerta de hierro, de lo que me certificó más el tiento de las manos, que la lunbre de la vista, segund las tinieblas do estaua. Allegado pues a la puerta, hallé en ella vn portero, al qual pedí licencia para la entrada; y respondióme que lo haría,

107. otra tal iamás] otra jamás - Q; otra tal jamais - FF
107. estauan] estauant - FF
113-114. la vna de leonado, y la otra de negro, y la otra de pardillo] la vna de leonado: otra de negro: y la otra de pardillo - B; la vna de leonado: y la otra de negro: y la otra de perdillo - C
114. tenía cada] tenía a cada - bilinguals
116. vn águila] vna águila - F, G, I, J, Q, R, bilinguals; vn engula - P
118. oýa] oý - B
119. ni] no - M, O, R
120. pensasse] pensase - A
121. los] las - C
121. vn] vna - B, I, bilinguals
122. llegaua] llegeua - H, Hh
123. possible] posible - A
126. lo que] la qual - E, F, G, H, Hh, I, J, K, L, M, O, R, bilinguals
127. el] al - I
128. hallé en ella] hallé en la - H, Hh; halla en ella - AA, DD, EE, GG, HH, II, IIi
129. al] el - B

130 pero que me conuenía dexar las armas primero que entrasse, y como
le daua las que leuaua segund costunbre de caminantes, díxome:

«Amigo, bien paresce que de la vsança desta casa sabes poco.
Las armas que te pido y te conuiene dexar son aquellas con que
el coraçón se suele defender de tristeza, assí como Descanso y Es-
135 perança y Contentamiento, porque con tales condiciones ninguno
pudo gozar de la demanda que pides.»

Pues sabida su intención, sin detenerme en echar iuyzios sobre
demanda tan nueua, respondíle que yo venía sin aquellas armas,
y que dello le daua seguridad. Pues como dello fue cierto, abrió
140 la puerta; y con mucho trabaio y [f. A⁵r.] desatino, llegué ya a lo
alto de la torre, donde hallé otro guardador que me hizo las preguntas del primero; y después que supo de mí lo quel otro, diome
lugar a que entrase; y llegado al aposentamiento de la casa, vi en
medio della vna silla de fuego, en la qual estaua asentado aquel,
145 cuyo ruego de mi perdición fue causa. Pero como allí, con la turbación descargaua con los oios la lengua, más entendía en mirar
marauillas que en hazer preguntas; y como la vista no estaua despacio, vi que las tres cadenas de las ymágines, que estauan en lo
alto de la torre, tenían atado aquel triste, que sienpre se quemaua

---

130. pero] empero - B
130. armas] armes - II, IIi
130. entrasse] entrase - A
131. leuaua] llaua - AA, DD, GG, HH, II, IIi; llauaua - EE
132. bien] bian - P
133. conuiene] conuieme - O
134. suele] suede - GG
134. tristeza] tristexa - AA, DD, EE, GG, HH
134-135. Descanso y Esperança] Descanso Esperança - B, bilinguals
135. condiciones] contradiciones - bilinguals
136. pudo] puede - R
137. iuyzios] juyzio - O, R
138. respondíle] respóndele - AA, DD, EE, GG, HH, II, IIi
138. que yo venía] que venía - AA, DD, EE, GG, HH, II, IIi
139. y que dello] y dello - O, R
140. trabaio] trabayo - C
140. llegué ya a] llegé ya a - A; llegué a - C, D, N, P, Q, S, T, U, Uu
141-142. que me hizo las preguntas del primero] que hizo las preguntas de primero - bilinguals
143. llegado] llegando - F, G, H, Hh, K, J
145-146. perdición fue causa. Pero como allí, con la turbación descargaua] perdición
descargaua - O, R
146. lengua] langua - DD, EE, GG, HH, II, IIi
146. entendía en mirar] entendien mirar - B
147. marauillas] merauillas - DD, EE, GG, HH, II, IIi
147. hazer] dazer - O
147. vista no estaua] vista estaua - F, G, H, Hh, I, J, K, L, M, O, R, bilinguals
148. ymágines] ymágenes - E, R; ymágeues - O

150 y nunca se acabaua de quemar. Noté más, que dos dueñas lastimeras con rostros llorosos y tristes le seruían y adornauan, poniéndole
con crueza en la cabeça vna corona de vnas puntas de hierro, sin
ninguna piedad, que le traspasauan todo el celebro; y después
desto miré que vn negro vestido de color amarilla venía diuersas
155 vezes a echalle vna visarma y vi que le recebía los golpes en vn
escudo que súpitamente le salía de la cabeça y le cobría hasta los
pies. Vi más, que quando le truxeron de comer, le pusieron vna
mesa negra y tres seruidores mucho diligentes, los quales le dauan
con graue sentimiento de comer; y bueltos los oios al vn lado de
160 la mesa, vi vn vieio anciano assentado en vna silla, echada la cabeça sobre vna mano en manera de onbre cuydoso; y ninguna destas
cosas pudiera ver segund la escuridad de la torre si no fuera por
vn claro resplandor, que le salía al preso del coraçón, que la escla-
recía toda. El qual, como me vio atónito de ver co[f. A⁵v.]sas de
165 tales misterios, viendo cómo estaua en tienpo de poder pagarme
con su habla lo poco que me deuía, por darme algún descanso,
mezclando las razones discretas con las lágrimas piadosas, començó en esta manera a dezirme:

150. Noté] Yo vi - FF
151. adornauan] adorauan - E, F, G, H, Hh, I, J, K, L, M, O, R, bilinguals
152. de vnas puntas] de puntas - Q
153. traspasauan] traspassaua - E, F, K; trespassauan - AA, DD, EE, GG, HH, II, IIi
153. celebro] cerebro - B; celebre - H, Hh
154. vn negro] en negro - H, Hh
154. amarilla] amarillo - BB, CC, CCc, FF
155. echalle vna] echalle de vna - AA, DD, EE, GG, HH; echalle de vne - II, IIi
155. que le recebía] que recebía - bilinguals
155. golpes en vn] golpes vn - D, N, P, Q, S, T, U, Uu
156. le cobría] la cobría - H, Hh
157. truxeron] truxieron - B; traxeron - F, G, H, Hh, I, J, K, bilinguals
157. pusieron] pusisieron - GG
158. negra y tres] negra tres - B
158. seruidores mucho] seruidores muy - H, Hh; seruidotes mucho - II, IIi
159. al vn] a un - bilinguals
160. assentado] sentado - A, B, C
161. sobre] lobre - P
161. cuydoso] cuytoso - E; cuydadoso - N, P, Q, S, T, U, Uu
162. escuridad] escuridas - P
166. con su habla] con habla - F, G, H, Hh, I, J, K, L, M, O, R; con hablar - bilinguals
166. por] po - HH
166. algún] alun - GG
167. con las lágrimas] con lágrimas - F, G, H, Hh, I, J, K, L, M, O, R, bilinguals
167. piadosas] piadolas - GG
167-168. començó en esta manera a dezirme] començó en esta manera a dezir - D, N, P, Q, S, T, U, Uu; començó a dezirme en esta manera - G, J; començó en aquesta manera a dezirme - L, M, O, R; començó dezir en esta manera - bilinguals

¶ *El preso al autor.*

170      Alguna parte del coraçón quisiera tener libre de sentimiento, por dolerme de ti, segund yo deuiera y tú merecías. Pero ya tú vees en mi tribulación que no tengo poder para sentir otro mal sino el mío. Pídote que tomes por satisfación, no lo que hago, mas lo que deseo. Tu venida aquí yo la causé. El que viste traer preso yo soy,

175      y con la tribulación que tienes, no as podido conoscerme. Torna en ti tu reposo; sosiega tu iuyzio, porque estés atento a lo que te quiero dezir. Tu venida fue por remediarme; mi habla será por darte consuelo, puesto que yo dél sepa poco. Quien yo soy quiero dezirte; de los misterios que vees, quiero informarte; la causa de

180      mi prisión quiero que sepas; que me libres quiero pedirte, si por bien lo touieres. Tú sabrás que yo soy Leriano, hijo del duque Guersio, que Dios perdone, y de la duquesa Coleria. Mi naturaleza es este reyno do estás, llamado Macedonia. Ordenó mi ventura que me enamorase de Laureola, hija del rey Gaulo, que agora reyna,

185      cosa [f. A⁶r.] que yo deviera antes huyr, que buscar: pero como los primeros mouimientos no se puedan en los onbres escusar, en lugar de desuiallos con la razón, confirmélos con la voluntad; y assí de Amor me vencí, que me truxo a esta su casa, la qual se llama Cárcel de Amor; y como nunca perdona, viendo desplegadas

190      las velas de mi deseo, púsome en el estado que vees; y porque pue-

171. Pero] empero - B
172. no] non - H, Hh
172. otro] caro - BB, CC, CCc, FF
174. aquí] aque - K
174. yo la] yo mismo la - E, F, G, H, Hh, I, J, K, L, M, O, R, bilinguals
175. con la tribulación] con la turbación - D, N, P, Q, S, T, U, Uu; con tribulación - bilinguals
176. estés] esses - AA, DD, EE, GG, HH, II, IIi
178. sepa poco] sepa muy poco - C, D, N, P, Q, S, T, U, Uu
179-180. causa de mi prisión] causa de mi presión - B; causa y razón de mi prisión - C, D, N, P, Q, S, T, U, Uu
180. libres] delibres - A, B
181. bien lo] bien tú lo - L, M, O, R
181. sabrás] sabraa - Q
182. duquesa] duqueza - C
182. Coleria] Coloria - S, T, U, Uu
183. Ordenó] Ordena - bilinguals
184. rey Gaulo] rey de Gaulo - HH, II, IIi
184. agora] hora - C
185. cosa] pensamiento - A; pensando - B; causa - C
187. y] et - bilinguals
188. vencí] venció - H, Hh
188. truxo] traxo - F, G, H, Hh, I, J, K, bilinguals
190. porque] potque - HH

das notar meior su fundamento y todo lo que has visto, deues saber
que aquella piedra, sobre [que] la prisión está fundada, es mi fe,
que determinó de sofrir el dolor de su pena, por bien de su mal.
Los quatro pilares que assientan sobre ella son mi Entendimiento
195 y mi Razón y mi Memoria y mi Voluntad, los quales mandó Amor
parescer en su presencia antes que me sentenciase; y por hazer de
mí iusta iusticia preguntó por sí a cada vno si consentía que me
prendiesen, porque si alguno no consentiese, me absouería de la
pena. A lo qual respondieron todos en esta manera. Dixo el En-
200 tendimiento:

«Yo consiento al mal de la pena por el bien de la causa, de cuya
razón es mi voto que se prenda.»

Dixo la Razón:

«Yo no solamente do consentimiento en la prisión, mas ordeno
205 que muera; que meior le estará la dichosa muerte, que la desesperada vida, segund por quien se ha de sofrir.»

Dixo la Memoria:

«Pues el Entendimiento y la Razón consienten, porque sin morir no pueda ser libre, yo prometo de nunca oluidar.»

210 Dixo la Voluntad:

«Pues que assí es, yo quiero ser llaue de su prisión, y determino
de sienpre querer.»

191.  fundamento] fundamiento - A, B
191.  visto] vido - G, J
191.  deues] duues - AA, DD, EE, GG, HH, II, IIi
192.  sobre que] sobre quien - A, B, C
193.  determinó] determina - BB, CC, CCc, FF
193.  por bien] por el bien - G, I, J, L, M, O, R, bilinguals
194.  Los] Dos - DD, EE, GG, HH, II, IIi
194.  assientan] asientan - A
194-195.  Entendimiento y mi Razón y mi Memoria y mi Voluntad] Entendimiento y
          mi Rarón y mi Memoria y mi Voluntad - L; Entendimiento y mi Razón y
          mi Memoria mi Voluntad - O; Entendimiento y mi Razón y Memoria y mi
          Voluntad - S, T; Entendimiento, mi Razón, mi Memoria, y mi Voluntad -
          bilinguals
199.  pena] pana - M
201.  consiento al] consiento el - B, L, M, O, R; cosiento al - J
204.  do] de - DD, EE, GG, HH, II, IIi
205.  estará] será - C, D, N, P, Q, S, T, U, Uu
208.  Entendimiento] Entendimieuto - B; Entendimento - H, Hh
208.  consienten] consiente - L, R; consientem - EE, GG, HH, II, IIi
208-209.  porque sin morir] que sin morir - AA, BB, CC, CCc, DD, EE, FF, GG;
          que sin mori - HH, II, IIi
211.  quiero ser llaue] quiero ser lleue - H, Hh; quiera ser llaue - J

Pues oyendo Amor que quien me auía de saluar me condenaua,
dio como [f. A⁶v.] iusto esta sentencia cruel contra mí. Las tres
215 ymágines que viste encima de la torre, cubiertas cada vna de su
color, de leonado y negro y pardillo, la vna es Tristeza y la otra
es Congoxa y la otra Trabaio. Las cadenas que tenían en las manos
son sus fuerças, con las quales [tienen] atado el coraçón porque
ningund descanso pueda recebir. La claridad grande que tenía en el
220 pico y alas el águila, que viste sobre el chapitel, es mi Pensamiento,
del qual sale tan clara luz por quien está en él, que basta para esclarecer las tinieblas desta triste cárcel, y es tanta su fuerça, que para
llegar al águila, ningund inpedimento le haze lo gruesso del muro;
assí que andan él y ella en vna conpañía, porque son las dos cosas
225 que más alto suben, de cuya causa está mi prisión en la mayor alteza
de la tierra. Las dos velas que oyes velar con tal recaudo son Desdicha y Desamor; traen tal auiso porque ninguna esperança me
pueda entrar con remedio. El escalera escura por do sobiste es el
Angustia con que sobí donde me vees. El primero portero que
230 hallaste es el Deseo, el qual a todas tristezas abre la puerta, y por
esso te dixo que dexases las armas de plazer —si por caso las trayas.
El otro que acá en la torre hallaste es el Tormento que aquí me
traxo, el qual sigue en el cargo que tiene la condición del primero,

214. sentencia] sententia - HH, II, IIi
215. ymágines] ymágenes - E
216. leonado y negro] leonado, negro - B, bilinguals
216. Tristeza y la] Tristeza la - D, N, P, Q, S, T, U, Uu
216-217. otra es Congoxa] otra Congoxa - A, B
217. otra Trabaio] otra Trabayo - C; otra es Trabajo - D, N, P, Q, S, T, U, Uu
217. las manos] los manos - II, IIi
218. son] con - L, M, O, R
218. tienen] tiene - A, B, E, F, G, I, J, K; tiennen - FF
219. ningund descanso pueda] ningún descanso puede - L; ningún despanso pueda -
    EE, GG, HH; nigún despanso pueda - II, IIi
220. y alas] y en las alas - S, T, U, Uu
220. chapitel] capitel - H, Hh
222. desta] deste - A, B; de la - E, F, G, H, Hh, I, J, K, L, M, O, R, bilinguals
223. al] el - O, R
223. inpedimento] impedimiento - B, D, G, H, Hh, J, M, O, R
223. gruesso] grueso - A
224. cosas] casas - FF
227. auiso] uso - E, F, G, H, Hh, I, J, K, L, M, O, R, bilinguals
227. ninguna] minguna - AA, EE
228. pueda] puede - II, IIi
228. escura por do sobiste] obscura por do sobiste - A; escura por donde sobiste - E,
    F, G, H, Hh, I, J, K, L, M, O, R, AA, DD, EE, GG, HH, II, IIi; escura por
    donde subí - BB, CC, CCc, FF
228-229. el Angustia] la Angustia - R; al Angustia - DD, EE, GG, HH, II, IIi
229. primero] primer - E, F, G, H, Hh, I, J, K, L, M, O, R, bilinguals
230. hallaste] halaste - HH
231. esso te dixo] esto te dixo - C, D, N, P; esto dixo - S, T, U, Uu
233. traxo] truxo - D, L, M, N, O, P, Q, R, S, T, U, Uu

porque *está* de su mano. La silla de fuego, en que asentado me vees,
235 es mi iusta afición cuyas llamas sienpre arden en mis entrañas. Las
dos dueñas que me dan —como notas— corona de martyrio, se
llaman la vna Ansia y la otra Passión, y satisfazen a mi fe con
[f. A⁷r.] el galardón presente. El vieio q*ue* vees asentado, que tan
cargado pe*n*samie*n*to rep*re*senta, es el grau*e* Cuydado, q*ue* iunto co*n*
240 los otros males, pone amenazas a la vida. El negro de vestiduras
amarillas, que se trabaia por quitarme la vida, se llama Desesperar;
el escudo q*ue* me sale de la cabeça, co*n* q*ue* de sus golpes me
defie*n*do, es mi iuyzio, el qual, viendo q*ue* vo co*n* desesperación
a matarme, dízeme q*ue* no lo haga, porq*ue*, visto lo q*ue* merece
245 Laureola, antes deuo desear larga vida por padecer, q*ue* la muerte
p*ar*a acabar; la mesa negra, q*ue* para comer me pone*n*, es la Firmeza
con que como y pie*n*so y duermo, en la qual sienpre est*á*n los
maniares tristes de mis contenplaciones; los tres solícitos seruidores
q*ue* me seruían son llamados Mal [y] Pena y Dolor: el vno trae la
250 cuyta co*n* que coma, y el otro trae la desesperança en que viene
el maniar, y el otro trae la tribulación, y co*n* ella, para que beua,

234. está] estaua - E, F, G, H, Hh, I, J, K, L, M, O, R, bilinguals
236. corona de martyrio] coronas de martirio - L, M, O, R; corona de matyrio - BB, CC, CCc, FF
237. Ansia] Trabajo - II, IIi
237. Passión] Possessión - L, M, O, R
238. vieio] veio - EE, GG, HH, II, IIi
239. Cuydado] Cuytado - B
240. males, pone amenazas a la] males amenazas a la - AA, DD, EE, GG, HH, II, IIi; males pone amenaza la - BB, CC, CCc, FF
241. trabaia] trabajó - HH, II, IIi
241. vida, se llama] vida, le - AA, DD, HH; vida, es - BB, CC, CCc, FF, GG, II, IIi; vida, el - EE
242. me sale] le sale - II, IIi
242-243. que de sus golpes me defiendo] que defiendo - AA, DD, EE, GG, HH, II, IIi; que me defiendo - BB, CC, CCc, FF
243. vo] voy - H, Hh, R, S, T, U, Uu, BB, CC, CCc, FF; yo - II, IIi
243. desesperación] desesperation - EE, GG, HH, II, IIi
245. desear] deseer - II, IIi
246. para acabar] por acabar - Q
246. Firmeza] Firmesa - AA, DD, EE, GG, HH, II, IIi
247. como y pienso y duermo] como, pienso y duermo - B, AA, BB, CC, CCc, DD, EE, FF, GG, HH; como y pienso y duermo - G, J; como y pienso y duerme - H, Hh; come, pienso y duermo - II, IIi
248. maniares] comides - II, IIi
248. mis contenplaciones; los tres solícitos seruidores] mis cotemplaciones: los tres solícitos seruidores - M; mis conuidores - FF; mi contemplaciones: los tres solícitos seruidores - HH
249. Mal y Pena] Mal, Pena - B, S, T, U, Uu, bilinguals
249. trae] traye - II, IIi
250. coma] como - B, H, Hh
250. que viene] que me viene - D, N, P, Q, S, T, U, Uu; que vienne - GG

trae el agua del coraçón a los oios y de los oios a la boca. Si te
parece que soy bie*n* seruido, tú lo iuzga; si remedio e menester, tú
lo vees; ruégote mucho —pues en esta tierra eres venido— q*ue* tú
255 me lo busques y te duelas de mí. No te pido otro bien sino q*ue*
sepa de ti Laureola quál me viste, y si por ventura te quisieres dello
escusar porque me vees en tienpo q*ue* me falta sentido p*ar*a q*ue*
te lo agradezca, no te escuses, q*ue* mayor virtud es redemir los
atribulados, q*ue* sostener los prósperos; assí sea*n* tus obras: q*ue*
260 ni tú te quexes de ti por lo q*ue* no heziste; ni yo, por lo que pudieras
hazer.

¶ *Respuesta del auctor a .Leriano.*

[f. A⁷v.] En tus palabras, señor, as mostrado q*ue* pudo Amor
prender tu libertad y no tu virtud, lo q*ua*l se prueua porq*ue* —segun*d*
265 te veo— deues tener más gana de morir que de hablar; y por
p*r*oueer en mi fatiga, forçaste tu volu*n*tad, iuzgando por los trabaios
pasados y por la cuyta presente q*ue* yo ternía de beuir poca esperança, lo q*ue* sin dubda era assí, p*er*o causaste mi p*er*dición como

252. trae el agua] trae agua - E, F, G, H, Hh, I, J, K, L, M, O, R, bilinguals;
traye agua - II, IIi
252. boca] hoca - EE, GG, HH
253. iuzga] jurga - L
254. vees] veas - L; yees - II, IIi
254. eres - EE, GG, HH, II, IIi
256. y] et - DD, EE, GG, HH, II, IIi
256. quisieres dello] quisieres ti Laureola qual me viste: y si por ventura te quisieres dello - C; quisieros dello - J; quesieres dello - EE; quisieres dallo - II, IIi
257. que me falta] que falta - J, bilinguals
258. agradezca] gradezca - O, R; agrapezça - EE, GG, HH, II, IIi
258. mayor] major - AA, DD, EE, FF, GG, HH, II, IIi
258. redemir los] remedir los - C; redemir a los - E, F, G, H, Hh, I, K, L, M, O, R;
remediar a los - J, bilinguals
259. sostener] soustenir - FF
260. quexes] queres - B
262. Respuesta del auctor a Leriano] El Autor a Leriano - Q; Respuecta del auctor
a Leriano - GG
263. En tus palabras, señor, as mostrado] Mostrado has, señor, en tus palabras - F,
G, H, Hh, I, J, K, L, M, O, R, AA, BB, CC, CCc, DD, EE, FF, GG, HH;
Mostrados has, señor, en tus palabras - II, IIi
263. pudo] pundo - H, Hh
264. no] non - GG
264. lo qual se] lo que el se - N, P, S, T, U, Uu; lo gnal se - O; lo qual que - BB,
CC, CCc, FF
265. te] que - BB, CC, CCc, FF
267. pasados, y por la cuyta] passados por la cuyta - E; passados la cuyta - F, G, H,
Hh, I, J, K, L, M, O, R, bilinguals
267. ternía] tenía - E, F, G, H, Hh, I, J, M, O, R, S, T, U, Uu, bilinguals;
tornía - P
267-268. esperança, lo] esperança o lo - BB, CC, CCc, FF

deseoso de remedio, y remediástela como perfeto de iuyzio. Por
270    cierto, no he avido menos plazer de oýrte, que dolor de uerte,
porque en tu persona se muestra tu pena, y en tus razones se
conosce tu bondad; sienpre en la peor fortuna socorren los virtuosos,
como tú agora a mí heziste; que vistas las cosas desta tu cárcel, yo
dubdaua de mi saluación, creyendo ser hechas más por arte diabólica,
275    que por condición enamorada. La cuenta, señor, que me as dado te
tengo en merced; de saber quien eres, soy muy alegre; el trabaio
por ti recebido, he por bien empleado. La moralidad de todas estas
figuras me ha plazido saber; puesto que diuersas vezes las vi, mas
como no las pueda ver sino coraçón catiuo, quando le tenía tal,
280    conoscíalas, y agora que staua libre, dubdáualas. Mándasme, señor,
que haga saber a Laureola qual te vi, para lo qual hallo grandes
inconuenientes, porque vn onbre de nación estraña, ¿qué forma se
podrá dar para negociación semeiante? Y no solamente ay esta
dubda, pero otras muchas: la rudeza de mi engenio, la diferencia
285    de la lengua, la grandeza de Laureola, la graueza del negocio; assí
que en otra cosa [f. A⁸r.] no hallo apareio sino en sola mi voluntad,
la qual vence todos los inconuenientes dichos; que para tu seruicio
la tengo tan ofrecida como si ouiesse seydo tuyo después que nascí.

270.  avido] hauisado - H, Hh
271-272.  se conosce] so conoce - H, Hh
272.  bondad] bontad - H, Hh; boudad - O
272.  peor] peior - A, bilinguals
274.  dubdaua de mi] dubdaua mi - M, O, R
274.  creyendo] ereyendo - HH, II, IIi
275.  enamorada] enamoranda - GG
276.  quien] quie - AA, DD, EE, GG, HH; quen - II, IIi
276.  soy] so - E, F, G, H, Hh, J, K
277.  bien] ben - GG
278.  que] quen - D, N, P, S, T, U, Uu
278.  las] la - BB, CC, CCc, FF
279.  las pueda ver sino coraçón] las pueda ver sino con coraçón - E; se puedan
      ver sino con coraçón - F, G, H, Hh, J, K, L, M, O, R, bilinguals; se puedan
      ver siuo con coraçón - I
280.  staua] está - D, N, P, Q, S, T, U, Uu
280-281.  Mándasme, señor, que] Mándasme que - L, M, O, R
281.  qual te] que te - O, R; quel te - P
282-283.  forma se podrá] forma podrá - F, G, H, Hh, I, J, K, L, M, O, R, bilinguals
283.  esta] estaua - O
284.  diferencia] diferentia - FF
285.  graueza] grandeza - bilinguals
285.  negocio] negotio - GG
286.  otra cosa] tal caso - E, F, G, H, Hh, I, J, K, L, M, O, R, bilinguals
287.  vence todos] vence a todos - M
288.  ouiesse] ouiese - A
288.  seydo] sido - D, N, P, Q, S, T, U, Uu

Yo haré de grado lo que mandas; plega a Dios que lieue tal la dicha
290 como el deseo, porque tu deliberación sea testigo de mi diligencia;
tanta afición te tengo y tanto me ha obligado a amarte tu nobleza,
que avría tu remedio por galardón de mis trabaios. Entre tanto que
vo, deues tenplar tu sentimiento con mi esperança porque quando
buelua, si algund bien te truxere, tengas alguna parte biua con que
295 puedas sentillo.

¶ *El auctor.*

E como acabé de responder a Leriano en la manera que es escrita,
informéme del camino de Suria, cibdad donde estaua a la sazón el
rey de Macedonia, que era media iornada de la prisión donde partí;
300 y puesto en obra mi camino, llegué a la corte, y después que me
aposenté, fuy a palacio por ver el trato y estilo de la gente cortesana,
y tanbién para mirar la forma del aposentamiento, por saber donde
me conplía yr o estar o aguardar para el negocio que quería aprender.

289. que mandas] que me mandas - C, D, N, P, Q, S, T, U, Uu
289. plega a Dios] plegue a Dios - Q; plega Dios - AA, BB, CC, CCc, FF, GG, II, IIi; piega Dios - DD, EE, HH
289. tal la dicha] tal dicha - E, F, G, H, Hh, I, J, K, L, M, O, R, AA, BB, CC, CCc, FF; tad dicha - DD, EE, GG, HH; tan dicha - II, IIi
290. deseo] dresseo - DD, EE ,GG, HH, II, IIi
290. deliberación] liberación - N, P, Q, S, T, U, Uu; diliberación - O
290. sea testigo] sea castigo - O; será testigo - DD, EE, GG, HH; fue testigo - II, IIi
291. afición] offición - EE, GG, HH; officio - II, IIi
291. obligado a amarte] obligado amarte - A
292. avría tu] auré tu - E, F, G, I, J, K, L, M, O, R, bilinguals; auré te - H, Hh
292. Entre tanto] etretanto - O
293. vo] voy - L, M, O, R, bilinguals; no - U, Uu
293. tenplar] contemplar - O
294. bien te truxere] bien te truxiere - B; bien o remedio te truxere - C, D, N, P, Q; bien te traxere - G, J, bilinguals; bien truxere - M, O, R; bien o remedio te truxe - S, T, U, Uu
297. E como] como - B, F, G, H, Hh, I, J, K, L, M, O, R, bilinguals
297. que es escrita] que escripta - II, IIi
298. cibdad donde] ciudad a donde - F, G, H, Hh, I, J, K, L, M, O, R, bilinguals
298. sazón] fazón - II, IIi
299. era media] era a media - F, G, H, Hh, J, K, bilinguals
300. llegué a la corte] llegué corte - AA, DD, EE, GG, HH, II, IIi
301. fuy a palacio] fue a palacio - B, C, D, E, F, H, Hh, K, N, P, Q; fuy al palacio - bilinguals
301. trato y estilo de] trato de - C, D, N, P, Q, S, T, U, Uu; trato y el estilo de - H, Hh
301. cortesana] cortesan - B
302. saber] seber - I
302. donde] do - E, F, G, H, Hh, I, J, K, L, M, O, R, bilinguals
303. aguardar] guardar - B, E; aguerdar - AA, DD, EE, GG, HH
303. aprender] emprender - B, G, I, J, L, M, O, R, bilinguals

Y hize esto ciertos días por aprender meior lo que más me conuiniese,
305   y quanto más estudiaua en la forma que ternía, menos dispusición
se me ofrecía para lo que deseaua; y buscadas todas las maneras
que me auían de aproue[f. A⁸v.]char, hallé la más apareiada comu-
nicarme con algunos mancebos cortesanos de los principales que
allí veýa; y como generalmente entre aquellos se suele hallar la
310   buena criança, assí me trataron y dieron cabida, que en poco tienpo
yo fui tan estimado entrellos, como si fuera de su natural nación,
de forma que vine a noticia de las damas. Y assí de poco en poco
oue de ser conoçido de Laureola; y auiendo ya noticia de mí, por
más participarme con ella, contáuale las cosas marauillosas de Es-
315   paña, cosa de que mucho holgaua; pues viéndome tratado della
como seruidor, parecióme que le podría ya dezir lo que quisiese; y
vn día que la vi en vna sala apartada de las damas, puesta la rodilla
en el suelo, díxele lo siguiente:

304. Y hize esto ciertos días] y yo hizo esto algún días - II, IIi
304. más me conuiniese] más conuiniesse - II, IIi
305. quanto] quando - II, IIi
305. ternía] tenía - S, T, U, Uu, bilinguals
305. menos dispusición] meno a disposición - L, M; menos a disposición - O; menos
     la disposition - R
306. se] ie - EE, GG, HH, II, IIi
306. deseaua] desseaus - L
306. todas] totas - AA, GG, HH
307. auían] auía - O
310. cabida] abida - BB, CC, CCc
311. fui] fue - C, D, E, F, H, Hh, K, L, M, N, P, Q, S, T, U, Uu
311. su] eu - BB, CC, CCc
312. vine a noticia] vine a notitia - K; viene a noticia - AA, DD, EE, GG, HH,
     II, IIi
312. damas. Y assí] damas: assí - E, F, G, H, Hh, I, J, K, L, M, O, R, bilinguals
313. oue de ser] me pude ser - AA, DD, EE, GG, HH, II, IIi; pude ser - BB, CC,
     CCc, FF
313. auiendo ya noticia] hauiendo noticia - E, F, G, H, Hh, I, J, K, L, M, O, R,
     bilinguals
314. cosas] cosos - O
316. parecióme] paréceme - M
316. dezir] desir - II, IIi
316. quisiese] quiziesse - P
316. y] en - II, IIi
317. que la] que a - O
317. las] los - II, IIi
317. puesta la rodilla] puesto de rodillas - B
318. díxele lo] dixe lo - E, F, G, H, Hh, I, J, K, L, M, O, R, bilinguals

¶ *El auctor a Laureola.*

320    No les está menos bien el perdón a los poderosos quando son
deseruidos, que a los pequeños la vengança quando son iniuriados,
porque los vnos se emiendan por onrra, y los otros perdonan por
virtud; lo qual si a los grandes onbres es deuido, más, y muy más,
a las generosas mugeres, que tienen el coraçón real de su nacimiento
325    y la piedad natural de su condición; digo esto, señora, porque para
lo que te quiero dezir, hallé osadía en tu grandeza, porque no la
puedes tener sin magnificencia. Verdad es que primero que me
determinase, estoue dubdoso, pero en el fin de mis dubdas, toue por
meior —si inumanamente me quisieses [f. B¹r.] tratar— padecer
330    pena por dezir, que sofrilla por callar. Tú, señora, sabrás que ca-
minando vn día por vnas asperezas desiertas, vi que por mandado
del Amor leuauan preso a Leriano, hijo del duque Guersio, el qual
me rogó que en su cuyta le ayudasse; de cuya razón dexé el camino
de mi reposo por tomar el de su trabaio; y después que largamente
335    con él caminé, vile meter en vna prisión dulce para su voluntad y
amarga para su vida, donde todos los males del mundo sostiene:
dolor le atormenta; pasión le persigue; desesperança le destruye;

319.  Laureola] Laurela - Q
320.  les] le - bilinguals
321.  pequeños] perqueños - HH;  peiqueños - II, IIi
321.  vengança] vergüença - L, M, O, R, bilinguals
321.  iniuriados] injuriado - BB, CC, CCc, FF;  iuriados - GG
322.  emiendan] entiendan - C
322.  onrra] honta - II, IIi
Σ_Q
324.  tienen] tiene - K
325.  piedad] piadad - H, Hh
325.  esto] esta - B;  aquesto - H, Hh
326.  te] tu - II, IIi
326.  dezir] desir - II, IIi
327.  puedes] puedas - B;  puede - bilinguals
327.  magnificencia] manificencia - A, E;  magnificentia - K
328.  por] pour - FF
329.  quisieses] quiesieses - E
330.  dezir] dezirr - J
330.  callar] calar - EE, GG, HH, II, IIi
330.  Tú, señora, sabrás] Tú sabrás - B
331.  asperezas desiertas] asperezas de sierras - E, F, G, H, Hh, I, J, K, L, M,
      bilinguals;  asperezas de sierra - O, R
332.  Guersio] Gersio - O, R
333.  ayudasse] ayudase - A;  ajudasse - AA, DD, EE, GG, HH, II, IIi
333.  de cuya razón] por cuya razón - AA, BB, CC, CCc, FF;  por cuya a razón - DD,
      EE, GG, HH, II, IIi
335.  caminé] camino - E, F, G, H, Hh, I, K, O
335.  voluntad] volontad - GG
336.  todos] todo - II, IIi

101

muerte le amenaza; pena le secuta; pensamiento lo desuela; deseo
le atribula; tristeza le condena; fe no le salua. Supe dél que de todo
340 esto tú eres causa; iuzgué, segund le vi, mayor dolor el que en el
sentimiento callaua, que el que con lágrimas descobría; y vista tu
presencia, hallo su tormento iusto. Con sospiros que le sacauan las
entrañas, me rogó te hiziesse sabidora de su mal; su ruego fue de
lástima y mi obediencia de conpassión; en el sentimiento suyo te
345 iuzgué cruel, y en tu acatamiento te veo piadosa, lo qual va por
razón que de tu hermosura se cree lo vno, y de tu condición se
espera lo otro. Si la pena que le causas con el merecer, le remedias
con la piedad, serás entre las mugeres nacidas la más alabada de
quantas nacieron; contenpla y mira quánto es meior que te alaben
350 porque redemiste, que no que te culpen porque mataste; mira en
qué cargo eres a Leriano, que avn su passión te haze seruicio, pues
si [le] remedias, te da causa que puedas hazer lo mismo que Dios,
porque no es de menos estima el redemir quel criar, assí que harás
tú tanto en quitalle la muerte como Dios en darle la vida. No sé
355 qué [f. B¹v.] escusa pongas para no remediallo, si no crees que
matar es virtud; no te suplica que le hagas otro bien, sino que te

338. pena le secuta] pena la secuta - A, B; pena le executa - C, S, T, U, Uu; pena
le esecuta - D, F, G, I, J, K, L, M, N, O, P, Q, R, AA, BB, CC, CCc, DD, EE,
FF, GG; pena le escuta - H, Hh; pena le escura - HH, II, IIi
338. lo] le - C, D, N, P, S, T, U, Uu
339. le atribula] lo atribula - F, G, H, Hh, I, J, K, L, M, O, R, AA, BB, CC,
CCc, DD, EE, GG, HH; lo atiribula - FF; lo attribulo - II, IIi
339. le condena] le condemna - B; lo condena - G, J, M, bilinguals; le condana - O
339. fe] fee - O, R
340. tú eres] eres tu - C, D, N, P, S, T, U, Uu
340. vi, mayor] vi ser mayor - G, I, J, L, M, O, R; vi ser major - AA, BB, CC,
CCc, DD, EE, FF, HH, II, IIi; vi ser meyor - GG
342. Con] Y con - R
343. hiziesse] hiziese - A
344. lástima] lastimado - B
344. conpassión] conpasión - A
346. que de] que te de - GG
348. piedad] piadad - O, R
348. la más] las más - K
349. quantas] quanta - BB, CC, CCc, FF
349. alaben] alabe - G, J, bilinguals
350. que no que te culpen] que no te culpen - C, L, M, O, R; que no te culpe -
bilinguals
352. le remedias] la remedias - A, B; lo remedias - C, D, N, P, S, T, U, Uu; le
remediasses - M
352. te da causa] da causa - M; te dará causa - bilinguals
352. mismo] mesme - EE, GG, HH, II, IIi
352. Dios] otro - M, O, R
353. menos] menor - AA, BB, CC, CCc, DD, EE, FF, GG; memor - HH, II, IIi
354. Dios] otro - M, O, R
354. darle la] dar la - C
356. suplica] suplico - BB, CC, CCc, FF

pese de su mal; q*ue* cosa graue p*ara* ti, no creas q*ue* te la [pidirýa],
q*ue* por meior avrá el penar, q*ue* [serte] a ti causa de pena. Si
por lo dicho mi atreuimie*n*to me co*n*dena, su dolor del q*ue* me
360  enbía me absuelue, el q*ual* es ta*n* grande q*ue* ningund mal me podría
venir q*ue* yguale con el q*ue* él me causa. Suplícote sea tu respuesta
conforme a la virtud q*ue* tienes, y no a la saña que muestras, porq*ue*
tú seas alabada; y yo, buen me*n*saiero; y el catiuo Leriano, libre.

¶ *Respuesta de Laureola.*

365     Así como fuero*n* tus razones temerosas de dezir, assí son graues
de p*er*donar. Si como eres d*e* España, fueras de Macedonia, tu razonamiento y tu vida acabara*n* a v*n* tienpo; assí q*ue*, por ser estraño,
no recebirás la pena q*ue* merecías, y no menos por la piedad q*ue* de
mí iuzgaste, comoquiera q*ue* en casos semeia*n*tes ta*n* devida es la
370  iusticia, como la cleme*n*cia, la q*ual*, en ti secutada, pudiera causar
dos bienes: el v*n*o, q*ue* otros escarme*n*taran; y el otro, q*ue* las altas
mugeres fuera*n* estimadas y tenidas segu*n*d merece*n*. P*er*o si tu
osadía pide el castigo, mi ma*n*sedu*n*bre consie*n*te q*ue* te p*er*done,
lo q*ue* va fuera de todo derecho, porq*ue* no solame*n*te por el atreui-

357. pese] peze - B
357. cosa graue] graue cosa - C, D, N, P, S, T, U, Uu
357. te la pidirýa] te la pidiera - C, D, N, P, S, T, U, Uu; te la pedirá - F, H, Hh,
      I, K, L, M, O, R; te pedirá - G, J, bilinguals
358. serte a] ser a - C, D, J, M, N, P, S, T, U, Uu, bilinguals
359. por] per - II, IIi
359. dicho mi atreuimiento] dicho atreuimiento - C, D, N, P, S, T, U, Uu
359. su] el - bilinguals
359. que] quu - O
360. enbía] embiaua - D
360. me absuelue] me asuelue - A, J, M; me absulue - C; me absuele - S, T, U, Uu;
      absuelue - HH, II, IIi
360. podría] podrá - A, B
361. que él me] que me - C, O, R
362. muestras] muestra - GG
363. catiuo Leriano] catiuo de Leriano - C, D, N, P, S, T, U, Uu
Σ
365. tus] tud - C
366. eres de España] eres España - J; eres de del reyno de España - O; eres del
      reyno de Hespaña - R
366-367. razonamiento] razoniamiento - AA, DD, EE, GG, HH, II, IIi
367. a vn] en vn - E, F, H, Hh, I, K, L, M, O, R, bilinguals; en tu - G, J
368. merecías] merecías - A, B
368. piedad] piadad - B, O
369. casos] cosas - Q
370. clemencia] clementia - FF
370. secutada] executada - C, J, S, T, U, Uu, bilinguals; esecutada - D, F, G, H, Hh,
      I, K, L, M, N, O, P, Q, R
372. tenidas] temidas - E, F, G, H, Hh, I, J, K, bilinguals
374. lo] so - P

375 mie*n*to [deuías] morir, mas por la ofensa q*ue* a mi bondad heziste,
en la q*u*a*l* posiste dubda; porq*ue* si a noticia de algu*n*os lo q*ue* me
dexiste [f. B²r.] veniese, más creería*n* q*ue* fue por el apareio que
en mí hallaste, q*ue* por la pena q*ue* en Leriano viste, lo q*ue* co*n*
razó*n* assí deue pe*n*sarse, vie*n*do ser ta*n* iusto q*ue* mi grandeza te
380 posiese miedo, como su mal osadía. Si más entie*n*des en p*r*ocurar
su libertad, busca*n*do remedio p*a*ra él, hallarás peligro para ti; y
auýsote, avnq*ue* seas estraño en la nació*n*, q*ue* serás natural e*n* la
sepoltura; y porq*ue* en detenerme en plática ta*n* fea ofe*n*do mi
le*n*gua, no digo más, q*ue* p*a*ra q*ue* sepas lo q*ue* te cu*n*ple, lo dicho
385 basta; y si algu*n*a esperança te q*ue*da porq*ue* te hablé, en tal caso
sea de poco beuir si más de la enbaxada pensares vsar.

¶ *El auctor.*

Qua*n*do acabó Laureola su habla, vi —avnq*ue* fue corta en
razó*n*— q*ue* fue larga en enoio, el q*u*a*l* le enpedía la lengua; y
390 despedido della, come*n*çé a pe*n*sar diuersas cosas q*ue* grauemente
me atorme*n*taua*n*: pe*n*saua qua*n* alongado estaua de España; acor-
dáuaseme de la tardança que hazía; traýa a la memoria el dolor
de Leriano; desconfiaua de su salud; y visto que no podía cu*n*plir
lo que me dispuse a hazer sin mi peligro o su libertad, determiné
395 de seguir mi propósito hasta acabar la vida o leuar a Leriano esperança. Y co*n* este acuerdo boluí otro día a palacio p*a*ra ver q*ué*

375. deuías] deuieras - C, D, H, Hh, N, P, Q, S, T, U, Uu
375. morir] morie - HH
375. bondad] bontad - K
377. veniese, más creerían] viniesse creerían - bilinguals
378. hallaste] halleste - DD, EE, GG, HH, II, IIi
380. posiese miedo] puziesse miedo - P, II, IIi; pusiesse tanto miedo - Q
380. osadía] osadiar - GG
380. más] mal - O
380. entiendes en procurar] entiendes procurar - D, N, P, Q, S, T, U, Uu; entiendes en procutar - DD
382. auýsote, avnque] auýsote que - bilinguals
384. digo] diguo - GG
384. más, que para] más para - bilinguals
384. sepas] sepa - G, J, bilinguals
384. que te cunple] que cunple - G, J, bilinguals
386. sea] será - F, G, H, Hh, I, J, K, L, M, O, R, bilinguals
388. avnque fue corta] avnque corta - G, J, bilinguals
389. enpedía la] empedía la - L; empedía dia la - DD, GG, HH; empechaua la - II, IIi
389. y] et - bilinguals
390. grauemente] grauamente - B, II, IIi
Σ*F*
395. seguir] sequir - AA, DD, EE, GG, HH
396. a] al - bilinguals

rostro hallaría en Laureola, la qual, como me vio, tratóme de la
primera manera, sin que ninguna mudança hiziese: de cuya seguridad tomé [f. B²v.] grandes sospechas. Pensaua si lo hazía por no
400 esquiuarme, no auiendo por mal que tornase a la razón començada.
Creía que dissimulaua por tornar al propósito para tomar emienda
de mi atreuimiento, de manera que no sabía a quál de mis pensamientos diese fe. En fin, pasado aquel día y otros muchos, hallaua
en sus aparencias más causa para osar, que razón para temer; y con
405 este crédito aguardé tienpo conuenible y hízele otra habla, mostrando miedo, puesto que no lo tuuiese, porque en tal negociación
y con semeiantes personas conuiene fengir turbación porque en tales
partes el desenpacho es auido por desacatamiento; y parece que no
se estima ni acata la grandeza y autoridad de quien oye con la
410 desuergüença de quien dize; y por saluarme deste yerro, hablé con
ella no segund desenpachado, mas segund temeroso; finalmente yo
le dixe todo lo que me pareció que conuenía para remedio de Leriano. Su respuesta fue de la forma de la primera, saluo que ouo
en ella menos saña; y como avnque en sus palabras auía menos
415 esquiuidad para que deuiese callar, en sus muestras hallaua licencia

---

397. Laureola, la qual] Laureola qual - AA, DD, EE, GG, HH, II, IIi
397. vio, tratóme] vido tratóme - A, B; vuo visto, tratáuame - C, D, N, P, Q, S, T, U, Uu
399. grandes sospechas] gran sospecha - L, M, O, R
399-400. por no esquiuarme] por esquiuarme - E, G, H, Hh, I, J, K, L, M, O, R, bilinguals
401. dissimulaua] disimulaua - A
401. tornar] tornal - DD, EE, GG, HH, II, IIi
402. de mi atreuimiento] de atreuimiento - bilinguals
402. sabía a quál] sabía quál - O
403. aquel] aqual - AA, DD, EE, GG, HH, II, IIi
405-406. mostrando miedo] mostrando mido - O; monstrando miedo - GG, HH, II, IIi
406. lo] le - L, M, O, R; io - AA, DD, EE, GG, HH, II, IIi
406. tal negociación] tal negocio - L, M, O, R; ta negociación - FF; tal negociation - II, IIi
407. personas] persones - AA, DD, EE, GG, HH, II, IIi
407. fengir] fingit - DD, GG, HH, II, IIi
408. desenpacho] desampacho - D, N, P, Q, S, T, U, Uu
408. desacatamiento] desacratamiento - EE, GG, HH, II, IIi
409. grandeza y autoridad] grandeza autoridad - AA, DD, EE, GG, HH; grandeza autoritad - II, IIi
409. quien oye con] quien por - C; quien oye por - D, N, P, Q, S, T, U, Uu
411. segund desenpachado] según desampachado - D, N, P, Q, S, T, U, Uu; como desenpachado - BB, CC, CCc, FF; según desempechado - GG
411. segund] como - BB, CC, CCc, FF
411. finalmente] finalemente - GG
412. pareció] parecía - S, T, U, Uu
413. respuesta] respusta - FF; respuecta - GG
413. fue de la forma de la primera] fue de la primera - R
415-416. esquiuidad para que deuiese callar, en sus muestras hallaua licencia para] equidad para - bilinguals

para que osasse dezir. Todas las vezes que tenía lugar, le suplicaua se doliese de Leriano, y todas las vezes que ge lo dezía —que fueron diuersas— hallaua áspero lo que respondía y sin aspereza lo que mostraua; y como traýa auiso en todo lo que se esperaua prouecho,
420 miraua en ella algunas cosas, en que se conosce el coraçón enamorado: quando estaua sola veýala pensatiua; quando estaua aconpañada, no muy alegre; érale la conpañía aborrecible y la soledad agradable. Más vezes se quexaua que estaua mal por huyr los plazeres; quan[f. B³r.]do era vista, fengía algund dolor; quando la
425 dexauan, daua grandes sospiros; si Leriano se nonbraua en su presencia, desatinaua de lo que dezía, boluíase súpito colorada y después amarilla, tornáuase ronca su boz, secáuasele la boca; por mucho que encobría sus mudanças, forçáuala [la] passión piadosa a la disimulación discreta. Digo piadosa porque sin dubda, segund
430 lo que después mostró, ella recebía estas alteraciones más de piedad, que de amor; pero como yo pensaua otra cosa, viendo en ella tales

416.  osasse] osase - A
416.  dezir] desir - FF
417.  ge] se - L, M, O, R, S, T, U, Uu
417-418.  fueron diuersas] fuera diuersas - B;  fueron muchas - bilinguals
418.  áspero] espero - K
418.  aspereza] asperaza - FF
419.  mostraua] monstraua - GG, HH, II, IIi
419.  lo que se esperaua] aquello que se esperaua - C, D, N, P, Q;  lo que se espera - G, J, bilinguals;  aquello que le esperaua - S, T, U, Uu
419-420.  prouecho, miraua] prouecho o miraua - O;  prouocho miraua - DD
420.  que se conosce] que conosce - EE
420-421.  enamorado] enamorada - B
421.  veýala] víala - C, O, R
421-422.  quando estaua aconpañada] quando acompañada - O, R
422.  aborrecible] aborracible - H, Hh;  aborescible - J
422.  y] ya - EE
423-424.  Mas vezes se quexaua que estaua mal por huyr los plazeres] Algunas vezes se quexaua que estaua mal por huyr los plazeres - B;  Más vezes se quexaua que estaua mala por huyr los plazeres - D, N, O, P, Q, R, S, T, U, Uu;  Huya de los plazeres - H, Hh;  Muchas vezes se quexaua que estaua mala por huyr los plazeres - AA, BB, CC, CCc, DD, EE, GG, HH, II, IIi;  Muchas vezes se quexaua que estaua male por fuyr los plazeres - FF
425.  sospiros] sospiro - O
426.  de] ve - K
426.  súpito] súpita - B, G, H, Hh, I, J, K, bilinguals;  súpitamente - L, M, R;  sápitamente - O
427.  después] despuea - K
427.  secáuasele la] secáuase la - G
428.  forçáuala la passión] forçáuala la pasión - A;  forçáuale la passión - C, D, N, Q, S, T, U, Uu;  forçaua la passión - E, G, H, Hh, I, J, K, L, M, O, R, AA, BB, CC, CCc, DD, FF;  forçaua de la passión - P;  forçáuale passión - EE, GG, HH, II, IIi
430.  mostró] mostra - AA, DD;  monstró - EE;  monstra - GG, HH, II, IIi
430.  recebía] racibía - HH, II, IIi
431.  viendo] veyendo - D, N, P, S, T, U, Uu

señales, tenía en mi despacho alguna esperança; y con tal pensamiento, partíme para Leriano, y después que estensamente todo lo pasado le reconté, díxele que se esforçasse a escreuir a Laureola,
435 proferiéndome a dalle la carta; y puesto que él estaua más para hazer memorial de su hazienda, que carta de su passión, escriuió las razones de la qual eran tales:

¶ *Carta de Leriano a Laureola.*

Si touiera tal razón para escreuirte, como para quererte, sin
440 miedo lo osara hazer; mas en saber que escriuo para ti, se turba el seso y se pierde el sentido, y desta causa, antes que lo començase, toue conmigo grand confusión; mi fe dezía que osase; tu grandeza que temiesse; en lo vno hallaua esperança y por lo otro desesperaua, y en el cabo acordé esto. Mas guay de mí, que començé tenprano a
445 dolerme y tarde a quexarme, porque a tal tienpo soy venido, que si alguna [merced te meresciese], no ay en mí cosa biua para sentilla, si no so[f. B³v.]la mi fe: el coraçón está sin fuerça, y el alma sin poder, y el iuyzio sin memoria; pero si tanta merced quisieses

---

432. señales] siñales - II, IIi
432. alguna] algún - G, H, Hh, I, J, K, bilinguals
432. tal] ial - EE, GG, HH
434. esforçasse] esforçase - A
434. Laureola] Laureole - FF
435. proferiéndome] profiriéndome - E; pro,feriéndome - HH
435. dalle] delle - EE, GG, HH, II, IIi
436. memorial] memoria - M, O, R
436. hazienda] haxienda - EE, GG, HH
436. passión] pasión - A
436. escriuió] rescriuió - bilinguals
439. tal razón] tal y tan grande razón - O, R; tanta razón - Q
439. como para] como tengo para - O, R
440. osara] osaría - L, M, O, R, BB, CC, CCc, FF
440. escriuo] escriuió - C
441. causa] cause - AA, DD, EE, GG, HH, II, IIi
442. mi fe dezía] me fe me dezía - C; mi fe me dezía - D, N, P, Q, S, T, U, Uu
442. osase] ozasse - P
443. temiesse] temiese - A
443. esperança] resperança - K
443-444. desesperaua, y en] desesperauar: en el - Q; desesperaua y eu - DD, EE, GG, HH; desesperaua y cu - II, IIi
444. guay] ay - E, G, H, Hh, I, J, K, L, M, O, R, bilinguals
445. quexarme, porque] quexar porque - D, N, P, Q, S, T, U, Uu
446. merced te meresciese] merced meresciese - C, D, L, M, N, O, P, Q, R, S, T, U, Uu
446. sentilla] sentila - EE
447-448. si no sola mi fe; el coraçón está sin fuerça, y el alma sin poder, y el iuyzio sin memoria] sino juyzio sin memoria - M; si no sola mi fe; el coraçón está sin fuerça, y el alma siu poder, y el iuyzio sin memoria - O
448. si] sin - J

hazerme, que a estas razones te pluguiese responder, la fe con tal bien
450   podría bastar para restituir las otras partes que destruiste. Yo me
culpo porque te pido galardón sin averte hecho seruicio, avnque si
recibes en cuenta del seruicio el penar, por mucho que me pagues,
sienpre pensaré que me quedas en deuda. Podrás dezir que cómo
pensé escreuirte; no te marauilles que tu hermosura causó el afición,
455   y el afición el deseo, y el deseo la pena, y la pena el atreuimiento;
y si porque lo hize, te pareciere que merezco muerte, mándamela
dar, que muy meior es morir por tu causa, que beuir sin tu esperança. Y hablándote verdad, la muerte, sin que tú me la diesses, yo
mismo me la daría, por hallar en ella la libertad que en la vida busco,
460   si tú no ouieses de quedar infamada por matadora; pues malauentu-
rado fuese el remedio que a mí librasse de pena y a ti te causasse
culpa. Por quitar tales inconuenientes, te suplico que hagas tu carta
galardón de mis males, que avnque no me mate por lo que a ti toca,
no podré beuir por lo que yo sufro, y todavía quedarás condenada.
465   Si algund bien quisieres hazerme, no lo tardes; si no, podrá ser que
tengas tienpo de arrepentirte y no lugar de remediarme.

449.   con tal] con tar - O, FF;  contar - R
450.   podría] podrié - A;   podrá - E, G, H, Hh, I, J, K, O, R, bilinguals
450.   bastar para restituir] bastar restituyr - II, IIi
450.   las otras partes] las partes - E, G, H, Hh, I, J, K, L, M, O, R, bilinguals
Σ
452.   recibes] recibiesses - D, N, P, Q, S, T, U, Uu
452.   cuenta del seruicio] cuenta de seruir - A, B;  cuenta del seruicie - P;  cunda del
seruicio - HH
452.   pagues] pages - A
453.   pensaré] pensara - T, U, Uu
453.   deuda] denda - O
454.   escreuirte] escriuerte - H, Hh, K
454.   marauilles] marauillas - B
454-455.   afición, y el afición el deseo] affeción y el deseo - C;  afición y el desseo - D,
N, P, Q, S, T, U, Uu;  afición - bilinguals
458.   diesses] dieses - A
459.   daría] draia - P
459.   ella] esta - O, R
459.   busco] buscho - HH, II, IIi
460-461.   malauenturado] malauentnrado - O
461.   librasse] librase - A
461.   ti te causasse] ti te causase - A;  ti causasse - D, N, P, Q, S, T, U, Uu
462.   hagas] has - II, IIi
463.   males, que] males y trabajos que - C, D, N, P, Q, S, T, U, Uu
463-464.   por lo que a ti toca, no podré beuir por lo que yo sufro] por lo que yo
sufro - S, T, U, Uu
464.   y todavía] y tú todavía - bilinguals
465.   hazerme, no lo] hazer no me lo - E, F, G, H, Hh, I, J, K, L, M, O, bilinguals;
hazerme no tè lo - R
466.   arrepentirte] arepentirte - A;  atrepentir, te - FF

¶ *El auctor.*

Avnque Leriano, segund su graue sentimiento, se quisiera más estender, vsando de la discreción y no de la pena, no escriuió más 470 largamente, [f. B⁴r.] porque, para hazer saber a Laureola su mal, bastaua lo dicho; que quando las cartas deuen alargarse es quando se cree que ay tal voluntad para leellas quien las recibe, como para escriuillas quien las enbía. Y porquél estaua libre de tal presunción, no se estendió más en su carta, la qual, después de acabada, recebí 475 con tanta tristeza de uer las lágrimas con que Leriano me la daua, que pude sentilla meior que contalla; y despedido dél, partíme para Laureola; y como llegué donde estaua, hallé propio tienpo para poderle hablar; y antes que le diesse la carta, díxele tales razones:

¶ *El auctor a Laureola.*

480 Primero que nada te diga, te suplico que recibas la pena de aquel catiuo tuyo por descargo de la inportunidad mía; que dondequiera que me hallé, sienpre toue por costunbre de seruir antes que inportunar. Por cierto, señora, Leriano siente más el enoio que tú recibes, que la passión que él padece, y éste tiene por el mayor mal que ay 485 en su mal, de lo qual [querría] escusarse; pero si su voluntad, por

469. escriuió] escriuo - G
470. largamente] largamentes - FF
472. recibe] rescipe - GG
473. quien] que - C
473. porquél] porque - F, G, H, Hh, I, J, K, L, M, O, R, bilinguals
474. en su carta] en carta - bilinguals
477. propio] proprio - M, R, S, T, U, Uu, bilinguals
477-478. poderle] poderla - L, M, O, R, bilinguals
478. le diesse] le diese - A; la diesse - AA, DD, EE, GG, HH, II, IIi
478. la] le - BB, CC, CCc, FF
478. díxele] díxile - E; la dixe - AA, DD, EE, GG, HH, II, IIi; le dixe - BB, CC, CCc, FF
480. Primero que nada te diga, te suplico que] Primero que nada te diga suplico que - C, D, N, P, Q, S, T, U, Uu; Suplícote primero que nada te diga que - M; Primero que nada te diliga te suplico que - EE, GG, HH, II, IIi
482. antes] ante - C, D, E, F, G, H, Hh, I, J, K, L, M, N, O, P, Q, R
483. cierto] cierta - GG
483. siente más] siente mucho más - O, R
483. enoio] enoyo - AA, DD, EE, GG, HH, II, IIi
484. passión] pasión - A
484. éste] esto - E, F, G, H, Hh, I, J, K, L, M, O, R, bilinguals
484-485. mal que ay en su mal, de] mal de - O, R
485. querría] quería - A, D, N, P, Q, S, AA, DD, EE, FF, GG, HH, II, IIi; quiera - T, U, Uu

no enoiarte, dessea sufrir, su alma, por no padecer, querría quexar;
lo vno le dize que calle, y lo otro le haze dar bozes; y confiando
en tu virtud, apremiado del dolor, quiere poner sus males en tu
presencia, creyendo, avnque por vna parte te sea pesado, que por
490 otra te causará conpassión. Mira por quántas cosas te merece galardón: [f. B⁴v.] por oluidar su cuyta, pide la muerte; porque no se
diga que tú la consentiste, desea la vida; porque tú la hazes, llama
bienauenturada su pena; por no sentirla, desea perder el iuyzio; por
alabar tu hermosura, [quería] tener los agenos y el suyo. Mira
495 quánto le eres obligada, que se precia de quien le destruye; tiene
su memoria por todo su bien, y esle ocasión de todo su mal. Si por
ventura, siendo yo tan desdichado, pierde por mi intercessión lo quél
merece por fe, suplícote recibas vna carta suya, y si leella quisieres,
a él harás merced por lo que ha sufrido, y a ti te culparás por lo que
500 le as causado, viendo claramente el mal que le queda en las palabras
que enbía, las quales, avnque la boca las dezía, el dolor las ordenaua. Assí te dé Dios tanta parte del cielo, como mereces de la tierra,
que la recibas y le respondas, y con sola esta merced le podrás redemir; con ella esforçarás su flaqueza; con ella afloxarás su tormento;

486. dessea] desea - A
486. alma] ánima - F, G, H, Hh, I, J, K, L, M, O, R, bilinguals
486. por no padecer] por padecer - S, T, U, Uu
486. querría] quería - M, bilinguals
488. virtud] vertud - G, J
488. sus] fus - EE, GG, HH
489. avnque por vna] avnque vna - H, Hh
489-490. pesado, que por otra] passado que por otro - B; pesado por otra - E, F, G,
    H, Hh, I, J, K, L, M, O, R; passado por otra parte - bilinguals
490. te causará] te causerá - B; te acusará - H, Hh; te causaro - II, IIi
490. conpassión] conpasión - A
492. consentiste] consentaste - B
492. la hazes, llama] le hazes llamar - E, F, G, H, Hh, I, J, K, AA, BB, CC, CCc,
    DD, EE, HH, II, IIi; le hazer llamar - FF; le hazes llama - GG
494. quería] querría - B, C, E, F, G, H, Hh, I, J, K, L, M, O, R
494. agenos y el] agenos: el - O
496. su memoria] tu memoria - E, F, G, H, Hh, I, J, K, L, M, O, R, bilinguals
497. siendo] seyendo - B
497. desdichado] desdichada - C
497. intercessión] intercesión - A
498. leella] lella - A
498. quisieres] quisiesses - C, D, N, P, Q, S, T, U, Uu
499. merced por lo] merced por o - BB, CC, CCc, FF
500. claramente el mal] claramente el mal que le has causado viendo el mal -
    O, R
501. dezía] dizía - O, R
503. la] le - S, T, U, Uu
504. esforçarás su flaqueza] afloxarás su flaqueza - G, J, bilinguals; esforçurás su
    flaqueça - O
504. ella afloxarás su] ella esforçarás su - G, J, bilinguals; ela enflaquecerás su - I,
    L, M; ella enflaquecerás tu - O; ella conflaquecerás tu - R

505 con ella fauorescerás su firmeza; pornásle en estado que ni quiera
más bien ni tema más mal; y si esto no quisieres hazer por quien
deues, que es él, ni por quien lo suplica, que so yo, en tu virtud
tengo esperança que, segund la vsas, no sabrás hazer otra cosa.

¶ *Respuesta de Laureola al auctor.*

510 En tanto estrecho me ponen tus porfías, que muchas vezes he
dubdado sobre quál haré antes: desterrar a ti de la tierra, o a mí
de mi fama, en darte lugar que digas lo que quisieres; y tengo
acordado de no hazer lo vno [f. B⁵r.] de conpasión tuya, porque si
tu enbaxada es mala, tu intención es buena, pues la traes por reme-
515 dio del querelloso. Ni tanpoco quiero lo otro de lástima mía, porque
no podría él ser libre de pena sin que yo fuese condenada de culpa.
Si pudiese remediar su mal sin amanzillar mi onrra, no con menos
afición que tú lo pides, yo lo haría; mas ya tú conosces quánto las
mugeres deuen ser más obligadas a su fama, que a su vida, la qual
520 deuen estimar en lo menos, por razón de lo más, que es la bondad.
Pues si el beuir de Leriano a de ser con la muerte désta, tú iuzga
a quién con más razón deuo ser piadosa: a mí o a su mal; y que

505. pornásle] pornerlas - II, IIi
506. bien] biem - I
506. ni tema más] ni tenía más - B; ni más - Q
507. suplica] suplicas - L
507. so] soy - E, F, G, H, Hh, I, J, K, L, M, O, R, S, T, U, Uu, bilinguals
509. Laureola al auctor] Laureola - C, D, N, P, Q, S, T, U, Uu
510. tanto estrecho] tantos estrechos - B
511. desterrar] desterrat - FF
512. de mi fama] de fama - S, T, U, Uu
512. que quisieres] que quiseres - A; que tú quisieres - G, J, bilinguals
513-514. porque si tu enbaxada] porque la embaxada - H, Hh
514. intención] intention - AA, FF
514. es buena] es muy buena - G, J, bilinguals
515. Ni] ne - O
516. no] non - H, Hh
516. podría] podrá - M
516. yo] vo - O
517. amanzillar] manzillar - C, D, E, L, M, N, O, P, Q, R, S, T, U, Uu
517. mi] la mi - H, Hh
517. no] non - H, Hh
518. pides, yo lo] pides lo - bilinguals
518. tú conosces] tú muy bien conosces - H, Hh
519. ser más] ser muy más - H, Hh
519. a su fama] a la su fama - H, Hh
519. a su vida] a la su vida - H, Hh
521. Pues] e pues - H, Hh
521. de Leriano] del desdichado de Leriano - H, Hh
521. désta, tú iuzga] désta, juzga - L, M, O, R
522. deuo] deua - Q
522. que] si - G, I, J, L, M, O, Q, R, bilinguals

111

esto todas las mugeres deuen assí tener, en muy más manera las de
real nacimiento, en las quales assí ponen los oios todas las gentes,
525 que antes se vee en ellas la pequeña manzilla, que en las baxas la
grand fealdad. Pues en tus palabras con la razón te conformas, ¿cómo
cosa tan iniusta demandas? Mucho tienes que agradecerme porque
tanto comunico contigo mis pensamientos, lo qual hago porque si
me enoia tu demanda, me aplaze tu condición, y he plazer de mos-
530 trarte mi escusación con iustas causas por saluarme de cargo. La
carta que dizes que reciba fuera bien escusada, porque no tienen
menos fuerça mis defensas que confiança sus porfías; porque tú
la traes plázeme de tomarla; respuesta no la esperes, ni trabages en
pedirla, ni menos en más hablar en esto, porque no te quexes de mi
535 saña como te alabas de mi sofrimiento. Por dos cosas me culpo de
auerme tanto detenido contigo: la vna, porque la calidad de la
plática me dexa muy enoiada, y la otra, porque podrás pensar que
huelgo de hablar en ella y [f. B⁵v.] creerás que de Leriano me
acuerdo; de lo qual no me marauillo, que como las palabras sean
540 ymagen del coraçón, yrás contento por lo que iuzgaste y leuarás buena
esperança de lo que deseas. Pues por no ser condenada de tu pensamiento, si tal le touieres, te torno a requerir que sea ésta la
postrimera vez que en este caso me hables; si no, podrá ser que te

523. mugeres] mujetes - B
523. deuen] deuan - E, F, H, Hh, K, O
523. tener] toner - P
525. vee en ellas] vce en ella - A; veen en ellas - L, M, O, R
526. fealdad] fealtad - A; fealdal - P; falta - bilinguals
527. agradecerme] agredecerme - B; agradésceme - AA, DD, GG, HH, II, IIi
529. aplaze] plaze - F, G, H, Hh, I, J, K, L, M, O, R, bilinguals
529. plazer de] plazerte - D
530. causas] cosas - J
531. reciba] arriba - O
531. porque no tienen] porque ni tienen - F, G, H, Hh, I, J, K, L, M, O, R, AA,
    BB, CC, CCc, DD, FF; porque tienen menos - GG; porque qui tienen - HH,
    II, IIi
532. fuerça] fuerças - L, M, O, R
532. que] tue - EE, GG, HH, II, IIi
533. la traes] las traes - J, AA, BB, CC, CCc, DD, FF; las ra es - EE, GG, HH,
    II, IIi
533. plázeme] plézeme - EE, GG, HH
534. hablar en] hablarme en - D, N, P, Q, S, T, U, Uu; hablar en en - II, IIi
534. quexes] quezes - GG
535. de mi sofrimiento] de soffrimiento - B
536. calidad] qualidad - B
539. marauillo, que como] marauillo como - L; marauillo y como - M, O, R
540. contento] contanto - EE, GG, HH, II, IIi
540. leuarás] leuerás - B
540. buena] buen - A, C, D, N, P, Q
542. le] lo - D, G, I, J, L, M, N, O, P, Q, R, S, T, U, Uu, bilinguals
542. touieres] tuuierdes - O

arrepie*n*tas y q*ue* buscan*d*o salud agena, te falte remedio para la
545  tuya.

¶ *El auctor.*

Tanta co*n*fusió*n* me pon*ía*n las cosas de Laureola, q*ue* qua*n*do
pe*n*saua q*ue* más la ente*n*día, menos sabía de su volu*n*tad; qua*n*do
tenía más espera*n*ça, me daua mayor desuío; qua*n*do estaua seguro,
550  me ponía mayores miedos; sus desatinos cegauan mi conocimie*n*to.
En el recebir la carta, me satisfizo; en el fin de su habla, me deses-
peró. No sabía q*ué* camino siguiese en q*ue* espera*n*ça hallase; y
como onbre sin co*n*seio, p*ar*tíme p*ar*a Leriano co*n* acuerdo de darle
algund co*n*suelo, entre ta*n*to q*ue* buscaua el meior medio q*ue* p*ar*a
555  su mal co*n*uenía; y llegado do*n*de estaua, començé a dezirle:

¶ *El auctor a Leriano.*

Por el despacho q*ue* traygo, se conoce q*ue* donde falta la dicha,
no aprouecha la diligen*c*ia; enco*n*mendaste tu remedio a mí, q*ue*
ta*n* co*n*traria me a si[f. B⁶r.]do la ve*n*tura, q*ue* en mis propias cosas
560  la desprecio, porq*ue* no me puede ser en lo porvenir ta*n* fauorable,
q*ue* me satisfaga lo q*ue* en lo pasado me a sido enemiga, puesto q*ue*

544.  arrepie*n*tas] arepientas - A
544.  y que buscando] y buscando - M, O, R
544.  agena, te falte] ajena te falta - B; agena, falte - F, G, H, Hh, I, J, K, L, M, O,
         R, AA, DD, EE, GG, HH, II, IIi; agena, falta - BB, CC, CCc, FF
547.  de Laureola] de la Laureola - O
548.  la] le - F, H, Hh, I; las - K
549.  mayor] major - AA, DD, EE, GG, HH, II, IIi
549.  desuío; quando] desuío y quando - O, R
550.  mayores] majores - AA, DD, EE, GG, HH, II, IIi
550.  conocimiento] conocimiteno - A
551.  recebir la carta] recebir de la carta - F, G, H, Hh, I, J, K, L, M, O, R, bilin-
         guals; recebir la cara - T, U, Uu
552.  en] ni - bilinguals
554.  entre] en - E, F, G, H, Hh, I, J, K, L, M, O, R, bilinguals
554.  buscaua] bscaua - O
554.  meior] mejo - B
554.  medio] remedio - C, D, N, P, Q, S, T, U, Uu
555.  dezirle] desirle - FF
557.  Por el despacho que traygo, se conoce] Conócese por el despacho que traygo - M
557.  que donde] que a donde - O, R
558.  aprouecha la] aprouecha nada la - O, R
559.  tan] tanta - M, O; tanto - R
559.  sido] seydo - B, C, E, F, G, H, Hh, I, J, K, L, O, R, bilinguals
559.  propias] proprias - M, O, R, S, T, U, Uu, bilinguals
560.  tan] tant - HH, II, IIi
561.  lo que] lo pue - GG, HH, II, IIi
561.  **en]** eu - II, IIi
561.  sido] seydo - B
561.  puesto] pueste - II, IIi

en este caso buena escusa touiera p*a*ra ayudarte, porq*u*e si yo era el
me*n*saiero, tuyo era el negocio. Las cosas q*u*e co*n* Laureola he
passado, ni puedo ente*n*derlas ni saber dezirlas, porq*u*e son de co*n*-
565  dició*n* nueua; mill vezes pe*n*sé venir a darte remedio, y otras tantas
a darte la sepoltura; todas las señales de volu*n*tad ve*n*cida vi en sus
apare*n*cias; todos los dessabrimie*n*tos de muger sin amor vi en sus
palabras; iuzgándola me alegraua; oyéndola me entristecía. A las
vezes creýa q*u*e lo hazía de sabida, y a las vezes de desamorada;
570  p*e*ro con todo esso, viéndola mouible, creýa su desamor, porq*u*e
q*u*a*n*do amor pre*n*de, haze el coraçón co*n*stante; y q*u*a*n*do lo dexa
libre, mudable. Por otra p*a*rte pe*n*saua si lo hazía de medrosa,
segu*n*d el brauo coraçó*n* de su padre. ¿Q*u*é dirás?: q*u*e recibió
tu carta y, recebida, me afre*n*tó co*n* amenazas de muerte si más en
575  tu caso le hablaua. Mira q*u*é cosa ta*n* graue [parecen] en vn pu*n*to
tales dos difere*n*cias. Si por este*n*so todo lo pasado te ouiese de
co*n*tar, antes fallecería tie*n*po p*a*ra dezir, q*u*e cosas p*a*ra q*u*e te
dixese; suplícote q*u*e esfuerce tu seso lo q*u*e enflaq*u*ece tu passió*n*,
q*u*e segu*n*d estás, más as menester sepoltura q*u*e consuelo; si

562.  ayudarte] ajudarte - AA, DD, EE, GG, HH, II, IIi
562.  porque] que - M, O, R
563.  mensaiero] mansajero - P
563.  negocio] negotio - GG
563.  Las] E las - M
564.  passado] pasado - A
564.  puedo] pude - A, B; puede - C; pudo - bilinguals
564.  entenderlas] entender yo - bilinguals
564.  saber] sabré - G, J, bilinguals
564-565.  condición] condition - HH, II, IIi
565.  remedio] ramedio - HH
566.  voluntad] volontad - GG
566.  sus] su - AA, DD, EE, GG, HH, II, IIi
567.  sin amor] sin algún amor - D, N, P, Q, S, T, U, Uu
568.  las] as - O
569.  sabida] sabia - L, M, O, R
570.  esso] eso - A
570.  viéndola mouible] veyéndola mouible - B; viéndola mobilessa - II, IIi
571.  prende] prendre - DD, EE, GG, HH; tomen algún - II, IIi
571.  haze] goze - C; goza - D, N, P, Q, S, T, U, Uu
571-572.  quando lo dexa libre, mudable] quando le dexa libre: mudable - D, N, P,
         Q, S, T, U, Uu; quando dexa libre: mudable - DD, EE, GG, HH; quando
         decha el libre ere mudable - II, IIi
575.  parecen] parece - A; parecer - E, F, G, H, Hh, I, J, K, L, M, O, R, AA, BB,
         CC, CCc, DD, EE, GG, HH, II, IIi; patescer - FF
577.  fallecería] faleçería - B
577.  que cosas para que] que cosas que - D, N, P, Q, S ,T, U, Uu; que no faltarían
         cosas para que - O, R
578.  dixese] dixiese - A, C; dixiesse - B, GG
578.  esfuerce] esfuerces - O
578.  passión] pasión - A
579.  segund] sgun - O
579.  consuelo; si] consuelo y si - L, M, O, R

580 algund espacio no te das, tus huessos querrás dexar en memoria de tu
fe, lo qual no deues hazer, que para satisfación de ti mismo más te
conuiene beuir para que sufras, que morir para que no penes. Esto
digo porque de tu pena te veo gloriar; segund tu dolor, gran corona
es para ti que se diga que touiste esfuerço para sofrirlo; los fuertes
585 [f. B⁶v.] en las grandes fortunas muestran mayor coraçón; ninguna
diferencia entre buenos y malos avría si la bondad no fuese tentada.
Cata que con larga vida, todo se alcança; ten esperança en tu fe,
que su propósito de Laureola se podrá mudar, y tu firmeza nunca.
No quiero dezirte todo lo que para tu consolación pensé, porque
590 segund tus lágrimas, en lugar de amatar [tus ansias], las enciendo;
quanto te pareciere que yo pueda hazer, mándalo; que no tengo
menos voluntad de seruir tu persona, que remediar tu salud.

¶ *Respuesta de Leriano.*

La dispusición en que estó, ya la vees; la priuación de mi sen-
595 tido, ya la conoces; la turbación de mi lengua, ya la notas; y por

580. te] tú - DD, EE, GG, HH, II, IIi
580. huessos] huesos - A; guessos - II, IIi
580. dexar] decher - II, IIi
582. sufras] sufres - AA, DD, EE, GG, HH, II, IIi
582-583. Esto digo] Esto te digo - D, N, P, Q, S, T, U, Uu
583-584. gran corona es para ti que] grande corona: espera de ti que - E; grande
corona te es: espera de ti que - F, G, H, Hh, I, J, K, L, M, O, R, AA, BB,
CC, CCc, FF; grande corona tes es; espera de ti que - DD, EE, GG, HH,
II, IIi
585. las grandes fortunas] las fortunas - B
585. muestran] muestren - DD, EE, GG, HH, II, IIi
585. mayor] major - AA, DD, EE, GG, HH, II, IIi
585. coraçón] coraçóu - L; coroçón - O
586. bondad] bandad - DD, EE, GG, HH, II, IIi
587. Cata] mira - C, D, N, P, Q, S, T, U, Uu
588. su] fu - EE, GG, HH
590. tus lágrimas] tu lágrima - EE, GG, HH, II, IIi
590. en] el - G
590. amatar] matar - G, J, bilinguals; amansar - L, M, O, R
590. tus ansias] sus ansias - C, E, F, G, H, Hh, I, J, K, L, M, O, R; ansias - bilinguals
590. las] la - O, R
591. quanto] quando - bilinguals
591. yo] vo - M
591. pueda] puede - II, IIi
592. persona, que remediar] persona que de remediar - E, F, G, H, Hh, I, J, K, L,
M, O, Q, R, AA, BB, CC, CCc, DD, EE, GG, HH, II, IIi; persona de qua
remediar - FF
593. Respuesta de Leriano] Responde Leriano - A, B; Respuesta de Laureola - AA,
BB, CC, CCc, FF
594. estó] estoy - I, L, M, O, Q, R, S, T, U, Uu, BB, CC, CCc, FF
594. ya la] ya tú - BB, CC, CCc, FF
595. conoces] conosees - FF
595. por] pour - HH

esto no te marauilles si en mi respuesta ouiere más lágrimas que concierto, las quales, porque Laureola las saca del coraçón, son dulce manjar de mi voluntad. Las cosas que con ella pasaste, pues tú, que tienes libre el iuyzio, no las entiendes, ¿qué haré yo, que
600 para otra cosa no le tengo biuo sino para alabar su hermosura? Y por llamar bienauenturada mi fin, éstas querría que fuessen las postrimeras palabras de mi vida, porque son en su alabança. ¿Qué mayor bien puede auer en mi mal, que querello ella? Si fuera tan dichoso en el galardón que merezco, como en la pena que sufro,
605 ¿quién me podría ygualar? Meior me es a mí morir, pues dello es seruida, que beuir, si por ello a de ser enoiada; lo que más sentiré quando muera [f. B⁷r.] será saber que perecen los oios que la vieron y el coraçón que la contenpló, lo qual, segund quien ella es, va fuera de toda razón. Digo esto porque veas que sus obras, en lugar de
610 apocar amor, acrecientan fe. Si en el coraçón catiuo las consolaciones hiziesen fruto, la que tú me as dado bastará para esforçarme; pero como los oýdos de los tristes tienen cerraduras de passión, no ay por donde entren al alma las palabras de consuelo. Para que pueda sofrir mi mal —como dizes— dame tú la fuerça y yo porné la vo-
615 luntad; las cosas de onrra que pones delante, conózcolas con la razón y niégolas con ella misma. Digo que las conozco y aprueuo, si

596. no] non - C
596. marauilles] marauillas - B
596. ouiere] houiera - B; ouire - DD, EE, GG, HH, II, IIi
597. porque] porte - II, IIi
598. manjar] maujar - O
600. otra] otro - B
600. le] lo - D, N, P, Q, S, T, U, Uu
601. bienauenturada] bienauenturado - O, R, bilinguals
601. querría] quería - D, N, P, S, II, IIi; querrían - O, R; quiera - T, U, Uu
601. fuessen] fuesen - A
605. quién me] quién no - O
605. podría] podiera - A, B, AA, BB, CC, CCc, DD, FF; pudiero - EE, GG, HH, II, IIi
605. Meior me es] Mejor es - bilinguals
607. perecen] parecen - H, Hh; pedecen - J; padecen - bilinguals
609. toda] tota - B, FF
609. sus] sous - DD ,EE, GG, HH, II, IIi
610-611. consolaciones] consolationes - P, HH
611. hiziesen fruto] hiziesse fruto - L; ficiesse fructo - O, R; fiziesien fruto - DD, EE, GG, HH
611. dado] dabo - FF
612. cerraduras] ceraduras - A
612. passión] pasión - A
613. alma] ánima - E, F, G, I, J, K, L, M, O, R, bilinguals
613. pueda] puella - DD, EE, GG, HH
614-615. voluntad] volontad - GG
615. pones] ponen - R
615. conózcolas] conósselas - II, IIi
616. conozco] conozca - B; conosse - II, IIi

las ha de vsar onbre libre de mi pensamiento, y digo que las niego
para comigo, pues pienso, avnque busqué graue pena, que escogí
onrrada muerte. El trabaio que por mí as recebido y el deseo que
620 te he visto me [obligan] a ofrecer por ti la vida todas las vezes que
fuere menester; mas, pues lo menos della me queda de beuir, séate
satisfación lo que quisiera y no lo que puedo. Mucho te ruego, pues
ésta será la final buena obra que tú me podrás hazer y yo recebir,
que quieras leuar a Laureola, en vna carta mía, nueuas con que se
625 alegre, porque [della] sepa como me despido de la vida y de más
dalle enoio; la qual, en esfuerço que la leuarás, quiero començar en
tu presencia, y las razones della sean éstas:

¶ *Carta de Leriano a Laureola.*

[f. B⁷v.] Pues el galardón de mis afanes auía de ser mi sepoltura,
630 ya soy a tienpo de recebirlo; morir no creas que me desplaze, que
aquel es de poco iuyzio que aborrece lo que da libertad. Mas ¿qué
haré que, acabará comigo el esperança de uerte? Graue cosa para
sentir. Dirás que cómo tan presto —en vn año ha o poco más que ha

617. ha de vsar] ha vsar - C
617. y] yo - D, N, P, Q, S, T, U, Uu
617. que] ques - DD
617. niego] diego - P
620. obligan] obligauan - A, B, C; obliga - D, L, M, N, O, P, Q, R, S, T, U, Uu;
     obligam - HH
621. fuere] fuera - GG
621. lo] los - P, FF
621. della] lla - I
621. séate] sea - S, T, U, Uu
622. quisiera] quisieres - L, M, O, R
623. ésta] désta - T, U, Uu
623. la final] final - G, J, bilinguals; la fina - O, R
624. leuar] llauar - FF
624. Laureola, en vna] Laureola vna - B; Laurealo en vna - J
624. nueuas] nuenas - EE
624-625. se alegre] sea alegre - H, Hh; se allegre - FF
625. porque] y porque - F, G, H, Hh, I, J, K, L, M, O, R, bilinguals
625. della] ella - D, N, O, P, Q, R, S, T, U, Uu; en ella - E, F, G, H, Hh, I, J, K,
     L, M, bilinguals
626. dalle] dalla - O, R
626-627. començar en tu] començan tu - H, Hh
627. della] de la - EE, GG, HH, II, IIi
629. auía] auié - A
631. aborrece] aboreçe - A
631. Mas ¿qué] mas lo que - bilinguals
632. acabará] acabare - M
632. el] la - Q, bilinguals
633. Dirás que cómo] Dirás cómo - D, N, P, Q, S, T, U, Uu
633. tan] tam - I
633-634. en vn año ha o poco más que ha que] vn año ha o poco más que ha

117

*que* soy tuyo— desfallesció mi sofrimiento; no te deues marauillar
635 que tu poca esperança y mi mucha pasión podían bastar para más
de quitar la fuerça al sofrir. No pudiera pensar que a tal cosa dieras
lugar si tus obras no me lo certificaran. Sienpre creý que forçara
tu condición piadosa a tu voluntad porfiada, comoquiera [que en]
esto, [si] mi vida recibe el daño, mi dicha tiene la culpa. Espantado
640 estó cómo de ti misma no te dueles. Dite la libertad, ofrecíte el coraçón, no quise ser nada mío por serlo del todo tuyo, pues ¿cómo
te querrá seruir ni tener amor quien sopiere que tus propias cosas
destruyes? Por cierto tú eres tu enemiga; si no me querías remediar
porque me saluara yo, deuiéraslo hazer porque no te condenaras tú;
645 porque en mi perdición ouiese algund bien, deseo que te pese della;
mas si el pesar te auía de dar pena, no lo quiero, que pues nunca
biuiendo te hize seruicio, no sería iusto que moriendo te causase
enoio. Los que ponen los oios en el sol, quanto más lo miran, más
se ciegan; y assí quanto yo más contenplo tu hermosura, más ciego

que - C; vn año ha o poco más ha que - D, N, P, Q, S, T, U, Uu; en vn
año ha: o poco más que - O; en vn año o poco más que - R
634.  soy] se - GG
634.  desfallesció] desfaleció - D, HH, II, IIi
634.  deues] deuas - B
636.  sofrir] çuffir - G, J
636.  No] ni - H, Hh
637.  me lo certificaran] me la certificaran - F, G, H, Hh, J, K, bilinguals; me certificaran - L, M, O, R
638.  voluntad] volantad - GG
638.  comoquiera] comequiera - II, IIi
638.  que en] que si en - B, C, D, N, P, Q, S, T, U, Uu
639.  si mi] mi - B, C, D, N, P, Q, S, T, U, Uu, bilinguals
639.  recibe] rescibi - O
639.  culpa] cula - EE, GG, HH
639.  Espantado] Muy espantado - C, D, N, P, Q, S, T, U, Uu
640.  estó] estoy - C, D, L, M, N, O, P, Q, R, S, T, U, Uu, EE, GG, HH
641.  serlo] selo - A
641.  cómo] quién - D, N, P, S, T, U, Uu; qué - Q
642.  querrá] querría - C; quiera - S, T, U, Uu
642.  quien sopiere que] pues que - D, N, P, Q, S, T, U, Uu
642.  propias cosas] cosas propias - C, D, N, P, Q; proprias cosas - I, L, M, bilinguals; cosas proprias - S, T, U, Uu
643.  cierto tú eres] cierto que eres - E; cierto tú eras - F, H, Hh, K
643.  tu] mi - C, D, N, P, Q, S, T, U, Uu
643.  no] non - C
645.  mi] tu - F, G, H, Hh, I, J, K, L, M, O, R, bilinguals
645.  bien] buen - Q
645.  della] dello - G, I, J, L, M, O, R, bilinguals
646.  auía] auié - A; aurá - G, I, J, L, M, O, R, bilinguals
646.  quiero] puiero - EE, GG, HH
647.  no] non - C
647.  sería] será - E, F, G, H, Hh, I, J, K, L, M, O, R, bilinguals
647.  causase] cause - M, O, R
649.  quanto yo más] quanto más - B

650 tengo el sentido; esto digo porque de los desconciertos escritos no te
marauilles; verdad es que a tal tienpo, escusado era tal descargo,
porque segund [f. B⁸r.] quedo, más estó en disposición de acabar la
vida, que de desculpar las razones. Pero quisiera que lo que tú
auías de ver fuera ordenado, porque no ocuparas tu saber en cosa
655 tan fuera de su condición; si consientes que muera porque se publique que podiste matar, mal te aconseiaste, que sin esperiencia
mía, lo certificaua la hermosura tuya; si lo tienes por bien, porque
no era merecedor de tus mercedes, pensaua alcançar por fe lo que
por desmerecer perdiese, y con este pensamiento, osé tomar tal
660 cuydado. Si por ventura te plaze por parecerte que no se podría remediar sin tu ofensa mi cuyta, nunca pensé pedirte merced que te
causase culpa. ¿Cómo auía de aprouecharme el bien que a ti te
viniese mal? Solamente pedí tu respuesta por primero y postrimero
galardón. Dexadas más largas, te suplico, pues acabas la vida, que
665 onrres la muerte, porque si en el lugar donde van las almas deses-
peradas ay algún bien, no pediré otro sino sentido para sentir que
onrraste mis huesos, por gozar aquel poco espacio de gloria tan
grande.

650. de] e - H, Hh
651. marauilles] marauillas - B
651. verdad] vertad - FF
651. era tal descargo] era de tal descargo - B; era descargo - AA, DD, EE, GG, HH,
    II, IIi; era del cargo - BB, CC, CCc, FF
652. estó] estoy - D, N, P, Q, R, S, T, U, Uu
653. que de desculpar] que desculpar - B, N, P, Q, S, T, U, Uu
654. fuera] fuesse - J, AA, BB, CC, CCc, DD, EE, GG, HH, II, IIi; fuisse - FF
655. porque] poque - I
655-656. se publique] te publique - L, M; te supplique - O, R
656. esperiencia] esperencia - II, IIi
657. mía] me - E, F, G, H, Hh, I, J, K, L, M, O, R, bilinguals
657. la] le - II, IIi
659. tomar] tamar - GG
660. cuydado] cuidato - DD, EE, GG, HH
660. no se podría] no se podía - D, N, P, Q, S, T, U, Uu; no te podría - O, R; no
    podría - bilinguals
661. merced] mercid - I
661. que te] que no te - F, H, Hh, K
663. pedí] pide - O, R
664. galardón. Dexadas] galardón. Assí que dexadas - Q
664. largas] alargas - C, D, N, P, Q, S, T, U, Uu
665. almas] ánimas - E, F, G, H, Hh, I, J, K, L, M, O, R, bilinguals
666. pediré] pediere - C; pidiré - I
667. aquel] el - B

¶ *El auctor.*

670    Acabada la habla y carta de Leriano, satisfaziendo los oios por
las palabras con muchas lágrimas, sin poderle hablar, despedíme
dél, auiendo aquella —segund le vi— por la postrimera vez que lo
esperaua ver; y puesto en el camino, [puse] vn sobrescrito a su carta,
porque Laureola, en seguridad de aquél, la quisiese recebir; y lle-
675  gado donde estaua, acordé de ge la dar, la qual, creiendo que era
de otra cali[f. B⁸v.]dad, recebió y començó y acabó de leer; y como
en todo aquel tienpo que la leýa, nunca partiese de su rostro mi
vista, vi que quando acabó de leerla, quedó tan enmudecida y turbada como si gran mal touiera; y como su turbación de mirar la
680  mía no la escusasse, por asegurarme, hízome preguntas y hablas
fuera de todo propósito; y para librarse de la conpañía que en
semeiantes tienpos es peligrosa, porque las mudanças públicas no
descubriessen los pensamientos secretos, retráxose, y assí estuuo
aquella noche sin hablarme nada en el propósito. Y otro día de
685  mañana mandóme llamar y después que me dixo quantas razones

670.  Acabada] E acabada - O, R
670.  habla] habra - II, IIi
671.  poderle] poderse - C
671.  despedíme] despedido - F, G, H, Hh, I, J, K, L, M, O, R, bilinguals; despi-
díme - N, P
672.  aquella] aquel - B
673.  esperaua ver] esperaua de ver - D, N, P, Q, S, T, U, Uu
673.  el] e - EE, GG, HH
673.  camino] camiuo - Q
673.  puse] puso - C, E, F, G, H, Hh, I, J, K, L, M, O, R, bilinguals
673.  su] sa - EE, HH; la - GG
674-675.  llegado] llgado - GG
675.  ge] se - M, S, T, U, Uu, bilinguals
675.  dar] par - EE, GG, HH, II, IIi
676.  calidad] qualidad - B
676.  recebió y començó] recebió, començó - bilinguals
676.  acabó de leer] acabó leer - A
677.  leýa] laya - K
678.  vi] vide - E, F, G, H, Hh, I, J, K, L, M
678.  que] che - K
679.  si gran] si muy gran - M
679.  la] le - A, B
680.  escusasse] escusase - A
680.  asegurarme] asegurar mal - BB, CC, CCc, FF
680.  hízome preguntas] hizo las preguntas - F, G, H, Hh, I, J, K, L, M, O, R,
bilinguals
681.  todo] tedo - P
682.  peligrosa] pelegrosa - G, J
683.  descubriessen] discubriessen - FF; descubriessent - II, IIi
683.  retráxose] retrúxose - L, M, R; retruxesse - O
684.  aquella] quella - H, Hh
684.  Y] et - AA, DD, EE, GG, HH, II, IIi
685.  que me dixo] que dixo - O, R

bastauan para descargarse del consentimiento que daua en la pena
de Leriano, díxome que le tenía escrito, pareciéndole inumanidad
perder por tan poco precio vn onbre tal; y porque con el plazer de
lo que le oýa estaua desatinado en lo que hablaua, no escriuo la
690 dulceza y [honestidad] que ouo en su razonamiento. Quienquiera
que la oyera pudiera conocer que aquel estudio auía vsado poco;
ya denpachada estaua encendida; ya de turbada se tornaua amarilla; tenía tal alteración, y tan sin aliento la habla, como si espe-
rara sentencia de muerte; en tal manera le tenblaua la boz, que no
695 podía forçar con la discreción al miedo. Mi respuesta fue breue,
porque el tienpo para alargarme no me daua lugar; y después de
besalle las manos, recebí su carta, las razones de la qual eran tales:

¶ *Carta de Laureola a Leriano.*

[f. C¹r.] La muerte que esperauas tú de penado merecía yo por
700 culpada si en esto que hago pecase mi voluntad, lo que cierto no es
assí, que más te scriuo por redemir tu vida, que por satisfazer tu
deseo; mas, triste de mí, que este descargo solamente aprouecha
para conplir comigo; porque si deste pecado fuese acusada, no
tengo otro testigo para saluarme sino mi intención, y por ser parte
705 tan principal no se tomaría en cuenta su dicho; y con este miedo,
la mano en el papel, puse el coraçón en el cielo, haziendo iuez de mi

687. que le tenía] que tenía - bilinguals
689. que le oýa] que oýa - G, J, AA, BB, CC, CCc, DD, EE, FF, HH, II, IIi; que
    ova - O; que oý - GG
689. escriuo] escriuió - C, O, R; escreuí - M
690. dulceza] dureza - H, Hh
690. honestidad] onestad - A, B, C, D, N, P, Q; honestidast - GG
690. su razonamiento] sus razonamientos - E, F, G, H, Hh, I, J, K, L, M, O, R,
    bilinguals
691. oyera] oyre - H, Hh
691. auía] auié - A
694. sentencia] sententia - K; resistencia - O; senstencia - R
694. tenblaua] tiemblaua - II, IIi
695. con la discreción] con discreción - AA, BB, CC, CCc, DD, EE, GG; con discre-
    tion - FF, HH, II, IIi
696. tienpo para alargarme no] tienpo no - C, D, N, P, Q, S, T, U, Uu; tienpo para
    alargar no - F, G, H, Hh, I, J, K, L, M, O, R, AA, BB, CC, CCc, DD, EE;
    tiempo para alarga no - FF; tiempo para alagar no - GG; tiempo para alargard
    no - HH, II, IIi
698. Carta] Carto - EE, GG
699. por] de - D, N, P, Q, S, T, U, Uu
700. esto] eston - EE, HH, II, IIi
702. mí, que este] mí este - O, R
703. conplir] conplit - HH
705. se] te - O, R
706. puse el] puse y el - bilinguals

[fin a Aquél] a quien la verdad de las cosas es manifiesta. Todas las vezes que dudé en responderte fue porque sin mi condenación, no podías tú ser absuelto, como agora parece, que puesto que tú
710 solo y el leuador de mi carta sepáys que escreuí, ¿qué sé yo los iuyzios que daréys sobre mí?; y digo que sean sanos, sola mi sospecha me amanzilla. Ruégote mucho, quando con mi respuesta en medio de tus plazeres estés más vfano, que te acuerdes de la fama de quien los causó; y auísote desto, porque semeiantes fauores de-
715 sean publicarse, teniendo más acatamiento a la vitoria dellos, que a la fama de quien los da. Quánto meior me estouiera ser afeada por cruel, que amanzillada por piadosa, tú lo conosces; y por remediarte, vsé lo contrario; ya tú tienes lo que deseauas; y yo, lo que temía; por Dios te pido que enbueluas mi carta en tu fe, porque
720 si es tan cierta como confiesas, no se te pierda ni de nadie pueda ser vista; que quien viese lo que te escriuo pensaría que te amo, y creería que mis razo[f. C¹v.]nes antes eran dichas por disimulación de la verdad que por la verdad. Lo qual es al reués, que por cierto más las digo —como ya he dicho— con intención piadosa,
725 que con voluntad enamorada. Por hazerte creer esto, querría esten-

707. fin a Aquél] fin Aquél - A, B, C, D, K, N, P, Q, S, T, U, Uu, bilinguals
707. manifiesta] manifesta - bilinguals
708. condenación] condeuación - O
709. podías tú ser] podías ser - L, M, O, R
709. absuelto] asuelto - A
709. puesto que tú] puesto tú - bilinguals
710. solo y el] solo el - P
710. escreuí] escriuo - F, G, H, Hh, I, J, K, L, M, O, R, AA, BB, CC, CCc, DD, EE, FF, GG, HH; esiui - Q; escriuió - II, IIi
711. daréys] dais - G, J, bilinguals; diréys - M
711. sola] solo - G, J, bilinguals
712. me amanzilla] me amenazilla - C; me manzilla - M; mi manzilla - O, R; me amazilla - FF
714. auísote desto] auiso desto - bilinguals
718. contrario; ya] contrario; y ya - O, R
718. deseauas] desseas - C, D, N, P, Q, S, T, U, Uu
719. temía] tenía - O, R
720. confiesas] confiestas - bilinguals
720. nadie] nadi - B; nadic - EE; nadio - GG; nadia - II, IIi
721. amo] ame - Q
722. antes] ante - O, R
722-724. disimulación de la verdad que por la verdad. Lo qual es al reués, que por cierto más las digo —como ya he dicho— con intención piadosa] dissimulación piadosa - Q
724. como ya he dicho] como ya hecho - E; como he ya dicho - M
725. querría] quería - D, E, N, P, Q, S, T, U, Uu

derme, y por no ponerte otra sospecha, acabo; y para que mis obras
recibiesen galardón iusto, auía de hazer la vida otro tanto.

¶ *El auctor.*

730 Recebida la carta de Laureola, acordé de partirme para Leriano,
el qual camino quise hazer aconpañado, por leuar conmigo quien
a él y a mí ayudase en la gloria de mi enbaxada; y por animarlos
para adelante, llamé los mayores enemigos de nuestro negocio, que
eran Contentamiento y Esperança y Descanso y Plazer y Alegría y
Holgança; y porque si las guardas de la prisión de Leriano quisie-
735 sen, por leuar conpañía, defenderme la entrada, pensé de yr en
orden de guerra; y con tal pensamiento, hecha vna batalla de toda
mi conpañía, seguí mi camino; y allegado a vn alto donde se parecía
la prisión, viendo los guardadores della mi seña, que era verde y
colorada, en lugar de defenderse, pusiéronse en huyda tan grande,
740 que quien más huýa, más cerca pensaua que yua del peligro. Y
como Leriano vido a sobreora tal rebato, no sabiendo qué cosa

726. ponerte otra] poner otra - F, G, H, Hh, I, J, K, L, M, O, R, AA, BB, CC, CCc,
DD, FF, II, IIi; ponet otra - EE, GG, HH
726-727. acabo; y para... tanto.] acabo. [end of passage] - bilinguals
727. hazer la] hazer a la - D, N, P, Q, S, T, U, Uu
729. Recebida] Rescebido - II, IIi
730. camino] comino - G
731. animarlos] animarle - D, N, P, Q, S, T, U, Uu
732. para] par - R
732. adelante] delante - G, J
732. llamé] llama - FF
732. enemigos] eenemigos - EE, GG, HH
733. Contentamiento y Esperança y Descanso y Plazer y Alegría] Contentamiento,
Esperança, Descanso, Plazer, Alegría - B; Contentamiento y Esperança y Descanso y Plazer Alegría - AA, BB, CC, CCc, DD, EE, FF, HH; Contamiento y
Esperança y Descanso y Plazer Alegría - GG; Contentamiento y Esperança y
Delcanso y Plazer Alegría - II, IIi
734. Holgança; y porque] Holgança porque - C, D, N, P, Q, S, T, U, Uu
736. orden] orde - II, IIi
736. guerra] guera - A
736. pensamiento] pensamiente - II, IIi
737. conpañía] compaña - E, F, G, I, J, L, M, AA, DD, EE, GG, HH
737. allegado] llegado - D, F, G, H, Hh, I, J, K, L, M, N, O, P, Q, R, S, T, U, Uu,
bilinguals
737. donde] dondo - F; que - H, Hh
738. los guardadores] las guardas - H, Hh
738. della] dellas - II, IIi
739. colorada] colorado - I, L, M, O, R
739. en lugar de defenderse, pusiéronse en huyda tan] en lugar de defenderse, pusié-
rense en huyda tan - O; tan - AA, BB, CC, CCc, DD, FF, II, IIi; tam - EE,
GG, HH
740. más cerca] más çirca - B; menos cerca - E
741. rebato] rebate - N, P, Q, S, T, U, Uu
741. no] non - K
741. sabiendo] saciendo - O

fuesse, púsose a vna ventana de la torre, hablando verdad, más con
flaqueza de espíritu, que con esperança de [f. C²r.] socorro; y
como me vio venir en batalla de tan hermosa gente, conoció lo que
745   era; y lo vno de la poca fuerça y lo otro de súpito bien, perdido el
sentido, cayó en el suelo de dentro de la casa. Pues yo, que no
leuaua espacio, como llegué al escalera por donde solía sobir, eché
a Descanso delante, el qual dio estraña claridad a su tiniebla; y
subido a donde estaua el ya bienauenturado, quando le vi en ma-
750   nera mortal, pensé que yua a buen tienpo para llorarlo y tarde para
darle remedio; pero socorrió luego Esperança, que andaua allí la
más diligente, y echándole vn poco de agua en el rostro, tornó en
su acuerdo; y por más esforçarle, dile la carta de Laureola; y entre
tanto que la leýa, todos los que leuaua comigo procurauan su salud:
755   Alegría le alegraua el coraçón; Descanso le consolaua el alma; Esperança le boluía el sentido; Contentamiento le aclaraua la vista;
Holgança le restituýa la fuerça; Plazer le abiuaua el entendimiento; y en tal manera lo trataron que quando lo que Laureola le escri-

742.   fuesse] fuese - A
742.   a] en - J, bilinguals
742.   hablando verdad] hablando la verdad - F, G, H, Hh, I, J, K, L, M, O, R,
         bilinguals; hablando a la verdad - S, T, U, Uu
743.   socorro] soccorso - R;   socoro - GG
744.   vio] vido - L, M, O, R
744.   conoció] conoscido - O, R
745.   y lo vno] lo vno - O, R
745.   fuerça y lo] fuerça lo - O, R
745.   de súpito] del súpito - L, M, O, R, bilinguals
745.   perdido] perdió - E, D, N, P, Q, S, T, U, Uu
746.   sentido, cayó] sentido y cayó - D, N, P, Q, S, T, U, Uu
746.   dentro de] dentro en - B
746-747.   casa. Pues yo, que no leuaua espacio, como] casa y como - bilinguals
747.   al] a la - BB, CC, CCc, FF
747.   escalera] esclaera - GG, HH
747.   solía] solían - D, N, P, Q, S, T, U, Uu
747.   sobir] cubir - P
748.   a Descanso] al Descanso - E; el Descanso - F, G, H, Hh, I, J, K, L, M, O, R,
         bilinguals
748.   claridad a su] claridad su - C, D, N, P, Q, S, T, U, Uu
748.   tiniebla] tinibra - A; tiniebra - B
752.   diligente] deligente - Q
752-753.   tornó en su] tornó su - S, T, U, Uu
753.   dile] dio - bilinguals
754.   los que] los gue - EE, GG, HH
754.   leuaua] llauaua - S
755.   alma] ánima - E, F, G, H, Hh, I, J, K, L, M, O, R, bilinguals
756.   aclaraua] aclara - EE, GG, HH, II, IIi
757.   restituýa] restuya - S, T, U, Uu
757.   abiuaua] embiaua - D, N, P, Q, S, T, U, Uu; abiua - H, Hh, K
758.   lo trataron] le trataron - D, N, P, Q, S, T, U, Uu

uió acabó de leer, estaua tan sano como si ninguna passión vuiera
760 tenido. Y como vido que mi diligencia le dio libertad, echáuame
muchas vezes los braços encima, ofreciéndome a él y a todo lo
suyo, y parecíale poco precio, segund lo que mereció mi seruicio;
de tal manera eran sus ofrecimientos, que no sabía responderle como
yo deuía y quien él era. Pues después que entre él y mí grandes
765 cosas pasaron, acordó de yrse a la corte, y antes que fuesse, estuuo
algunos días en vna villa suya por rehazerse de fuerças y atauíos
para su partida; y como [f. C²v.] se vido en disposición de poderse partir, púsolo en obra; y sabido en la corte como yua, todos
los grandes señores y mancebos cortesanos salieron a recebirle; mas
770 como aquellas cerimonias vieias touiesse sabidas, más [vfanía] le
daua la gloria secreta, que la onrra pública, y así fue aconpañado
hasta palacio. Quando besó las manos a Laureola, passaron cosas
mucho de notar, en especial para mí, que sabía lo que entre ellos
estaua; al vno le sobraua turbación, al otro le faltaua color; ni él
775 sabía qué dezir ni ella qué responder, que tanta fuerça tienen las
passiones enamoradas, que sienpre traen el seso y discreción debaxo
de su vandera, lo que allí vi por clara esperiencia. Y puesto que

759. leer] lear - GG
759. passión] pasión - A
760. tenido] venido - D, N, P, Q, S, T, U, Uu
761. muchas vezes] muchas vezas - B; muihas vezes - C; muches vezezes - O
762. parecíale poco] parecía poco - G, J, bilinguals
762. mereció] merecié - A, B; merecía - L, M, O, R; merecían - bilinguals
764. y quien] a quien - H, Hh
764. era] eras - GG
764. él] en - EE, GG, HH, II, IIi
765. antes] ante - O, R
766. y atauíos] y muy ricos atauíos - E, F, G, H, Hh, I, J, K, bilinguals; y de muy ricos atauíos - L, M, O, R
767. disposición] desposición - G
768. todos] todas - II, IIi
769. cortesanos] cortisanos - FF
769. salieron] salleron - II, IIi
769. a recebirle] a rrecebirle - A; a le recebir - bilinguals
770. vfanía] vfana - A, B, C; vfanías - O, R
771. que la] que le - EE, GG, HH, II, IIi
771. onrra pública] honra a pública - O
771. aconpañado] acompañada - B
772. hasta palacio] hasta a palacio - N, P, Q; hasta el palacio - S, T, U, Uu
772. passaron] pasaron - A
772. cosas] consas - EE
774. turbación] turboción - O
774. ni] ne - B
775. sabía] sabié - A, B
776. passiones] pasiones - A
776. discreción] descreción - B, N, P, R, S, T, II, IIi
777. puesto] pesto - FF

125

de las mudanças dellos ninguno touiese noticia por la poca sospecha que de su pendencia auía, Persio, hijo del señor de Gauia, miró
780 en ellas trayendo el mismo pensamiento que Leriano traýa; y como
las sospechas celosas escudriñan las cosas secretas, tanto miró de
allí adelante las hablas y señales dél, que dio crédito a lo que sos-
pechaua, y no solamente dio fe a lo que veýa —que no era nada—
mas a lo que ymaginaua, que era el todo; y con este maluado pen-
785 samiento, sin más deliberación ni conseio, apartó al rey en vn secreto lugar y díxole afirmadamente que Laureola y Leriano se ama-
uan y que se veýan todas las noches después que él dormía, y que
ge lo hazía saber por lo que deuía a la onrra y a su seruicio. Tur-
bado el rey de cosa tal, estouo dubdoso y pensatiuo sin luego
790 determinarse a responder, y después que mucho dormió sobre ello,
tóuolo por verdad, creyendo segun la virtud y auctoridad de Persio
que no le diría otra cosa; [f. C³r.] pero con todo esso, primero
que deliberase, quiso acordar lo que deuía hazer, y puesta Laureola en vna cárcel, mandó llamar a Persio y díxole que acusasse
795 de traycíon a Leriano segun sus leyes, de cuyo mandamiento fue
mucho afrentado; mas como la calidad del negocio le [forçaua a

778. ninguno touiese noticia] ninguna tuuiesse noticia - J; ninguna noticia tuuiesse -
    bilinguals
781-782. miró de allí] miró allí - B
784. que ymaginaua] que él ymaginaua - E, F, G, H, Hh, I, J, K, L, M, O, R,
    bilinguals
784. el] lo - D, N, P, Q, S, T, U, Uu
785. rey] Ry - O
786. lugar y díxole] lugar y dixo - C, D, N, P, Q, S, T, U, Uu; lugar: díxole - bilin-
    guals
786. Laureola y] Laureola a - C
786-787. amauan] aman - bilinguals
787. y que se] y se - C, D, N, P, Q, S, T, U, Uu
787. él dormía] él se dormía - M
787. y que] que - bilinguals
788. ge] se - O, R, S, T, U, Uu, FF
788. deuía] deuié - A
789. dubdoso] buboso - L
789. luego] ulego - L
790. responder, y después] responder cosa ninguna. E después - Q
790. sobre] tobre - A
791. tóuolo por] touo por - bilinguals
791. virtud] virsud - A
792. con] cun - B
793. deuía] deuié - A; deue - B
794. llamar a Persio] llamar Persio - O, R
794. acusasse] acnsase - A
795. leyes] lejes - AA, DD, EE, HH, II, II; lejies - GG
795. de] ne - EE, GG, HH, II, IIi
795. mandamiento fue] mandamiento Persio fue - bilinguals
796. afrentado] afrontado - A, B
796. calidad] qualidad - B, C, E, F, G, I, J, K, L, M, N, O, P, Q, R, bilinguals
796-797. forçaua a otorgarlo] forçaua otorgarlo - D, E, F, G, H, Hh, I, J, K, L, M, N,

otorgarlo] respondió al rey que aceptaua su mando y que daua gracias a Dios que le ofrecía caso para que fuesen sus manos testimonio
de su bondad; y como semeiantes autos se acustunbran en Mace-
800 donia hazer por carteles, y no en presencia del rey, enbió en vno
Persio a Leriano las razones siguientes:

¶ *Cartel de Persio para Leriano.*

Pues procede de las virtuosas obras la loable fama, iusto es
que la maldad se castigue porque la virtud se sostenga; y con tanta
805 diligencia deue ser la bondad anparada, que los enemigos della si
por voluntad no la obraren, por miedo la vsen; digo esto, Leriano,
porque la pena que recebirás de la culpa que cometiste, será castigo para que tú pagues y otros teman; que si a tales cosas se
diese lugar, no sería menos fauorecida la desvirtud en los malos,
810 que la nobleza en los buenos. Por cierto, mal te as aprouechado de
la linpieza que eredaste; tus mayores te mostraron hazer bondad
y tú aprendiste obrar trayción; sus huessos se leuantarían contra
ti si supiesen como ensuziaste por tal error sus nobles obras. Pero
venido [f. C³v.] eres a tienpo que recibirás por lo hecho fin en la
815 vida y manzilla en la fama; ¡malauenturados aquellos como tú que
no saben escoger muerte onesta! Sin mirar el seruicio de tu rey
y la obligación de tu sangre, touiste osada desuergüença para ena-

P, Q, R, S, T, U, Uu, BB, CC, CCc, FF; forçaua otorgolo - O; forçaua orto-
garlo - AA, DD, EE, GG, HH, II, IIi
797.  aceptaua] aceutaua - A; acetaua - M, Q
797.  mando] mandado - B, M, R, bilinguals
798.  le] se - O, Q, R
798.  caso] cosa - J, O, R, bilinguals
799.  bondad; y como] bondad; como - S, T, U, Uu
799.  acustunbran] acostubran - HH, II, IIi
802-803.  Cartel de Persio para Leriano. Pues] Pues - Q
803.  obras la loable] obras loable - M, O, R
804.  la virtud] ta virtud - O
805.  enemigos] edemigos - GG
805.  della] dello - L, O
806.  miedo] miego - EE, GG, HH
808.  que tú pagues] que pagues - D, N, P, S, T, U, Uu
809.  desvirtud] desuertud - B; no virtud - bilinguals
811.  mayores] majores - bilinguals
811.  mostraron] monstraron - AA, BB, CC, CCc, DD, EE, GG, HH, II, IIi
812.  obrar] abrar - B, O; hazer - C, D, N, P, Q, S, T, U, Uu; à obrar - R
814.  venido] venida - O
814.  eres a tienpo] eres tienpo - P
814.  recibirás] recibieras - A, C
815.  manzilla] manxilla - DD, EE, GG, HH, II, IIi
817.  touiste] tuuide - II, IIi
817.  osada desuergüença] osadía desuergüença - H, Hh, O; osadía y desuergüença - R
817-818.  enamorarte de] enamorar de te - AA, DD, EE, GG, HH, II, IIi

morarte de Laureola, con la qual en su cámara, después de acostado el rey, diuersas vezes as hablado, escureciendo, por seguir tu
820 condición, tu claro linage; de cuya razón te rebto por traydor y
sobrello te entiendo matar o echar del canpo, o lo que digo hazer
confessar por tu boca; donde quanto el mundo durare, seré en
exenplo de lealtad; y atréuome a tanto confiando en tu falsía y
mi verdad. Las armas escoge de la manera que querrás, y el canpo
825 yo de parte del rey lo hago seguro.

¶ *Respuesta de Leriano.*

Persio, mayor sería mi fortuna que tu malicia si la culpa que
me cargas con maldad, no te diese la pena que mereces por iusticia; si fueras tan discreto como malo, por quitarte de tal peligro,
830 antes deuieras saber mi intención, que sentenciar mis obras. A lo
que agora conozco de ti, más curauas de parecer bueno que de
serlo; teniéndote por cierto amigo, todas mis cosas comunicaua
contigo, y segund parece, [yo] confiaua de tu virtud y tú vsauas
de tu condición; como la bondad que mostrauas con[f. C⁴r.]certó

818-819. después de acostado] después acostado - C
819. escureciendo] escriuiendo - O, R
820. rebto] reuto - C, D, E, N, P, Q, S, T, U, Uu; rieto - F, G, H, Hh, I, J, K, L,
    M, O, R; acuso - AA, DD, EE, GG, HH, II, IIi; causo - BB, CC, CCc, FF
821. entiendo matar] entiendo de matar - D, N, P, Q, S, T, U, Uu
821. canpo, o lo] campo lo - bilinguals
821. digo] pigo - HH
822. confessar] confesar - A
822. boca] bocha - EE, GG, HH
822. durare] durara - B, bilinguals
822. seré] será - E, F, G, H, Hh, I, J, K, L, M, O, R, bilinguals
822-823. en exenplo] enxenplo - C, E, F, G, H, Hh, I, K; exemplo - D, J, L, M, N,
    O, P, Q, R, S, T, U, Uu, bilinguals
823. de] ne - EE, GG, HH, II, IIi
823. lealtad] leatad - L
824. armas] arma - II, IIi
826. Respuesta] Respuecta - GG
827. mayor] major - AA, DD, EE, GG, HH, II, IIi
827. fortuna] forruna - EE
828. cargas] cargat - EE, GG, HH
828. maldad] maldagno - II, IIi
830. sentenciar] sentenciaras - M
830. mis] mi - II, IIi
832. teniéndote] tiniéndote - H, Hh
832. por cierto] cierto por - E, F, G, H, Hh, I, J, K, L, O, R, bilinguals
833. parece, yo confiaua] parece y confiaua - A, B, C; parece confiaua - D, N, P,
    Q, S, T, U, Uu
834. mostrauas] monstrauas - EE, GG, HH, II, IIi

835   el amistad, assí la falsedad que encubrías causó la enemiga. ¡O
enemigo de ti mismo!, que con razón lo puedo dezir, pues por tu
testimonio dexarás la memoria con cargo y acabarás la vida con
mengua; ¿por qué pusiste la lengua en Laureola, que sola su bondad
bastaua, si toda la del mundo se perdiese, para tornarla a cobrar?
840   Pues tú afirmas mentira clara y yo defiendo causa iusta, ella que-
dará libre de culpa, y tu onrra no de vergüença. No quiero responder a tus desmesuras porque hallo por más onesto camino vencerte
con la persona, que satisfazerte con las palabras; solamente quiero
venir a lo que haze al caso, pues allí está la fuerça de nuestro
845   debate. Acúsame de traydor y afirmas que entré muchas vezes
en su cámara de Laureola después del rey retraýdo; a lo vno y a
lo otro te digo que mientes, comoquiera que no niego que con
voluntad enamorada la miré. Pero si fuerça de amor ordenó el
pensamiento, lealtad virtuosa causó la lynpieza dél; assí que por
850   ser della fauorecido y no por ál lo pensé. Y para más afearte, te
defenderé no sólo que no entré en su cámara, mas que palabra de
amores iamás le hablé; pues quando la intención no peca, saluo
está el que se iuzga; y porque la determinación desto ha de ser
con la muerte del vno, y no con las lenguas dentrambos, quede
855   para el día del hecho la sentencia, la qual fío en Dios se dará
por mí, porque tú reutas con malicia y yo defiendo con razón y

835.  el] al - L, O, R; la - M
835.  falsedad] false//[end of page] sedad - P
835.  encubrías] encobría - A, C; encibrías - BB, CC, CCc, FF
835.  enemiga] enemistad - M, bilinguals
836.  puedo] pudo - O
836.  dezir] dexir - P
836.  pues por tu] pues tu por - C; pues tu - O
838.  mengua] mengna - Q
840.  iusta, ella] iusta y ella - O, R
841.  de culpa] de tu culpa - O, R
842.  hallo] hello - II, IIi
843.  satisfazerte] satasfazerte - O
843.  solamente quiero] solamente te quiero - M
845.  traydor] trajdor - AA, DD, EE, GG, HH, II, IIi
846.  su] la - bilinguals
847.  no] non - C
848.  Pero si fuerça] pero fuerça - O, R
849.  causó] causa - I, L, O, R
850.  della] dello - J, bilinguals
850.  ál] altro - AA, DD, EE, GG, HH, II, IIi; otro - BB, CC, CCc, FF
850.  más afearte] más poder afearte - E, F, G, H, Hh, I, J, K, L, M, O, R,
      bilinguals
852.  le] de - EE, GG, HH, II, IIi
854.  dentrambos] dentramos - A, B; de entreambos - J
854.  quede] quedo - B
856.  reutas] rebtas - B; rietas - F, G, H, Hh, I, J, K, L, M, O, R, bilinguals
856.  malicia] malicicia - Q

la verdad determina con iusticia. Las armas que a mí son de se-
ñalar sean a la bryda —segund nuestra costunbre—; nosotros,
armados de todas pieças; los cauallos con cubiertas [f. C⁴v.] y
860  cuello y testera; lanças yguales y sendas espadas, sin ninguna otra
arma de las vsadas, con las quales, defendiendo lo dicho, te mataré
o haré desdezir o echaré del canpo sobrello.

¶ *El auctor.*

Como la mala fortuna, enbidiosa de los bienes de Leriano, vsase
865  con él de su natural condición, diole tal reués quando le vido
mayor en prosperidad; sus desdichas causauan passión a quien
las vio y conbidan a pena a quien las oyé. Pues dexando su cuyta
para hablar en su reuto, después que respondió al cartel de Persio
como es escrito, sabiendo el rey que estauan concertados en la
870  batalla, aseguró el canpo; y señalado el lugar donde [la hiziesen]
y ordenadas todas las cosas que en tal auto se requerían —segund
las ordenanças de Macedonia— puesto el rey en vn cadahalso,
vinieron los caualleros cada vno aconpañado y fauorecido como
merecía; y guardadas en ygualdad las onrras dentrambos, entraron
875  en el canpo; y como los fieles los dexaron solos, fuéronse el vno
para el otro, donde en la fuerça de los golpes, mostraron la virtud

859.  cauallos] cauellos - AA, DD, EE, GG, HH, II, IIi
859-860.  cubiertas y cuello] cubiertas. cuello - B; cubiertas y cuelio - M
861.  vsadas, con] vsadas. E con - M
861.  defendiendo lo dicho, te] defendiendo digo que te - B
862.  o echaré] o te echaré - L; y te echaré - M, O, R
865.  vido] vide - I
866.  mayor en] en mayor - S, T, U, Uu; major en - AA, DD, EE, GG, HH, II, IIi
866.  passión] pasión - A
867.  vio] veýa - D, N, P, Q, S, T, U, Uu; vido - G, J, bilinguals
867.  conbidan] combidauan - M
867.  quien las] quien los - bilinguals
867.  oyé] oýa - M
868.  reuto] rieto - F, G, H, Hh, I, J, K, L, bilinguals; riepto - M, O, R
868-869.  Persio como es escrito, sabiendo] Persio, sabiendo - bilinguals
870.  señalado] señalando - E, F, G, H, Hh, I, J, K, L, M, O, R, bilinguals
870-871.  la hiziesen y ordenadas] hieziesen y ordenadas - A; hiziesen y ordenadas - B,
      E, F, H, Hh, K; hiziesen su batalla y ordenadas - C; hiziessen la batalla y
      ordenadas - D, N, P, Q, S, T, U, Uu; la diziessen. Ordenadas - AA, DD, EE,
      GG, HH, II, IIi; la hiziessen. Ordenadas - BB, CC, CCc, FF
872.  en vn cadahalso] en cadahalso - bilinguals
873.  vno aconpañado] vna acompañada - H, Hh
874.  ygualdad] vgualdad - O
874.  dentrambos] dentramos - A, B
875.  el canpo; y como los fieles] el ca//[end of page] canpo: y como los juezes
      nonbrados - Q
875.  los dexaron] les dexaron - O, R
876.  para el otro] para otro - O

de los ánimos, y quebradas las lanças en los primeros encuentros, echaron mano a las espadas y assí se conbatían que quienquiera ouiera enbidia de lo que obrauan y conpasión de lo que padecían.

880 Finalmente, por no detenerme en esto que parece cuento de ystorias vieias, Leriano le cortó a Per[f. C⁵r.]sio la mano derecha, y como la meior parte de su persona le viese perdida, díxole:

«Persio, porque no pague tu vida por la falsedad de tu lengua, déueste desdezir»;

885 el qual respondió:

«Haz lo que as de hazer, que avnque me falta el braço para defender, no me fallece coraçón para morir.»

Oyendo Leriano tal respuesta, diole tanta priesa que lo puso en la postrimera necessidad; y como ciertos caualleros sus parien-
890 tes le viesen en estrecho de muerte, suplicaron al rey mandase echar el bastón, que ellos le fiauan para que dél hiziese iusticia si claramente se hallase culpado; lo qual el rey assí les otorgó; y como fuesen partidos, Leriano de tan grande agrauio con mucha razón se sentió, no podiendo pensar por qué el rey tal cosa man-
895 dase; pues como fueron despartidos, sacáronlos del canpo yguales en cerimonia avnque desyguales en fama, y assí los leuaron a sus

877. encuentros] encuentro - AA, DD, EE, GG, HH, II, IIi
878. echaron] pusieron - A, B
878. conbatían] cobatían - HH
880. Finalmente] finalemente - GG
880. detenerme] determinarme - O, R
880. parece] parecía - D, N, P, S, T, U, Uu; parescería - Q
880. cuento] cuenta - Q
881. mano] manos - O
882. le] la - BB, CC, CCc, FF, HH, II, IIi
883. no] non - C
886. as de] haz de - B
886. avnque me falta] avnque me falte - D, N, P, Q, S, T, U, Uu; avnque falta - E, F, G, H, Hh, I, J, K, L, M, O, bilinguals
886-887. para defender] para me defender - L, M, O, R
887. fallece] faleçe - B
888. Oyendo] Y oyendo - A, B
889. necessidad] necesidad - A
890. le] li - FF
890. rey mandase] rey que mandasse - E, F, G, H, Hh, I, J, K, L, M, O, R, bilinguals
892. les] lo - O, R
893. partidos] despartidos - A, B
893. grande agrauio] grandes agrauios - O, R
893. mucha] mucho - B
894. no] non - AA, DD, EE, GG, HH, II, IIi
895. despartidos] despearidos - BB, CC, CCc, FF
896. cerimonia] ceremonia - GG, HH

posadas, donde estuuieron aquella noche. Y otro día de mañana,
avido Leriano su conseio, acordó de yr a palacio a suplicar y requerir al rey, en presencia de toda su corte, le mandase restituir
900 en su onrra, haziendo iusticia de Persio; el qual, como era maligno
de condición y agudo de iuyzio, en tanto que Leriano lo que es
contado acordaua, hizo llamar tres onbres muy conformes de sus
costunbres, que tenía por muy suyos, y iuramentándolos que le
guardasen secreto, dio a cada vno infinito dinero porque dixesen
905 y iurassen al rey que vieron hablar a Leriano con Laureola en lu-
gares sospechosos y en tienpos desonestos, los quales se profirieron
a afirmarlo y iurarlo hasta perder la vida sobrello. No quiero dezir
lo que Laureola en todo esto sentía porque la passión no turbe el
sentido [f. C⁵v.] para acabar lo començado, porque no tengo agora
910 menos nueuo su dolor, que quando estaua presente. Pues tornando
a Leriano, que más de su prisión della se dolía, que de la vitoria
dél se gloriaua, como supo que el rey era leuantado, fuése a palacio, y presentes los caualleros de su corte, hízole vna habla en
esta manera:

915 ¶ *Leriano al rey.*

Por cierto, señor, con mayor voluntad sufriera el castigo de
tu iusticia que la vergüença de tu presencia, si ayer no leuara lo

897.  posadas] pasadas - II, IIi
897.  estuuieron] estusieron - H, Hh
898.  avido] hauiendo - M, O, Q, R
899.  presencia] presentia - G
900.  maligno] malino - A, I;  maliño - B
903.  suyos] sujos - AA, DD, EE, GG, HH, II, IIi
903.  iuramentándolos] jurementándolos - C;  juramentádolos - GG
903-904.  que le guardasen] que guardassen - C, D, N, P, Q, S, T, U, Uu;  que le
       gardassen - AA, DD, EE, HH, II, IIi;  que la garassen - GG
904.  dixesen] dixiessen - B
905.  iurassen] iurasen - A
905.  hablar a Leriano] hablar Leriano - N, P
906-907.  se profirieron a afirmarlo] le profirieron a afirmarlo - B;  se profirieron a
       firmarlo - H, Hh, K;  se porfiaron a affirmarlo - R
907.  vida] stida - H, Hh
908.  passión] pasión - A
910.  nueuo su dolor] nueuo dolor - G, I, J, L, M, O, R, BB, CC, CCc, FF, GG;
       nueno dolor - AA, DD, EE, GG, HH, II, IIi
910.  presente] prensente - II, IIi
911.  dolía, que] dolía qur - K
913.  de su] de toda su - O, R
913.  corte, hízole] corte le hizo - M
Σ_F
916.  Por cierto, señor, con mayor voluntad] Con mayor voluntad por cierto, se-
       ñor - M;  Por cierto, señor, con major voluntad - AA, DD, EE, GG, HH, II, IIi
916.  sufriera] sufriría - G, H, Hh, I, J, K, L, M, O, R, bilinguals
917.  iusticia] justitia - K

meior de la batalla, donde si tú lo ouieras por bien, de la falsa
acusación de Persio quedara del todo libre; q*ue* puesto q*ue* a vista
920   de todos yo le diera el galardón q*ue* merecía, gran ventaia va de
hiziéralo a hízolo; la razó*n* por qué despartirnos ma*n*daste, no la
puedo pensar, en especial toca*n*do a ti mismo el debate, q*ue* avn-
q*ue* de Laureola deseases venga*n*ça, como generoso, no te faltaría
piedad de padre, comoquiera que en este caso bie*n* creo q*ue*daste
925   satisfecho de su descargo. Si lo heziste por conpassión q*ue* auías
de Persio, tan iusto fuera q*ue* la vuieras de mi onrra, como de
su vida, siendo tu natural; si por ventura lo co*n*sentiste por verte
aquexado de la suplicació*n* de sus parie*n*tes, qua*n*do les otorgaste
la merced, deuieras acordarte de los seruicios q*ue* los míos te hi-
930   ziero*n*, pues sabes co*n* quá*n*ta constancia de coraçón, quántos dellos
en mu[f. C⁶r.]chas batallas y conbates perdieron por tu seruicio
las vidas; nu*n*ca hueste iuntaste q*ue* la [tercia] parte dellos no
fuese. Suplícote que por iuyzio me satisfagas la onrra que por mis
manos me quitaste; cata que guarda*n*do las leyes, se conseruan los
935   naturales; no consientas que biua onbre que ta*n* mal guarda las
preemine*n*cias de sus passados porque no corronpa su venino los
q*ue* con él participare*n*. Por cierto no tengo otra culpa si no ser
amigo del culpado, y si por este indicio merezco pena, dámela,
avnq*ue* mi inocencia della me absuelua, pues co*n*serué su amistad
940   creyéndolo bueno, y no iuzgándole malo. Si le das la vida por

---

918.  bien, de la] bien la - O, R
921.  hízolo] hízelo - E, G, H, Hh, I, J, K, L, M, O, R, bilinguals
922.  pensar] pensa - O
922-923.  avnque de] aun de que - bilinguals
923.  Laureola] Leriano - H, Hh
923.  deseases] desseas - S, T, U, Uu
924.  este caso] esto - E, G, H, Hh, I, J, K, L, M, O, R, bilinguals
925.  conpassión] conpasión - A
928.  suplicación] suplication - P, EE, GG, HH, II, IIi
928.  otorgaste] atorgaste - H, Hh
930.  constancia] costança - A
931.  muchas] murhas - O
932.  tercia] tercera - C, E, G, H, Hh, I, J, K, L, M, O, R, bilinguals
933.  Suplícote que] Supplico que - O, R
933.  por iuyzio] par juyzio - AA, DD, EE, GG, HH; per juyzio - BB, CC, CCc, FF
934.  cata] mira - C, D, N, P, Q, S, T, U, Uu
934.  leyes] lejes - AA, DD, EE, GG, HH, II, IIi
935.  consientas] consientes - bilinguals
935.  onbre que tan] hombre tan - R
936.  passados] pasados - A
936.  corronpa] corronpan - A, B; corompa - O, R
936.  venino] veneno - N, P, Q, S, T, U, Uu, BB, CC, CCc, FF
938.  indicio] judicio - B
939.  absuelua] asuelua - A; absolueua - H, Hh

seruirte dél, dígote que te será el más leal cizañador *que* puedas
hallar en *el* mu*n*do. Requiérote contigo mismo, pues eres obligado
a ser ygual en derecho, q*ue* en esto determines con la prudencia
que tienes y sentencies con la iusticia que vsas. Señor, las cosas

945   de onrra deue*n* ser claras, y si a éste perdonas, por ruegos o por
ser principal en tu reyno o por lo q*ue* te plazerá, no quedaré en
los iuyzios de las gentes por desculpado del todo, que si vnos cre-
yeren la verdad por razón, otros la turbarán co*n* malicia; y digo
q*ue* en tu reyno lo cierto se sepa, nunca la fama leua lexos lo cier-

950   to; ¿cómo sonará en los otros lo que es passado si queda sin castigo público? Por Dios, señor, dexa mi onrra sin disputa, y de
mi vida y lo mío ordena lo que quisieres.

¶ *El auctor.*

[f. C⁶v.] Atento estuuo el rey a todo lo q*ue* Leriano quiso dezir,

955   y acabada su habla, respo*n*dióle q*ue* él auría su co*n*seio sobre lo
q*ue* deuiese hazer, q*ue* en cosa tal, co*n* deliberació*n* se auía de dar
la sente*n*cia. Verdad es q*ue* la respuesta del rey no fue ta*n* dulce
como deuiera, lo q*ua*l fue porq*ue* si a Laureola daua por libre
segu*n* lo q*ue* vido, él no lo estaua de enoio, porq*ue* Leriano pensó

960   de seruilla, auie*n*do por culpado su pe*n*samie*n*to, avnq*ue* no lo

941.   dígote que te será el más leal] dígote será el más leal - B; dígote que te será
        más el leal - E; dígote que será el más leal - G, H, Hh, I, J, K, L, M, O, R,
        bilinguals
941.   puedas] puedes - B
943.   esto] este - O, R
945.   ruegos] ruego - E, G, H, Hh, I, J, K, L, M, O, R, bilinguals
946.   ser] se - EE, GG, HH, II, IIi
946.   reyno] raygno - K
946.   no quedaré] no lo quedaré - O
947.   del] de - FF
950.   passado] pasado - A
951.   Dios] Dio - AA, DD, EE, GG, HH, II, IIi
951.   señor, dexa] señor ruego dexad - C; señor te ruego dexa - D, N, P, Q, S; señor
        tu ruego dexa - T, U, Uu
954.   Atento estuuo] Estuuo atento - M
954.   Leriano quiso] Leriano no quiso - C; Leriano le quiso - D, N, P, Q, S, T,
        U, Uu
955.   acabada su habla] acabadas sus razones - D, N, P, Q, S, T, U, Uu
955.   auría su conseio] auría consejo - G, I, J, bilinguals
956.   deuiese] desuiesse - H, Hh
956.   cosa] caso - G, H, Hh, I, J, K, L, M, O, R, bilinguals
956.   deliberación] liberación - H, Hh
956.   auía] auié - A
956.   dar] da - T
957.   sentencia] sententia - HH, II, IIi
958.   daua] daue - J
959.   él no lo] ello estaua - bilinguals

fuese su intención; y así por esto como por quitar el escándalo que
andaua entre su parentela y la de Persio, mandóle yr a vna villa
suya que estaua dos leguas de la corte, llamada Susa, entre tanto
que acordaua en el caso, lo que luego hizo con alegre coraçón,
965 teniendo ya a Laureola por desculpada —cosa que él tanto deseaua. Pues como del rey fue despedido, Persio, que sienpre se
trabaiaua en ofender su onrra por condición y en defenderla por
malicia, llamó los coniurados antes que Laureola se delibrase, y
díxoles que cada vno por su parte se fuese al rey y le dixesse como
970 de suyo por quitarle de dubdas, que él acusó a Leriano con verdad,
de lo qual ellos eran testigos, que le vieron hablar diuersas vezes
con ella en soledad; lo que ellos hizieron de la manera que él
ge lo dixo; y tal forma supieron darse y assí afirmaron su testimonio, que turbaron al rey, el qual, después de auer sobrello
975 mucho pensado, mandólos llamar, y como vinieron, hizo a cada
vno por sí preguntas muy agudas y sotiles para ver si los hallaría
[f. C⁷r.] mudables o desatinados en lo que respondiesen; y como
deuieran gastar su vida en estudio de falsedad, quanto más ha-
blauan, meior sabían concertar su mentira, de manera quel rey
980 les dio entera fe; por cuya información, teniendo a Persio por leal
seruidor, creýa que más por su mala fortuna, que por su poca

961. intención] entención - A
962. andaua] endaua - AA, DD, EE, GG, HH, II, IIi
963. Susa] Fusa - S, T, U, Uu
964. lo que] lo qual - E, G, H, Hh, I, J, K, L, M, O, R, bilinguals
964. coraçón] coreçón - DD, EE, GG, HH, II, IIi
965. desculpada] deculpada - GG, HH, II, IIi
965. cosa] caso - AA, BB, CC, CCc, FF, GG
965. que él tanto] que tanto - L, M, O, R
966-967. sienpre se trabaiaua] siempre trabaiaua - C, D, N, P, Q, S, T, U, Uu
967. defenderla] defenderlo - E
968. llamó los] llamó a los - D, N, P, Q, S, T, U, Uu; llamó dos - E, G, H, Hh, I,
       J, K, L, M, O, R, bilinguals
968. delibrase] deliberasse - C, D, N, P, Q, S, T, U, Uu; librasse - E, G, H, Hh, I,
       J, K, L, M, O, R, bilinguals
969. fuesse] fuessen - G, H, Hh, I, J, K, L, M, O, R, bilinguals
969. dixesse] dixese - A; dixiesse - B; dixiessen - G; dixessen - H, Hh, I, J, K, L,
       M, O, R, bilinguals
970. a] de - bilinguals
970. Leriano con] Leriano era con - AA, DD, EE, GG, HH, II, IIi
972. lo que] lo qual - E, G, H, Hh, I, J, K, L, M, O, Q, R, bilinguals
973. ge] se - M, O, R, S, T, U, Uu
973. supieron - supidieron - E
Σ
977. o] y - D, N, P, Q, S, T, U, Uu
977. y] et - HH, II, IIi
979. sabían] sabién - A, AA, DD, EE, GG, HH, II, IIi
980. entera] enterea - T
981. mala] malo - EE, GG, HH, II, IIi

verdad, auía leuado lo peor de la batalla. ¡O Persio, quánto
meior te estouiera la muerte vna vez que merecella tantas! Pues
queriendo el rey que pagasse la inocencia de Laureola por la tray-
985 ción de los falsos testigos, acordó que fuese sentenciada por iusticia; lo qual como viniese a noticia de Leriano, estouo en poco de
perder el seso, y con vn arrebatamiento y passión desesperada acordaua de yr a la corte a librar a Laureola y matar a Persio, o perder
por ello la vida; y viendo yo ser [aquello] conseio de más peligro
990 que esperança, puesto con él en razón, desuiélo dél; y como estaua
con la aceleración desacordado, quiso seruirse de mi parecer en lo
que ouiese de deliberar, el qual me plogo dalle porque no dispusiese con alteración para que se arrepintiese con pesar; y después
que en mi flaco iuyzio se representó lo más seguro, díxele lo que
995 se sigue:

¶ *El auctor a Leriano.*

Assí, señor, querría ser discreto para alabar tu seso, como poderoso para remediar tu mal, porque fuesses alegre como yo desseo
y loado como tú mereces. Digo esto por el sabio sofrimiento que

982. peor] pejor - AA, DD, EE, GG, HH, II, IIi; peyor - BB, CC, CCc, FF
984. pagasse] pagase - A; passage - DD, EE, GG, HH; passa - II, IIi
986. Leriano, estouo en poco de] Leriano, en poco estuuo de - H, Hh
987. passión] pasión - A
988. corte a] corte y - D, N, P, Q, S, T, U, Uu
988. Persio, o perder] Persio perder - Q
989. ello] ella - bilinguals
989. viendo] veyendo - D, N, P, Q
989. aquello] aquel - A, B, I, L, M, O, R
990. puesto] puosto - K; questo - II, IIi
991. aceleración] acelaración - B; aceleration - DD, EE, GG, HH, II, IIi
991. desacordado] desarcordado - DD, EE, GG
992. deliberar] delibrar - A, B, E, F, G, I, J, K, L; librar - M, O, R
992. el qual] lo qual - D, N, P, Q, S, T, U, Uu
992. dalle] mucho - D, N, P, Q, S, T, U, Uu
992-993. dispusiese] despusiesse - G, J, bilinguals
993. alteración] altercación - EE, GG, HH, II, IIi
993. y] et - EE, GG, HH, II, IIi
994. flaco] flato - AA, DD, EE, GG, HH, II, IIi; caeo - BB, CC, CCc, FF
994. seguro] suguro - BB, CC, CCc
994. díxele] dixe el - AA, DD, EE, GG, HH, II, IIi
997. querría] quería - D, H, Hh, N, P, S, T, U, Uu
998. fuesses alegre] fueses alegre - A; fueses muy alegre - G, J; fuesse muy alegre bilinguals
998. desseo] deseo - A
999. mereces] merecer - H, Hh
999. sabio] sabia - AA, DD, EE, GG, HH, II, IIi

1000 en tal tie*n*po muestras, q*ue* como viste tu iuyzio enbargado [f. C⁷v.]
de pasión, conociste que sería lo que obrases no segund lo que
sabes, mas segund lo que sie*n*tes; y co*n* este discreto conocimie*n*to
quesiste antes errar por mi conseio sinple y libre, que acertar por
el tuyo natural y impedido; mucho he pe*n*sado sobre lo que en

1005 esta tu grande fortuna se deue hazer, y hallo, segund mi pobre
iuyzio, q*ue* lo primero que se cunple ordenar es tu reposo, el
qual te desuía el caso presente. De mi voto el primer acuerdo que
tomaste será el postrero que obres, porque como es gran cosa la
que as de enprender, assí como gran pesadunbre se deue determi-

1010 nar; sienpre de lo dubdoso se ha de tomar lo más seguro, y si te
pones e*n* matar a Persio y librar a Laureola, deues antes ver si es
cosa co*n* que podrás salir, que como es de más estima la onrra
della, que la vida tuya, si no pudieses acabarlo dexarías a ella condenada y a ti desonrrado; cata que los ombres obran y la ve*n*tura

1015 iuzga; si a bien salen las cosas, son alabadas por buenas, y si a
mal, auidas por desuariadas; si libras a Laureola, diráse que heziste osadía, y si no, que pensaste locura; pues tienes espacio daquí
a nueue días que se dará la sentencia, prueua todos los otros re-

---

1000.  viste] visto - B; diste - E
1000.  iuyzio enbargado] juyzio muy embargado - G, J, AA, DD, CC, CCc, FF; juyzio muy embargada - DD, EE, GG, HH, II, IIi
1001-1002.  segund lo que sabes] según lo que tú sabes - G, J, bilinguals; según que sabes - S, T, U, Uu
1002.  que sientes] que tú sientes - G, J, bilinguals
1003.  conseio sinple] consejo muy simple - G, J, bilinguals
1004.  impedido] enpedido - A, B; pedido - M
1004.  he pensado] me ha pesado - Q
1004-1005.  que en esta] que esta - M
1005.  segund mi pobre] sigún pobre - O; según mi probre - AA, DD, EE, GG; según mi probe - HH, II, IIi
1006.  que lo] lo que - bilinguals
1006.  primero] primiero - HH
1006.  reposo] repoo - G; esposo - S, T
1008.  obres] obras - M; obrer - DD, EE, GG, HH, II, IIi
1008.  la] las - bilinguals
1009.  que] qua - GG
1009.  como] con - F, G, H, Hh, I, J, K, L, M, O, R, bilinguals
1009-1010.  determinar; sienpre] determinar, y siempre - R
1011.  en] a - B, D, N, P, Q, S, T, U, Uu
1013.  no] non - C
1016.  desuariadas] desuadarias - AA, DD, EE, GG, HH, II, IIi; malas - BB, CC, CCc, FF
1016.  libras a Laureola] libras Laureola - II, IIi
1016-1017.  diráse que heziste] diráse no que heziste - AA, DD, EE, GG, HH, II, IIi; diráse que no heziste - BB, CC, CCc, FF
1017.  osadía, y si] osadía si - E, F, G, H, Hh, I, J, K, L, M, O, R, bilinguals
1017.  tienes] tiene - B, F, G, H, Hh, I, J, K, bilinguals

medios que muestran esperança, y si en ellos no la hallares, dis-
1020 pornas lo que tienes pensado, que en tal demanda, avnque pierdas
la vida, la darás a tu fama. Pero en esto ay vna cosa que deue
ser proueýda primero que lo cometas, y es ésta: estemos agora en
que ya as forçado la prisión y sacado della a Laureola; si la traes
a tu tierra, es condenada de culpa; dondequiera que allá la dexes,
1025 no la libra[f. C⁸r.]rás de pena; cata aquí mayor mal que el primero. Paréceme a mí, para sanar esto, obrando tú esto otro, que
se deue tener tal forma: yo llegaré de tu parte a Galio, hermano
de la reyna, que en parte desea tanto la libertad de la presa como
tú mismo, y le diré lo que tienes acordado, y le suplicaré, porque
1030 sea salua del cargo y de la vida, que esté para el día que fueres
con alguna gente, para que, si fuere tal tu ventura que la puedas
sacar, en sacándola, la pongas en su poder a vista de todo el mundo, en testimonio de su bondad y tu linpieza, y que recebida, entre
tanto que el rey sabe lo vno y provee en lo otro, la ponga en Dala,
1035 fortaleza suya donde podrá venir el hecho a buen fin; mas —como
te tengo dicho— esto se a de tomar por postrimero partido. Lo que

1019.  no la hallares] no fallares - E
1019-1020.  dispornas] disponas - A; dispornar - II, IIi
1020.  tienes] tenías - D, N, P, Q, S, T, U, Uu
1020.  pensado] pensando - B
1022.  cometas] acometas - B
1023.  la traes] la trayes - C; a traes - E; las traes - bilinguals
1024.  condenada] condemnada - B
1024.  allá] allí - O, R; a ella - Q
1025.  librarás] libras - C
1025.  mayor] major - AA, DD, EE, GG, HH, II, IIi
1026.  Paréceme a] Parece a - L, M, O, R
1026.  sanar] sanear - A, B
1027.  deue] deua - L, M, O, R
1028.  desea tanto] dessea a tanto - M; desse a tanta - EE
1029.  tú mismo, y] tú y - Q
1031.  fuere tal tu] fuera tal tu - C; fuere tu - E, F, G, H, Hh, I, J, K, L, M, O, R,
       AA, BB, CC, CCc, DD, EE, GG, HH, II, IIi; fuere ou - FF
1032.  sacar, en] sacar y en - C, D, N, P, Q, S, T, U, Uu
1032.  sacándola, la pongas] sacándola pongas - B
1032.  vista] vissa - DD, EE, GG, HH, II, IIi
1033.  y tu] y de tu - C, D, N, P, Q, S, T, U, Uu; y en - O, R
1033.  y que recebida] y que resciba - E; y que la resciba - F, H, Hh, K; y que
       rescebiba - AA, DD, EE, GG, HH; y recebida - S, T, U, Uu
1034.  vno] eno - II, IIi
1034.  provee] prove - AA, DD, EE, GG, HH, II, IIi
1034-1035.  en Dala, fortaleza] en vna fortaleza - B; en dalla fortaleza - N, P; en dar
       la fortaleza - Q, bilinguals; en dalle fortaleza - S, T, U, Uu
1035.  hecho] heco - K
1035.  mas] me - L, M
1036.  por postrimero] por el postrimero - C, D, N, P, Q, S, T, U, Uu

antes se conuiene negociar es esto: yo yré a la corte y iuntaré con
el cardenal de [Gaula] todos los caualleros y perlados que allí se
hallaren, el qual con voluntad alegre suplicará al rey le otorgue
1040 a Laureola la vida; y si en esto no hallare remedio, suplicaré a
la reyna que con todas las onestas y principales mugeres de su casa
y cibdad, le pida la libertad de su hija, a cuyas lágrimas y petición
no podrá, a mi creer, negar piedad; y si aquí no hallo esperança,
diré a Laureola que le escriua certificándole su inocencia; y quan-
1045 do todas estas cosas me fueren contrarias, proferirme he al rey
que darás vna persona tuya que haga armas con los tres maluados
testigos; y no aprouechando nada desto, probarás la fuerça, en la
que por ventura hallarás la piedad que en el rey yo buscaua. Pero
antes que me parta, me parece que deues [f. C⁸v.] escreuir a Lau-
1050 reola esforçando su miedo con seguridad de su vida, la qual enteramente le puedes dar, que pues se dispone en el cielo lo que se
obra en la tierra, no puede ser que Dios no reciba sus lágrimas
inocentes y tus peticiones iustas.

¶ El auctor.

1055 Solo vn punto no salió Leriano de mi parecer, porque le pareció aquél propio camino para despachar su hecho más sanamente;

1037. antes se conuiene] antes conuiene - AA, BB, CC, CCc, DD, FF, II, IIi; antes
conniene - EE, GG, HH
1038. Gaula] Gausa - A, B, C, D, N, P, Q, S, T, U, Uu
1038. allí] aý - A, B
1039. hallaren] hallaron - AA, DD, EE, GG, HH, II, IIi
1039. otorgue] atorgue - H, Hh; otorge - S, T, U, Uu
1040. en esto] en todo esto - D, N, P, Q, S, T, U, Uu
1042. libertad] liberad - DD, EE
1043. creer] errer - R
1043. piedad] piadad - B
1043. hallo] halla - N, P, S, T, U, Uu
1044. certificándole su] certificándole de su - bilinguals
1044. inocencia] inocentia - P, HH, II, IIi
1045. fueren] fueron - O
1045. proferirme he al] proferirme al - A, B
1046. tuya que] tuya para que - E, F, G, H, Hh, I, J, K, L, M, O, R, AA, BB, CC,
CCc, DD, EE, FF, GG, II, IIi; tuya per que - HH
1047. desto] desta - O
1048. que por] qual por - E, F, G, H, Hh, I, J, K, L, M, O, R, bilinguals
1049. parta, me parece] parta paresce - Q
1051. en el cielo] en cielo - S, T, U, Uu
1052. obra en] obra aquí en - C, D, Q, S, T, U, Uu; obra a quien en - N, P
1052. tierra, no puede] tierra, puede - AA, BB, CC, CCc, DD, EE, FF, HH, II, IIi;
tierça, puede - GG
1052. sus lágrimas] su lágrima - EE, GG, HH, II, IIi
1055. Solo vn punto no salió Leriano] No salió vn solo punto Leriano - bilinguals
1056. propio] proprio - F, G, H, Hh, K, L, M, N, O, R, S, T, U, Uu
1056. sanamente] suauemente - M, R; santamente - Q

pero con todo esso no le aseguraua el coraçón, porque temía, segund la saña del rey, mandaría dar antes del plazo la sentencia,
de lo qual no me marauillaua, porque los firmes enamorados lo
1060 más dudoso y contrario creen más aýna, y lo que más desean tienen por menos cierto. Concluyendo, él escriuió para Laureola con
mucha duda que no querría recebir su carta, las razones de la qual
dezían assí:

¶ *Carta de Leriano a Laureola.*

1065     Antes pusiera las manos en mí para acabar la vida, que en el
papel para començar a escreuirte, si de tu prisión vuieran sido
causa mis obras, como lo es mi mala fortuna; la qual no pudo
serme tan contraria que no me puso en estado de bien morir, segund [f. D¹r.] lo que para saluarte tengo acordado; donde si en
1070 tal demanda muriere, tú serás libre de la prisión; y yo, de tantas
desauenturas; assí que será vna muerte causa de dos libertades.
Suplícote no me tengas enemiga por lo que padeces, pues —como
tengo dicho— no tiene la culpa dello lo que yo hize, más lo que
mi dicha quiere. Puedes bien creer, por grandes que sean tus an-
1075 gustias, que siento yo mayor tormento en el pensamiento dellas
que tú en ellas mismas; pluguiera a Dios que no te vuiera conocido, que avnque fuera perdidoso del mayor bien desta vida, que es
averte visto, fuera bienauenturado en no oýr ni saber lo que padeces. Tanto he vsado beuir triste, que me consuelo con las mis-

1057. esso] esto - D, N, P, S, T, U, Uu; hecho - Q
1057. aseguraua] assegurana - I
1061. él escriuió] el seruicio - O; le escriuió - T, U, Uu
1062. querría] quería - D, N, O, P, Q, R, S, T, U, Uu
1062. razones] rozones - B
1062-1063. la qual dezían assí] la qual eran éstas que se siguen - E, F, G, H, Hh, I, J,
        K, L, M, O, R, bilinguals
1064. Leriano a Laureola] Laureola a Leriano - M
1066. tu prisión] tus prisiones - O, R
1066. sido] seydo - B, G, J, AA, DD, EE, GG, HH, II, IIi
1067. la] lo - H, Hh
1068. tan] tanto - G, J, bilinguals
1068. puso en estado] puso estado - A, C
1070. prisión; y yo] prisión. yo - AA, DD, EE, GG, HH, II, IIi
1071. desauenturas] desuenturas - O, R; desauanturas - HH, II, IIi
1072. enemiga] enemistad - M; por enemigo - bilinguals
1073. tiene] tienes - bilinguals
1073. dello] de - bilinguals
1074. mi dicha] mi dica - H, Hh; mi desastrada dicha - Q
1074. Puedes bien creer por] Pues bien creo por - D, N, P, Q, S, T, U, Uu
1074. sean] son - M
1075. siento] sienta - O, R; siente - HH, II, IIi
1075. mayor] meyor - H, Hh; major - AA, DD, EE, GG, HH, II, IIi
1076. que tú en] que en - G, J, bilinguals

1080    mas tristezas por causallas tú; mas lo que agora siento, ni recibe
consuelo, ni tiene reposo, porque no dexa el coraçón en ningún
sosiego; no acreciente la pena que sufres la muerte que temes, que
mis manos te saluarán della. Yo he buscado remedios para tenplar
la ira del rey; si en ellos faltare esperança, en mí la puedes tener,

1085    que por tu libertad haré tanto, que será mi memoria, en quanto el
mundo durare, en exenplo de fortaleza; y no te parezca gran cosa
lo que digo, que sin lo que tú vales, la iniusticia de tu prisión haze
iusta mi osadía. ¿Quién podrá resistir mis fuerças, pues tú las
pones? ¿Qué no osará el coraçón enprender estando tú en él? Sólo

1090    vn mal ay en tu saluación: que se conpra por poco precio, segund
lo que mereces, avnque por ella pierda la vida; y no solamente
esto es poco, mas lo que se puede dessear perder no es nada. Esfuerça con mi esperança tu flaqueza, porque si te das a los pensamientos della, podría ser que desfallecieses, de donde dos grandes

1095    cosas se podrían [f. D¹v.] recrecer: la primera y más principal
sería tu muerte; la otra, que me quitarías a mí la mayor onrra de
todos los onbres, no podiendo saluarte. Confía en mis palabras;
espera en mis prometimientos; no seas como las otras mugeres que

1080.  siento] sienco - II, IIi
1081.  reposo, porque] reposo y porque - L, O, R
1081.  dexa] dexo - B
1083.  saluarán] saluerán - H, Hh
1084.  faltare esperança] faltare la esperança - M, R;  fallare esperança - O
1084.  puedes] puede - H, Hh
1086.  durare] durara - bilinguals
1086.  en exenplo] enxemplo - B, C, E, F, G, H, Hh, I, K, L, M, O;  exemplo - D, J,
       N, P, Q, R, S, T, U, Uu, bilinguals
1086.  parezca] pareca - A
1086.  gran] graue - F, G, H, Hh, I, J, K, L, M, O, R, bilinguals
1087.  iniusticia] justicia - E, F, G, H, Hh, I, J, K, L, M, O, R
1088.  resistir mis] resistir a mis - S, T, U, Uu;  asistir mis - Q
1088.  fuerças] fuercas - Q
1089.  osará] osare - A;  osa - L, M, O, R
1090.  en] ent - P
1090.  que] qui - A
1091.  mereces] merecer - II, IIi
1091.  solamente] salamente - M, II, IIi
1092.  dessear] desear - A
$\Sigma_E$
1092-1093.  Esfuerça] esfurça - L
1094.  podría] podrá - L, M, O, R
1094.  desfallecieses] desfallecies - H, Hh
1095.  podrían] podrán - M
1096.  sería] saría - H, Hh
1097.  todos] todas - H, Hh
1097.  Confía en] Confien - H, Hh
1097.  palabras] paladras - P
1098.  seas] sea - H, Hh

de pequeñas causas reciben grandes temores; si la condición mu-
1100 geril te causare miedo, tu discreción te dé fortaleza, la qual de mis
seguridades puedes recebir; y porque lo que haré será prueua de
lo que digo, suplícote que lo creas. No te escriuo tan largo como
quisiera por proueer lo que a tu vida cunple.

¶ *El auctor.*

1105   En tanto que Leriano escreuía, ordené mi camino, y recebida
su carta, partíme con la mayor priesa que pude, y llegado a la
corte, trabaié que Laureola la recibiese, y entendí primero en dár-
gela que ninguna otra cosa hiziesse, por dalle algún esfuerço;
y como para ello me fuese negada licencia, informado de vna cá-
1110 mara donde dormía, vi vna ventana con vna rexa no menos fuerte que cerrada; y venida la noche, doblada la carta muy sotil-
mente, púsela en vna lança; y con mucho trabaio echéla dentro
en su cámara; y otro día en la mañana, como desimuladamente
por allí me anduuiese, abierta la ventana, vila, y vi que me vido,
1115 comoquiera que por la espesura de la rexa no la pude bien deui-
sar; finalmente ella respondió, y venida la noche, quando sintió
mis pisadas, echó la car[f. D²r.]ta en el suelo, la qual recebida, sin

1099.  reciben] reciban - C
1100.  causare miedo] acusare con miedo - F, G, H, Hh, I, J, K, L, M, O, R,
       bilinguals
1100.  qual] gnal - GG
1101.  seguridades] siguridades - A
1101.  prueua] pruenua - EE, GG, HH, II, IIi
1102.  tan] tam - GG
1103.  quisiera por proueer] quisiera proueer - L, M, O, R
1105.  escreuía] escriua - R
1106.  con la mayor] con mayor - AA, DD, EE, GG, HH, II, IIi
1107-1108.  dárgela] dársela - D, O, R, S, T, U, Uu
1109.  ello] vella - A; verla - B; esto - O, R
1109.  negada licencia] negada la licencia - D, N, P, Q, S, T, U, Uu
1109-1110.  cámara] camarera - B
1110.  dormía] dormí - C, D, N, P, S, T, U, Uu
1110-1111.  fuerte] tuerte - FF
1111.  cerrada] carrada - FF
1112.  púsela] púsola - bilinguals
1112.  trabaio] trabayo - II, IIi
1114.  allí] aslí - EE, HH; assí - GG, II, IIi
1114.  abierta] cerrada - F, G, H, Hh, I, J, K, L, M, O, R, bilinguals
1115.  pude] puede - G, J
1116.  respondió] respondía - P, S, T, U, Uu
1117.  pisadas] pesadas - C
1117.  recebida] rebilada - O

hablarle palabra —por el peligro que en ello para ella auía—
acordé de yrme, y sintiéndome yr, dixo:

1120     «Cataquí el galardón que recibo de la piedad que tuue»;

y porque los que la guardauan estauan iunto comigo, no le pude
responder. Tanto me lastimó aquella razón que me dixo, que si
fuera buscado, por el rastro de mis lágrimas pudieran hallarme.
Lo que respondió a Leriano fue esto:

1125     ¶ *Carta de Laureola a Leriano.*

No sé, Leriano, qué te responda, sino que en las otras gentes
se alaba la piedad por virtud y en mí se castiga por vicio; yo hize
lo que deuía segund piadosa, y tengo lo que merezco segund desdichada; no fue por cierto tu fortuna ni tus obras causa de mi
1130     prisión, ni me querello de ti ni de otra persona en esta vida, sino
de mí sola, que por librarte de muerte me cargué de culpa, comoquiera que en esta conpassión que te vue, más ay pena que cargo,
pues remedié como inocente y pago como culpada; pero todavía
me plaze más la prisión sin yerro, que la libertad con él; y por

1118.  peligro] poligro - O
1118.  ella] ello - B
1118.  auía] amaua - O
1119.  yrme] yre - O
1119.  sintiéndome] sintióme - B
1120.  galardón] gualardón - A, L, M
1121.  que la guardauan] que guardavan - D, N, P, Q, T, U, Uu; que garardavan - S
1121.  le] la - bilinguals
1121.  pude] puede - C, M, U, Uu, AA, DD, EE, GG, HH, II, IIi
1122.  responder] responden - K
1123.  rastro] rostro - AA, DD, EE, GG, HH, II, IIi
1123.  pudieran] pudiera - O
1124.  respondió] respondía - F, K; respondí - L, O
1126.  No sé, Leriano] Leriano, no sé - L, M, O, R
1126.  qué te responda] qué responda - D, L, M, N, P, S, T, U, Uu; que te respon-
          der - bilinguals
1126.  sino que en] sino en - bilinguals
1127.  alaba] alabo - GG
1127.  castiga] castigo - EE, GG, HH, II, IIi
1129.  tus] us - B
1130.  querello] querella - Q
1130.  otra] otro - EE, GG, HH, II, IIi
1131.  librarte] liberarte - bilinguals
1131-1132.  comoquiera que en] comoquiera en - bilinguals
1132.  conpassión] conpasión - A
1132.  más] ma - FF
1133.  remedié] remedio - BB, CC, CCc, FF

1135 esto, avnq*ue* pene en sofrilla, desca*n*so en no merecella. Yo soy
entre las q*ue* biue*n*, la q*ue* menos deuiera ser biua; si el rey no
me salua, espero la muerte; si tú me delibras, la de ti y de los
tuyos: de manera que por vna p*ar*te o por otra se me ofrece dolor;
si no me remedias, he de ser muerta; si me libras y lieuas, seré
1140 co*n*denada; y por esto te ruego mucho que trabaies en saluar
[f. D²v.] mi fama y no mi vida, pues lo vno se acaba y lo otro
dura. Busca —como dizes q*ue* hazes— quie*n* ama*n*se la saña del
rey, q*ue* de la manera q*ue* dizes, no puedo ser salua sin des-
truyción de mi onrra; y dexa*n*do esto a tu co*n*seio, q*ue* sabrás lo
1145 meior, oye el galardón q*ue* tengo por el bie*n* q*ue* te hize: las pri-
sio*n*es q*ue* pone*n* a los q*ue* han hecho muertes me tiene*n* puestas
porq*ue* la tuya escusé; co*n* gruesas cadenas estoy atada; co*n* áspe-
ros torme*n*tos me lastiman; co*n* grandes guardas me guardan,
como si tuuiese fuerças p*ar*a poderme salir; mi sofrimie*n*to es
1150 ta*n* delicado y mis penas ta*n* crueles, q*ue* sin q*ue* mi padre dé la
sente*n*cia, tomara la venga*n*ça, muriendo en esta dura cárcel. Espa*n*tada estó cómo de ta*n* cruel padre nació hija ta*n* piadosa; si
le pareciera en la co*n*dició*n*, no le temiera en la iusticia, puesto

1135. avnque pene] aunque pone - O; aunque me pene - bilinguals
1135. no] on - GG
1135. merecella] mercella - EE, HH, II, IIi; mercello - GG
1136. biuen] biuan - EE, GG, HH, II, IIi
1136. la que menos] la menos - N, P
1137. tú me delibras] tú no delibras - F; tú no me delibras - H, Hh, K
1138. otra] otras - Q
1139. remedias] delibras - D, N, P, Q, S, T, U, Uu
1140. condenada] condemnada - B
1140. esto] esso - K, O
1140. mucho que trabaies] mucho te trabaies - A; mucho trabajes - C, D, N P, Q, S, T, U, Uu
1141. no] non - C
1141. lo vno] lo vna - Q; le vno - II, IIi
1142. saña] seña - EE, GG, HH, II, IIi
1145. galardón] galardou - O
1145. las] la - EE, GG, HH, II, IIi
1146. los] lo - T
1146. hecho] hecha - C
1146. muertes] maertes - O
1146-1147. puestas porque la tuya escusé; con] puestas: con - bilinguals
1147. gruesas] gordes - II, IIi
1147. atada] atado - G
1148. lastiman] lastimen - C
1149. fuerças] fuerça - F, G, H, Hh, I, J, K, L, M, O, R, bilinguals
1150. crueles] cruelles - AA, DD, EE, GG, HH, II, IIi
1152. estó] estoy - F, H, Hh, K, L, M, O, R, S, T, U, Uu, BB, CC, CCc, FF
1153. pareciera en la condición, no le temiera en] pareciera en la condición no lo temiera en - D, N, P, Q; pareciera en la condición, no le temería en - G, J, L, M, bilinguals; parecería en la condición no le temería en - O; pareciera en - R; pareciera en la condición, no lo temería en - S, T, U, Uu

que iniustamente la quiere hazer. A lo que toca a Persio no te
1155 respondo porque no ensuzie mi lengua, como ha hecho mi fama;
verdad es que más querría que de su testimonio se desdixese, que
no que muriesse por él; mas avnque yo digo, tú [determina, que
segund] tu iuyzio no podrás errar en lo que acordares.

¶ *El auctor.*

1160 Muy dudoso estuue quando recebí esta carta de Laureola, sobre enbialla a Leriano o esperar a leualla yo, y en fin hallé por
meior seso no enbiárgela, por dos inconuenientes que hallé: el
vno era porque nuestro secreto se ponía a peligro en fiarla
[f. D³r.] de nadie; el otro, porque las lástymas della le pudieran
1165 causar tal aceleración, que errara sin tienpo lo que con él acertó,
por donde se pudiera todo perder. Pues boluiendo al propósito
primero, el día que llegué a la corte, tenté las voluntades de los
principales della para poner en el negocio a los que hallase conformes a mi opinión, y ninguno hallé de contrario deseo, saluo a
1170 los parientes de Persio; y como esto vue sabydo, supliqué al cardenal —que ya dixe— le pluguiese hazer suplicación al rey por la
vida de Laureola, lo qual me otorgó con el mismo amor y conpasión que yo ge lo pedía; y sin más tardança, iuntó con él todos

1154. quiere] quiera - A, B
1155. respondo] responderé - F, G, H, Hh, I, J, K, L, M, O, R, bilinguals
1155. ha] he - L, M, O, R
1155. hecho] heco - H, Hh
1156. querría] quería - D, N, P, Q, S, T, U, Uu
1156. desdixese] desdixiesse - B, G; dixese - C
1157. muriesse] muriese - A
1157. yo] esto - M, R
1157-1158. determina, que segund] determina segund - C, D, F, G, H, Hh, I, J, K,
        L, M, N, O, P, Q, R, S, T, U, Uu
1160. recebí esta carta] recebí carta - GG
1162. enbiárgela] embiársela - D, O, R, S, T, U, Uu
1162. hallé: el] hallé: y el - O, R
1164. nadie] nadi - B
1164. el] y el - R
1164. lástymas] estimas - K
1164. le] se - C
1165. causar] causare - H, Hh
1165. aceleración] aceleration - P, R
1167-1168. voluntades de los principales] voluntades principales - O, R
1168. poner en el] poner el - bilinguals
1168. los que hallase] los hallasse - AA, DD, EE, GG, HH, II, IIi
1170. vue] huui - B
1172. otorgó] atorgó - H, Hh
1173. ge] se - L, M, O, R, S, T, U, Uu
1173. pedía] pedí - F, G, H, Hh, I, J, K, L, M, O, R, bilinguals
1173. y sin] y assí sin - F, G, H, Hh, I, J, K, L, M, O, R, bilinguals

los perlados y gra*n*des señores q*ue* allí se hallaron, y puesto en
1175 presencia del rey, en su no*n*bre y de todos los q*ue* yua*n* co*n* él,
hízole vna habla en esta forma:

¶ *El cardenal al rey.*

No a sinrazó*n* los soberanos príncipes passados ordenaron co*n*-
seio en lo que vuiesen de hazer, segund quantos prouechos en ello
1180 hallaro*n*, y puesto q*ue* fuessen diuersos, por seys razo*n*es aqu*e*lla
ley deue ser co*n*seruada. La primera, porq*ue* meior aciertan los
onbres en las cosas agenas q*ue* en las suyas propias, porq*ue* el
coraçón de cuyo es el caso no puede estar sin yra o cobdicia o afi-
ció*n* o deseo o otras cosas semeia*n*tes, p*a*ra determinar como deue.
1185 La segu*n*da, porq*ue* platicadas las cosas, sie*n*pre q*ue*dan en lo cierto. La tercera, porq*ue* si aciert*n* los que aco*n*[f. D³v.]seian, avn-
q*ue* ellos dan el voto, del aconseiado es la gloria. La quarta, por
lo que se sigue del contrario, que si por ageno seso se yerra el
negocio, el q*ue* pide [el] parecer q*ue*da sin cargo; y quie*n* ge lo
1190 da, no sin culpa. La quinta, porq*ue* el buen co*n*seio muchas vezes
asegura las cosas dudosas. La sesta, porq*ue* no dexa tan aýna caer
la mala fortuna y sie*n*pre en las aduersidades pone esperança. Por
cierto, señor, turbio y ciego co*n*seio puede ninguno dar a ssí mismo

---

1174. grandes] grande - K
1176. hízole] hizo - O, R
1176. habla en esta forma] habla en esta manera - O, R; oración en esta forma - BB,
      CC, CCc, FF; habla en esta formar - GG
1178. No a sinrazón] no sin razón - S, T, U, Uu, bilinguals
1178. passados] pasados - A
1179. vuiesen] ouiassen - AA, DD, EE, GG, HH, II, IIi
1180. fuessen] fuesen - A
1181. deue] deua - O
1182. propias] proprias - L, M, O, S, T, U, Uu, bilinguals
1183. coraçón de cuyo] coraçón cuyo - D, N, P, Q, S, T, U, Uu
1183-1184. yra o cobdicia o afición o deseo] yra, cobdicia, afición o desseo - bilin-
      guals
1184. semeiantes] semeantes - K
1185. platicadas] platigadas - P
1186. aconseian] consejan - Q
1187. ellos] allos - H, Hh
1187. aconseiado] aconsejados - FF
1188. que se sigue] que sigue - B
1189. pide el] pide al - C, D, N, P, S, T, U, Uu, AA, DD, EE, GG, HH, II, IIi
1189. parecer] parascer - AA, DD, EE, GG, HH, II, IIi
1189. ge] se - O, R, S, T, U, Uu
1190. no sin] no queda sin - F, G, H, Hh, I, J, K, L, M, O, R, bilinguals
1190. quinta] .v. - Q
1191. dexa tan aýna] dexa tan avna - H, Hh; dexa aýna - L, M, O, R
1193. ninguno] alguno - F, G, H, Hh, I, J, K, L, M, O, R, bilinguals

siendo ocupado de saña o pasió*n*, y por esto no nos culpes si en la
1195 fuerça de tu yra te venimos a enoiar, q*ue* más queremos q*ue* ayrado
nos rep*r*ehendas, porq*ue* te dimos enoio, q*ue* no q*ue* arrepentido
nos co*n*denes porque no te dimos co*n*seio. Señor, las cosas obradas
con deliberación y acuerdo p*r*ocuran p*r*ouecho y alaba*n*ça para
quie*n* las haze, y las q*ue* con saña se hazen, co*n* arrepentimie*n*to
1200 se pie*n*san; los sabios como tú q*ua*ndo obran, primero delibra*n* q*ue*
dispone*n*, y sonles presentes todas las cosas que pueden venir, assí
de lo que esperan prouecho, como de lo que temen reués. Y si de
qualquiera pasión enpedidos se hallan, no sentencia*n* en nada fasta
verse libres; y avnque los hechos se dilatan, hanlo por bien, por-
1205 q*ue* en semeiantes cosas la priessa es dañosa y la tarda*n*ça segura;
y como ha*n* sabor de hazer lo iusto, pie*n*san todas las cosas, y antes
que las hagan, siguiendo la razón, establécenles secució*n* onesta.
Propriedad es de los discretos prouar los conseios y por ligera
creencia no disponer, y en lo que parece dubdoso, tener la senten-
1210 cia en peso; porq*ue* no es todo verdad lo que tiene semeiança de

1194. siendo] seyendo - G, J, AA, BB, CC, CCc, DD, FF; seyando - EE, GG, HH, II, IIi
1195. venimos a enoiar] venimos enojar - C, D, N, P
1196. arrepentido] arepentido - K
1197. condenes] condemnes - B
1197. porque] porqte - K
1197. no te dimos] no dimos - H, Hh
1199. hazen] hazon - K
1199. arrepentimiento] arepentimiento - A, O; repentimiento - B
1200. sabios] sabrios - AA, DD, EE, GG, HH, II, IIi
1200. delibran] deliberan - B, D, F, H, Hh, K, N, P, Q, S, T, U, Uu, BB, CC, CCc, FF; delibra - EE, GG, HH, II, IIi
1201. disponen] dispouen - F; disponem - HH, II, IIi
1201. sonles] sonlos - II, IIi
1201. pueden] puedem - HH
1202. esperan] esperam - HH
1202. temen] teman - bilinguals
1203. qualquiera] qualquier - F, G, I, J, K, L, M, O, R, bilinguals
1203. enpedidos] impedidos - F, G, H, Hh, I, J, K, L, M, O, Q, R, S, T, U, Uu, bilinguals
1203. sentencian] sentenciam - HH, II, IIi
1204. hechos] hecgos - EE
1204. dilatan] dilaten - A, B
1205. cosas] casos - A, B
1205. priessa] priesa - A
1206. piensan] piensau - O
1207. hagan] hagam - HH
1207. establécenles] establécenle - O
1207. secución] esecución - C, D, N, P, bilinguals; execución - F, G, H, Hh, I, J, L, M, O, Q, R, S, T, U, Uu; execution - K
1208. Propriedad] Propiedad - C, D, F, G, H, Hh, I, J, K, N, O, P, Q, R, S, T, U, Uu

verdad. El pensamie*n*[f. D⁴r.]to del sabio, agora acuerde, agora
mande, agora ordene, nunca se parte de lo que puede acaecer;
y sie*n*pre como zeloso de su fama, se guarda de error; y por no
caer en *él*, tiene memoria en lo passado, por tomar lo meior dello
1215 y ordenar lo presente con tenplança y contenplar lo porvenir con
cordura por tener auiso de todo.

¶ Señor, todo esto te auemos dicho porque te acuerdes de tu
prudencia y ordenes en lo que agora estás, no segund sañudo, mas
segund sabidor; así, buelue en tu reposo, que fuerçe lo natural
1220 de tu seso al acidente de tu yra. Auemos sabido que quieres con-
denar a muerte a Laureola; si la bondad no merece ser iusticiada,
en verdad tú eres iniusto iuez; no quieras turbar tu gloriosa fama
con tal iuyzio, que puesto que en él vuiese derecho, antes serías,
si lo dieses, infamado por padre cruel, que alabado por rey iusti-
1225 ciero. Diste crédito a tres malos onbres; por cierto ta*n*ta razón auía
para pesquisar su vida, como para creer su testimonio; cata que
son en tu corte mal infamados; co*n*fórmanse co*n* toda maldad;
sie*n*pre se alaban en las razones que dizen de los engaños que

1211. del] de - bilinguals
1211. sabio, agora acuerde, agora] sabio agora - GG; sabio agora acuerda, agora - II, IIi
1212. mande, agora] mande y agora - G, J, bilinguals
1212. parte] parta - A, B
1213. zeloso] celoso - B, D, M, N, O, P, Q, S, T, U, Uu
1213. guarda] gurada - O; gaurda - R
1214. memoria] meworia - H, Hh; memorial - bilinguals
1214. passado] pasado - A
1215. ordenar] ordena - L, M, O, R
1215. presente] prente - AA, DD, EE, GG, HH, II, IIi
1215. con tenplança y contenplar] con templança y contempla - B, L, M, O, R; con templança contemplar - C, D, N, P, Q, S, T, U, Uu
1217. Señor, todo] Señor muy poderoso, todo - B
1218. sañudo] señudo - EE, GG, HH, II, IIi
1219. buelue] bueluas - BB, CC, CCc, FF
1219. natural] notural - O
1220. acidente] accidente - F, G, I, J, K, L, M, O, Q, R, BB, CC, CCc, FF; aciendente - H, Hh; accidende - AA, DD, EE, GG, HH, II, IIi
1220. que] en como - C, D, N, P, Q, S, T, U, Uu
1221. iusticiada] justiciado - C; justificada - L, M, O, R
1222. no] non - H, Hh
1223. que puesto que] puesto que - C, D, N, P, Q, S, T, U, Uu; que questo que - DD, EE, HH, II, IIi; que que esto que - GG
1224. infamado] informado - G; ifamado - H, Hh, K
1226. pesquisar] persquisar - EE, GG, HH, II, IIi
1226. cata] mira - C, D, N, P, Q, S, T, U, Uu
1227. mal infamados] muy mal infamados - F, G, H, Hh, I, K, L, M, O, R; muy mal informados - J, bilinguals; mal informados - Q
1228. alaban] aloaban - EE, HH; aloban - GG, II, IIi
1228. las] la - K; los - P
1228. dizen de] dizen y de - L, M, O, R; dizien, de - AA, DD, EE, GG, HH, II, IIi

haze*n*. Pues, ¿por q*ué* das más fe a la información dellos, q*ue* al
1230    iuyzio de Dios, el q*ua*l en las armas de Persio y Leriano se mostró
clarame*n*te? No seas verdugo de tu misma sangre, q*ue* serás entre
los o*n*bres muy afeado; no culpes la inocencia por co*n*seio de la
saña, y si te pareciere q*ue* por las razo*n*es dichas Laureola no
deue ser salua, por lo q*ue* deues a tu virtud, por lo q*ue* te obliga
1235    tu realeza, por los seruicios que te auemos hecho, te supli[f. D⁴v.]-
camos nos hagas merced de su vida; y porque menos palabras de las
dichas bastauan —segu*n*d tu clemencia— para hazello, no te queremos dezir sino q*ue* pienses quánto es meior que perezca tu yra
que tu fama.

1240    ¶ *Respuesta del rey.*

Por bien aconseiado me tuuiera de vosotros, si no tuuiesse sabido ser tan devido vengar las desonrras, como perdonar las culpas; no era menester dezirme las razones por qué los poderosos
deuen recebir conseio porque aquellas y otras que dexastes de
1245    dezir tengo yo conocidas; mas bie*n* sabéys, quando el coraçón está
enbargado de passión, que están cerrados los oýdos al co*n*seio,
y en tal tie*n*po, las frutuosas palabras, en lugar de amansar, acrecientan la saña, porque [reuerdece*n*] en la memoria la causa della;

1230.  iuyzio] juyzia - J
1230.  mostró] muestra - B;  monstró - GG
1232.  inocencia] inocentia - P;  innocencian - EE, GG;  innocenciam - HH, II, IIi
1233.  pareciere] pareciera - C
1234.  deue] deua - D, N, P, Q, S, T, U, Uu
1234.  a tu virtud, por] a virtud por - D, N, P, Q, S, T, U, Uu;  a tu vertud por - G;
       a tu virtud y por - bilinguals
1234.  te] teo - EE, GG, HH, II, IIi
1236-1237.  palabras de las dichas] palabras - C, D, N, P, Q, S, T, U, Uu
1237.  bastauan] bastan - F, G, H, Hh, I, J, K, M, R, bilinguals;  basten - L, O
1238.  es meior] mejor es - bilinguals
1238.  perezca] paresca - B
1239.  que tu] que no la tu - G, J;  que no tu - bilinguals
1241.  aconseiado] consejado - II, IIi
1241.  tuuiesse] tuuiese - A
1243.  no] non - F, K;  ni - FF
1243.  era] eran - O, FF
1244.  y] ly - AA, DD, EE, GG, HH, II, IIi
1244-1245.  dexastes de dezir] dexastes dezir - M
1245.  sabéys] sabes - A, C;  sapéis - AA, DD, EE, GG, HH
1246.  passión] pasión - A
1248.  reuerdecen] reuerdece - D, F, G, H, Hh, I, J, K, L, M, N, O, P, Q, R, S,
       T, U, Uu bilinguals
1248.  en la] la - M bilinguals
1248.  memoria la causa della] memoria della - bilinguals

pero digo que estuuiese libre de tal enpedimiento, yo creería que
1250 dispongo y ordeno sabiamente la muerte de Laureola, lo qual quiero mostraros por causas iustas, determinadas segund onrra y iusticia. Si el yerro desta muger quedase sin pena, no sería menos
culpante que Leriano en mi desonrra. Publicado que tal cosa per-
doné, sería de los comarcanos despreciado y de los naturales des-
1255 obedecido, y de todos mal estimado; y podría ser acusado que
supe mal conseruar la generosidad de mis antecesores; y a tanto
se estendería esta culpa, [f. D⁵r.] si castigada no fuese, que podría
amanzillar la fama de los passados y la onrra de los presentes y
la sangre de los por venir; que sola vna mácula en el linage cunde
1260 toda la generación. Perdonando a Laureola, sería causa de otras
mayores maldades que en esfuerço de mi perdón se harían; pues
más quiero poner miedo por cruel, que dar atreuimiento por pia-
doso, y seré estimado como conuiene que los reyes lo sean. Segund
iusticia, mirad quántas razones ay para que sea sentenciada. Bien
1265 sabéys que establecen nuestras leyes que la muger que fuere acusada de tal pecado muera por ello; pues ya veys quánto más me
conuiene ser llamado rey iusto, que perdonador culpado, que lo

1249. que estuuiese] que si estuuiesse - S, T, U, Uu, BB, CC, CCc, FF
1249. enpedimiento] impedimiento - B, D, H, Hh, K, N, P, S, T, U, Uu, AA, BB, CC, CCc, FF, II, IIi; impedimento - F, G, J, Q, DD, EE, HH; empedimento - L, M; imedimento - GG
1250. lo] la - F, G, H, Hh, I, J, K, L, M, bilinguals
1252. quedase] queda - D, N, P, Q, S, T, U, Uu
1253. Publicado] Publicando - I, L, M, O, R
1253-1254. perdoné] perdonné - P
1254. sería] seré - BB, CC, CCc; será - FF
1254. comarcanos] comarçanos - EE
1256. y a tanto] y tanto - F, G, H, Hh, I, J, K, L, M, O, R, bilinguals
1257. estendería] estendiera - T, U, Uu
1257. castigada] castigado - G, J
1257. podría] podrié - A
1258. passados] pasados - A
1259. cunde] conde - B; cohonde - F, G, H, Hh, I, J, K, L, M, O, R, bilinguals
1261. mayores] majores - AA, DD, EE, GG, HH; maiores - II, IIi
1261. maldades] maldadas - II, IIi
1262-1263. piadoso] piadosa - C
1263. conuiene] conniene - I
1263. los] les - C
1264. mirad] miradad - K; miran - II, IIi
1265. leyes] lejes - AA, DD, EE, GG, HH, II, IIi
1266. pecado muera] pecada muera - B; peccado que muera - F, G, H, Hh, I, J, K, L, M, O, R, AA, DD, EE, GG, HH, II, IIi; peccado que mura - BB, CC, CCc, FF
1266. me] mc - I
1267. perdonador] perdonado - BB, CC, CCc, FF

sería muy conocido si, en lugar de guardar la ley, la quebrase,
pues a ssí mismo se condena quien al que yerra perdona. Ygual-
1270 mente se deue guardar el derecho, y el coraçón del iuez no se ha
de mouer por fauor ni amor ni cobdicia, ni por ningún otro acidente; siendo derecha, la iusticia es alabada, y si es fauorable,
aborrecida. Nunca se deue torcer, pues de tantos bienes es causa:
pone miedo a los malos; sostiene los buenos; pacifica las diferen-
1275 cias; ataia las questiones; escusa las contiendas; abiene los deba-
tes; asegura los caminos; onrra los pueblos; fauorece los pequeños; enfrena los mayores; es para el bien común en gran manera
muy prouechosa. Pues para conseruar tal bien, porque las leyes
se sostengan, iusto es que en mis proprias cosas la vse. Si tanto la
1280 salud de Laureola queréys y tanto su bondad alabáys, dad vn testigo de su inocencia como ay tres de su cargo, y [f. D⁵v.] será per-
donada con razón y alabada con verdad. Dezís que deuiera dar
tanta fe al iuyzio de Dios como al testimonio de los onbres; no
os marauilléys de assí no hazello, que veo el testimonio cierto y el
1285 iuyzio no acabado; que puesto que Leriano leuase lo meior de la
batalla, podemos iuzgar el medio y no saber el fin. No respondo
a todos los apuntamientos de vuestra habla por no hazer largo

1268. sería] será - EE, GG, HH, II, IIi
1268. conocido] couoscido - O
1268. quebrase] quebrantasse - F, G, H, Hh, I, J, K, L, M, O, R, bilinguals
1269. perdona] perdonar - EE, GG, HH, II, IIi
1269-1270. Ygualmente] e ygualmente - M, R, HH
1271. fauor ni amor] fauor ni por amor - D, N, P, Q, S, T, U, Uu; fauor amor - bilinguals
1271. ningún otro] otro ningún - M
1271-1272. acidente] accidente - Q, R; ocidente - HH, II, IIi
1272. iusticia] justitia - K
1272. alabada, y si] alabada si - S, T, U, Uu
1273. aborrecida] aborecida - K, HH
1275. ataia] atara - O; ataya - AA, BB, CC, CCc, DD, EE, GG, HH, II, IIi
1275. questiones] quistiones - L, M, O, R
1277. enfrena] enferma - C
1277. mayores] majores - AA, DD; maiores - EE, GG, HH, II, IIi
1277. es] y es - bilinguals
1278. leyes] lejes - AA, DD; leies - EE, GG, HH, II, IIi
1279. proprias] propias - B, C, F, G, H, Hh, I, J, K, N, O, P, Q, R, S, T, U, Uu
1279. la vse] se vse - Q; las vse - BB, CC, CCc, FF
1282. Dezís] dezir - Q; dezies - AA, DD, EE, GG, HH, II, IIi
1282. deuiera] deuría - B, J; diuiera - I; deuería - bilinguals
1283-1284. no os] nos - A
1284. marauilléys] marauilláys - C, N, O, P
1285. acabado] alabado - L, M, O, R
1287. largo] largor - HH; largos - II, IIi

processo y en el fin enbiaros sin esperança; mucho quisiera acep-
tar vuestro ruego por vuestro merecimiento; si no lo hago, aveldo
1290 por bien, que no menos deuéys desear la onrra del padre que la
saluación de la hija.

¶ *El auctor.*

La desesperança del responder del rey fue para los que la oýan
causa de graue tristeza; y como yo, triste, viesse que aquel reme-
1295 dio me era contrario, busqué el que creýa muy prouechoso, que
era suplicar a la reyna le suplicase al rey por la saluación de Laureola; y yendo a ella con este acuerdo, como aquella que tanto
participaua en el dolor de la hija, topéla en vna sala, que venía
a hazer lo que yo quería dezille, aconpañada de muchas generosas
1300 dueñas y damas cuya auctoridad bastaua para alcançar qualquiera
cosa, por iniusta y graue que fuera, quanto más aquélla, que no
con menos razón el rey deuiera hazella que la reyna pedilla; la
qual, puestas las rodillas en el suelo, le dixo palabras [f. D⁶r.] assí
sabias para culpalle, como piadosas para amansallo. Dezía la mo-

1288. processo] proceso - A
1288. quisiera] quesiera - H, Hh
1288-1289. aceptar] aceutar - A; acetar - O
1289. ruego por vuestro] ruego vuestro - EE, DD, GG, HH, II, IIi
1289. merecimiento] merecirmiento - EE, GG, HH, II, IIi
1289. si no] si no no - S, T, U, Uu
1289. aveldo] auedlo - S, T; auerdo - FF; avello - U, Uu
1291. saluación] vida - bilinguals
1293. que la] que le - D, N, P, Q, S, T, U, Uu
1294. graue tristeza] gran tristeza - D, N, P, Q, S, T, U, Uu; graue. E como tris-
    teza - HH
1294. viesse] viese - A
1296. reyna le suplicase] reyna suplicasse - D, N, P, Q, S, T, U, Uu; reyna la supli-
    casse - HH, II, IIi
1296. por la saluación] por saluación - B
1297. a ella] a a ella - O
1299. quería] querría - K
1299. dezille] dexille - P
1299. aconpañada] acunpañada - GG
1300. dueñas y damas cuya] dueñas cuya - C, D, N, P, Q, S, T, U, Uu
1300. qualquiera] qualquier - F, G, H, Hh, I, J, K, bilinguals
1301. cosa, por iniusta] cosa injusta - M
1301. y graue] y muy grave - G, J, bilinguals
1301-1302. que no con] que con - F, G, H, Hh, I, J, K, L, M, O, R, bilinguals
1302. deuiera] diuiera - J
1302. hazella] halleza - EE, GG, HH, II, IIi
1303. dixo palabras] dixo estas palabras - G, J, bilinguals
1304. piadosas] piadosa - AA, BB, CC, CCc, DD, EE, GG, HH, II, IIi
1304. para amansallo] paru amansallo - O
1304. Dezía la] dezíale la - A, B

1305 deración que conuiene a los reyes; reprehendíale la perseuerança
de su yra; acordáuale que era padre; habláuale razones ta*n* discretas para notar, como lastymadas para sentir; suplicáuale q*ue* si
tan cruel iuyzio dispusiese, se quisiese satisfazer con matar a ella,
que tenía los más días passados, y dexase a Laureola, tan digna
1310 de la vida; prouáuale que la muerte de la salua mataría la fama
del iuez y el beuir de la iuzgada y los bienes de la que suplicaua;
mas tan endurecido estaua el rey en su propósito, que no pudieron
para co*n* él las razones que dixo ni las lágrimas que derramó; y
assí se boluió a su cámara co*n* poca fuerça para llorar y menos
1315 para beuir. Pues viendo que menos la reyna hallaua gracia en el
rey, llegué a él como desesperado sin temer su saña, y díxele
—porque su sentencia diese co*n* iusticia clara— que Leriano daría
vna persona que hiziese armas con los tres falsos testigos, o q*ue*
él por sí lo haría —avnque abaxase su merecer— porque mostrase
1320 Dios lo que iustamente deuiese obrar. Respondióme que me dexasse de enbaxadas de Leriano, que en oýr su nonbre le crecía la

1305. reprehendíale la] reprehendiéle la - O; reprehendíale de la - bilinguals
1305. perseuerança] perseuerancia - F, G, H, Hh, I, J, K, L, M, O, Q, R, bilinguals
1306. habláuale razones] hablaua las razones - bilinguals
1307. lastymadas] lastimeras - D, N, P, Q, S, T, U, Uu
1308. satisfazer] satihazez - P
1309. passados] pasados - A
1309. dexase a Laureola] dexasse Laureola - O
1309. digna] dina - A
1310. prouáuale] aprouáuale - F, G, H, Hh, I, J, K, L, M, R, AA, DD, EE, GG, HH, II, IIi; apróuale - O; aprouaua el - BB, CC, CCc; aprouua el - FF
1310. que la muerte] que muerte - N, P, Q, S, T, U, Uu
1310. mataría] matarié - A; materia - O
1312. pudieron] pedieron - O
1313. ni las lágrimas] ni lágrimas - AA, DD, EE, GG, HH, II, IIi
1315. que menos la] que la - bilinguals
1315. reyna hallaua] ryena hallaua - H, Hh; reyna no hallaua - FF
1316. llegué] llegé - S, T
1316. como] come - II, IIi
1316. temer] tener - B; remer - HH, II, IIi
1316. díxele] dízele - P
1317. diese con iusticia clara] diesse clara - D, N, P, Q, S, T, U, Uu
1318. persona que] persona por sí que - Q
1318-1319. que él por] que por - F, G, H, Hh, I, J, K, L, M, O, R, bilinguals
1319. haría] hará - F, K
1319. merecer] merced - O, R
1319. porque] y porque - L, M, O, R
1320. lo] los - FF
1320. obrar] obra - EE, GG, HH, II, IIi
1320. Respondióme] rspondióme - P
1320-1321. dexasse] dexase - A
1321. oýr] oy - GG
1321. le] se - bilinguals

passión. Pues boluiendo a la reyna, como supo q*ue* en la vida de Laureola no auía remedio, fuése a la prisión donde estaua, y besándola diuersas vezes, dezíale tales palabras:

1325 ¶ *La reyna a Laureola.*

[f. D⁶v.] ¡O bondad acusada con malicia! ¡O virtud sente*n*-ciada co*n* saña! ¡O hija nacida p*ar*a dolor de su madre! Tú serás muerta sin iusticia y de mí llorada co*n* razón; más poder ha tenido tu ventura p*ar*a condenarte, q*ue* tu inoce*n*cia p*ar*a hazerte
1330 salua; beuiré en soledad de ti y en conpañía de los dolores q*ue* en tu lugar me dexas, los quales, de co*n*passión, viéndome quedar sola, por aco*n*pañadores me diste; tu fin acabará dos vidas: la tuya sin causa y la mía por derecho, y lo que biuiere después de ti me será mayor muerte q*ue* la q*ue* tú recibirás, porq*ue* muy más
1335 atormenta desealla que padecella. Pluguiera a Dios q*ue* fueras llamada hija de la madre que muryó, y no de la que te vido morir; de las gentes serás llorada en quanto el mundo durare; todos los que de ti tení*an* noticia auían por pequeña cosa este reyno que

1322.   passión] pasión - A
1322.   de] es - O
1326.   acusada] causada - G, J, AA, BB, CC, CCc, DD, EE, HH, II, IIi
1328.   razón] razos - EE, GG, HH, II, IIi
1328.   poder] podre - EE, GG, HH, II, IIi
1329.   condenarte] condenatte - HH
1329.   inocencia] innoiencia - O
1330.   salua] falua - O
1330.   beuiré] biuiere - H, Hh
1330.   conpañía] compaña - AA, DD, EE, GG, HH, II, IIi
1330.   dolores] dolotes - EE
1331.   conpassión] conpasión - A
1332.   por] dor - EE, GG, HH, II, IIi
1333.   biuiere] biuiré - C, G, J, K, bilinguals
1334.   mayor] major - AA, DD, EE, GG, HH, II, IIi
1334.   que tú recibirás] que rescebirás - R, AA, DD, EE, GG, HH, II, IIi
1335.   desealla] desseala - P
1335.   Pluguiera] pluguiesse - D; pluguiere - AA, DD, EE, GG, HH, II, IIi
1336.   llamada] llamda - HH, II, IIi
1336.   de la] pe la - EE, GG, HH, II, IIi
1336.   te] ce - EE, GG, HH, II, IIi
1336.   vido] vio - S, T, U, Uu
1337.   durare] duracre - EE, GG, HH; as de durar - II, IIi
1338.   tenían] tenía - EE, GG, HH, II, IIi
1338.   noticia] notitia - K
1338.   este] esta - DD, EE, GG, HH, II, IIi

auías de eredar, segund lo que merecías; podiste caber en la yra
1340 de tu padre, y dizen los que te conoscen que no cupiera en toda
la tierra tu merecer. Los ciegos deseauan vista por verte, y los
mudos habla por alabarte, y los pobres riqueza por seruirte. A
todos eras agradable y a Persio fuiste odiosa; si algund tienpo
biuo, él recebirá de sus obras galardón iusto; y avnque no me
1345 queden fuerças para otra cosa, sino para desear morir, para vengarme dél, tomallas he prestadas de la enemistad que le tengo,
puesto que esto no me satisfaga, porque no podrá sanar el dolor
de la manzilla la secución de la vengança. ¡O hija mía!, ¿por qué,
si la onestad es prueua de [f. D⁷r.] virtud, no dio el rey más crédito
1350 a tu presencia, que al testimonio? En la habla, en las obras, en
los pensamientos, sienpre mostraste coraçón virtuoso; pues ¿por qué
consiente Dios que mueras? No hallo por cierto otra causa sino
que puede más la muchedunbre de mis pecados, que el merecimien-

1339. auías de eredar] auiés de eredar - A; auían de heredar - G, N, P; hauías
   heredar - EE, GG, HH, II, IIi
1339. segund] segúm - EE, HH
Σ<sub>E, F</sub>
1339-1342. merecías; podiste caber en la yra de tu padre, y dizen los que te conoscen
   que no cupiera en toda la tierra tu merecer... A] merecías. A - bilinguals
1339. podiste] y podiste - R
1341. deseauan] desean - C, D, N, P, Q, S, T, U, Uu
1341-1342. verte, y los mudos habla por alabarte, y] verte y - Q
1342. habla] hablar - B, O
1342. alabarte] ablarte - J
1343. agradable] agreable - HH, II, IIi
1343. fuiste] fuisti - A; fueste - C, D, H, Hh, K, N, P, Q, S, T, U, Uu
1344. biuo] biuió - O, R
1344. recebirá] rescebir - O, R
1344. galardón] galardoon - DD, EE, HH
1345. queden] quedan - O, R
1345. morir] biuir - H, Hh, K
1345-1346. para vengarme] por vengarme - C, D, N, P, Q, S, T, U, Uu; para ven-
   gazme - EE, GG, HH, II, IIi
1346. he] ζ - A
1347. esto] desto - G, H, Hh, I, J, K, L, M, O, R, bilinguals
1347. satisfaga] satisfago - G, H, Hh, I, J, K, L, M, O, R, bilinguals
1347. podrá] podría - K
1347. sanar] sannar - N, P
1348. secución] esecución - C, D, N, P, S, T, U, Uu; execución - G, H, Hh, I, J, K,
   L, M, O, Q, R, AA, BB, CC, CCc, DD, EE, FF, GG, HH; execution -
   II, IIi
1348. vengança] vergança - P; vegança - EE
1349. onestad] honestidad - G, H, Hh, I, J, K, L, M, O, R, bilinguals
1349. de virtud] de la virtud - A, B, Q
1351. mostraste] mostrasse - T, U, Uu
1352. causa] cosa - D, N, O, P, Q, R, S, T, U, Uu, bilinguals
1352. sino] sinon - C
1353. puede] pueda - M
1353. muchedunbre] muchidumbre - K

to de tu iustedad, y quiso que mis errores conprehendiesen tu inno-
1355   cencia. Pon, hija mía, el coraçón en el cielo; no te duela dexar lo
que se acaba por lo que permanece; quiere el Señor que padezcas
como mártyr porque gozes como bienauenturada. De mí no leues
deseo, que si fuere digna de yr do fueres, sin tardança te sacaré
dél. ¡Qué lástyma tan cruel para mí que suplicaron tantos al rey
1360   por tu vida y no pudieron todos defendella, y podrá vn cuchillo
acaballa, el qual dexará el padre culpado y la madre con dolor
y la hija sin salud y el reyno sin eredera! Deténgome tanto contigo,
luz mía, y dígote palabras tan lastimeras, que te quiebren el coraçón, porque deseo que mueras en mi poder de dolor por no
1365   verte morir en el del verdugo por iusticia, el qual, avnque derrame
tu sangre, no terná tan crueles las manos como el rey la condición;
pero pues no se cunple mi deseo, antes que me vaya, recibe los
postrimeros besos de mí, tu piadosa madre; y assí me despido
de tu vista y de tu vida y de más querer la mía.

1370   ¶ *El auctor.*

[f. D⁷v.] Como la reyna acabó su habla, no quiso esperar la
respuesta de la innocente por no recebir doblada manzilla. Y assí
ella y las señoras de quien fue acompañada se despidieron della

1354.   iustedad] honestidad - M, R;   justicia - O, S, T, U, Uu, bilinguals
1355.   mía] nía - HH, II, IIi
1355.   dexar] doxar - EE
1356.   permanece] petmanece - HH
1356.   quiere] quiera - B
1357.   gozes como] cozes gomo - FF
1357.   bienauenturada] bienauenturado - L
1357.   mí] me - EE, GG, HH, II, IIi
1358.   deseo] desso - EE
1358.   fuere] fuera - G, H, Hh, I, J, K, L, M, O, R, bilinguals
1358.   digna] dina - A, G, J, K, AA, BB, CC, CCc, DD, EE, GG, HH, II, IIi
1358.   te] e - R
1358.   sacaré] sacara - G, H, Hh, I, J, K, L, M, R, bilinguals
1359.   tantos] tanto - L, M, O, R
1361.   dexará] çexará - EE, GG, HH, II, IIi
1361.   el padre culpado] el padre por culpado - C, D, N, P, Q, S, T, U, Uu;   al padre
        culpado - G, H, Hh, I, J, K, L, M, O, R, bilinguals
1361.   y la] y a la - bilinguals
1362.   y la] y a la - G, H, Hh, I, J, K, L, M, O, R, bilinguals
1362.   salud] salund - O
1362.   eredera] heredero - B, D, N, P, Q, S, T, U, Uu
1365.   el del verdugo] el verdugo - O, R
1365.   iusticia] justitia - R
1366.   crueles las manos] crueles manos - D, N, P, Q, S, T, U, Uu
1368.   madre; y assí] madre assí - O
1371.   Como] y como - L, M, O, R
1371.   quiso] quise - A
1373.   despidieron] despidió - O

con el mayor llanto de todos los que en el mundo son hechos; y
1375 después que fue yda, enbié a Laureola vn mensaiero suplicándole
escriuiese al rey, creyendo que auría más fuerça en sus piadosas
palabras, que en las peticiones de quien auía trabaiado su libertad; lo qual luego puso en obra con mayor turbación que esperança. La carta dezía en esta manera:

1380 ¶ *Carta de Laureola al rey.*

Padre, he sabido que me sentencias a muerte y que se cunple
de aquí a tres días el término de mi vida, por donde conozco que
no menos deuen temer los inocentes la ventura, que los culpados
la ley, pues me tiene mi fortuna en el estrecho que me podiera
1385 tener la culpa que no tengo, lo qual conocerías si la saña te dexase
ver la verdad. Bien sabes la virtud que las corónicas pasadas publi-
can de los reyes y reynas donde yo procedo; pues, ¿por qué, nacida yo de tal sangre, creýste más la información falsa, que la
bondad natural? Si te plaze matarme por voluntad, obra lo que
1390 por iusticia no tienes por qué; la muerte que tú me dieres, avnque
por causa de temor la rehu[f. D⁸r.]se, por razón de obedecer la
consiento, auiendo por meior morir en tu obediencia, que beuir en
tu desamor; pero todavía te suplico que primero acuerdes que

1374. mayor] major - AA, DD; maior - EE, GG, HH, II, IIi
1375. enbié] embio - B
1375. suplicándole] publicándole - D, N, P, Q, S, T, U, Uu
1376. escriuiese] que escriuiesse - G, H, Hh, I, J, K, L, M, O, Q, R, bilinguals
1376. auría] haría - H, Hh, K
1376. fuerça] fuerças - bilinguals
1377. trabaiado] arabajado - N, P
1378. mayor] major - AA, DD; maior - EE, GG, HH, II, IIi
1378-1379. esperança] asperança - P
1379. manera] monera - L
1381. me sentencias] me sentenciáys - C; me tienes sentenciada - G, H, Hh, J, K,
bilinguals
Σ_E
1385. lo] la - H, Hh, L, M, O, R
1385. conocerías] conocerás - C, O, Q, R; conocería - FF
1386. ver la verdad] la verdad - C; ser verdad - D, N, P, Q, S, T, U, Uu
1386. corónicas] crónicas - I, L, M, O, R, S, T, U, Uu
1387. yo procedo] yo desciendo y procedo - Q
1387-1388. pues, ¿por qué, nacida] pues nacida - D, N, P, Q, S, T, U, Uu
1388. creýste] creyesse - O
1388. información] inforción - AA, DD, EE, GG, HH, II, IIi
1389. matarme] materme - EE, GG, HH, II, IIi
1389. obra] sobra - N, P, Q, S, T, U, Uu; obras - bilinguals
1390. iusticia] justitia - R
1391. rehuse] rehuso - BB, CC, CCc, FF
1392. consiento] çonsiento - EE
1392. obediencia] obedencia - H, Hh
1393. acuerdes que] acuerdes o - C, F, H, Hh, K

determines, porque como Dios es verdad, nunca hize cosa por qué
1395 mereciesse pena; mas digo, señor, que la hiziera, tan conuenible te
es la piedad de padre, como el rigor de iusto; sin dubda yo deseo
tanto mi vida por lo que a ti toca, como por lo que a mí cunple,
que al cabo so hija. Cata, señor, que quien crueza haze, su peligro
busca; más seguro de caer estarás, siendo amado por clemencia,
1400 que temido por crueldad; quien quiere ser temido, forçado es que
tema; los reyes crueles de todos los onbres son desamados, y éstos,
a las vezes, buscando cómo se venguen, hallan cómo se pierdan:
los súbditos de los tales más desean la rebuelta del tienpo, que
la conseruación de su estado; los saluos temen su condición; y los
1405 malos, su iusticia; sus mismos familiares les tratan y buscan la
muerte, vsando con ellos lo que dellos aprendieron. Dígote, señor,
todo esto porque deseo que se sostente tu onrra y tu vida; mala
esperança ternán los tuyos en ti viéndote cruel contra mí; temien-
do otro tanto, les darás en exenplo de qualquier osadía, que quien

1394. determines] determinues - I
1394. como Dios es verdad] cierto y en verdad - S, T, U, Uu; como Dios es
vertad - EE, GG, HH, II, IIi
1395. mereciesse] mereciese - A
1395. pena] penas - BB, CC, CCc, FF
1395. que] aunque - BB, CC, CCc, FF
1395. conuenible] inconuenible - Q
1396. como el rigor] como rigor - I, L, M, O, R
1396. sin] siu - L
1398. que al cabo] que acabo - C, D, N, P, Q, S, T, U, Uu
1398. so] soy - D, H, Hh, L, M, N, O, P, Q, R, S, T, U, Uu, bilinguals
1398. hija] tu hija - F, G, H, Hh, I, J, K, L, M, O, R, bilinguals
1398. señor] segñor - FF
1399. seguro] segero - O
1400. que temido] que timedo - EE, GG, HH, II, IIi
1401. tema] tenía - P
1401. reyes] rejes - AA, DD, EE, GG, HH, II, IIi
1401. éstos] esto - AA, DD, EE, GG, HH, II, IIi
1402. venguen] verguen - EE, GG, HH, II, IIi
1402. hallan] hallam - HH, II, IIi
1402. pierdan] pierdam - HH, II, IIi
1403. súbditos] súditos - A
1403. más] antes - F, G, H, Hh, I, J, K, L, M, O, R, bilinguals
1404. conseruación] conservation - GG
1405. iusticia] iustitia - R
1405. sus] los - F, H, Hh, I, J, K, L, M, O, R, bilinguals
1405. les] le - D, G, I, J, K, L, M, N, O, P, Q, R, S, T, U, Uu, bilinguals
1406. aprendieron] aprendieren - A
1407. mala] mal - A, B
1408. viéndote cruel] viéndote tan cruel - L, M, O, R
1408-1409. temiendo] teniendo - B
1409. les] le - N, P, Q, S, T, U, Uu
1409. en exenplo] exenplo - D, J, L, M, N, O, P, Q, R, bilinguals; enxemplo - F, G,
H, Hh, I, K
1409. que] porque - bilinguals

1410    no está seguro, nunca asegura. ¡O quánto están libres de semeiantes ocasiones los príncipes en cuyo coraçón está la clemencia! Si por ellos conuiene que mueran sus naturales, con voluntad se ponen por su saluación al peligro; vélanlos de noche, guárdanlos de día; más esperança tienen los benignos y piadosos reyes en el amor de
1415    las gentes, que en la fuerça de los muros de sus forta[f. D⁸v.]lezas; quando salen a las plaças, el que más tarde los bendize y alaba, más tenprano piensa que yerra. Pues mira, señor, el daño que la crueldad causa y el prouecho que la mansedunbre procura; y si todavía te pareciere meior seguir antes la opinión de tu saña, quel
1420    conseio propio, malauenturada sea hija que nació para poner en condición la vida de su padre, que por el escándalo que pornás con tan cruel obra, nadie se fiará de ti, ni tú de nadie te deues fiar, porque con tu muerte no procure alguno su seguridad; y lo que más siento sobre todo es que darás contra mí la sentencia y harás
1425    de tu memoria la iusticia, la qual será sienpre acordada más por la causa della, que por ella misma; mi sangre ocupará poco lugar, y tu crueza toda la tierra; tú serás llamado padre cruel y yo seré

1410. asegura] assegure - L, O
1411. está la clemencia] está clemencia - I, L, M, O, R
1412. ellos] ello - O
1412. sus] su - GG, II, IIi
1413. por su saluación] por saluación - B
1413. peligro] perigro - DD, EE, GG, HH, II, IIi
1413. vélanlos] velando - C, D, N, P, Q, S, T, U, Uu
1413. noche, guárdanlos] noche guardándolos - Q; noche y guárdanlos - R
1414. benignos] beninos - A
1416. plaças] paças - GG
1416. tarde los] tarde a los - BB, CC, CCc, FF
1416. alaba] alabar - bilinguals
1417. Pues] poes - K
1417. señor] sñor - AA
1418. y si] et si - HH, II, IIi
1419. pareciere] paraciere - R
1419. tu] su - G, J, bilinguals
1420. propio] proprio - I, M, R, bilinguals
1420. sea hija] sea la hija - R
1421. por el escándalo] por escándalo - C, D, N, P, Q, S, T, U, Uu; por el escándado - DD, EE, GG, HH, II, IIi
1422. nadie se] nadi se - B
1422. fiará] fierá - H, Hh
1422. ni tú de] ni de - bilinguals
1422. nadie te] nadi te - B
1422. deues] deuer - K, EE, GG, HH, II, IIi
1423. muerte no] muerte - D, N, P, Q, S, T, U, Uu
1423. procure] procura - M, O, R
1423. alguno su seguridad] alguno seguridad - L, M, O, R; alguno su segurigad - DD
1424. mí la sentencia] mí sentencia - L, M, O, R
1427. crueza] cruelda - AA, DD, EE, GG, HH, II, IIi; crueldad - BB, CC, CCc, FF

dicha hija innoce*n*te, q*ue* pues Dios es iusto, él aclarará mi verdad; y assí quedaré libre de culpa quando aya recebido la pena.

1430 ¶ *El auctor.*

Después q*ue* Laureola acabó de escreuir, enbió la carta al rey co*n* vno de aq*ue*llos q*ue* la guardaua*n*; y tan amada era de aquél y de todos los otros guardadores, q*ue* le dieran libertad si fuera*n* tan obligados a ser piadosos como leales. Pues como el rey recibió
1435 la carta, después de avella leýdo, ma*n*dó muy enoiadame*n*te q*ue* al leuador della le tirasen delante; lo qual yo vie*n*do, començé de nueuo a maldezir mi [f. E¹r.] ve*n*tura, y puesto q*ue* mi tormento fuese gra*n*de, ocupaua el coraçó*n* de dolor, mas no la memoria de oluido p*ar*a lo q*ue* hazer conue*n*ía; y a la ora, porq*ue* auía más
1440 espacio p*ar*a la pena q*ue* p*ar*a el remedio, hablé co*n* Galio, tío de Laureola —como es contado— y díxele como Leriano q*ue*ría sacalla por fuerça de la prisió*n*, p*ar*a lo q*ua*l le suplicaua ma*n*dase iuntar alguna ge*n*te p*ar*a q*ue*, sacada de la cárcel, la tomasse en su poder y la pusiese en saluo, porq*ue* si él co*n*sigo la leuase, podría dar
1445 lugar al testimonio de los malos onbres y a la acusación de Persio; y como no le fuesse menos cara q*ue* a la reyna la muerte de Laureola, respo*n*dióme q*ue* aceptaua lo q*ue* dezía; y como su volu*n*tad y mi

1428-1429. verdad; y assí] verdad; assí - A, B
1429. quedaré] quedre - L
1429. libre de] de - O
1431. acabó] acabado - L, M, O, R
1432. con] por - bilinguals
1432. guardauan] gardauan - AA, DD, EE, GG, HH, II, IIi
1432-1433. y de todos] y todos - A, B
1433. dieran] diera - B
1435. avella] hauello - C; amella - GG
1436. al] el - C, D, N, P, Q, S, T, U, Uu
1436. viendo] veyendo - C, D, N, P, Q
1437. ventura] ventur - T
1438. ocupaua] ocupara - O
1439. conuenía] conuenio - FF
1440. para la pena que para el] para el - bilinguals
1440. Galio] Gaulo - A
1442. para] pare - K
1442. le] se - T
1442. suplicaua] suppliua - II, IIi
1442. mandase] que mandase - C, D, N, P, Q, S, T, U, Uu
1443. tomasse] tomase - A
1444. pusiese] pusiessen - M, O, R
1444. la leuase] lo lleuasse - N, P, S, T
1445. la acusación] la falsa acusación - C, D, N, P, Q, S, T, U, Uu; la acusation - FF
1446. fuesse] fuese - A
1446. que] qne - D
1447. respondióme que] respondió que me - P
1447. aceptaua] aceutaua - A; acetaua - J, bilinguals

deseo fueron conformes, di priessa en mi partida, porque antes quel
hecho se supiesse, se despachase, la qual puse luego en obra, y
1450 llegado donde Leriano estaua, dile cuenta de lo que hize y de lo
poco que acabé; y hecha mi habla, dile la carta de Laureola, y con
la conpasión de las palabras della y con pensamiento de lo que esperaua hazer, traýa tantas rebueltas en el coraçón, que no sabía qué
responderme; lloraua de lástyma; no sosegaua de sañudo; descon-
1455 fiaua segund su fortuna; esperaua segund su iusticia; quando pensaua de [sacar] a Laureola, alegráuase; quando dudaua si lo podría
hazer, enmudecía; finalmente, dexadas las dubdas, sabida la respuesta que Galio me dio, començó a proueer lo que para el negocio
conplía; y como onbre proueýdo, en tanto que yo estaua en la corte,
1460 iuntó quinientos onbres darmas suyos sin que pariente ni persona
del mundo lo supiese; lo qual acordó con discreta consideración,
porque si con sus deudos lo comunicara, vnos por no deseruir al rey
di[f. E¹v.]xeran que era mal hecho; y otros, por asegurar su hazienda, que lo deuiera dexar; y otros, por ser el caso peligroso, que no
1465 lo deuía enprender; assí que por estos inconuenientes y porque por
allí pudiera saberse el hecho, quiso con sus gentes solas acometello;

1448.  di] dio - A, B
1448.  priessa] priesa - A
1448.  partida] patida - GG
1449.  hecho se] hecho sc - I
1449.  supiesse] supiese - A
1449.  la] lo - Q, bilinguals
1450.  llegado] llagado - K
1450.  Leriano] Leriaano - I
1452.  conpasión] passión - H, Hh
1453.  en] con - R
1455.  segund su iusticia] según iusticia - D, G, J, N, P, Q, S, T, U, Uu, bilinguals
1455-1456.  pensaua] ponsaua - O
1456.  de] que - A, B
1456.  sacar] sacarle - A, C; sacarié - B
1456.  quando] quanqo - I
1456.  podría] podrié - A; padría - Q
1457.  dexadas las] dexadas todas las - C, D, N, P, Q, S, T, U, Uu
1457.  sabida] y sabida - BB, CC, CCc, FF
1457-1458.  respuesta] respueda - AA, DD, EE, GG, HH
1458.  negocio] negotio - GG
1460.  darmas] darmes - EE, GG, HH, II, IIi
1463.  dixeran] dixieran - A
1463.  otros] estos - O
1464.  deuiera] deuía - A, B; deuría - C
1465.  lo] le - H, Hh; la - bilinguals
1465.  deuía] deuiar - FF
1465-1466.  porque por allí] porque allí - C, D, N, P, Q, S, T, U, Uu; porque porque
            por allí - HH, II, IIi
1466.  pudiera] puediera - J
1466.  quiso] quiso ir - U, Uu

y no quedando sino vn día para sentenciar a Laureola, la noche antes
iuntó todos sus caualleros y díxoles quánto eran más obligados los
buenos a temer la vergüença, que el peligro; allí les acordó como
1470    por las obras que hizieron aýn biuía la fama de los passados; rogóles
que por cobdicia de la gloria de buenos, no curasen de la de biuos;
tráxoles a la memoria el premio de bien morir, y mostróles quánto
era locura temello, no podiendo escusallo; prometióles muchas mercedes, y después que les hizo vn largo razonamiento, díxoles para
1475    qué los auía llamado, los quales a vna boz iuntos se profirieron a
morir con él. Pues conociendo Leriano la lealtad de los suyos, túuose
por bien aconpañado y dispuso su partida en anocheciendo, y llegado
a vn valle cerca de la cibdad, estuuo allí en celada toda la noche,
donde dio forma en lo que auía de hazer. Mandó a vn capitán suyo
1480    con cient onbres darmas que fuese a la posada de Persio y que matase
a él y a quantos en defensa se le pusiesen. Ordenó que otros dos
capitanes estuuiesen con cada cincuenta caualleros a pie, en dos calles

1467.   quedando] quando - D, P
1467.   sino vn] sino solo un - L, M, O, R
1467.   Laureola] Leureola - F
1468.   iuntó todos sus] iuntó sus - A, B; juntó todos los - D, N, P, Q, S, T, U, Uu
1468.   quánto] quántos - II, IIi
1468-1469.  los buenos a] los a - AA, DD, EE, GG, HH, II, IIi
1470.   hizieron] hizieran - BB, CC, CCc, FF
1470.   biuía] venía - B
1470.   passados] pasados - A
1470.   rogóles] y rogóles - F, G, H, Hh, I, J, K, L, M, O, R, bilinguals
1471.   que] mucho que - L, M, O, R
1471.   curasen de la de] curassen de los - D, N, P, Q, S, T, U, Uu; curassen della
        de los - AA, DD, EE, GG, HH; curassen de la de los - BB, CC, CCc, FF;
        carassen della de los - II, IIi
1472.   tráxoles] trúxoles - L, M, R; trúxeles - O
1472.   a la memoria] a memoria - C, D, N, P, Q, S, T, U, Uu
1475.   boz] vos - P
1477.   por] pur - R
1477.   dispuso] despuso - B
1478.   a] aun - O
1478.   cerca] certa - L
1478.   en celada] en cellada - P; en encelada - BB, CC, CCc, FF; en celada - HH; en
        celedad - II, IIi
1478.   noche] nache - K
1480.   cient] cien - F, G, I, J, K, Q, S, T, U, Uu; ciento - AA, DD; cirto - EE, GG,
        HH, II, IIi
1480.   fuese] fuessen - L, M, O, R
1480.   matase] matassen - F, G, H, Hh, I, J, K, L, M, O, R, bilinguals
1481.   y a quantos] y quantos - H, Hh; y a quentos - EE, GG, HH, II, IIi
1481.   defensa] defenso - C
1481.   se le pusiesen] se pusiessen - bilinguals
1481-1482.  Ordenó que otros dos capitanes estuuiesen con] con - Q
1482.   cincuenta caualleros] cinquenta escogidos caualleros - Q

principales, que salían a la prisión, a los quales mandó que tuuiese*n*
el rostro contra la cibdad, y que a qua*n*tos viniesen, defendiesen la
1485 entrada de la cárcel, entre ta*n*to que él con los trezientos que le
quedauan trabaiaua por sacar a Laureola; y al que dio cargo de
matar [f. E²r.] a Persio, díxole que en despachando, se fuese [a]
ayu*n*tar con él; y creyendo que a la buelta, si acabase el hecho,
auía de salir peleando, porque al sobir en los cauallos no recibiesen
1490 daño, mandó a aquel mismo caudillo quél y los que co*n* él fuesen
se adelantasen a la celada a caualgar para que hiziesen rostro a los
enemigos en tanto quél y los otros tomauan los cauallos, co*n* los
quales dexó cincue*n*ta onbres de pie para que los guardasen. Y como,
acordado todo esto, come*n*çase [a] amanecer, en abrie*n*do las puertas,
1495 mouió con su gente, y entrados todos dentro en la cibdad, cada vno
tuuo a cargo lo que auía de hazer; el capitán que fue a Persio,
dando la muerte a quantos topaua, no paró hasta él, que se come*n*-
çaua a armar, donde muy cruelmente sus maldades y su vida aca-
baron; Leriano, que fue a la prisió*n*, acrecentando co*n* la saña la
1500 virtud del esfuerço, ta*n* duramente peleó con las guardas, que no
podía passar adelante sino por encima de los muertos qu*é*l y los

1483. principales, que] principales de la ciudad que - D, N, P, Q, S, T, U, Uu
1483. salían] sallan - O
1483. tuuiesen] estuuiessen - F, G, H, Hh, I, J, K, bilinguals
1484. a quantos] a todos quantos - Q
1486. quedauan] quedaua - HH, II, IIi
1486. trabaiaua] trabaxaua - O; trabajauan - Q
1487. díxole] díxele - FF
1487. que en despachando] que despachando - AA, BB, CC, CCc, DD, EE, FF, HH, II, IIi; que despanchado - GG
1487-1488. fuese a ayuntar] fuese ayuntar - D, I; fuesse a oyuntar - H, Hh; fuesse a ajuntar - K, AA, DD, EE, HH, II, IIi; fuesse a juntar - B, L, M, N, O, P, Q, R, S, T, U, Uu, BB, CC, CCc, FF, GG
1488. creyendo] creyando - II, IIi
1489. recibiesen] recibiese - A, B
1490. mandó a aquel] mandó aquel - A, M, O, R, BB, CC, CCc, FF; mandó a aqual - AA, DD, EE, GG, HH, II, IIi
1494. acordado] acordó - D, N, P, Q, S, T, U, Uu
1494. començase a amanecer] començase amanecer - A, B, K, bilinguals; començó a amanecer - D, N, P, Q, S, T, U, Uu
1494. en] y en - D, N, P, Q, S, T, U, Uu
1495. mouió con su] mouió su - D, N, P, Q, S, T, U, Uu
1495. entrados] entrando - O
1495. dentro] dentre - O
1497-1498. començaua a armar] començaua de armar - F, G, H, Hh, I, J, K, L, M, O, R, AA, BB, CC, CCc, DD, FF, GG; començaua armar - D, N, Q, S, T, U, Uu; començaua amar - P; commançaua de armar - EE, HH; commançaua de amar - II, IIi
1498. cruelmente] creelmente - O
1499. acrecentando] acrecentado - HH, II, IIi
1499. saña] saño - C
1501. passar] pasar - A; passer - EE, GG, HH
1501. adelante] delante - C

suyos derribaua*n*, y como e*n* los peligros más la bondad se acrecienta por fuerça de armas, llegó hasta donde estaua Laureola, a la
qual sacó co*n* tanto acatamiento y cerimonia, como en tienpo seguro
1505  lo pudiera hazer, y puesta la rodilla en el suelo, besóle las manos
como a hija de su rey. Estaua ella con la turbación presente ta*n* sin
fuerça, que apenas podía mouerse: desmayáuale el coraçón, fallecíale
la color, ningu*n*a p*ar*te de biua tenía; pues como Leriano la sacaua
de la dichosa cárcel que ta*n*to bie*n* mereció guardar, halló a Galio
1510  con vna batalla de gente que la estaua esperando, y en presencia de
[f. E²v.] todos ge la entregó, y comoquiera q*ue* sus caualleros pe-
leaua*n* con los q*ue* al rebato venían, púsola en vna hacanea q*ue*
Galio tenía adereçada, y después de besalle las manos otra vez, fue
a ayudar y fauorecer su ge*n*te, boluie*n*do sie*n*pre a ella los oios hasta
1515  q*ue* de vista la p*er*dió, la q*ua*l sin ningú*n* contraste leuó su týo a Dala,
la fortaleza dicha. Pues torna*n*do a Leriano, como ya ell alboroto
llegó a oýdos del rey, pidió las armas, y tocadas las tro*n*petas y
atabales, armóse toda la ge*n*te cortesana y de la cibdad; y como el
tie*n*po le ponía necessidad p*ar*a q*ue* Leriano saliese al ca*n*po, comen-
1520  çólo a hazer, esforça*n*do los suyos con animosas palabras, q*ue*da*n*do
sie*n*pre en la reçaga, sufrie*n*do la multitud de los enemigos con mucha

1504.  cerimonia] cirimonia - N, P;  ceremonia - bilinguals
1505.  puesta la rodilla] puestas las rodillas - F, G, H, Hh, I, J, K, L, M, O, R,
      bilinguals
1506.  rey. Estaua] rey. Y estaua - F, G, H, Hh, I, J, K, L, M, O, R, bilinguals
1507.  apenas] apena - DD, EE, GG, HH, II, IIi
1507-1508.  desmayáuale el coraçón, fallecíale la color] desmayáuale la color - Q
1507.  fallecíale] falleciéle - I;  fallecía de - T, U, Uu
1508.  la color] el color - L, M, O, R
1508.  Leriano] Loriano - O
1509.  mereció] moreció - O
1509.  Galio] Gallo - P
1511.  ge] se - S, T, U, Uu, bilinguals
1513.  manos] mazos - EE, GG, HH
1513-1514.  fue a ayudar] fue ayudar - L, M, O, P, R, bilinguals
1514.  y fauorecer su] su - H, Hh;  a fauorecer su - bilinguals
1515.  qual] quan - EE, GG, HH, II, IIi
1515.  contraste] costraste - F, K;  contrasta - FF
1515-1516.  a Dala, la] a darle la - B;  a dalla la - N, P, Q, S, T, U, Uu;  hasta la - BB,
      CC, CCc, FF
1516-1517.  alboroto llegó] alboroto a llegó - H, Hh;  aboroto llegó - bilinguals
1517.  tronpetas] trombetas - H, Hh
1518.  atabales] atables - S, T, U, Uu
1518.  armóse] armase - II, IIi
1518.  cortesana] corresana - GG
1519.  necessidad] necesidad - A
1519.  canpo] campa - II, IIi
1520.  hazer] hazea - GG
1520.  esforçando los] esforçando a los - L, M, O, R
1521.  multitud] multitudo - K;  multitod - M, O

firmeza de coraçón; y por guardar la manera onesta que requiere
el rretraer, yva ordenando con menos priessa que el caso pedía, y
assí, perdiendo algunos de los suyos y matando a muchos de los
1525 contrarios, llegó a donde dexó los cauallos, y guardaba la orden que
para aquello auía dado, sin recebir reués ni peligro, caualgaron él
y todos sus caualleros, lo que por ventura no hiziera si antes no
proueyera el remedio. Puestos todos —como es dicho— a cauallo,
tomó delante los peones y siguió la vía de Susa donde auía partido;
1530 y como se le acercauan tres batallas del rey, salido de paso, apresuró
algo ell andar con tal concierto y orden, que ganaua tanta onrra en el
retraer, como en el pelear; yva sienpre en los postreros, haziendo
algunas bueltas quando el tienpo las pedía, por entretener los contrarios para leuar su batalla más sin congoxa; en el fin, no auiendo
1535 sino dos leguas —como es dicho— hasta Susa, [f. E³r.] pudo llegar
sin que ningún suyo perdiese —cosa de gran marauilla— porque
con cinco mill onbres darmas venía ya el rey enbuelto con él; el
qual, muy encendido de coraie, puso a la ora cerco sobre el lugar
con propósito de no leuantarse de allí hasta que dél tomase vengança;
1540 y viendo Leriano que el rey asentaua real, repartió su gente por estan-

1522. firmeza] firmeça - O
1523. el rretraer] al retraer - F, G, H, Hh, I, J, K, L, M, O, R, bilinguals
1523. ordenando] ordenado - A, B
1523. priessa] priesa - A
1524. algunos] alguno - O
1524. matando a muchos] matando muchos - D, N, P, Q, S, T, U, Uu
1525. dexó] dexara - D, N, P, Q, S, T, U, Uu
1525. y] a - B
1525. guardaba] guarda - J; guardó - bilinguals
1525. orden] ordem - HH
1526. para aquello] para en aquello - F, G, H, Hh, I, J, K, L, M, O, R, bilinguals
1526. auía] auié - A
1526. sin] y sin - bilinguals
1527. sus] los - M, R
1527. hiziera] hizieran - D, N, P, Q, S, T, U, Uu
1527. no] nos - H, Hh
1528. es] ya - O
1529. delante] adelante - F, G, H, Hh, I, J, K, L, M, O, R, bilinguals
1529. la] su - F, H, Hh, K, L, M, O, R
1529. donde] de donde - O
1529. auía] auié - A
1530. acercauan tres] acercauan las tres - F, G, H, Hh, I, J, K, L, M, O, R, bilinguals
1531. algo ell] algo de - C, D, N, P, Q, S, T, U, Uu; el - F, G, H, Hh, I, J, K, L, O,
bilinguals; al - M, R
1531. andar] endar - II, IIi
1533. las] la - FF
1533. pedía] podía - O, R
1536. ningún] ninguno - F, G, H, Hh, I, J, K, L, M, O, R, bilinguals
1537. venía ya el] venía y el - G, J; venía el - bilinguals
1540. viendo] veyendo - C, D, N, P
1540. repartió] repertió - AA, DD, EE, GG, HH, II, IIi
1540-1541. estancias] enstançias - B

165

cias, segund sabio guerrero. Donde estaua el muro más flaco, ponía
los más rezios caualleros; donde auía apareio para dar en el real,
ponía los más sueltos; donde veýa más dispusición para entralle por
traycíon o engaño, ponía los más fieles; en todo proueýa como
1545   sabidor y en todo [osaua] como varón. El rey, como aquel que pensaua leuar el hecho a fin, mandó fortalecer el real y proueyó en las
prouisiones; y ordenadas todas las cosas que a la hueste cunplían,
mandó llegar las estancias cerca de la cerca de la villa, las quales
guarneció de muy buena gente; y pareciéndole, segund le acuciaua
1550   la saña, gran tardança esperar a tomar a Leriano por hanbre, puesto
que la villa fuese muy fuerte, acordó de conbatilla, lo qual prouó
con tan brauo coraçón, que uvo el cercado bien menester el esfuerço
y la diligencia; andaua sobresaliente con cient caualleros que para
aquello tenía deputados; donde veýa flaqueza, esforçaua; donde veýa
1555   coraçón, alabaua; donde veýa mal recaudo, proueýa; concluyendo,

1541. guerrero] gerrero - O
1542. caualleros; donde] caualleros y donde - bilinguals
1542. apareio] aparejado - M, R
1542. para] dara - EE, GG, HH
1544. fieles] fideles - II, IIi
1545. sabidor] sabido - F, G, H, Hh, I, J, K, L, M, O, R, bilinguals
1545. osaua] vsaua - B, C, D, N, O, P, Q, S, T, U, Uu
1545. aquel] auquel - EE
1546. fortalecer] soltalle - O
1546. proueyó] proueó - A
1547. prouisiones] prouesiones - H, Hh
1547. todas] totas - EE, GG, HH
1547. cunplían] complía - B
1548. cerca de la cerca] cerca - B, FF; cerca del cerco - C, D, N, P, Q, S, T, U, Uu;
       bien cerca - L, M, O, R
1548. quales] qualas - HH
1549. muy] mi - P
1549. buena] bona - A
1549. acuciaua] acuciana - O
1550. esperar] espera - EE, GG, HH, II, IIi
1552. tan] tam - H, Hh
1552. cercado] bercado - O; certado - HH, II, IIi
1552. menester] meneste - P
1552. esfuerço] esforço - O
1553. y] a - M, O, R
1553. andaua] addaua - GG
1553. sobresaliente] sobre - B
1553. cient] ciento - B; cien - F, H, Hh, I, K, M, O, Q, R, S, T, U, Uu
1553. caualleros] caualieros - A
1554. aquello] aquellos - O
1554. deputados] disputados - A; diputados - B, Q; desputados - H, Hh; deputado -
       bilinguals
1554. veýa flaqueza] veýa la flequeza - F, G, H, Hh, I, J, K, L, M, R, bilinguals;
       veýa la flqueça - O
1554. esforçaua] se forçaua - A
1554-1555. veýa coraçón] veýa el coraçón - L, M, O, R

porq*ue* me alargo, el rey ma*n*dó apartar el co*n*bate co*n* pérdida de
mucha parte de sus caualleros, en especial de los ma*n*cebos cortesanos, q*ue* sie*n*pre buscan el peligro por gloria. Leriano fue herido
en el rostro, y no menos perdió muchos onbres principales. Passado
1560 assí este co*n*bate, diole el rey otros cinco en espa[f. E³v.]cio de tres
meses, de manera q*ue* le fallecía*n* ya las dos partes de su ge*n*te, de
cuya razó*n* hallaua dudoso su hecho, comoquiera q*ue* en *el* rostro
ni palabras ni obras nadie ge lo conosciese, porq*ue* en *el* coraçó*n*
del caudillo se esfuerça*n* los acaudillados; finalme*n*te, como supo
1565 q*ue* otra vez ordenaua*n* de le conbatir, por poner coraçó*n* a los que
le quedaua*n*, hízoles vna habla en esta forma:

¶ *Leriano a sus caualleros.*

Por cierto, caualleros, si como soys pocos en número no fuéssedes
muchos en fortaleza, yo ter*n*ía algu*n*a duda en n*uest*ro hecho, según
1570 n*uest*ra mala fortuna; p*er*o como sea más estimada la virtud q*ue*
la muchedumbre, vista la v*uest*ra, antes temo necessidad de ve*n*tura
q*ue* de caualleros; y co*n* esta co*n*sideración, en solos vosotros te*n*go
espera*n*ça; pues es puesta en n*uest*ras manos n*uest*ra salud, ta*n*to
por suste*n*tación de vida, como por gloria de fama, nos co*n*uiene
1575 pelear; agora se nos ofrece causa p*ar*a dexar la bo*n*dad q*ue* eredamos
a los q*ue* nos ha*n* de eredar, q*ue* malauenturados seríamos si por
flaq*ue*za en nosotros se acabasse la eredad; assí pelead que libréys

1559. Passado] pasado - A
1560. cinco] cineo - C
1561. fallecían ya] faleçía ya - B; fallecía tres meses: da manera que le fallecían
ya - C; fallecían y à - R; falecían ya - FF; fallacían ya - EE, GG, HH, II, IIi
1561. partes] partess - J
1563. ni palabras] ni en palabras - bilinguals
1563. nadie] nadi - B
1563. ge] se - S, T, U, Uu, bilinguals
1565. que otra vez ordenauan] que ordenauan - B
1565. conbatir] conbatier - K
1566. en] con - O
1566. forma] manera - D, N, P, Q, S, T, U, Uu
1568. caualleros] compañeros - F, G, H, Hh, I, J, K, L, M, O, R, AA, BB, CC, CCc,
DD, EE, FF, GG, HH; compagneros - II, IIi
1568. fuéssedes] fuésedes - A
1569. ternía] tenía - M, O, R
1571. necessidad] necesidad - A
1572. esta] essa - EE, GG, HH, II, IIi
1572. consideración] consideration - II, IIi
1572. solos] solo - D, N, P, Q, S, T, U, Uu
1573. nuestras manos] nostras manos - H, Hh, AA, DD, EE, GG, HH, II, IIi
1573. nuestra salud] nostra salud - H, Hh; nuestra salun - O
1575. eredamos] eromos - O
1576. seríamos] seremos - O

de vergüença vuestra sangre y mi nonbre. Oy se acaba o se confirma nuestra onrra; sepámosnos defender y no avergonçar, que muy ma-
1580 yores son los galardones de las vitorias que las ocasiones de los peligros; esta vida penosa en que beuimos, no sé por qué se deua mucho querer, que es breue en [f. E⁴r.] los días y larga en los trabaios, la qual ni por temor se acrecienta ni por osar se acorta, pues quando nascemos se limita su tienpo, por donde es escusado el
1585 miedo y devida la osadía. No nos pudo nuestra fortuna poner en meior estado que en esperança de onrrada muerte o gloriosa fama; cudicia de alabança, auaricia de onrra, acaban otros hechos mayores quel nuestro; no temamos las grandes conpañas llegadas al real, que en las afrentas los menos pelean; a los sinples espanta la multitud
1590 de los muchos, y a los sabios esfuerça la virtud de los pocos. Grandes apareios tenemos para osar: la bondad nos obliga, la iusticia nos esfuerça, la necessidad nos apremia; no ay cosa por qué deuamos

1578. o se] se o - G
1579. avergonçar] auergançar - AA, DD, EE, GG, HH, II, IIi
1579-1580. mayores] majores - AA, DD, EE, GG, HH, II, IIi
1580. galardones] gualardones - B
1582. mucho] mncho - EE
1582. larga] largo - O
1583. temor] temer - C, D, N, P, Q, S, T, U, Uu
1583. por] per - P
1584. limita] limira - II, IIi
1585. devida] deuda - AA, DD, EE, GG, HH, II, IIi
1585. nuestra] nostra - H, Hh
1586. que en esperança] que esperança - S, T, U, Uu
1586. onrrada] hontada - GG
1586. o] que - M, R
1586-1587. fama; cudicia] fama o codicia - F, G, H, Hh, I, J, K, L, M, O, R, bilin-guals
1587. alabança, auaricia] alabança o auaricia - F, G, H, Hh, I, J, K, L, M, O, R, bilinguals
1587. onrra, acaban] honra que acaban - BB, CC, CCc, FF
1587. hechos] ehchos - EE, GG, HH
1587. mayores] majores - AA, DD, EE, GG, HH, II, IIi
1588. nuestro] nustro - U, Uu
1588. temamos] temanos - DD, EE, GG, HH, II, IIi
1588. conpañas] compañías - K, O; campañas - BB, CC, CCc, FF
1588. llegadas] allegadas - D, N, P, Q, S, T, U, Uu; llegados - O
1589. en las afrentas] en las afruentas - B; en en las afrentas - DD
1589. espanta] espantan - M, O, R
1591. apareios] oparejos - EE, GG, HH
1591. osar] vsar - B
1591. nos obliga, la] nos la - II, IIi
1592. necessidad] necesidad - A; necessitad - FF
1592. nos] nas - EE, HH
1592. cosa] coso - EE, GG, HH, II, IIi
1592-1593. deuamos temer y ay mill para qué deuamos morir] deuemos temer y ay mil para que deuamos morir - M; deuamos temer y ay mill para que deuemos morir - O, AA, DD; deuamos temer y ay mil dara que deuemos morir - EE, GG; deuamos morir - HH, II, IIi

temer y ay mill para qué deuamos morir. Todas las razones, caualleros leales, que [os] he dicho, eran escusadas para creceros fortaleza,
1595 pues con ella nacistes, mas quíselas hablar porque en todo tienpo el
coraçón se deue ocupar en nobleza; en el hecho con las manos;
en la soledad con los pensamientos; en conpañía con palabras, como
agora hazemos; y no menos porque recibo ygual gloria con la voluntad amorosa que mostráys, como con los hechos fuertes que hazéys;
1600 y porque me parece —segund se adereça el conbate— que somos
constreñidos a dexar con las obras las hablas, cada vno se vaya a su
estancia.

¶ *El auctor.*

Con tanta constancia de ánimo fue Leriano respondido de sus
1605 caualleros, que se llamó dichoso por hallarse digno dellos; y porque
estaua ya ordenado el conbate, fuése cada vno [f. E⁴v.] a defender
la parte que le cabía; y poco después que fueron llegados, tocaron
en el real los atauales y tronpetas y en pequeño espacio estauan iuntos al muro cincuenta mill onbres, los quales con mucho vigor comen-
1610 çaron el hecho, donde Leriano tuuo lugar de mostrar su virtud, y
segund los de dentro defendían, creýa el rey que ninguno dellos

1594. leales] reales - B, D, N, P, S, T, U, Uu
1594. os] vos - D, F, G, H, Hh, I, J, K, L, M, N, O, P, Q, R, bilinguals
1594. escusadas] escsadas - O
1594. creceros] acrecentaros - BB, CC, CCc, FF
1595. hablar] habla - DD, EE, GG, HH, II, IIi; hablas - O
1596. nobleza] noblera - EE, GG, HH
1597. los pensamientos] el pensamiento - D, N, P, Q, S, T, U, Uu
1597. con palabras] con las palabras - A, B; en palabras - D, N, P, S, T, U, Uu
1598. hazemos] hazamos - EE, GG, HH; hagamos - II, IIi
1599. mostráys] mostraréys - H, Hh
1599. como] cemo - FF
1599. hazéys] hazey - EE, GG, HH, II, IIi
1600. adereça] aderecha - C
1601. constreñidos] costreñidos - A
1601. vno se] vno - O
1601. vaya] va - B
1602. estancia] estança - C, D, N, P, S, T, U, Uu
1604. respondido] respondió - O
1605. digno] dino - A
1607. parte] porte - EE, HH, II, IIi; porre - GG
1608. real los atauales] real atabales - F, G, H, Hh, I, J, K, M, O, R, BB, CC, CCc,
   FF, HH; rea atabales - L; real los atables - T; real atables - AA, DD, EE, GG,
   II, IIi
1608. estauan] astauan - FF
1609. vigor] vigor y esfuerço - C, D, N, P, Q, S, T, U, Uu
1611. segund los de] según que los caualleros de - C, D, N, P, Q, S, T, U, Uu
1611. dentro] deuiro - O

faltaua. Duró el conbate desde mediodía hasta la noche q*ue* los despartió; fueron heridos y muertos tres mill de los del real y ta*n*tos de los de Leriano, q*ue* de todos los suyos no le au*í*a*n* q*ue*dado sino
1615 cie*n*to y cinqu*e*nta, y en su rostro —segu*nd* esforçado— no mostraua auer perdido ningu*n*o, y en su sentimie*n*to, segu*nd* amoroso, parecía q*ue* todos le au*í*a*n* salido del ánima; [y] estuuo toda aq*ue*lla noche enterra*n*do los muertos y loando los biuos, no da*n*do menos gloria a los q*ue* enterraua q*ue* a los q*ue* veýa; y otro día, en amanecie*n*do,
1620 al tie*n*po q*ue* se remuda*n* las guardas, acordó q*ue* cincue*n*ta de los suyos diessen en vna estancia q*ue* vn parie*n*te de Persio tenía cercana al muro, porq*ue* no pensasse el rey q*ue* le faltaua coraçó*n* ni ge*n*te; lo q*u*al se hizo co*n* ta*n* firme osadía, q*ue* q*ue*mada la estancia, mataro*n* muchos de los defendedores della, y como ya Dios
1625 tuuiesse por bie*n* q*ue* la verdad de aq*ue*lla pe*n*dencia se mostrase, fue preso en aq*ue*lla buelta vno de los dañados que condenaro*n* a Laureola; y puesto en poder de Leriano, ma*n*dó q*ue* todas las maneras de torme*n*to fuesen obradas en él hasta q*ue* dixese por q*ué* leuantó

1612. Duró] y duró - C, D, N, P, Q, S, T, U, Uu
1612. mediodía] mediodie - AA, DD, EE, GG, HH, II, IIi
1612. noche que] noche escura que - C, D, N, P, Q, S, T, U, Uu
1613. fueron heridos] fueron en aquella pelea heridos - C, D, N, P, Q, S, T, U, Uu; y fueron heridos - M, R; fneron heridos - O; fuero heridos - FF
1613. mill de] mil hombre de - C, D, N, P, Q, S, T, U, Uu
1615. ciento] çient - B
1615. cinquenta, y] cinquenta de los quales auía muchos malamente heridos, y - C, D, N, P, Q, S, T, U, Uu
1615. esforçado] esforçado cauallero - C, D, N, P, Q, S, T, U, Uu; esforçodo - O
1617. todos le auían] todos auían - BB, CC, CCc, FF
1617. ánima; y estuuo] ánima estuuo - A, B, C
1617. toda] Leriano toda - C, D, N, P, Q, S, T, U, Uu
1618. loando los] loando y esforçando los - C, D, N, P, Q, S, T, U, Uu; loando loando los - FF
1619. y] el - C, D, N, P, Q, S, T, U, Uu
1620. remudan] remudauan - D, M, N, P, Q, R, S, T, U, Uu
1621. diessen] diesen - A
1621. estancia] estanzia - O
1621-1622. cercana] cercaua - O; cercada - II, IIi
1622. pensasse] pensase - A
1623. con tan firme] con firme - G, J, bilinguals
1623-1624. estancia] instancia - B
1624. mataron muchos] mataron a muchos - G, I, J, bilinguals
1624. defendedores] defensores - O; defendidores - bilinguals
1624. Dios] Dio - EE, GG, HH, II, IIi
1625. tuuiesse] tuuiese - A
1625. verdad] vertad - HH
1625. de] ne - HH, II, IIi
1626. dañados] dannados - A; damnados - C
1626. condenaron] condemnaron - B
1627. de Leriano] Leriano - HH, II, IIi
1628. dixese] dixiesse - B

el testimonio; el qual sin premia ninguna confessó todo el hecho
1630 como passó; y después que Leriano de la verdad se informó, enbióle
al rey suplicándole que saluase a Laureola de culpa y que man-
[f. E⁵r.]dase iusticiar aquél y a los otros que de tanto mal auían
sido causa; lo qual el rey —sabido lo cierto— aceptó con alegre
voluntad por la iusta razón que para ello le requería; y por no
1635 detenerme en las prolixidades que en este caso pasaron, de los tres
falsos onbres se hizo tal la iusticia como fue la maldad. El cerco fue
luego alçado, y el rey tuuo a su hija por libre y a Leriano por
desculpado, y llegado a Suria, enbió por Laureola a todos los grandes de su corte, la qual vino con ygual onrra de su merecimiento;
1640 fue recebida del rey y de la reyna con tanto amor y lágrimas de gozo,
como se derramaron de dolor; y el rey se desculpaua; la reyna
la besaua; todos la seruían; y assí se entregauan con alegría presente de la pena pasada. A Leriano mandó el rey que no entrasse
por estonces en la corte hasta que pacificase a él y a los parientes
1645 de Persio, lo que recibió a graueza porque no podría ver a Laureola,

1629. premia ninguna] premio ninguno - S, T, U, Uu
1629. confessó] confesó - A
1630. passó] pasó - A
1630. informó] infirmó - II, IIi
1632. iusticiar aquél] justiciar a aquél - M, R
1632. auían] auién - A
1633. sido] seydo - J
1633. lo qual] la qual - J, bilinguals
1633. el rey] e Red - GG
1633. aceptó] aceutó - A, H, Hh; acetó - D, K, S, T, U, Uu
1634. ello le requería] ello requería - L, M, O, R; ello que requería - DD, EE, GG, HH, II, IIi
1635. caso] caro - DD, EE, GG, HH, II, IIi
1635. pasaron] se passaron - Q
1636. falsos] falios - O
1636. tal la iusticia] tal justicia - D, N, P, Q, S, T, U, Uu
1637. luego] lego - H, Hh
1638. por] a - D, N, P, Q, S, T, U, Uu
1638. Laureola a todos los] Laureola todos los - D, N, P, S, T, U, Uu; Laureola los - Q
1639. vino con ygual onrra de su merecimiento] vino muy honrradamente - Q
1640. fue] y fue - M, R
1640. y de la] y la - A, B
1640. y lágrimas] y tantas lágrimas - H, Hh
1641. derramaron] derramaran - A
1641. dolor; y el] dolor; el - A, B
1642. todos] todas - F, G, H, Hh, I, J, K, L, M, O, R, bilinguals
1642. con alegría] con el alegría - F, G, H, Hh, I, J, K, L, M, O, R, bilinguals
1643. mandó el] mandóle el - A, B
1643. entrasse] entrase - A
1644. estonces] entonces - B, L, M, N, P, Q, R, S, T, U, Uu; entonees - D
1644. los parientes] los otros parientes - S, T, U, Uu
1645. que] qual - L, M, O, R
1645. podría] podía - F, G, H, Hh, I, J, K, L, M, O, R, bilinguals

y no podiendo hazer otra cosa, sintiólo en estraña manera; y vién-
dose apartado della, dexadas las obras de guerra, boluióse a las
congoxas enamoradas; y deseoso de saber en lo que Laureola estaua, rogóme que le fuese a suplicar que diesse alguna forma onesta
1650 para que la pudiese ver y hablar; que tanto deseaua Leriano guardar
su honestidad que nunca pensó hablalle en parte donde sospecha en
ella se pudiese tomar, de cuya razón él era merecedor de sus
mercedes. Yo, que con plazer aceptaua sus mandamientos, partíme
para Suria, y llegado allá, después de besar las manos de Laureola,
1655 supliquéle lo que me dixo, a lo qual me respondió que en ninguna
manera lo haría, por muchas causas que me dio para ello; pero no
contento [f. E⁵v.] con dezírgelo aquella vez, todas las que la veýa
ge lo suplicaua; concluyendo, respondióme al cabo que si más en
aquello le hablaua, que causaría que se desmesurase contra mí. Pues
1660 visto su enoio y responder, fuy a Leriano con graue tristeza, y
quando le dixe que de nueuo se començauan sus desauenturas, sin
duda estuuo en condición de desesperar; lo qual yo viendo, por
entretenelle, díxele que escriuiese a Laureola, acordándole lo que hizo
por ella, y estrañándole su mudança en la merced que en escriuille
1665 le començó a hazer. Respondióme que auía acordado bien, mas

1647. della] dello - DD, EE, GG, HH, II, IIi
1649. le] la - bilinguals
1649. diesse] diese - A
1650. la] le - G, J
1650. guardar] gurdar - EE, GG, HH
1651. honestidad] onestad - A, B
1651. haballe] hablalla - A, B
1652. ella] alla - DD, EE, GG, HH
1653. aceptaua] aceutaua - A
1654. para] pata - O
1655. supliquéle] suppliqué - bilinguals
1655. dixo, a lo] dixo: lo - B
1656. muchas] mucha - EE, GG, HH, II, IIi
1656-1657. pero no contento] pero contento - O
1657. con] de - D, N, P, Q, S, T, U, Uu
1657. dezírgelo] dezírselo - O, S, T, U, Uu
1657. que la veýa] que veýa - A
1658. ge] se - F, G, H, Hh, I, J, K, L, M, O, R, S, T, U, Uu, bilinguals
1660. enoio] consejo - D, N, P, Q, S, T, U, Uu
1660. fuy] fue - C, D, H, Hh, N, P, Q, S, T, U, Uu, II, IIi
1660. graue] gran - O
1661. desauenturas] desuenturas - F, G, H, Hh, I, J, K, L, M, O, R, U, Uu, bilinguals
1662. duda] dubdar - L, M, O, R
1662. condición] condition - GG
1663. díxele] díxile - A; dixe - bilinguals
1664. estrañándole] esfrañándose - O; estrañádole - AA, DD, EE, GG, HH, II, IIi
1664. escriuille] seruille - L, M, O, R
1665. acordado] acordabo - HH

que no [tenía de] acordalle lo que auía hecho por ella, pues no era
nada segund lo que merecía, y tanbién porque era de onbres baxos
repetir lo hecho; y no menos me dixo que ninguna memoria le haría
del galardón recebido, porque se defiende en ley enamorada escreuir
1670 qué satisfación se recibe, por el peligro que se puede recrecer si la
carta es vista; así que, sin tocar en esto, escriuió a Laureola las siguientes razones:

¶ *Carta de Leriano a Laureola.*

Laureola, segund tu virtuosa piedad, pues sabes mi pasión, no
1675 puedo creer que sin alguna causa la consientas, pues no te pido
cosa a tu onrra fea, ni a ti graue; si quieres mi mal, ¿por qué lo
dudas?; a sinrazón muero, sabiendo tú que la pena grande assí
ocupa el coraçón, que se puede sentir y no mostrar; si lo has por
bien [pensado] que me satisfazes con la pasión [f. E⁶r.] que me das,
1680 porque dándola tú es el mayor bien que puedo esperar, iustamente lo
harías si la dieses a fin de galardón; pero, ¡desdichado yo! que la
causa tu hermosura y no haze la merced tu voluntad; si lo consientes,
iuzgándome desagradecido porque no me contento con el bien que
me heziste en darme causa de tan vfano pensamiento, no me culpes,
1685 que avnque la voluntad se satisfaze, el sentimiento se querella; si
te plaze porque nunca te hize seruicio, no [pude] sobir los seruicios

1666. tenía de] tenía que - A, B; temía - C; entendía - D, N, P, Q, S, T, U, Uu
1668. le haría] haría - bilinguals
1669. escreuir] escreuí - M
1670. qué satisfación se] pues satisfación no se - M, R
1670. recrecer] recreer - EE, HH, II, IIi; receer - GG
1671. carta] carra - GG
1671. las] la - B
1673. Carta] Cartel - GG
1675. consientas] consientes - F, G, H, Hh, I, J, K, L, O, bilinguals
1676. cosa a tu onrra fea] cosa que a tu honrra sea - L, M, O, R; cosa a tu honra sea - AA, DD, EE, GG, HH, II, IIi; cosa que a tu deshonra sea - BB, CC, CCc, FF
1677. a sinrazón] sin razón - T, U, Uu; a si razón - EE
1678. puede] pueda - F, G, H, Hh, I, J, K, L, O, bilinguals
1679. pensado] pensando - C, D, G, J, N, P, Q, S, T, U, Uu, bilinguals
1680. mayor] major - AA, DD, EE, GG, HH, II, IIi
1680. bien] qien - EE; quien - II, IIi
1680. esperar] esperat - II, IIi
1681. que la] que lo - L, M, O, R
1681. causa] causo - B, F, G, I, J, L, M, O, R, bilinguals
1682. si lo consientes] si consientes - G, J, bilinguals
1683. iuzgándome desagradecido] juzgándome por desagradecido - D, N, S, T, U, Uu; juzgándome por deslargradecido - P; juzgándome - Q
1684. pensamiento] miento - II, IIi
1686. seruicio] seruicios - F, G, H, Hh, I, J, K, L, M, O, R, bilinguals
1686. pude] puede - C, G, O; pueden - D, J, N, P, Q, S, T, U, Uu, bilinguals

a la alteza de lo q*ue* mereces. Q*ua*ndo todas estas cosas y otras muchas pie*n*so, hállome q*ue* dexas de hazer lo que te suplico porq*ue* me puse en cosa q*ue* no pude merecer; lo q*ua*l yo no niego, p*er*o
1690 atreuíme a ello pe*n*sando q*ue* me harías merced no segu*n*d quie*n* la pedía, mas segu*n*d tú q*ue* la auías de dar; y ta*n*bién pe*n*sé q*ue* p*ar*a ello me ayudara*n* virtud y co*n*passió*n* y piedad, porq*ue* son aceptas a tu co*n*dición, q*ue* q*ua*ndo los q*ue* co*n* los poderosos nego-cian p*ar*a alcançar su gracia, primero gana*n* las voluntades de sus
1695 familiares; y paréceme q*ue* en nada hallé remedio; busqué ayuda-dores p*ar*a co*n*tigo y hallélos por cierto leales y firmes, y todos te suplica*n* q*ue* me ayas merced: el alma por lo q*ue* sufre, la vida por lo q*ue* padece, el coraçón por lo q*ue* passa, el sentido por lo q*ue* siente; pues no niegues galardó*n* a ta*n*tos q*ue* co*n* ansia te lo pide*n*
1700 y co*n* razó*n* te lo merece*n*. Yo soy el más sin ve*n*tura de los más desauenturados; las aguas reuerdece*n* la tierra; y mis lágrimas, nu*n*ca tu esperança, la q*ua*l cabe en los ca*n*pos y en las yeruas y árboles, y no puede caber en tu coraçón. Desesperado auría, segu*n*d lo q*ue* siento, si alguna vez me hallase solo, p*er*o como sie*n*pre me

1687. mereces] mareces - G
1688. hállome que] hallo que - D, N, P, Q, S, T, U, Uu
1689. cosa] caso - F, G, H, Hh, I, J, K, L, M, R, bilinguals
1689. pude] puede - O, HH, II, IIi
1689. yo no niego] yo niego - G, J, O; no niego - M, R; yo no ruego - Q
1690. ello] elo - K, N, P
1690. harías] hariés - O
1690. segund] sigua - O
1691. auías] auiés - A
1692. ayudaran] ayudaren - B; ayudarían - F, G, H, Hh, I, J, K, L, M, O, R, BB, CC, CCc, FF; ajudarían - AA, DD, EE, GG, HH, II, IIi
1692. virtud y] virtud - bilinguals
1692. conpassión] conpasión - A
1692. porque] y porque - M, R
1693. aceptas] acetas - A
1693. quando los que con los] quando con los - G, J; quando co los - AA, DD, EE, GG, HH, II, IIi; quando los - BB, CC, CCc, FF
1694. primero] pimero - O
1695. en] ǝn - N
1696. firmes] fumes - EE, GG, HH, II, IIi
1697. me] les - F, G, H, Hh, I, J, K, L, M, O, R, bilinguals
1697. ayas] ayes - EE, GG, HH, II, IIi
1697. alma] ánima - F, G, I, J, K, L, M, O, R, bilinguals
1698. coraçón por lo que passa, el sentido por] coraçón por lo que pasa, el sentido por - A; coraçón por - Q
1699. niegues] niegnes - EE, HH
1699. ansia] ansias - L, M, O, R
1071. desauenturados] desuenturados - M, R, S, T, U, Uu
1701. reuerdecen] reuerdezen - B
1702. tu] tuuon - O
1702. esperança] asperança - DD, EE, HH
1702. yeruas] yernas - AA, DD, EE, GG, HH

1705    aconpañan el pensamiento que [f. E⁶v.] me das y el deseo que me
ordenas y la contenplación que me causas, viendo que lo vo a
hazer, consuélanme acordándome que me tienen conpañía de tu
parte, de manera que quien causa las desesperaciones me tiene que
no desespere; si todavía te plaze que muera, házmelo saber, que gran
1710    bien harás a la vida, pues no será desdichada del todo; lo primero
della se passó en inocencia y lo del conocimiento en dolor; a lo
menos el fin será en descanso porque tú lo das, el qual, si ver no me
quieres, será forçado que veas.

¶ *El auctor.*

1715    Con mucha pena recibió Laureola la carta de Leriano, y por
despedirse dél onestamente, respondióle desta manera, con determinación de iamás recebir enbaxada suya:

¶ *Carta de Laureola a Leriano.*

El pesar que tengo de tus males te sería satisfación dellos mis-
1720    mos si creyesses quánto es grande, [y él] solo tomarías por galardón
sin que otro pidieses, avnque fuese poca paga segund lo que me
tienes merecido, la qual yo te daría como deuo si la quisiesses de mi

1705. aconpañan] aconpaña - F, G, H, Hh, I, J, K, L, M, O, R, bilinguals
1705. das] dao - H, Hh
1705-1706. que me ordenas] que ordenas - M, O, R
1706-1707. que lo vo a hazer] que lo voy a hazer - H, Hh, L, O, R, S, T, U, Uu;
                  lo que voy a hazer - M; que lo volo hazer - AA, DD, EE, GG, HH;
                  que lo quieres hazer - BB, CC, CCc, FF; que lo quiero hazer - II, IIi
1708. desesperaciones] desesperationes - FF
1709. desespere] desespero - bilinguals
1710. será] serás - C
1710. lo] yo - H, Hh
1711. passó] pasó - A
1711. inocencia] ynocentia - P; innecencia - II, IIi
1712. el fin] en fin - AA, DD, EE, GG, HH, II, IIi
1713. que veas] que me veas - G, J, bilinguals
1715. Con mucha pena recibió Laureola] Laureola con mucha pena recibió - bilin-
        guals
1716. desta] en esta - O
1717. iamás] nunca - H, Hh; iamais - BB, CC, CCc, FF
1717. enbaxada suya] embaxada que fuesse suya - G, J, bilinguals
1718. Laureola a Leriano] Leriano a Laureola - B, G, J
1719-1720. dellos mismos si] dellos si - L, M, O, R
1720. creyesses] creyeses - A
1720. y él] y a él - B, F, G, H, Hh, I, J, K, L, M, O, Q, R, bilinguals
1720. tomarías] tomarlas - B
1720-1721. galardón sin] galardón que sin - G, J, AA, DD, EE, GG, HH, II, IIi
1721-1722. que me tienes] que tienes - Q
1722. quisiesses] quisieses - A

hazienda y no de mi onrra. No responderé a todas las cosas de tu
carta, porque en saber que te escriuo me huye la sangre del coraçón
1725 y la razón del iuyzio; ninguna [f. E⁷r.] causa de las que dizes me
haze consentir tu mal, sino sola mi bondad, porque cierto no estó
dudosa dél, porque el estrecho a que llegaste fue testigo de lo que
sofriste. Dizes que nunca me heziste seruicio; lo que por mí has
hecho me obliga a nunca oluidallo y sienpre desear satisfazerlo,
1730 no segund tu deseo, mas segund mi honestidad; la virtud y piedad
y conpassión que pensaste que te ayudarían para comigo, avnque
son aceptas a mi condición, para en tu caso son enemigas de mi
fama, y por esto las hallaste contrarias. Quando estaua presa, saluaste
mi vida; y agora que estó libre, quieres condenalla; pues tanto
1735 me quieres, antes devrías querer tu pena con mi onrra que tu remedio con mi culpa; no creas que tan sanamente biuen las gentes
que, sabido que te hablé, iuzgasen nuestras linpias intenciones, porque
tenemos tienpo tan malo, que antes se afea la bondad que se alaba la
virtud; assí que es escusada tu demanda, porque ninguna esperança
1740 hallarás en ella, avnque la muerte que dizes te viesse recebir,
auiendo por meior la crueldad onesta que la piedad culpada. Dirás
—oyendo tal desesperança— que soy mouible, porque te comencé
a hazer merced en escreuirte y agora determino de no remediarte;

1723. onrra] honr - BB, CC, CCc
1723. responderé] responderá - R; responder - AA, DD, EE, GG, HH, II, IIi
1723. cosas] causas - AA, DD, EE, GG, HH, II, IIi
1725. que dizes] que me dizes - F, G, H, Hh, I, J, K, L, M, O, R, bilinguals
1726. bondad, porque] bondad y porque - L, M, O, R
1726. estó] estoy - L, M, O, R, S, T, U, Uu; estuuo - bilinguals
1727. dudosa] dudoso - bilinguals
1728. heziste] hiziste - A
1729. me] mo - EE, GG, HH
1730. no segund tu deseo, mas segund] según - Q
1730. tu] su - F, G, H, Hh, I, J, K, L, O, AA, DD, EE, GG, HH, II, IIi
1730. honestidad] onestad - A, B; bonestidad - L
1730. y] de - bilinguals
1731. conpassión] conpasión - A
1732. caso] casa - O
1733. esto] esso - L, M, O, R
1734. estó] estoy - D, H, Hh, N, P, Q, S, T, U, Uu
1734. quieres] quires - A; quiere - AA, DD, EE, GG, HH, II, IIi
1734. condenalla] condemnarla - B
1735. antes] antas - DD, EE, GG
1735. devrías] deuieras - F, G, H, Hh, I, J, K, L, M, O, R, bilinguals
1735. querer tu pena] querer pena - bilinguals
1738. alaba la] ala//[end of page] la - B
1739. ninguna] ningún - B
1740. hallarás en ella, avnque] hallarás, avnque - F, G, H, Hh, I, J, K, L, M, O, R, bilinguals
1740. viesse] viese - A
1742. soy] so - A, B, AA

bien sabes tú quan sanamente lo hize, y puesto que en ello vuiera
1745 otra cosa, tan conuenible es la mudança en las cosas dañosas, como
la firmeza en las onestas. Mucho te ruego que te esfuerces como
fuerte y te remedies como discreto. No pongas en peligro tu vida y en
disputa mi onrra —pues tanto la deseas— que se dirá muriendo
tú que galardono los seruicios quitando las vidas; lo que, si al rey
1750 venço de días, se dirá al reués; ternás en el reyno to[f. E⁷v.]da
la parte que quisieres; creceré tu onrra, doblaré tu renta, sobiré
tu estado, ninguna cosa ordenarás que reuocada te sea; assí que
biuiendo, causarás que me iuzguen agradecida; y muriendo, que me
tengan por mal acondicionada; avnque por otra cosa no te esforçasses
1755 sino por el cuydado que tu pena me da, lo deurías hazer. No quiero
más dezirte porque no digas que me pides esperança y te do conseio;
pluguiera a Dios que fuera tu demanda iusta porque vieras que como
te aconseio en lo vno, te satisfiziera en lo otro; y assí acabo para
sienpre de más responderte ni oýrte.

1760 ¶ *El auctor.*

Quando Laureola vuo escrito, díxome con propósito determinado
que aquella fuese la postrimera vez que pareciese en su presencia,
porque ya de mis pláticas andaua mucha sospecha y porque en mis
ydas auía más peligro para ella, que esperança para mi despacho;
1765 pues vista su determinada voluntad, pareciéndome que de mi trabaio
sacaua pena para mí y no remedio para Leriano, despedíme della

1744. sanamente] solamente - B
1747. y te] y - M, R
1747. No] non - H, Hh
1748. pues] que - B
1748. dirá] diría - F, G, H, Hh, I, J, K, L, M, O, R, bilinguals
1750. reués] raués - O
1752. ordenarás] ordinarás - BB, CC, CCc, FF
1754. esforçasses] esforçases - A
1755. cuydado] escuydado - EE, GG, HH, II, IIi
1755. lo] la - AA, EE, GG, HH, II, IIi
1755. deurías] deuieras - I, L, M, O, R
1756. dezirte] dexirte - HH
1756. do] doy - S, T, U, Uu
1757. pluguiera a] pluguiera - O
1757. porque] pordue - EE, HH, II, IIi
1758. satisfiziera] satisfaciera - A
1759. más responderte] más respanderte - O; más te responderte - II, IIi
1762. pareciese en su] pareciessen su - P
1762. presencia] presenci - P
1763. de mis] de todas mis - O
1763. pláticas] platecas - EE, GG, HH, II, IIi
1764. ella] lla - H, Hh
1764. para mi] en mi - D, N, P, Q, S, T, U, Uu

con más lágrimas que palabras, y después de besalle las manos,
salíme de palacio con vn nudo en la garganta, que pensé ahogarme
por encobrir la passión que sacaua. Y salido de la cibdad, como
1770 me vi solo, tan fuertemente comencé a llorar, que de dar bozes no
me podía contener; por cierto yo tuuiera por meior quedar muerto
[f. E⁸r.] en Macedonia, que venir biuo a Castilla; lo que deseaua
con razón, pues la mala ventura se acaba con la muerte y se acrecienta con la vida. Nunca por todo el camino sospiros y gemidos me
1775 fallecieron; y quando llegué a Leriano, dile la carta, y como acabó
de leella, díxele que ni se esforçasse, ni se alegrasse, ni recibiesse
consuelo, pues tanta razón auía para que deuiese morir; el qual
me respondió que más que hasta allí me tenía por suyo, porque le
aconseiaua lo propio; y con boz y color mortal començó a condo-
1780 lerse. Ni culpaua su flaqueza, ni avergonçaua su desfallecimiento;
todo lo que podía acabar su vida, alabaua; mostráuase amigo de los
dolores; recreaua con los tormentos; amaua las tristezas; aquellos
llamaua sus bienes por ser mensaieros de Laureola; y porque fuessen
tratados segund de cuya parte venían, apostentólos en el coraçón,
1785 festeiólos con el sentimiento, conbidólos con la memoria, rogáuales

1767. que palabras] que no palabras - O
1768. de] del - bilinguals
1769. la passión] la pasión - A; la gran passión - O
1771. quedar muerto] quedarme muerto - D, N, P, Q, S, T, U, Uu
1772. biuo] biuir - bilinguals
1772. Castilla] Castille - II, IIi
1773. pues la mala] pues mala - F, G, H, Hh, I, J, K, bilinguals
1773. ventura] venura - L
1773. acaba] acabe - AA, DD, EE, GG, HH, II, IIi
1775. a] o - EE, GG, HH, II, IIi
1775. como] come - AA, DD, EE, HH, II, IIi; conre - GG
1775. acabó] acabe - C; acabado - O; acado - EE, GG, HH
1776. ni se alegrasse ni recibiesse] ni se alegrase ni recibiese - A; ni recibiesse - F,
    G, H, Hh, I, J, K, L, M, O, R, bilinguals
1777. pues tanta] pues que tanta - P
1778. más que hasta] más hasta - C; más de hasta - D, N, P, S, T, U, Uu; más que
    fasti - K
1778. tenía] ternía - Q
1779. propio] proprio - F, I, K, L, M, O, R, DD, EE, GG, HH, II, IIi
1779-1780. condolerse] dolerse - D, N, P, Q, S, T, U, Uu
1781. podía] podié - A
1781. alabaua] acabaua - AA, DD, EE, GG, HH, II, IIi
1782. recreaua con] recréuase con - M, R, bilinguals
1782. amaua] amaraua - GG
1782. aquellos] aquellas - G, I, J, L, M, O, R, AA, DD, EE, GG, HH, II, IIi
1783. ser] fer - EE, GG, HH
1783. porque] dorque - EE, GG, HH
1783. fuessen] fuesen - A
1785. festeiólos] festiólos - B; festeyólos - I, AA, DD, EE, GG, HH, II, IIi
1785. con el] en el - F, G, H, Hh, I, J, K, L, M, O, R, bilinguals
1785. rogáuales] roguanles - EE, GG, HH, II, IIi

178

que acabasen presto lo que venían a hazer porque Laureola fuese
seruida; y [desconfiado] ya de ningún bien ni esperança, aquexado
de mortales males, no podiendo sustenerse ni sofrirse, vuo de venir
a la cama, donde ni quiso comer ni beuer ni ayudarse de cosa de
1790 las que sustentan la vida, llamándose sienpre bienauenturado porque
era venido a sazón de hazer seruicio a Laureola, quitándola de
enoios. Pues como por la corte y todo el reyno se publicase que
Leriano se dexaua morir, ývanle a ueer todos sus amigos y parientes,
y para desuialle su propósito, dezíanle todas las cosas en que pen-
1795 sauan prouecho; y como aquella enfermedad se auía de curar con
sabias razones, cada vno aguzaua el seso lo meior que podía; y como
vn cauallero lla[f. E⁸v.]mado Tefeo fuesse grande amigo de Leriano,
viendo que su mal era de enamorada passión, puesto que quién la
causaua él ni nadie lo sabía, díxole infinitos males de las mugeres;
1800 y para fauorecer su habla, truxo todas las razones que en disfamia
dellas pudo pensar, creyendo por allí restituylle la vida, lo qual

1786. venían a hazer] venían hazer - D, N, P, S, T, U, Uu, II, IIi; venían a haxer -
EE, GG, HH
1786. fuese] fnesse - EE
1787. desconfiado] desconfiando - D, F, G, H, Hh, I, J, K, L, M, N, O, P, Q, R, S,
Σ T, U, Uu, bilinguals
1788. mortales] mortoles - DD, EE, HH, II, IIi
1789. beuer] deuer - EE, GG, HH
1789. ayudarse] ayudarfe - DD, GG, HH, II, IIi
1789. de cosa] de ninguna cosa - AA, BB, CC, CCc, FF; de ninguna cosas - DD, EE,
GG, HH, II, IIi
1790. sustentan] sustentam - HH, II, IIi
1791. seruicio] eruicio - S
1791. quitándola] quitándolo - EE, GG, HH, II, IIi
1792. enoios] enojo - L, M, O, R
1792. la corte y todo] la corte y tedo - O; todo - Q
1793. se] no - C
1793. dexaua] dezaua - DD, EE, GG
1794. desuialle su] desuialle de su - bilinguals
1794. todas] todos - EE, GG, HH, II, IIi
1795. aquella] aquela - HH, II, IIi
1795. curar] cura - HH, II, IIi
1796. aguzaua] aguçaua - O; agusaua - AA, DD, EE, GG, HH, II, IIi
1797. Tefeo] Teseo - C, D, N, P, Q, S, T, U, Uu
1797. fuesse grande] fuese grande - A; fuesse gran - C, D, N, P, Q, S, T, U, Uu; fue
grande - F, G, H, Hh, I, J, K, L, M, O; que era grande - bilinguals
1798. enamorada] enamorala - U, Uu
1798. passión] pasión - A; possión - U, Uu
1798. puesto] duesto - EE, GG, HH; cuesto - II, IIi
1799. causaua] causa - O
1799. ni] ui - EE, GG, HH, II, IIi
1799. nadie] nadi - B
1800. para] por - O
1800. truxo] traxo - F, G, H, Hh, I, J, K, L, M, R, bilinguals; trato - O
1801. pensar] pensa - H, Hh

oyendo Leriano, acordándose que era muger Laureola, afeó mucho
a Tefeo porque en tal cosa hablaua; y puesto que su disposición
no le consintiesse mucho hablar, esforçando la lengua con la passión
1805 de la saña, començó a contradezille en esta manera:

¶ *Leriano contra Tefeo y todos los que dizen mal de mugeres.*

Tefeo, para que recibieras la pena que merece tu culpa, onbre
que te tuuiera menos amor te auía de contradezir, que las razones
mías más te serán en exenplo para que calles, que castigo para que
1810 penes; en lo qual sigo la condición de verdadera amistad, porque
pudiera ser si yo no te mostrara por biuas causas tu cargo, que en
qualquiera plaça te deslenguaras, como aquí has hecho; así que te
será más prouechoso emendarte por mi contradición que auergonçarte
por tu perseuerança; el fin de tu habla fue segund amigo, que bien
1815 noté que la dexiste porque aborreciesse la que me tiene qual vees,

1802. muger] mugrer - O
1803. Tefeo] Teseo - C, D, N, P, Q, S, T, U, Uu
1803. porque en tal] porque tal - P
1804. consintiesse] consintiese - A; consentiesse - B, D, N; consitiesse - O; consien-
   tiesse - R; cousintiesse EE, GG, HH
1804. passión] pasión - A
1805. contradezille] dezille - E, F, G, H, Hh, I, J, K, L, M, R; dezile - O; dezir-
   bilinguals
1806. Tefeo] Teseo - C, D, N, P, Q, S, T, U, Uu
1806. dizen] dezían - F, G, H, Hh, I, J, K, L, M, O, R, AA, BB, CC, CCc, DD, EE,
   FF, HH, II, IIi; dezíaa - GG
1807. Tefeo] Teseo - C, D, N, P, Q, S, T, U, Uu
1807. recibieras] reçibirás - B, O
1808. que te tuuiera] que tuuiera - G, J, bilinguals
1808. menos amor te] menos - P
1808. auía] auié - A
1809. mías más te] mías te - G, J, bilinguals
1809. en exenplo] enxenplo - C, E, F, G, H, Hh, I, L, O; exemplo - D, J, M, N, P,
   Q, R, S, T, U, Uu, bilinguals
1809. calles, que] calles y - G, J, bilinguals
1809. castigo para que] castigo que - J, bilinguals
1810. penes] pones - H, Hh
1810. amistad] amistrad - GG
1811. si yo no] si no - D, N, P, Q, S, T, U, Uu
1811. biuas] biua - O
1812. qualquiera] quaquiera - HH
1812. deslenguaras] des,lenguaras - U, Uu
1813. más] man - H, Hh
1814. perseuerança] perseuerancia - E, F, G, H, Hh, I, J, K, L, M, O, R, bilinguals
1814. tu habla] ur habla - EE, GG, HH, II, IIi
1815. que la] que lo - F, G, H, Hh, I, J, K, L, M, O, R, bilinguals
1815. aborreciesse] aborreciese - A
1815. la que] la pues - EE, GG, HH, II, IIi

diziendo mal de todas mugeres; y comoquiera que tu intención no
fue por remediarme, por la vía que me causaste remedio, tú por
cierto me lo as dado, porque tanto me lastimaste con tus feas palabras, por ser [f. F¹r.] muger quien me pena, que de passión de
1820 averte oýdo, beuiré menos de lo que creýa; en lo qual señalado bien
recebí, que pena tan lastimada meior es acaballa presto que soste-
nella más, assí que me truxiste alivio para el padecer y dulce descanso para ell acabar, porque las postrimeras palabras mías sean
en alabança de las mugeres, porque crea mi fe la que tuuo merecer
1825 para causalla, y no voluntad para satisfazella; y dando comienço
a la intención tomada, quiero mostrar quinze causas porque yerran
los que en esta nación ponen lengua; y veynte razones porque les
somos los onbres obligados; y diuersos enxenplos de su bondad. Y
quanto a lo primero, que es proceder por las causas que hazen
1830 yerro los que mal las tratan, fundo la primera por tal razón: todas
las cosas hechas por la mano de Dios son buenas necessariamente,

1816. diziendo] dixiendo - DD, EE, GG, HH, II, IIi
1816. mal] mai - EE, GG, HH
1816. todas mugeres] todas las mugeres - F, G, H, Hh, I, J, K, L, M, O, R, bilinguals
1816-1817. intención no fue] intención fue - bilinguals
1817. por remediarme] para enojar - D, N, P, Q, S, T, U, Uu
1817. vía] vida - G, J, bilinguals
1817. que me] que - O
1817. causaste remedio, tú por] pensaste remediar por - D, N, P, Q, S, T, U, Uu
1818. cierto me] cierto no me - bilinguals
1818. lo as] has - D, N, P, Q, S, T, U, Uu
1819. muger quien] muger de quien - BB, CC, CCc, FF
1819. passión] pasión - A
1820. beuiré] biuir - L, O
1820. creýa] ereya - II, IIi
1820. lo qual señalado] lo señalado - O
1820. bien] blen - EE, HH
1821. recebí] recibo - M, R
1821. lastimada] lastimera - D, N, P, Q, S, T, U, Uu
1822. truxiste] traxiste - F, G, H, Hh, I, J, K, S, T, U, Uu, bilinguals
1822. padecer] padesce - EE, GG, HH, II, IIi
1824. las] los - II, IIi
1824. fe la que] fe que - M, R
1826. quiero] qoiero - L
1826. yerran] donde - O
1827. esta nación] esta esta nación - O
1827. veynte] veyent - EE, GG, HH, II, IIi
1828. somos] somo - GG, HH, II, IIi
1828. enxenplos] exemplos - D, J, L, M, N, O, P, Q, R, S, T, U, Uu, bilinguals
1828. de su bondad] de bondad - G, J, bilinguals
1829. causas] cosas - GG
1829. hazen] haze - S, T, U, Uu
1830. mal] mala - EE, GG, HH, II, IIi
1830. tratan] tantan - K
1830. fundo] funto - L
1831. buenas] buenen - L
1831. necessariamente] necesariamente - A

que según el obrador han de ser las obras: pues siendo las mugeres
sus criaturas, no solamente a ellas ofende quien las afea, mas blas-
fema de las obras del mismo Dios. La segunda causa es porque
1835 delante dél y de los onbres, no ay pecado más abominable ni más
graue de perdonar, quel desconocimiento; ¿pues quál lo puede ser
mayor que desconocer el bien que por Nuestra Señora nos vino y
nos viene? Ella nos libró de pena y nos hizo merecer la gloria; ella nos
salua; ella nos sostiene; ella nos defiende; ella nos guía; ella nos
1840 alunbra; por ella, que fue muger, merecen todas las otras corona de
alabança. La tercera es porque a todo onbre es defendido —segund
virtud— mostrarse fuerte contra lo flaco, que si por ventura los que
con ellas se deslenguan pensassen recebir contradición de manos, podría ser que tuuiessen menos li[f. F¹v.]bertad en la lengua. La quarta
1845 es porque no puede ninguno dezir mal dellas sin que a sí mismo se
desonrre, porque fue criado y traýdo en entrañas de muger y es
de su misma sustancia, y después desto por el acatamiento y reuerencia que a las madres deuen los hijos. La quinta es por la desobe-
diencia de Dios, que dixo por su boca que el padre y la madre
1850 fuessen onrrados y acatados, de cuya causa los que en las otras tocan
merecen pena. La sesta es porque todo noble es obligado a ocuparse
en autos virtuosos, assí en los hechos como en las hablas; pues si las
palabras torpes ensuzian la linpieza, muy a peligro de infamia

1833. criaturas] creaturas - B
1834. segunda] .ij. - H, Hh
1836. quál lo puede] quál puede - E, F, G, H, Hh, I, J, K, L, M, O, R, bilinguals
1837. mayor] major - AA, DD, EE, GG, HH, II, IIi
1839. sostiene] sastiene - EE, GG, HH, II, IIi
1839. defiende] defiendo - FF
1839. guía ella] guías ella - EE, GG, II, IIi; guías esla - HH
1840. las] los - EE, GG, HH, II, IIi
1841. alabança] alabença - P; aldança - EE, GG, HH
1841. tercera] .iij. - H, Hh
1841. onbre] hombres - II, IIi
1842. contra] ctonra - D
1843. deslenguan] deslenguen - L, O
1843. pensassen] pensasen - A; pensessen - HH, II, IIi
1843-1844. podría] podrá - O
1844. tuuiessen] tuuiesen - A
1844. quarta] .iiij. - H, Hh
1845. que] pue - EE, HH
1848. quinta] .v. - H, Hh, Q
1849. dixo] dizo - DD, EE, GG, HH; dize - II, IIi
1849. que el] siue el - EE, GG, HH
1850. fuessen] fuesen - A
1851. sesta] .vi. - H, Hh, L, M, O, R
1852. hechos] heehos - O
1853. torpes] turpes - AA, DD, EE, GG, HH, II, IIi
1853. ensuzian] ensusian - A

tienen la onrra los que en tales pláticas gastan su vida. La séptima
1855 es porque quando se estableció la cauallería entre las otras cosas que
era tenudo a guardar el que se armaua cauallero era vna que a las
mugeres guardasse toda reuerencia y honestidad, por donde se
conosce que quiebra la ley de nobleza quien vsa el contrario della.
La octaua es por quitar de peligro la onrra; los antiguos nobles
1860 tanto adelgazauan las cosas de bondad y en tanto la tenían, que
no auían mayor miedo de cosa que de memoria culpada, lo que no
me parece que guardan los que anteponen la fealdad [a] la virtud,
poniendo mácula con su lengua en su fama, que qualquiera se iuzga
lo que es en lo que habla. La [nouena] y muy principal es por la
1865 condenación del alma; todas las cosas tomadas se pueden satisfazer,
y la fama robada tiene dudosa la satisfación lo que más conplida-
mente determina nuestra fe. La [dezena] es por escusar enemistad; los que en ofensa de las mugeres despienden el tienpo, há-
zense enemigos [f. F²r.] dellas y no menos de los virtuosos, que
1870 como la virtud y la desmesura diferencian en propiedad, no pueden
estar sin enemiga. La .xj. es por los daños que de tal auto ma-

1854. tienen] teinen - FF
1854. onrra los] onrra de los - A, B
1854. pláticas] palabras - D, N, P, Q, S, T, U, Uu
1854. séptima] sétima - A; .vij.- H, Hh, L, M, O, R; primera - Q
1856. tenudo] tenido - G, J, N, P, Q, R, S, T, U, Uu, bilinguals
1856. que se] qae se - O
1857. guardasse] guardase - A
1857. honestidad] onestad - A, B
1857. por] porque - AA, DD, EE, GG, HH, II, IIi
1859. octaua] otaua - A; .viij.- H, Hh, L, M, O
1860. cosas] cesas - EE, GG, HH, II, IIi
1860. la] las - bilinguals
1861. mayor] major - AA, BB, CC, CCc, DD, EE, GG, HH, II, IIi
1862. anteponen] antiponen - O
1862. a] de - A, B, C, D, E, N, P, Q, S, T, U, Uu
1862. la virtud] a virtud - M
1863. qualquiera] qualquier - E, F, G, H, Hh, I, J, K, L, M, O, R, bilinguals
1864. nouena] .ix.- C, D, H, Hh, L, M, N, O, P, Q, R, S, T, U, Uu
1867. nuestra] nostra - H, Hh
1867. dezena] .x.- C, D, H, Hh, L, M, N, O, P, Q, R, S, T, U, Uu; dozena - I
1868. mugeres] megeres - HH
1868. despienden] despenden - B, G, J, O, S, T, U, Uu, bilinguals
1869. enemigos] enemigas - L, M, R
1869. virtuosos] virtuasos - R
1870. virtud y la] virtud la - FF
1870. diferencian] differencia - B; difieren - F, I, J, K, L, M, R, bilinguals; defieren - G, H, Hh, K, O
1870. propiedad] propriedad - B, I, L; propiepad - U, Uu
1870. pueden] puedan - B; puede - H, Hh; pneden - O; puedad - GG
1871. estar] estat - GG, HH
1871. sin enemiga] en enemiga E; sin enemigo - I
1871. .xj.] onzena - A, B
1871. tal] tel - U, Uu

licioso se recrecían, que como las palabras tienen licencia de llegar
a los oýdos rudos tanbién como a los discretos, oyendo los que
poco alcançan las fealdades dichas de las mugeres, arrepentidos
1875 de auerse casado, danles mala vida o vanse dellas, o por ventura
las matan. La [.xij.] es por las murmuraciones que muchos se
deuen temer, siendo vn onbre infamado por disfamador en las plaças y en las casas y en los canpos y dondequiera es retratado su
vicio. La .xiij. es por razón del peligro, que quando los maldizien-
1880 tes que son auidos por tales, tan odiosos son a todos que qualquier
les es más contrario, y [algunos] por satisfazer a sus [amigas],
puesto que ellas no lo pidan ni lo quieran, ponen las manos en los
que en todas ponen la lengua. La .xiiij. es por la hermosura que
tienen, la qual es de tanta excelencia que, avnque copiesen en ellas
1885 todas las cosas que los deslenguados [les] ponen, más ay en vna
que loar con verdad, que no en todas que afear con malicia. La

1872. recrecían] recrecía - A, B;  recrecen - F, G, H, Hh, I, J, K, L, M, O, R, BB, CC,
       CCc, FF;  recreen - AA, DD, EE, GG, HH, II, IIi
1872. llegar] lleguar - P
1874. alcançan] alançan - HH, II, IIi
1874. arrepentidos] arepentidos - A;  arrepentidas - BB, CC, CCc, FF
1876. matan] maren - HH, II, IIi
1876. .xij.] dozena - A, B, M, R;  segunda - L, O
1877. infamado] informado - C, D, N, P, Q, S, T, U, Uu;  infrmado - EE;  infirmado -
       GG, HH, II, IIi
1878. retratado] retraýdo - G, J, bilinguals
1879. .xiij.] trezena - A, B;  .xij. - AA, BB, CC, CCc
1879. del] de - P
1879-1880. maldizientes] maldicientes - O;  maldizientos - EE, GG, HH, II, IIi
1880. auidos por tales, tan] auido tan - H, Hh
1880. a todos] atados - A;  a todo - E
1880. qualquier] qualquiera - M, O, R
1881. algunos] algunas - A, C, E, F, H, Hh, K
1881. amigas] amigos - A, B, C, E, F, G, H, Hh, J, K, bilinguals
1882. puesto] questo - GG, II, IIi
1882. que ellas no] que no - AA, DD, EE, GG, HH, II, IIi
1882. lo pidan] lo podían - B, J, O;  le pidan - D, N, P, Q, S, T, U, Uu
1882. quieran] querían - A;  querrían - B;  quiere - GG, HH, II, IIi
1883. todas] todos - J, bilinguals
1883. .xiiij.] catorzena - A, B
1884. por la hermosura] por hermosura - M, R
1884. excelencia] ecelencia - A;  excellencia - B;  excellentia - GG
1884. copiesen] cupiesse - O
1885. todas] todos - S
1885. les] le - A, B, D, N, P, S, T, U, Uu
1885. más ay en] más en - O
1886. loar] dar - O
1886. que no] que - D, F, G, H, Hh, I, J, K, L, M, N, O, P, Q, R, S, T, U, Uu,
       bilinguals
1886. malicia] malleia - HH, II, IIi

quinzena es por las gra*n*des cosas de [q*ue*] han sido causa; dellas
naciero*n* onbres virtuosos q*ue* hizieron hazañas de digna alaba*n*ça;
dellas p*r*ocediero*n* sabios q*ue* alcançaron a conocer q*ué* cosa era
1890 Dios, en cuya fe somos saluos; dellas vinieron los inue*n*tiuos q*ue*
hiziero*n* cibdades y fuerças y edificios de perpetual excelencia;
por ellas vuo ta*n* sotyles varones q*ue* buscaron todas las cosas ne-
cessarias p*ar*a sustentación del linage vmanal.

[f. F²v.]

¶ *Da Leriano veynte razones por* qué *los onbres son obligados*
1895 *a las mugeres.*

Tefeo, pues as oýdo las causas por q*ué* soys culpados tú y todos los q*ue* opinió*n* ta*n* errada seguís, dexada toda p*r*olixidad, oye
veynte razo*n*es por do*n*de me p*r*ofería prouar q*ue* los onbres
a las mugeres somos obligados; de las q*u*ales la primera es por-
1900 q*ue* a los sinples y rudos dispone*n* p*ar*a alcançar la virtud de la
prude*n*cia, y no solame*n*te a los torpes haze*n* discretos, mas a los
mismos discretos más sotyles, porq*ue* si de la enamorada passió*n*
se catyua*n*, ta*n*to estudia*n* su libertad, q*ue* abiua*n*do co*n* el dolor
el saber, dize*n* razones ta*n* dulces y ta*n* concertadas, q*ue* algu*n*a

1887.  quinzena] .xv. - E, F, G, H, Hh, I, J, K, L, M, O, R, bilinguals
1887.  que] quien - C, D, E, F, G, H, Hh, J, K, L, M, N, O, P, Q, R, S, T, U, Uu,
       bilinguals
1887.  causa] causo - EE, GG, HH, II, IIi
1888.  digna] dina - A; dignas - EE, GG, HH, II, IIi
1888.  alabança] alaquança - EE, HH, II, IIi; aladança - GG
1890.  inuentiuos] inuentores - S, T, U, Uu; innentinos - II, IIi
1890.  que] pue - GG
1891.  cibdades y fuerças] cibdades, fuerças - S, T, U, Uu
1891.  edificios] edeficios - A, G, O
1891.  perpetual] perpetua - F, G, H, Hh, I, J, K, L, M, O, R
1891.  excelencia] ecelencia - A; excellencia - B, C
1892.  sotyles] sotilas - II, IIi
1892-1893.  necessarias] necesarias - A
1893.  del] de - II, IIi
1894.  veynte] algunas - bilinguals
1896.  Tefeo] Teseo - C, D, N, P, Q, S, T, U, Uu; Lefeo - K; Defeo - DD
1896.  culpados] culpado - AA, DD, EE, GG, HH, II, IIi
1897.  seguís] seguéis - AA, DD; seguies - EE, GG, HH, II, IIi
1898.  veynte] algunas - bilinguals
1898.  profería] proferí - G, J, AA, DD, EE, GG, HH, II, IIi; ofrezco - BB, CC,
       CCc, FF
1898.  prouar] prouuar - GG, HH, II, IIi
1899.  somos] son - D, N, P, Q, S, T, U, Uu
1900.  disponen] dispouen - B
1901.  no] tan - Q
1902.  passión] pasión - A
1903.  libertad] libertadad - O

1905   vez de conpassión que les an, se libran della; y los sinples, de su
natural inocentes, quando en amar se ponen, entran con rudeza y
hallan el estudio del sentimiento tan agudo, que diuersas vezes
salen sabios, de manera que suplen las mugeres lo que naturaleza
en ellos faltó. La segunda razón es porque de la virtud de la ius-
1910   ticia tanbién nos hazen [sufrientes], que los penados de amor,
avnque desygual tormento reciben, hanlo por descanso, iustificán-
dose porque iustamente padecen; y no por sola esta causa nos
hazen gozar desta virtud, mas por otra tan natural: los firmes
enamorados, para abonarse con las que siruen, buscan todas las
1915   formas que pueden, de cuyo deseo biuen iustificadamente sin ex-
ceder en cosa de toda ygualdad, por no infamarse de malas costunbres. La tercera, porque de la tenplança nos [f. F³r.] hazen
dignos, que por no selles aborrecibles para venir a ser desamados,
somos tenplados en el comer y en el beuer y en todas las otras
1920   cosas que andan con esta virtud; somos tenplados en la habla;
somos tenplados en la mesura; somos tenplados en las obras, sin
que vn punto salgamos de la honestidad. La quarta es porque al
que fallece fortaleza ge la dan, y al que la tiene ge la acrecientan;
házennos fuertes para sofrir; causan osadía para cometer; ponen
1925   coraçón para esperar; quando a los amantes se les ofrece peligro,

1905. conpassión] conpasión - A
1905. les] ellas - FF
1905. an, se libran] han libran - B
1905. della] dellas - II, IIi
1906. rudeza] rudez - D, N, P, Q, S, T, U, Uu
1909. faltó] falta - G, J, bilinguals
1910. hazen] hazien - II, IIi
1910. sufrientes] suficientes - A, B, C, D, N, P, Q, S, T, U, Uu
1911. reciben] reciban - D, N, P, Q, S, T, U, Uu
1911-1912. iustificándose] justifidándose - AA, DD, EE, GG, HH, II, IIi
1913. firmes] fines - Q
1914. siruen] sieruen - O
1915. biuen] biue - G, J
1915. iustificadamente] justamente - BB, CC, CCc, FF
1915-1916. exceder] eceder - A, B
1916. infamarse] informarse - bilinguals
1917. tercera, porque] tercera es porque - bilinguals
1918. dignos] dinos - A
1922. punto] pueto - O
1922. honestidad] onestad - A, B
1923. ge la dan] se la dan - M, O, R, S, T, U, Uu, bilinguals
1923. tiene] tiena - bilinguals
1923. ge la acrecientan] se la acrecientan - M, O, R, S, T, U, Uu, bilinguals
1924. causan] causas - O
1924. cometer] acometer - M, R, bilinguals
1925. ofrece peligro] ofrece el peligro - F, G, H, Hh, I, J, K, L, M, O, R, bilinguals

se les apareia la gloria; tienen las afrentas por vicio, estiman más
ell alabança del amiga, quel precio del largo beuir; por ellas se
comiençan y acaban hechos muy hazañosos; ponen la fortaleza en
el estado que merece; si les somos obligados, aquí se puede iuzgar.
1930 La quinta razón es porque no menos nos dotan de las virtudes
theologales que de las cardinales dichas, y tratando de la primera,
ques la fe, avnque algunos en ella dudasen, siendo puestos en pensamiento enamorado, creerían en Dios y alabarían su poder, porque pudo hazer [a] aquella que de tanta excelencia y hermosura
1935 les parece; iunto con esto los amadores tanto acostunbran y sos-
tienen la fe, que de vsalla en el coraçón conocen y creen con más
firmeza la de Dios; y porque no sea sabido de quien los pena, que
son malos cristianos, ques vna mala señal en el onbre, son tan
deuotos cathólicos, que ningún apóstol les hizo ventaia. La sesta
1940 razón es porque nos crían en el alma la virtud del esperança, que
puesto que los sugetos a esta ley de amores mucho penen, sienpre
esperan en su fe, esperan en su firmeza, esperan en la piedad de
quien los pena, esperan en la con[f. F³v.]dición de quien los destruye, esperan en la ventura; pues quien tiene esperança donde
1945 recibe passión, ¿cómo no la terná en Dios que le promete descanso? Sin duda, haziéndonos mal, nos apareian el camino del

1926. gloria] glora - A
1926. afrentas] affruentas - B
1926-1927. más ell alabança] más alabança - C, D, N, P, S, T, U, Uu; más la laban-
ça - Q
1927. del amiga] de amiga - D, N, P, S, T, U, Uu; de la amiga - Q
1928. fortaleza] sortaleza - EE
1929. aquí] aque - H, Hh
Σbilinguals
1930. no] non - C
1931. theologales] teologales - A, Q
1931. tratando] tratan - G, J
1932-1933. en pensamiento] en algún pensamiento - D, N, P, Q, S, T, U, Uu
1934. hazer a aquella] hazer aquella - D, E, N, P, Q, S, T, U, Uu; hazer aquello - F,
G, H, Hh, I, J, K, L, M, O, R
1934. excelencia] ecelencia - A; excellencia - B, C
1937. la] que la - F, G, H, Hh, I, J, K
1937. sea] se ha - O
1938. cristianos] christianos - B, C, E, G, H, Hh, I, J, K, L, M, O, Q, R, S, T, U, Uu
1939. deuotos] deuotas - J
1939. cathólicos] católicos - A, C, P; y cathólicos - H, Hh
1939. ningún apóstol les hizo] ninguno les haze - M, R
1939. sesta] .vj. - O
1940. alma] ánima - Q
1941. penen] pene - H, Hh; ponen - L
1941-1942. sienpre esperan] sienpre esperan. esperan - A, B; sienpre esperen - C
1944. esperan] espera - A
1945. passión] pasión - A
1946. apareian] aparejen - C

bien, como por esperiencia de lo dicho parece. La [.vij.] razón
es porque nos hazen merecer la caridad, la propiedad de la qual
es amor; ésta tenemos en la voluntad, ésta ponemos en el pen-
1950 samiento, ésta traemos en la memoria, ésta firmamos en el coraçón; y comoquiera que los que amamos la vsemos por el prouecho de nuestro fin, dél nos redunda que con biua contrición la
tengamos para con Dios, porque trayéndonos amor a estrecho de
muerte, hazemos lymosnas, mandamos dezir missas, ocupámosnos
1955 en caritatiuas obras porque nos libre de nuestros crueles pensamientos; y como ellas de su natural son deuotas, participando con
ellas, es forçado que hagamos las obras que hazen. La [.viij.]
razón, porque nos hazen contenplatiuos, que tanto nos damos a la
contenplación de la hermosura y gracias de quien amamos y
1960 tanto pensamos en nuestras passiones, que quando queremos contenplar la de Dios, tan tiernos y quebrantados tenemos los coraçones,
que sus llagas y tormentos parece que recebimos en nosotros mismos; por donde se conosce que tanbién por aquí nos ayudan para
alcançar la perdurable holgança. La [nouena] razón es porque
1965 nos hazen contritos, que como siendo penados pedimos con lágrimas y sospiros nuestro remedio, acostunbrados en aquello, yendo
a confesar nuestras culpas, assí gemimos y lloramos que el per-

1947. .vij.] setena - A, B; séptima - Q
1948. caridad] charidad - M
1948. propiedad] propriedad - B, I, M, R
1949-1950. pensamiento, ésta] pensamiento tad ésta - A
1951. vsemos] vsamos - F, G, H, Hh, I, J, K, L, M, O, R
1952. nuestro] nostro - H, Hh
1952. la] lo - C, D, N, P, Q, S, T, U, Uu
1954. missas] misas - A
1955. nuestros] nostros - H, Hh; nuestro - K
1957. hazen] haze - H, Hh
1957. .viij.] otava - A; octaua - B, Q
1959-1960. amamos y tanto] amamos; tanto - G, J
1960. nuestras] nostras - H, Hh
1960. passiones] pasiones - A
1960. quando] quanto - B
1963. ayudan] ajudan - B, U, Uu; ayudauan - O
1964. nouena] nona - C, D, N, P, S, T, U, Uu; .ix. - E, F, G, H, Hh, I, J, K, M, O, R;
        .xi. - L
1964. razón] raron - G
1965. siendo] seyendo - C, E, F, G, H, Hh, I, J, K, L, M, O, R
1966. nuestro] nostro - H, Hh; nuestros - O
1966. remedio] remedios - O
1966. acostunbrados] acostunbrado - A, C
1967. nuestras] nostras - H, Hh
1967. assí] así - A
1967-1968. que el perdón dellas] que el pardón dellas - B; que el dellas - E, F, G, H,
        Hh, I, J, K, L, O; lo qual dellas - M, R

dón dellas merecemos. La [.x.] es por el buen conseio que
sien[f. F⁴r.]pre nos dan, que a las vezes acaece hallar en su presto
1970 acordar lo [que nosotros con muy] largo estudio y diligencias
buscamos; son sus conseios pacíficos sin ningund escándalo; quitan muchas muertes, conseruan las pazes, refrenan la yra y aplacan la saña; sienpre es muy sano su parecer. La onzena es porque
nos hazen onrrados; con ellas [se] alcançan grandes casamientos
1975 con muchas haziendas y rentas, y porque alguno podría responderme que la onrra está en la virtud y no en la riqueza, digo
que tan bien causan lo vno como lo otro; pónennos presunciones
tan virtuosas que sacamos dellas las grandes onrras y alabanças
que deseamos; por ellas estimamos más la vergüença que la vida;
1980 por ellas estudiamos todas las obras de nobleza; por ellas las ponemos en la cunbre que merecen. La [.xij.] razón es porque apar-
tándonos del auaricia, nos iuntan con la [liberalidad], de cuya
obra ganamos las voluntades de todos; que como largamente nos
hazen despender lo que tenemos, somos alabados y tenidos en mu-
1985 cho amor, y en qualquier necessidad que nos sobrevenga, recebimos ayuda y seruicio; y no sólo nos aprouechan en hazernos vsar
la franqueza como deuemos, mas ponen lo nuestro en mucho

Σ
1968. .x.] dezena - A, B, C; dézima - Q; quinta - bilinguals
1968. buen] quen - EE, GG, HH, II, IIi
1968. conseio] confejo - EE
1969. dan, que a] dan a - E, F, G, H, Hh, I, J, K, L, M, O, R, bilinguals
1970. que nosotros con muy largo] que nosotros cunple largo - A; que a nosotros
cunple largo - B, C, D, N, P, Q, S, T, U, Uu
1970. diligencias] diligencia - bilinguals
1971-1972. quitan muchas muertes] quita muertes - S, T, U, Uu; evitan muchas muertes - BB, CC, CCc, FF
1972. conseruan] conserua - H, Hh
1972. pazes] paces - O; plazes - S, T, U, Uu
1972-1973. aplacan] apalacan - A
1973. onzena] .xj. - E, F, G, H, Hh, I, J, K, L, M, O, R; sexta - bilinguals
1974. se] si - C, D, E, F, G, H, Hh, I, J, K, N, P, S, T, U, Uu
1974. alcançan] alançan - II, IIi
1975. rentas, y porque] rentas porque - B
1975-1976. responderme] respondermo - EE, HH, II, IIi
1978. dellas las grandes onrras y alabanças] dellas grandes alabanças - Q
1980. ellas las] ellas la - FF
1981. cunbre] combre - HH, II, IIi
1981. .xij.] dozena - A, C, D, N, Q, S, T, U, Uu; .vij. - bilinguals
1982. del] de la - B, D, E, F, G, H, Hh, I, J, K, M, R, bilinguals
1982. iuntan] ajuntan - B
1982. liberalidad] libertad - A, B, C, D, N, P, S, T, U, Uu, AA, DD, EE, GG, HH,
II, IIi
1984. tenidos] tenudos - AA, DD, EE, GG, HH, II, IIi
1985. necessidad] necesidad - A; necessitad - GG
1986-1987. vsar la] usar de la - M, R

recaudo, porque no ay lugar donde la hazienda esté más segura,
que en la voluntad de las gentes. La .xiij. es porque acrecientan
1990 y guardan nuestros averes y rentas las quales alcançan los onbres
por ventura y conséruanlas ellas con diligencia. La .xiiij. es por
la linpieza que nos procuran, así en la persona como en el vestir,
[f. F⁴v.] como en el comer, como en todas las cosas que tratamos.
La .xv. es por la buena criança que nos ponen —vna de las prin-
1995 cipales cosas de que los onbres tienen necessidad; siendo bien
criados, vsamos la cortesýa y esquiuamos la pesadunbre; sabemos
onrrar los pequeños, sabemos tratar los mayores; y no solamente
nos hazen bien criados, mas bienquistos, porque como tratamos
a cada vno como merece, cada vno nos da lo que merecemos. La
2000 razón .xvj. es porque nos hazen ser galanes; por ellas nos desue-
lamos en el vestir, por ellas estudiamos en el traer, por ellas nos
atauiamos de manera que ponemos por industria en nuestras personas la buena disposición que naturaleza a algunos negó; por
artificio se endereçan los cuerpos, pidiendo las ropas con agudeza,
2005 y por el mismo se ponen cabello donde fallece, y se adelgazan
o engordan las piernas si conuiene hazello; por las mugeres se
inuentan los galanes entretalles, las discretas bordaduras, las nueuas inuenciones; de grandes bienes por cierto son causa. La

1988. ay lugar] a luvgar - H, Hh
1988. esté más segura] de la más segura - AA, DD, EE, GG, HH, II, IIi; quede más
segura - BB, CC, CCc, FF
1989. .xiij.] trezena - A, C; .viij. - bilinguals
1991. conséruanlas] conseruan - B
1991. .xiiij.] catorzena - A; quatorzena - C; .ix. - bilinguals
1994. .xv.] quinzena - A, C; .x. - bilinguals
1995. de que] que de - AA, DD, EE, GG, HH, II, IIi
1995. necessidad] necesidad - A; necesitad - FF
1996. cortesýa] cortezía - C
1996. esquiuamos] esquinamos - HH
1997. mayores] majores - AA, DD, EE, GG, HH, II, IIi
1999. merece, cada] merece a cada - B
1999. vno nos da lo] vno nos dan lo - B; vno de nos de lo - M, R
1999. merecemos] mescemos - P; merecimos - BB, CC, CCc, FF
2000. razón .xvj.] razón desiséys - A; .xvj. razón - B, G, H, Hh, J, L, M, O, R;
razón diez y seys - D; .xj. razón - AA, BB, CC, CCc, DD, EE, FF, GG, HH;
.vj. razón - II, IIi
2000. hazen] hazeu - O
2002. que] qne - II, IIi
2003. naturaleza a algunos] naturaleza algunos - A, B, O
2004. artificio] arteficio - O, R
2004. cuerpos] cuerpor - G
2004. las ropas] las ropa - C; la ropa - D, N, P, Q, S, T, U, Uu
2005. el] lo - D, N, P, Q, S, T, U, Uu
2005. ponen] pone - A, B
2006. por] per - GG
2007. inuentan] inuentas - DD, EE, GG, HH, II, IIi
2007. entretalles] entretales - A; entretallan - bilinguals

.xvij. razón es porque nos conciertan la música y nos hazen gozar
2010 de las dulcedunbres della. ¿Por quién se asuenan las dulces can-
ciones? ¿Por quién se cantan los lindos romances? ¿Por quién se
acuerdan las bozes? ¿Por quién se adelgazan y sotilizan todas las
cosas que en el canto consisten? La .xviij. es porque crecen las
fuerças a los braceros, y la maña a los luchadores, y la ligereza
2015 a los que boltean y corren y saltan y hazen otras cosas semeiantes. La .xix. razón es porque afinan las gracias; los que —como
es dicho— tañen y cantan, por ellas se desuelan tanto, que suben
a lo más perfeto [f. F⁵r.] que en aquella gracia se [alcança];
los trobadores ponen por ellas tanto estudio en lo que troban,
2020 que lo bien dicho hazen parecer meior, y en tanta manera se
adelgazan, que propiamente lo que sienten en el coraçón ponen
por nueuo y galán estilo en la canción o inuención o copla que
quieren hazer. La .xx. y postrimera razón es porque somos hijos
de mugeres, de cuyo respeto les somos más obligados, que por
2025 ninguna razón de las dichas ni de quantas se pueden dezir. Diuersas razones auía para mostrar lo mucho que a esta nación somos

2009. .xvij.] dezisiete - A; .xij. - bilinguals
2009. razón] razones - H, Hh
2009. música y nos] música nos - O
2010. se asuenan] se asueñan - A; se asueuan - B; se asonan - C, D, N, P, Q, S, T,
U, Uu; se acuerdan - M, R; asuenan - BB, CC, CCc, FF; se assnenan - DD, EE,
GG; se assueuan - HH, II, IIi
2011. cantan] quantan - EE, GG, HH, II, IIi
2011. lindos] lindas - II, IIi
2013. consisten] cosisten - J
2013. .xviij.] dizeochena - A; diez y ocho - D; .xiij. - bilinguals
2014. braceros] braços - L, M, O, R
2015. boltean y corren y saltan] boltean y coren y saltan - A; boltean, corren, saltan - BB, CC, CCc, FF; boltean y saltan - GG
2016. .xix.] diezinueue - A; diez y nueue - D; .xiiij. - bilinguals
2016. gracias] gratias - R
2016. los] a los - F, G, H, Hh, I, J, K, L, M, O, R, bilinguals
2017. es dicho] dicho es - Q
2018. a lo] allo - P
2018. gracia] gratia - R
2018. alcança] alcançan - A, C, E; allança - EE, GG, HH, II, IIi
2020. dicho] fecho - H, Hh
2022. estilo] estillo - B
2022. canción] concíón - BB, CC, CCc, FF
2022. copla] culpa - B
2023. quieren] quien - EE, GG, HH, II, IIi
2023. .xx.] veyntena - A; veynte - B, N, P, Q, S, T, U, Uu; .xv. - bilinguals
2023. postrimera] postrera - E, F, G, H, Hh, I, J, K, L, M, O, R, bilinguals
2024. mugeres] mujer - B
2025. pueden] puedan - A
2026. auía] hauría - G, I, J, L, M, O, R, bilinguals

los onbres en cargo, pero la dispusición mía no me da lugar [a]
que todas las diga. Por ellas se ordenaron las reales iustas y los
ponposos torneos y las alegres fiestas; por ellas aprouechan las
2030 gracias y se acaban y comiençan todas las cosas de gentileza; no
sé causa por qué de nosotros deuan ser afeadas. ¡O culpa mere-
cedora de graue castigo, que porque algunas ayan piedad de los
que por ellas penan, les dan tal galardón! ¿A qué muger deste
mundo no harán conpassión las lágrimas que vertemos, las lásti-
2035 mas que dezimos, los sospiros que damos? ¿Quál no creerá las
razones iuradas? ¿Quál no creerá la fe certificada? ¿A quál no
mouerán las dádiuas grandes? ¿En quál coraçón no harán fruto las
alabanças devidas? ¿En quál voluntad no hará mudança la firmeza cierta? ¿Quál se podrá defender del continuo seguir? Por
2040 cierto, segund las armas con que son conbatidas, avnque las menos se defendiessen, no era cosa de marauillar, y antes deurían ser

2027.  en] a - bilinguals
2027.  da] de - BB, CC, CCc, FF
2027-2028.  lugar a que] lugar que - E, F, G, H, Hh, I, J, K, L, M, O, Q, R, bilin-
        guals
2028.  las diga] la diga - FF
2028.  ellas] ella - K
2028.  y] o - M, O, R
2029.  y las] y - D, N, P, Q, S, T, U, Uu
2029.  aprouechan] approuecfian - EE, HH
2031.  causa] causan - bilinguals
2031.  deuan] deuen - C
2032.  piedad] piadad - B
2033.  por] porque - K
2033.  penan] pena - K
2033.  A qué muger] a que a muger - C; a qual muger - D; que muger - bilinguals
2034.  harán] haría - bilinguals
2034.  conpassión] conpasión - A
2034.  las lágrimas] de las lágrimas - bilinguals
2034.  vertemos] derramamos - BB, CC, CCc, FF; yertemos - EE, GG, HH, II, IIi
2035.  dezimos] denzimos - G, J
2035-2036.  creerá las razones] creerá razones - E, F, G, H, Hh, I, J, K, L, M, O, R,
        bilinguals
2036.  iuradas] jurada - B
2036.  no creerá] nos creerá - DD
2037.  mouerán] muera - H, Hh
2037.  las dádiuas] la dádivas - EE; les dádivas - GG
2038.  alabanças devidas] alabanças deudas - bilinguals
2040.  armas con que] armas que - GG
2040-2041.  menos] manos - bilinguals
2041.  defendiessen] defendiesen - A
2041.  era] eran - R
2041.  cosa] causa - bilinguals
2041.  deurían] deuieran - M, R

las que no pueden defenderse alabadas por piadosas q*ue* retraýdas por culpadas.

[f. F⁵v.]

¶ *Prueua por enxenplos la bondad de las mugeres.*

2045   Para q*ue* las loadas virtudes desta nació*n* fuera*n* tratadas segu*nd* merece*n*, auíase de poner mi deseo en otra plática porq*ue* no
turbase mi le*n*gua ruda su bo*n*dad clara, comoquiera q*ue* ni loor
pueda crecella ni malicia apocalla segund su propiedad. Si vuiese
de hazer memoria de las castas y vírgines passadas y p*re*sentes, con-
2050   uenía q*ue* fuese por diuina reuelació*n*, porq*ue* son y an sido ta*n*-
tas, q*ue* no se pued*en* co*n* el seso humano co*n*prehender; p*er*o
diré de algunas q*ue* he leýdo, assí cristianas como ge*n*tiles y iudías,
por enxe*n*plar co*n* las pocas la virtud de las muchas. En las auto-
rizadas por santas, por tres razones no quiero hablar. La primera,
2055   porq*ue* lo que a todos es manifiesto parece sinpleza repetillo. La
segunda, porque la Yglesia les da devida y vniuersal alaba*n*ça.
La tercera, por no poner en tan malas palabras ta*n* excele*n*te bondad, en especial la de N*ue*st*r*a Señora, q*ue* qua*n*tos dotores y
deuotos y co*n*tenplatiuos en ella hablaro*n*, no pudieron llegar al
2060   estado q*ue* merecía la menor de sus excelencias; assí q*ue* me baxo
a lo llano do*n*de más libreme*n*te me puedo mouer.

2042.   piadosas] piedosas - R
2044.   enxenplos] exemplos - D, G, J, L, M, N, O, P, Q, R, S, T, U, Uu, bilinguals
2044.   mugeres] mujeras - B
2045.   que las loadas] que loadas - E, F, H, Hh, K
2046.   auíase] auiése - A, B
2046.   otra] tal - F, G, H, Hh, I, J, K, L, M, O, R, bilinguals
2047.   bondad] bondan - DD, EE, GG, HH, II, IIi
2048.   propiedad] propriedad - B, E, H, Hh, I, K, L, M, O, R, S, T, U, Uu, AA, DD,
        EE, GG, HH, II, IIi
2049.   hazer] fiazer - EE, HH, II, IIi
2049.   passadas] pasadas - A
2049-2050.   conuenía] conuernía - BB, CC, CCc, FF
2050.   reuelación] relación - L, M, O, R
2050.   sido] seydo - C, D, G, J, bilinguals
2052.   cristianas] christianas - B, G, N, P, Q, R, S, T, U, Uu, bilinguals; ehristianas - O
2053.   enxenplar] exemplar - D, J, N, P, Q, R, S, T, U, Uu, bilinguals
2055.   manifiesto] manifesto - H, Hh, GG
2056.   porque la] porque de la - F, G, H, Hh, I, J, K, L, M, O, R, bilinguals
2056.   da devida y vniuersal] es deuida vniuersal - E, F, G, H, Hh, I, J, K, L, M, O,
        R, BB, CC, CCc, FF; es deuda universal - AA, DD, EE, GG, HH, II, IIi
2057.   tercera] terecera - HH
2057.   malas] males - B
2057.   excelente] ecelente - A; excellente - B, C
2059.   no] non - C
2059.   al] a el - B
2060.   excelencias] ecelencias - A; excellencias - B, C

¶ De las castas gentiles, començaré en Lucrecia, corona de la nación romana, la qual fue muger de Colatyno, y siendo forçada de Tarquino, hizo llamar a su marido, y venido donde ella estaua,
2065 díxole:

«Sabrás, Colatyno, que pisadas de onbre ageno ensuziaron tu lecho, donde, avnque el cuerpo fue forçado, quedó el coraçón inocente, [f. F⁶r.] porque soy libre de la culpa; mas no me absueluo de la pena, porque ninguna dueña por enxenplo mío
2070 pueda ser vista errada.»

Y acabando estas palabras, acabó con vn cuchillo su vida. Porcia fue hija del noble Catón y muger de Bruto, varón virtuoso, la qual, sabiendo la muerte dél, aquexada de graue dolor, acabó sus días comiendo brasas por hazer sacrificio de sí misma. Peno-
2075 lope fue muger de Vlixes, y siendo él ydo a la guerra troyana, siendo los mancebos de Ytalia aquexados de su hermosura, pidiéronla muchos dellos en casamiento, y deseosa de guardar castidad a su marido, por defenderse dellos dixo que le dexassen conplir vna tela, como acostunbrauan las señoras de aquel tienpo
2080 esperando a sus maridos, y que luego haría lo que [le] pedían; y como le fuese otorgado, con astucia sotyl lo que texía de día

2062. las castas gentiles] las gentiles - D, N, P, Q, S, T, U, Uu
2063. Colatyno] Calatyno - A, C
2063. forçada] forçasta - O
2066. Colatyno] Calatino - C
2066. ensuziaron] ensuzieron - D; ensuriaron - DD, EE, GG, HH, II, IIi
2069. absueluo] asueluo - A, C
2069. enxenplo] exemplo - C, D, G, J, L, M, N, O, P, Q, R, S, T, U, Uu, bilinguals
2070. pueda] queda - AA, DD; dueda - EE, GG, HH, II, IIi
2071. con] co - DD, EE, GG, HH
2072. fue] fe - J
2073. sabiendo] sabindo - O
2074. sí] su - GG
2074-2075. Penolope] Penolpe - B; Penelope - E, F, G, H, Hh, I, J, K, L, M, O, R, bilinguals
2075. fue] que fue - E, F, G, H, Hh, I, J, K, L, M, O, R, bilinguals
2075. Vlixes] Vlizes - Q
2075. siendo él ydo a] ydo él a - A, B; seyendo él ydo a - C, D; siendo ydo a - E, F, G, H, Hh, I, J, K, L, M, O, R, AA, BB, CC, CCc, DD, EE, FF, GG; siendo a - HH, II, IIi
2076. Ytalia] Grecia - H, Hh, bilinguals
2077-2078. castidad a su] castidadia su - P
2078. que le dexassen] que dexassen - bilinguals
2079. como acostunbrauan las] como se acostumbraua entre las - Q
2080. esperando] esperanqo - HH
2080. que le pedían] que pedían - C, D, N, P, Q, S, T, U, Uu, AA, BB, CC, CCc, DD, FF, GG, HH, II, IIi; qae pedían - EE
2081. otorgado, con astucia] atorgado con astucia - H, Hh; otorgado a sus maridos, y que luego haría lo que pedía: y como le fuesse otorgado, con astucia - GG, HH

deshazía de noche, en cuya lauor pasaron veynte años, después de
los quales, venido Vlixes, vieio, solo, destruydo, así lo recibió la
casta dueña como si viniera en fortuna de prosperidad. Julia, hija
2085 [del] César, primero enperador en el mundo, siendo muger de
[Ponpeo], en tanta manera lo amaua, que trayendo vn día sus
vestiduras sangrientas, creyendo ser muerto, caýda en tierra, súpitamente murió. Artemisa, entre los mortales tan alabada, como
fuese casada con Manzol, rey de Ycaria, con tanta firmeza lo amó,
2090 que después de muerto, le dio sepoltura en sus pechos, quemando
sus huesos [con fuego], la ceniza de los quales poco a poco se
beuió, y después de acabados los oficios que en el auto se requerían, creyendo que se yua para él, matóse con sus manos. Argia
fue hija del rey Adrastro y casó [f. F⁶v.] con Pollinices, hijo de
2095 Edipo, rey de Thebas; y como Pollinices en vna batalla a manos
de su hermano muriese, sabido della, salió de Thebas sin temer
la inpiedad de sus enemigos ni la braueza de las fieras bestias ni
la ley del enperador —la qual vedaua que ningún cuerpo muerto
se leuantase del canpo—; fue por su marido en las tinieblas de la
2100 noche, y hallándolo ya entre otros muchos cuerpos, leuólo a la

2082. de noche] la noche - E; da noche - Q
2082. cuya] cuyo - E
2083. lo] fo - II, IIi
2084. viniera] viniea - H, Hh
2084. fortuna de prosperidad] forma de prosperidad - G, J, bilinguals; fortuna da
    prosperidad - H, Hh
Σc, d, n, p, q, s, t, u, uu
2085. del] de - E, F, G, H, Hh, I, J, K, L, M, O, R, bilinguals
2085. enperador en el mundo, siendo] emperador, siendo - bilinguals
2086. Ponpeo] Ponpeyo - E, F, G, H, Hh, I, J, K, L, M, R, bilinguals; Pondeya - O
2086. lo] la - B
2088. Artemisa] Artemisia - F, H, Hh, I, K, L, O, R, BB, CC, CCc, FF
2089. Manzol] Mansol - B; Mazol - O; Mausoleo - R; Mausolo - BB, CC, CCc, FF
2089. Ycaria] Caria - R, BB, CC, CCc, FF
2091. con fuego] en ellos - A, B
2091-2092. poco a poco se beuió] a poca a poco se beuió - G; a poco a poco se
    beuió - I, J, L, O; a poco a poco beuió - M, R; poco a poco le beuió - AA,
    DD, EE, GG, HH, II, IIi; poco a poco beuió - BB, CC, CCc, FF
2092. auto] muerto - bilinguals
2094. Adrastro] Adastro - F, G, H, Hh, I, J, K, L, M, O, R, AA, DD, EE, GG, HH,
    II, IIi
2094. Pollinices] Polinices - B, BB, CC, CCc, EE, FF
2095. Edipo] Egypto - F, H, Hh, K; Egisto - G, I, J, L, M, O, R, AA, DD, EE, GG,
    HH, II, IIi
2095. Thebas] Tebas - A
2095. Pollinices] Polinices - B, BB, CC, CCc, EE, FF
2096. de su] ae su - E
2096. Thebas] Tebas - A
2098. ningún] ningúm - AA
2099. tinieblas] tiniebras - A, B
2100. leuólo] lleuóle - F, H, Hh, K

cibdad, y [haziéndole] quemar segund su costunbre, con amargo-
sas lágrimas hizo poner [sus cenizas] en vna arca de oro, pro-
metiendo su vida a perpetua castidad. Ypo la greciana, nauegan-
do por la mar, quiso su mala fortuna que tomasen su nauío los
2105 enemigos, los quales queriendo tomar della más parte que les
daua, conseruando su castidad, hízose a la vna parte del nauío;
y dexada caer en las ondas, pudieron ahogar a ella, mas no la
fama de su hazaña loable. No menos digna de loor fue su muger
de Amed, rey de Tessalia, que sabiendo que era profetizado por
2110 el dios Apolo que su marido recebiría muerte si no vuiese quien
voluntariamente la tomase por él, con alegre voluntad —porque
el rey biuiesse— dispuso de se matar.

¶ De las iudías, Sarra, muger del padre Abraham, como fuese
presa en poder del rey Faraón, defendiendo su castidad con las
2115 armas de la oración, rogó a Nuestro Señor la librase de sus manos,
el qual como quisiese acometer con ella toda maldad, oýda en el
cielo su petición, enfermó el rey; y conocido que por su mal pensamiento adolecía, sin ninguna manzilla la mandó librar. Délbora,

2101. haziéndole] haziéndolo - E, F, G, H, Hh, I, J, K, L, M, O, R, bilinguals
2101. costunbre] costombre - HH, II, IIi
2102. sus cenizas] su ceniza - E, F, G, H, Hh, I, J, K, L, M, O, R, AA, BB, CC, CCc, DD, FF; su cenia - EE, GG, HH, II, IIi
2102. vna] vn - O
2102. arca de oro] archa de oro - AA, DD, EE, GG, HH; archa de ora - II, IIi
2103. perpetua] perdetua - O
2103. greciana] greciona - EE, HH, II, IIi
2103-2104. nauegando] nauigando - B
2104. tomasen] tamassen - EE
2105. tomar della] della tomar - O; tomar dellas - DD, EE, GG, HH, II, IIi
2106-2107. nauío; y dexada caer] nauío dexada caer - L, M, O, R; nauío y dexadas caer - AA, DD, EE, GG, HH, II, IIi; nauío y dexándose caer - BB, CC, CCc, FF
Σ
2108. digna] dina - A; digno - P
2108. de loor] da lvor - GG
2109. Amed] Ameto - BB, CC, CCc, FF, GG; Med - EE, HH, II, IIi
2109. Tessalia] Thessalia - E, F, G, H, Hh, I, J, K, L, M, O, R, bilinguals
2110. Apolo] Appollo - HH, II, IIi
2111. voluntariamente] voluntariosamente - G, J, bilinguals
2111. alegre] alegra - II, IIi
2112. biuiesse] biuiese - A
2113. Sarra] Sara - S, T, U, Uu
2114. presa] preso - FF
2114. en poder] en el poder - C, D, N, P, Q, S, T, U, Uu
2115. Nuestro] nostro - H, Hh
2115. la librase] la librrsse - O; le librasse - GG
2115. de sus] sus - II, IIi
2116. acometer] cometer - Q
2117. conocido] conociendo - D, N, P, Q, S, T, U, Uu
2118. librar] libr - P

dotada de tantas virtudes, mereció aver espíritu [f. F⁷r.] de pro-
2120 fecía y no solamente mostró su bondad en las artes mugeriles,
mas en las feroces batallas, peleando contra los enemigos con
virtuoso ánimo; y tanta fue su excelencia, que iuzgó quarenta
años el pueblo iudayco. Ester, siendo leuada a la catiuidad de Ba-
bilonia, por su virtuosa hermosura fue tomada para muger de
2125 Asuero, rey que señoreaua a la sazón ciento y veynte y siete pro-
uincias, la qual por sus méritos y oración libró los iudíos de la
catiuidad que tenían. Su madre de Sansón, deseando aver hijo,
mereció por su virtud que el ángel le reuelase su nascimiento
de Sansón. Elisabeth, muger de Zacharías, como fuese verdadera
2130 sierua de Dios, por su merecimiento vuo hijo santificado antes
que naciese, el qual fue San Iuan.
    ¶ De las antiguas cristianas, más podría traer que escreuir;
pero por la breuedad, alegaré algunas modernas de la castellana
nación. Doña María Cornel, en quien se començó el linaie de los
2135 Corneles, porque su castidad fuese loada y su bondad no escure-
cida, quiso matarse con fuego, auiendo menos miedo a la muerte,
que a la culpa. Doña Ysabel, madre que fue del maestre de Ca-

2120. y no solamente] et no solamente - K; no solamente - L, M, O, R; e no sala-
    mente - HH, II, IIi
2121. feroces] furiosas - BB, CC, CCc, FF
2121. batallas] batalles - A
2122. tanta fue] tanta - O
2122. excelencia] excellencia - B, C, BB, CC, CCc
2122. quarenta] quarento - II, IIi
2123. catiuidad] ciudad - D, N, P, Q, S, T, U, Uu
2123. de] dd - GG, HH
2124. para] por - Q
2125. ciento] ceento - EE, HH, II, IIi; creento - GG
2125. veynte y siete] veynte siete - I
2126. méritos] merecimientos - bilinguals
2126. oración] oraciones - E, F, G, H, Hh, I, J, K, L, M, O, R, bilinguals
2129. Elisabeth] Elisabel - A; Elizabet - B
2129. Zacharías] Zacarías - A, FF
2129. fuese] fueste - EE, GG, HH, II, IIi
2130. hijo] dijo - HH, II, IIi
2131. Iuan] Iuant - EE, GG, HH
2132. las] les - B
2132. cristianas] christianas - B, C, E, H, Hh, K, N, Q, R, S, T, U, Uu, bilinguals
2133. algunas modernas de] algunas de - bilinguals
2134. nación] naciun - GG
2134. Cornel] Coronel - E, F, G, H, Hh, I, J, K, L, M, O, R, bilinguals
2134. quien se començó] quien começó - C, D, N, P, Q, S, T, U, Uu
2134. el] en - A
2135. Corneles] Coroneles - E, F, G, H, Hh, I, J, K, L, M, O, R, bilinguals
2135. fuese] fue - C, D, N, P, Q, S, T, U, Uu
2135. loada] loapa - EE, HH, II, IIi
2137. culpa] colpa - K

latraua, don Rodrigo Téllez Girón, y de los dos condes de [Hurueña], don Alonso y don Iuan, siendo biuda, enfermó de vna
2140 graue dolencia; y como los médicos procurasen su salud, conocida
su enfermedad, hallaron que no podía biuir si no casasse, lo qual
como de sus hijos fuese sabido, deseosos de su vida, dixéronle que en
todo caso recibiesse marido, a lo qual ella respondió:

«Nunca plega a Dios que tal cosa yo haga, que meior me es
2145 a mí muriendo ser dicha madre de tales [f. F⁷v.] hijos, que biuiendo muger de otro marido.»

Y con esta casta consideración, assí se dio al ayuno y disciplina, que quando murió fueron vistos misterios de su saluación.
Doña Mari García, la beata, siendo nacida en Toledo del mayor
2150 linage de toda la cibdad, no quiso en su vida casar, guardando
en ochenta años que biuió la virginal virtud, en cuya muerte fueron
conocidos y aueriguados grandes milagros, de los quales en Toledo ay agora y avrá para sienpre perpetua recordança. O, pues
de las vírgines gentiles, ¿qué podría dezir? Atrisilia, sevila nacida

2138-2139. Hurueña] Ureña - E, F, G, I, J, K, L, M, R, S, T, U, Uu, bilinguals;
    Vrenan - H, Hh
2139. siendo] liendo - F
2140. procurasen] procurasset - II, IIi
2140. conocida] conociendo - M, R
2141. no casasse] no casase - A; no se casasse - O
2141. lo] la - E, F, H, Hh, K
2142. dixéronle] dizéronle - EE, HH, II, IIi; diziéronle - GG
2143. recibiesse] recibiese - A
2143. marido, a lo] marido los - H, Hh
2148. fueron] fucron - EE
2149. Mari] María - M, R
2149. siendo] seyendo - C, D, N, P, Q
2149. Toledo] Tholedo - B
2149. mayor] major - AA, DD, EE, GG, HH, II, IIi
2151. ochenta] ochente - AA, DD, EE, GG, HH, II, IIi
2151. virginal virtud] verginal vertud - K
2152. milagros] miraglos - A, B
2152-2153. Toledo] Tholedo - B
2153. ay] y - T, U, Uu
2153. perpetua] perpetual - EE
2153. recordança] recordación - G, J, L, M, O, R, bilinguals
2153. O, pues] pues - bilinguals
2154. podría] podía - EE, GG, HH, II, IIi
2154. dezir] dezir como de - bilinguals
2154. Atrisilia] Artisilia - L, O; Artrisilia - M, R, GG
2154. sevila] sibila - E, F, G, H, Hh, I, J, K, L, O; sibilia - M, R; sibilla - bilinguals
2154-2155. nacida en] de - bilinguals

2155 en Babilonya, por su mérito profetizó por reuelación diuina muchas cosas aduenideras, conseruando linpia virginidad hasta que murió. Palas o Minerva, vista primeramente cerca de la laguna de Tritonio, nueua inuentora de muchos oficios de los mugeriles y avn de algunos de onbres, virgen biuió y acabó. Atalante, la que
2160 primero hirió el puerco de Calidón, en la virginidad y nobleza le pareció. Camila, hija de Macabeo, rey de los Bolesques, no menos que las dichas sostuuo entera virginidad. Claudia bestal, Clodia romana, aquella misma ley hasta la muerte guardaron. Por cierto, si el alargar no fuese enoioso, no me fallecerían daquí a mill años
2165 virtuosos enxenplos que pudiese dezir. En verdad, Tefeo, segund lo que as oýdo, tú y los que blasfemáys de todo linage de mugeres soys dignos de castigo iusto, el qual, no esperando que nadie os lo dé, vosotros mismos lo tomáys, pues vsando la malicia, condenáys la vergüença.

[f. F⁸r.]

2155-2163. Babilonya, por su mérito... la muerte guardaron. Por cierto] Babylonia, Palas o Minerua, Athalanta, Camilla, Glaudia vestial, Clodia romana? Por cierto - AA, DD; Babylonia, Palas o Minerua, Atalanta, Camilla, Glaudia vestial, Clodia romana? Por cierto - BB, CC, CCc, FF; Babylonia, Palas o Minerua, Athalanta, Camilla, Claudia vestial, Clodia romana? Por cierto - EE, HH, II, IIi; Babylonia, Palas o Minerua, Atalanta, Camilla, Claudia vestal, Clodia romana? Por cierto - GG
2155. profetizó] prophetizó - O
2156. linpia] limpieza - O
2157. la] tal - B
2158. inuentora] iuentora - M
2159. de onbres] de los onbres - A, B
2159. Atalante] Btalanta - E; Atalanta - F, G, H, Hh, I, J, K, L, M, O, R
2160. primero] premero - O
2160. hirió] hizo - M, R
2161. Camila] Camilla - B, E, F, G, H, Hh, I, J, K, L, M, R
2161. Bolesques] Bolsques - F, H, Hh, K; Bloscos - G, J, Q; Bolscos - I, L, M, O, R
2161. no] y no - D, N, P, Q, S, T, U, Uu
2162. entera] eterna - F, G, H, Hh, I, J, K, L, M, O, R
2162-2163. Clodia romana] Cladia romana - C, D, N, P; Claudia romana - M, O, Q, R, S, T, U, Uu
2163. cierto] cierro - Q
2164. enoioso] enojo - E, F, G, H, Hh, I, J, K, bilinguals
2164. fallecerían] fallecieran - J, AA, DD, EE, GG, HH, II, IIi; frllecerían - O
2165. virtuosos] vituosos - P
2165. enxenplos] eyemplos - B; exemplos - D, J, L, M, N, O, P, Q, R, S, T, U, Uu, bilinguals
2165. Tefeo] Teseo - D, N, P, Q, S, T, U, Uu
2165-2166. segund lo que] según que - EE, GG, HH, II, IIi
2167. soys] soyos - BB, CC, CCc
2167. dignos] dinos - A
2167. nadie] nadi - B
2167. os] vos - E, F, G, H, Hh, I, J, K, L, M, O, R, bilinguals
2168-2169. condenáys] condemnáys - B

2170 ¶ *Buelue el autor a la historia*

Mucho fueron marauillados los q*ue* se hallaron presentes oye*n*-
do el co*n*cierto que Leriano tuuo en su habla, por estar tan cercano
a la muerte, en cuya sazón las menos vezes se halla sentido; el
qual quando acabó de hablar, tenía ya turbada la lengua y la vista
2175 casi perdida; ya los suyos, no podiéndose contener, dauan bozes;
ya sus amigos començauan a llorar; ya sus vasallos y vasallas gritauan por las calles; ya todas las cosas alegres eran bueltas en
dolor. Y como, su madre siendo absente, sienpre le fuese el mal
de Leriano negado, da*n*do más crédito a lo que temía, que a lo
2180 que [le] dezían, con ansia de amor maternal, partyda de donde
estaua, llegó a Susa en esta triste conjuntura; y entrada por la
puerta, todos quantos le veýan le dauan nueuas de su dolor, más
con bozes lastimeras, que con razones ordenadas, la qual, oyendo
que Leriano estaua en ell agonía mortal, falleciéndole la fuerça,
2185 sin ningún sentido cayó en el suelo, y ta*n*to estuuo sin acuerdo
que todos pensauan que a la madre y al hijo enterrarían a vn
tienpo. Pero ya que con grandes remedios le restituyeron el conoscimiento, fuése al hijo, y después que con traspassamiento de

2170. historia] estoria - A, B; hictoria - GG
2171. fueron marauillados] marauillados fueron - O
2171. hallaron] gallaron - K
2172. tan] tant - EE; tat - HH, II, IIi
2172. cercano] cercauo - EE, GG, HH; cercado - II, IIi
2175. casi] quasi - D, E, F, G, H, Hh, I, J, K, L, M, N, O, P, Q, R, bilinguals
2175. ya] yo - B
2175. suyos] suos - EE, GG, HH
2176. començauan] començauant - II, IIi
2176-2177. vasallos y vasallas gritauan] vasallos gritauan - H, Hh; visallos y vasallas
        gritauan - II, IIi
2177. bueltas] bueltes - II, IIi
2178. como, su] como a su - G, J, L, M, O, R
2179. temía] tenía - A, E, bilinguals
2180. que le dezían] que dezían - B, E, F, G, H, Hh, I, J, K, L, M, O, R, bilinguals
2180. amor] dolor - bilinguals
2181. esta] este - AA, DD, EE, GG, HH, II, IIi
2181. conjuntura] coiuntura - A; coyuntura - B
2181. entrada] entrando - M, R
2182. veýan le dauan] veýan dauan - B;
2182. dolor] valor - O
2183. ordenadas] orndenadas - A
2184. en ell] en - bilinguals
2184. falleciéndole la] falesciéndole la - B; falleciendo de la - bilinguals
2185. ningún] ninguno - AA, DD, EE, GG, HH, II, IIi
2185. sentido] sentimiento - D, N, P, Q, S, T, U, Uu
2185. sin acuerdo] en su desacuerdo - E, F, G, H, Hh, I, J, K, L, M, O, R, bilinguals
2186. que todos] que que todos - B
2187. restituyeron] restituyron - T, U, Uu
2188. trapassamiento] traspasamiento - A

2190 [muerte], con muchedunbre de lágrimas le [boluió] el rostro, començó en esta manera a dezir:

[f. F⁸v.]

¶ *Llanto de su madre de Leriano.*

¡O alegre descanso de mi vegez! ¡O dulce hartura de mi voluntad! Oy dexas de dezirte hijo y yo de más llamarme madre, de lo qual tenía temerosa sospecha por las nueuas señales que en 2195 mí vi de pocos días a esta parte; acaescíame muchas vezes —quando más la fuerça del sueño me vencía— recordar con vn tenblor súpito que hasta la mañana me duraua; otras vezes, quando en mi oratorio me hallaua rezando por tu salud, desfallecido el coraçón, me cobría de vn sudor frío en manera que dende a 2200 gran pieça tornaua en acuerdo; hasta los animales me certificauan tu mal; saliendo vn día de mi cámara, vínose vn can para mí y dio tan grandes avllydos, que assí me [cortó] el cuerpo y la habla, que de aquel lugar no podía mouerme; y con estas cosas daua más crédito a mi sospecha, que a tus mensaieros, y por 2205 satisfazerme, acordé de venir a veerte, donde hallo cierta la fe que di a los agüeros. ¡O lunbre de mi vista! ¡O ceguedad della

---

2189. muerte] muerta - A, C, D, N, P, Q, S, T, U, Uu
2189. boluió] viuió - A, E; aviuió - B; vio - F, G, H, Hh, I, J, K, L, M, O, R, bilinguals
2190. en esta] desta - F, G, H, Hh, I, J, K, L, M, O, R, bilinguals
2191. de Leriano] a Leriano - P
2192. alegre] alegría - G, J, bilinguals
2192. vegez] vejes - P
2193. Oy dexas] hoy te dexas - B
2193. de dezirte hijo] dezir hijo - A
2193. de más llamarme] de llamarme - bilinguals
2194. por] bor - H, Hh
2195. parte] parce - EE
2195. acaescíame] acaescióme - B
2196. sueño] sueña - HH, II, IIi
2198. me hallaua] me yua - E; estaua - F, G, H, Hh, I, J, K, L, M, O, R, bilinguals
2199. en] un - GG, HH, II, IIi
2199. que] qu - AA, DD, EE; qui - GG
2201. can] cam - F
2202. avllydos] bozes y aullydos - B; audillos - C
2202-2203. que assí me cortó el cuerpo y la habla, que] que - bilinguals
2202. cortó] corté - A, B, R
2203. lugar] lu ar - O
2204. mensaieros] mansajeros - P
2206. a los] blos - K
2206. agüeros] agüerros - GG

misma!, que te veo morir y no veo la razón de tu muerte; tú,
en edad para beuir; tú, temeroso de Dios; tú, amador de la virtud; tú, enemigo del vicio; tú, amigo de amigos; tú, amado de
2210 los tuyos! Por cierto, oy quita la fuerça de tu fortuna los derechos
a la razón, pues mueres sin tienpo y sin dolencia; bienauenturados
los baxos de condición y rudos de engenio, que no pueden sentir
las cosas sino en el grado que las entienden; y malauenturados
los que con sotil iuyzio las trascenden, los quales con el [f. F⁹r.]
2215 entendimiento agudo tienen el sentimiento delgado; pluguiera a
Dios que fueras tú de los torpes en el sentir, que meior me estuuiera ser llamada con tu vida madre del rudo, que no a ti por
tu fin, hijo que fue de la sola. ¡O muerte, cruel enemiga!, que
ni perdonas los culpados ni absuelues los inocentes. Tan traydora
2220 eres, que nadie para contigo tiene defensa; amenazas para la vejez
y lieuas en la mocedad; a vnos matas por malicia y a otros por
enbidia; avnque tardas, nunca oluidas; sin ley y sin orden te

2207-2210. muerte: tú, en edad para beuir; tú, temeroso de Dios; tú, amador de
la virtud; tú enemigo del vicio; tú, amigo de amigos; tú, amado de los
tuyos! Por] muerte. Por - bilinguals
2207-2208. tú, en edad] tu edad - C, D, N, P, S, T, U, Uu; tú de edad - Q
2208. amador] enamorador - E
2210. Por] par - G
2210. quita] quira - II, IIi
2211. mueres] muere - II, IIi
2211. tienpo y sin] tiempo sin - O
2211-2212. bienauenturados los] bienauenturados son los - D, N, P, Q, S, T, U, Uu
2213. entienden] entenden - H, Hh, N, P, S, T, U, Uu
2214. trascenden] trascienden - J, M, AA, BB, CC, CCc, DD, FF, GG, II, IIi; tras-
ceden - K; tracenden - N, S, T, U, Uu; trascieden - R; trasciendem - EE, HH
2214-2215. con el entendimiento] con entendimiento - E, F, G, H, Hh, I, J, K, L, M,
O, R, bilinguals
2215-2218. delgado; pluguiera a Dios que fueras tú de los torpes en el sentir, que
meior me estuuiera ser llamada con tu vida madre del rudo, que no a ti
por tu fin, hijo que fue de la sola. ¡O] delgado. O - bilinguals
2218. O] a - B
2218. muerte] muerta - II, IIi
2218. cruel enemiga] cruel en el enemiga - M, O, R
2218-2219. que ni] que no - M, R; que mi - EE, GG, HH, II, IIi
2219. perdonas] perdo mas - AA, DD, EE, GG, HH, II, IIi
2219. los culpados] lo culpados - GG
2219. absuelues] asuelues - A, B; absuclues - EE, GG, HH
2219. Tan] tam - GG
2220. nadie] nadi - B
2220-2222. defensa; amenazas para la vejez y lieuas en la mocedad; a vnos matas
por malicia y a otros por enbidia; avnque tardas, nunca oluidas; sin]
defensa; sin - bilinguals
2221. la] lo - L; las - N, P
2221-2222. matas por malicia y a otros por enbidia] malicia y a otros por enbidia - C,
D, N, P; matas por enbidia a otros psr malicia - Q; por malicia y a otros
por enbidia - S, T, U, Uu

riges. Más razón auía para que conseruasses los veynte años del
hijo moço, que para q*ue* dexases los [sesenta] de la vieia madre.
2225 ¿Por qué boluiste el derecho al reués? Yo estaua harta de ser
biua y él en edad de beuir. Perdóname porque assí te trato, que
no eres mala del todo, porque si con tus obras causas los dolores,
con ellas mismas los co*n*suelas, leuando a quien dexas con quien
leuas; lo que si comigo hazes, mucho te seré obligada; en la
2230 muerte de Leriano no ay esperança, y mi tormento con la
mía recebirá consuelo. ¡O hijo!, ¿qué será de mi veiez conten-
plando en el fin de tu iuuentud? Si yo biuo mucho, será porque
podrán más mis pecados, que la razón que tengo para no biuir.
¿Con q*ué* puedo recebir pena más cruel que con larga vida? Tan
2235 poderoso fue tu mal, q*ue* no tuuiste para con él ningund remedio;
ni te valió la fuerça del cuerpo, ni la virtud del coraçón, ni el
esfuerço del ánimo; todas las cosas de que te podías valer te
fallecieron; si por precio de amor tu vida se pudiera conprar, más
poder tuuiera mi deseo, q*ue* fuerça la muer[f. F⁹v.]te; mas para
2240 librarte della, ni fortuna quiso, ni yo, triste, pude; con dolor

2223.  para que conseruasses] para que conseruases - A;  para conseruar - AA, BB,
       CC, CCc, DD, FF;  pa,a conserua - EE, HH;  para conserua - GG, II, IIi
2223-2224.  del hijo moço] de mi hijo Leriano moço - D, N, P, S, T, U, Uu;  del hijo
       mocho - AA, DD, GG;  del hiso mocho - EE, HH, II, IIi
2224.  que para que dexases] para que dexasses - Q;  que para dexar - AA, BB, CC,
       CCc, DD, FF;  que para dexa - EE, GG, HH, II, IIi
2224.  sesenta] setenta - C, E, F, G, H, Hh, I, J, K, L, M, O, Q, R, BB, CC, CCc,
       FF, II, IIi;  setante - AA, DD, EE, HH;  septante - GG
2224.  la vieia] la muy triste vieja - D, N, P, S, T, U, Uu;  la vieje - II, IIi
2225.  Por qué] a porque - GG
2225.  ser] sre - EE, HH;  sire - GG
2227.  con tus] tú con - E, F, G, H, Hh, I, J, K, L, M, O, R, bilinguals
2227.  causas] cosas - II, IIi
2228.  con ellas] por ellas - bilinguals
2228.  los] las - bilinguals
2228-2229.  dexas con quien leuas; lo que si comigo hazes, mucho te seré obligada;
       en] dexas. En - bilinguals
2231.  recebirá] reçibirás - B;  recibiera - L;  recibir - T, U, Uu;  recibía - II, IIi
2231.  consuelo] consuello - P
2231.  hijo] hijo mío - A, B
2232.  iuuentud] iouentud - A
2232.  Si yo] suyo - P
2233.  podrán] podrá - H, Hh
2233.  más] mos - EE, GG, HH, II, IIi
2234.  puedo] pudo - AA, DD, EE, GG, HH, II, IIi
2234.  larga vida] vida larga - bilinguals
2234-2235.  Tan poderoso] poderoso - E, F, G, H, Hh, I, J, K, L, M, O, R, bilinguals
2236.  ni te] no te - O
2237.  ánimo] ánima - BB, CC, CCc, FF
2239.  tuuiera] tuuierra - O
2240.  ni fortuna] ni tu fortuna - A, B
2240.  quiso] g//[end of line] so - O

será mi beuir y mi comer y mi pensar y mi dormir, hasta que su fuerça y mi deseo me lieuen a tu sepoltura.

¶ *El auctor.*

2245 El lloro que hazía su madre de Leriano crecía la pena a todos los q*ue* en ella participauan, y como él sie*n*pre se acordase de Laureola, de lo q*ue* allí pasaua tenía poca memoria, y viendo que le quedaua poco espacio para gozar de ver las dos cartas que della tenía, no sabía qué forma se diese co*n* ellas. Quando pensaua rasgallas, parecíale q*ue* ofendería a Laureola en dexar perder ra-
2250 zones de ta*n*to precio; quando pensaua ponerlas en poder de algún suyo, temía que serían vistas, de donde para quien las enbió se esperaua peligro. Pues tomando de sus dudas lo más seguro, hizo traer vna copa de agua, y hechas las cartas pedaços, echólas en ella; y acabado esto, mandó que le sentasen en la cama, y sen-
2255 tado, beuióselas en el agua y assí quedó contenta su voluntad; y llegada ya la ora de su fin, puestos en mí los oios, dixo:

«Acabados so*n* mis males»;

y assí quedó su muerte en testimonio de su fe. Lo que yo sentý y hize, ligero está de iuzgar; los lloros que por él se hizie-

2242. lieuen] lleuan - II, IIi
2244. lloro que hazía su] lloro de su - bilinguals
2245. participauan] parricipauan - GG
2245. como él sienpre] como siempre - bilinguals
2246. Laureola, de lo que allí pasaua tenía poca memoria, y viendo] Laureola. viendo - bilinguals
2248. con] en - F, G, H, Hh, I, J, K, L, M, O, R, bilinguals
2249. rasgallas] raspallas - FF
2249. parecíale que] pareciéle que - D; parecía que - bilinguals
2249-2250. razones] rayones - EE, GG, HH, II, IIi
2251. algún] alguno - E, F, G, H, Hh, I, J, K, L, M, O, R, bilinguals
2251-2252. vistas, de donde para quien las enbió se esperaua peligro. Pues tomando de sus dudas lo más] vistas para quien las embió. Pues tomando lo más - bilinguals
2253. copa de] copa llena de - bilinguals
2253. hechas] hecha - L
2254. acabado] acabando - II, IIi
2254. le sentasen] le assentassen - D, H, Hh, N, P, Q, S, T, U, Uu; se sentassen - K
2254-2255. sentado] assentado - D, N, P, Q, S, T, U, Uu; sentando - bilinguals
2255. beuióselas] beuiólas - bilinguals
2256. llegada] llegado - B, BB, CC, CCc, FF
2256. oios, dixo] ojos me dixo - H, Hh
2257. son] san - EE, GG, HH, II, IIi
2259-2260. él se hizieron] él hizieron - BB, CC, CCc, FF

2260 ron son de tanta lástima, que me parece crueldad escriuillos; sus onrras fueron conformes a su merecimiento, las quales aca[f. F¹⁰r.] badas, acordé de partirme. Por cierto con meior voluntad caminara para la otra vida, que para esta tierra; con sospiros caminé; con lágrimas partý; con gemidos hablé; y con tales passatienpos llegué
2265 aquí a Peñafiel, donde quedo besando las manos de vuestra merced.

2260. que me parece] que parece - D, N, P, Q, S, T, U, Uu; que me preece - DD, EE, GG, HH, II, IIi
2260. crueldad escriuillos] crueldad de escriuillos - C, D, N, P, Q; crueldad escreuillo - M
2261. fueron] fueren - O
2261-2265. merecimiento, las quales... vuestra merced.] merecimiento. [end of work] - bilinguals
2262. partirme] partir - G, J
2264. partý] portí - O
2264. tales] tale - K
2264. passatienpos] pasatienpos - A; pensamientos - G, J

# NOTES

1. [do fue he], [don]. The bracketed phrases are missing in the A copy-text. A corner of the first folio has been lost. The missing letters have been reconstructed from the other editions. In the first lacuna, *hecho* has been used instead of *fecho,* because A established a preference for graphic *h* rather than *f* to represent the etymological Latin *f,* as noted earlier in the Linguistic Description.

2. Diego Hernández. Diego de San Pedro, *Obras,* ed. Samuel Gili Gaya, 3rd. ed. (1950; rpt. Madrid: Espasa-Calpe, 1967), pp. xxvii-xxix; Diego de San Pedro, *Obras completas,* I, ed., Keith Whinnom (Madrid: Castalia, 1973), p. 27; Diego de San Pedro, *Cárcel de amor,* ed. Enrique Moreno Báez (Madrid: Ediciones Cátedra, 1977), p. 51, note 1, all discussed the identity of don Diego Hernández, Alcayde de los Donzeles. The Alcayde's date of birth is unknown, but would be before 1462 according to Whinnom's information. The Alcayde's father was the sixth Alcayde, Martín Fernández de Córdoba, and his uncle, Diego Fernández de Córdoba, was known by the title Count of Cabra. Don Diego's mother was Leonor de Arellano y de Córdoba, sister of Alfonso Fernández de Córdoba de Aguilar («el Grande») and Gonzalo Fernández de Córdoba («el Gran Capitán»). The Alcayde became well known during the war of Granada, in which he won the battle of Lucena and captured Boabdil in 1483. In the war against Navarre, Hernández took Estella and shortly thereafter was named Marquis of Mondéjar and Viceroy of Navarre by Fernando el Católico. Besides being the seventh Alcayde de los Donzeles (the *donceles* being young noblemen who formed a group of light-armoured knights with certain privileges and who, as the vanguard, scouted the enemy territory), Diego Hernández was also first Marquis of Comares, Captain-general of Orán and Mazarquivir, of the Royal Council of the Catholic Sovereigns, of Juana la Loca, and of the Emperor Carlos V.

8. puesto que. *Puesto que* meant 'aunque' in Old Spanish and is thus used with the same meaning throughout the *Cárcel de amor.*

9. opinión. According to Sebastián de Covarrubias, *Tesoro de la lengua castellana o española* (1611; facsimile rpt. Madrid: Ediciones Turner, n.d.), p. 837b, «distinguen los filósofos la opinión de la ciencia, porque la ciencia dize cosa cierta y indubitable, y la opinión es de cosa incierta».

14. oración. Gili Gaya (San Pedro, ed. Gili Gaya, p. 114, note 5) said that the *oración* could be the *Sermón* or the *Arnalte y Lucenda* or some unknown work of San Pedro. Whinnom (San Pedro, I, ed. Whinnom, p. 41; and previously in «Diego de San Pedro's Stylistic Reform», *BHS,* 37 (1960), 1-15) conjectured that the *oración* referred to the *Sermón* or else to some other lost work: it did not allude to the *Arnalte.*

15. la señora. The same variant appeared in the *Arnalte y Lucenda,* l. 2351; however, in the *Arnalte* the archetype reads, *virtuosas señoras:* the Burgos: Alonso de Melgar, 1522 edition and the Ms. 22021 of the Biblioteca Nacional de Madrid read *virtuosas señoras;* the Burgos: Fadrique Alemán, 1491 edition reads *señoras.* All references are to my critical edition (London: Tamesis, 1985).

15. Marina. Although the archetype decision is unclear, *Marina* was chosen for the critical edition based on historical evidence. According to Whinnom (San Pedro, I, ed. Whinnom, pp. 28-30; and again in «The Mysterious Marina Manuel (Prologue, *Cárcel de Amor*)», *Studia Iberica: Festschrift für Hans Flasche,* eds. Karl-Hermann Körner and Klaus Rühl (Berne: Francke, 1973), pp. 689-695), Marina Manuel, the great-granddaughter of don Juan Manuel, daughter of don Juan Ma-

207

nuel I, and sister of don Juan Manuel II, married Baldwin of Burgundy and went to Flanders between 1490 and 1496. Her family was related to the family of don Juan Téllez-Girón. Gili Gaya (San Pedro, ed. Gili Gaya, p. 114, note 5) wrongly identified Marina Manuel with María Manuel de Fonseca, who was born after 1510. Therefore, the name of the lady in question should be Marina, and not María.

15, 16, 17. [que le parescía, menos], [tractado que vid], [damient]. All the words bracketed are lacking in the copy-text A due to the missing corner of the first folio. Reconstructions were made based on the other editions.

16. tractado. According to Whinnom (Diego de San Pedro, *Obras completas*, II, ed. Keith Whinnom [Madrid: Castalia, 1971], p. 80, note 7; and Whinnom, «Diego de San Pedro's Stylistic Reform», pp. 1-15), the word *tractado* alluded to the *Tractado de amores de Arnalte y Lucenda*.

18-19. acordé de endereçarla. The archetype is here unclear since both readings are found in two branches of the stemma. However, I have accepted the *de* in the critical edition because of other textual evidence in the *Cárcel* where *acordar* is found with *de* plus infinitive: e.g., ll. 675, 898, 987-988, 1119, 2205, and 2262.

20-23. primero que... buscaua la seguridad. The passage later had resonance in Fernando de Rojas, *Comedia de Calisto y Melibea* (?) (Burgos?: F. Basilea?, 1499?), auto x, f. i³r., where Celestina says: «Verdad es que ante que me determinasse: assi por el camino: como en tu casa estuue en grandes dubdas: si te descobriría mi peticion. Visto el gran poder de tu padre temia. mirando la gentileza de Calisto osaua. vista tu discrecion me recelaua. mirando tu virtud y humanidad esforçaua: en lo vno fallaua el miedo: y en lo otro la seguridad.» All quotations from *Celestina* are taken from the 1499? edition reproduced in facsimile by the Hispanic Society of America, New York, 1970 (first printing 1909). The resemblance between the *Cárcel* and *Celestina* was also noted by F. Castro Guisasola, *Observaciones sobre las fuentes literarias de «La Celestina»* (1924; rpt. Madrid: CSIC, 1973), p. 184.

27. escritura. Gili Gaya (San Pedro, ed. Gili Gaya, p. 115, note 7), and Whinnom (San Pedro, II, ed. Whinnom, p. 80, note 10) agreed that *escritura* referred to the *Arnalte y Lucenda*.

38. Comiença la obra. A similarity to Dante can be seen in the allegory at the beginning of the romance where the wanderer is lost in a dark forest and then finds a guide who leads him out — a situation like that found in Dante's *Divine Comedy*, *Inferno*, Canto I. The beginning of the *Arnalte y Lucenda* also shares the same pattern: a traveler lost in the dark forest is then guided out. E. von Richtohofen, «Petrarca, Dante y Andreas Capellanus: fuentes inadvertidas de la *Cárcel de amor*», *RCEH*, 1 (1976-77), p. 33, also discussed the resemblance of the *Cárcel*'s allegorical figure of Desire to that of Dante's *Vita Nuova*, II.

39. guerra del año pasado. From the later reference to the Sierra Morena, the war may allude to the War of Granada, in which, according to Whinnom (San Pedro, II, ed. Whinnom, p. 81, note 11), it is possible that Diego de San Pedro participated. Whinnom, in San Pedro, I, ed. Whinnom, pp. 1-34, also discussed the identification of the «guerra» and the activities of San Pedro.

40. tener el inuierno. According to Whinnom (San Pedro, II, ed. Whinnom, p. 81, note 12), «*tener el invierno... reposo: tener el invierno* significaba 'pasar el invierno' (véase el *Libro de Apolonio*, 98cd y 99c); aquí apenas cabe duda de que reposo quiere decir 'morada, lugar de reposo', aunque los diccionarios (incluso el de Nebrija, donde traduce al *quies* latina) no registran esta acepción».

43. vn cauallero. A. D. Deyermond, «El hombre salvaje en la novela sentimental», *Filología*, 10 (1964), 97-111, discussed the figure of the wildman in the sentimental romances and concluded that the role of the savage, in the context of ideal love, reflects the tension and violence of the social code of love. Deyermond's article provides ample bibliography on the subject.

49-50. forciblemente. *Forciblemente* meant 'por fuerza', 'a la fuerza'. As Gili Gaya (San Pedro, ed. Gili Gaya, p. 116, note 12) mentioned, although the word is not listed in the dictionaries, it occurred occasionally in medieval texts.

60. seguille. According to Moreno Báez (San Pedro, ed. Moreno Báez, p. 54, note 9): «Según M. P. *Gram., histór.*, § 108, la asimilación de la r final del infinitivo a la *l* del pronombre enclítico, no muy abundante en la Edad Media, se puso de

NOTES

moda en la corte de Carlos V. En San Pedro quizá se explique por el ruralismo de quien vivió lo más de su vida en Peñafiel.» The assimilation is quite common in the *Cárcel* editions.

69. cometer. Gili Gaya (San Pedro, ed. Gili Gaya, p. 117) emended the word to read *someter*. The change does not seem necessary.

78-79. como sienpre me crié... criança. As Whinnom (San Pedro, II, ed. Whinnom, pp. 82-83, note 21) stated, the line alludes to the accepted idea that noble persons are more susceptible to love sickness. Leriano's mother repeats the same idea in her lament (ll. 2211-15). Also, Juan Huarte de San Juan, *Examen de ingenios para las ciencias*, II, ed. Rodrigo Sanz (Madrid: Imprenta La Rafa, 1930), pp. 412-413, described love sickness as the result of a hot humor, which, in general, is conducive to physical valor and prowess but not to intellectual acuteness: «El ánimo y valentía natural, dice Aristóteles, y así es verdad, que consiste en calor; y la prudencia y sabiduría en frialdad y sequedad. [...] A esto alude lo que dice Platón que no hay humor en el hombre que tanto desbarate la facultad racional cómo la simiente fecunda: sólo dice que ayuda al arte de metrificar. Lo cual vemos por experiencia cada día: que en comenzando un hombre a tratar amores, luego se torna poeta; y si antes era sucio y desaliñado, luego se ofende con las rugas de las calzas y con los pelillos de la capa. Y es la razón que estas obras pertenescen a la imaginativa, la cual crece y sube de punto con el mucho calor, que ha causado la pasión del amor. Y que el amor sea alteración caliente vese claramente por el ánimo y valentía que causa en el enamorado, y porque le quita la gana de comer y no le deja dormir. Si en estas señales advirtiese la república, desterraría de las Universidades los estudiantes valientes aseados; porque para ningún género de letras tienen ingenio ni habilidad. Desta regla saca Aristóteles los melancólicos por adustión; cuya simiente, aunque fecunda, no quita el ingenio.»

82. defiendo las esperanças. *Defender* here has the meaning of 'rechazar, alejar, vedar' as registered by Joan Corominas, *Diccionario crítico etimológico de la lengua castellana*, II (Madrid: Gredos, 1954), p. 117a, and Covarrubias, p. 447a.

84. Cárcel de amor. The use of the castle symbol was discussed by Joseph F. Chorpenning, «Rhetoric and Feminism in the *Cárcel de amor*», BHS, 54 (1977), 1-8, and «The Literary and Theological Method of the *castillo interior*», JHP, 3 (1978-79), 121-133; Roberta D. Cornelius, *The Figurative Castle: A Study in the Mediaeval Allegory of the Edifice with Especial Reference to Religious Writings* (Bryn Mawr, PA: Bryn Mawr College, 1930); and Regina Langbehn-Rohland, *Zur Interpretation der Romane des Diego de San Pedro*, Studia Romanica, 18 (Heidelberg: Carl Winter, 1970). Cornelius, p. 73, concluded: «The ancient device of treating buildings allegorically was naturally extended to all important edifices known. In a period devoted to allegorical interpretation, it would have been more surprising had such interpretation not been applied to the castle, especially during the time when the castle was the center of social life. [...] The appearance of the castle in allegories having to do with the battle of the vices and the virtues and in allegorical pilgrimages, is derived from the place of the castle in actual life.» Langbehn-Rohland, pp. 151-154, mentioned secular, courtly antecedents to the image: e.g., *Roman de la Rose*, the *Castle of Perseverance*, Juan Manuel, Jorge Manrique, Juan de Lapia, and Juan del Encina. Chorpenning viewed the castle as a visual memory system which was earlier used by Church writers such as Hugh of St. Victor and, more immediately, by Ludolph of Saxony and Fathers Bernardino de Laredo and Francisco de Osuna. Von Richthofen, pp. 30-31, also mentioned precursors to the prison image: *La prison d'amours* of Baudoin de Condé and *La belle dame sans mercy* by Alain Chartier.

92. tino. In Corominas, vol. IV, pp. 452a-455a, *tino* was first documented during the second quarter of the fifteenth century and was defined as 'puntería'. The *Diccionario de Autoridades*, vol. VI (1726; facsimile rpt. Madrid: Gredos, 1963), p. 277a, defined *tino* as «hábito, ò facilidad de acertar à tiento con las cosas, de que antes se tenía noticia, y del orden en que estaban». The word also appeared in the *Arnalte y Lucenda*, l. 62.

93. guió. Cobarruvias, p. 669a, wrote: «Guiar vale encaminar.» The *Diccionario de Autoridades*, vol. IV, p. 95a, stated: «significa tambien enseñar, dirigir y amaestrar. Lat. Dirigere». Thus, *guiarse* meant 'dirigirse'.

209

105. edificio. According to Covarrubias, p. 492b, *edificio* is «qualquiera fábrica». Whinnom (San Pedro, II, ed. Whinnom, p. 84, note 23) defined *edificio* as «construcción, modo de edificarse».

107-108. quatro pilares de vn mármol morado muy hermoso de mirar. As Whinnom (San Pedro, II, ed. Whinnom, p. 85, note 26; and Whinnom, «Diego de San Pedro's Stylistic Reform», 1-15) noted, this is one of the few examples of alliteration, or *parhomoeon* as the figure is called in rhetoric manuals, in the *Cárcel de amor*. Later in the *Cárcel*, ll. 194-195, the pillars are explained to symbolize *Entendimiento, Razón, Memoria* and *Voluntad*. Also, according to Gili Gaya (San Pedro, ed. Gili Gaya, p. 118, note 33), purple symbolized *desamor*.

113-114. leonado, ... negro, ... pardillo. The colors represent *Tristeza, Congoja,* and *Trabajo,* respectively. San Pedro clearly established the symbolism in ll. 216-217.

118. velas. In Corominas, vol. IV, p. 689b, *velas* is defined as 'centinela', 'vigía'. The velas are *Desdicha* and *Desamor,* as clarified on ll. 226-227.

124. deliberado. In the fifteenth century, *deliberar* was introduced with the Latinate meaning 'resolver', 'considerar el pro y el contra', or 'reflexionar'.

135-136. porque con tales condiciones... demanda que pides. Due to the confusing syntax, Whinnom (San Pedro, II, ed. Whinnom, p. 86, note 30) suggested the emendation: «porque sin cumplir con tales condiciones...».

140. desatino. Covarrubias, p. 164b, defined *desatino* as «desconcierto, cosa hecha sin discurso y sin consideración».

147-148. despacio. *De espacio,* or *despacio* by synaloepha, uses *espacio* in the meaning of 'sosiego' or 'consuelo'. In Corominas, vol. II, p. 380b, *de espacio (despacio)* is defined as «aplicado a persona que está tranquilo, con sosiego». The same phrase also appeared in the *Arnalte y Lucenda,* l. 881: «ventura conbate de espacio».

148. ymágines. *Ymágines* is a Latinate plural, a form also found elsewhere in the *Cárcel de amor:* e.g., *ymágines,* l. 215; *vírgines,* ll. 2049 and 2154.

152. crueza. According to the *Diccionario de Autoridades,* II, p. 666a, *crueza* is «lo mismo que crueldad. Es voz antiquada». *Crueza* also appears in the *Cárcel* in l. 1398, and in another instance *crueza* carries the variant *crueldad:* l. 1427.

154. color amarilla. According to *Cárcel de amor,* l. 241, yellow symbolizes *Desesperar.*

155. visarma (bisarma). Corominas, vol. I, p. 464a-b, defined *bisarma* as «parece haber sido inicialmente nombre propio de una arma, procedente de la frase fráncica WIS ARM». Gili Gaya (San Pedro, ed. Gili Gaya, p. 121, note 2) described it as «arma blanca de doble filo o de doble punta, parecida a la alabarda».

161. cuydoso. *Cuidar* meant 'to think' in Old Spanish, derived from the Latin *cōgĭtare*. Thus, *cuydoso* is equivalent to *pensativo.*

162. pudiera. In the fifteenth century, the *-ra* verb form (i.e., *cantara*) was still equivalent to the pluperfect indicative, according to Rafael Lapesa, *Historia de la lengua española* (Madrid: Gredos, 1981). § 97.5. Such usage of the verb tense is frequent in the *Cárcel de amor:* e.g., ll. 185 and 260.

178. consuelo. *Consuelo* is a possible neologism in the prose of San Pedro. Corominas, vol. IV, p. 268a, registered the word ca. 1570. The word appears elsewhere in the *Cárcel:* e.g., ll. 554, 579, 613, 1081, 1777, 2231.

180. libres. *Librar* and *delibrar* have equivalent meanings in Old Spanish: 'libertar'.

186. los primeros movimientos... escusar. Whinnom (San Pedro, II, ed. Whinnom, p. 89, note 48) noted the doctrinal basis for the line: «los impulsos irracionales de la mente no se pueden evitar. Es buena doctrina: cf. Santo Tomás Aquino, *Summa theologica,* 1-2, q. 74, art. 3; tal *motus primus sensualitatis* es inevitable y no constituye en sí un pecado».

186. puedan. Gili Gaya (San Pedro, ed. Gili Gaya, p. 122) emended the text to read *pueden.* As Whinnom, «Diego de San Pedro's Stylistic Reform», 1-15, noted, the subjunctive after *como* is a Latinate syntax frequent in Diego de San Pedro's prose, especially in his earlier writings. Thus, there is no reason to avoid the subjunctive after *como.* The editions unanimously support the *puedan* reading.

192. que. The archetype here is not clear; both *que* and *quien* are supported

by two branches of the stemma. Since the antecedent is inanimate, *que* seems the clearest reading and has thus been selected for the critical edition. As Whinnom (San Pedro, II, ed. Whinnom, p. 89, note 49) stated: «el uso de *quien* con antecedente de cosa, aunque permitido en la lengua clásica, es rarísimo en San Pedro mismo».

197. iusta iusticia. One of the few examples of *annominatio* found in the *Cárcel*.

201. Yo consiento... causa. The line echoes the *Sermón* (San Pedro, I, ed. Whinnom, p. 178): «E pues sois obedientes a vuestros desseos soffrid el mal de la pena por el bien de la causa». The passage is also similar to the earlier line in the *Cárcel*, l. 193.

215. ymágines. This is another example of a Latinate plural, as seen earlier in the note to l. 148.

218. tienen. Here there is no clear archetype since each reading is supported by two branches of the stemma. The plural form, *tienen,* refers to the subject, *los tres ymágines,* while the singular would refer to the *preso.* The former seems to be the most logical reading since contextually it is *Tristeza, Congoxa,* and *Trabajo* that are oppressing and binding Leriano's heart. Thus, *tienen* has been selected for the critical edition. Whinnom (San Pedro, II, ed. Whinnom, p. 90) also emended text A to read *tienen.*

234. está de su mano. Gili Gaya (San Pedro, ed. Gili Gaya, p. 124, note 7) and Whinnom (San Pedro, II, ed. Whinnom, p. 91, note 55) reworded the phrase as «está puesto por él en el cargo que ocupa» and «está puesto Tormento en el cargo que ocupa por Deseo», respectively.

237. Passión. The variant *pasión/posesión* is also found in the *Arnalte y Lucenda,* l. 895: the Burgos 1491 and Manuscript 22021 texts read *posesión* while the Burgos 1522 edition reads *pasión.*

246. para acabar. Gili Gaya (San Pedro, ed. Gili Gaya, p. 124) emended the text to read *por acabar;* however, the change is not necessary, even to establish a parallelism: «vida por padecer, [...] la muerte por acabar». While parallelism is frequent in the prose of San Pedro, it is not always the case. The archetype does not support the *por* reading.

248-249. solícitos seruidores que me seruían. One of the few examples of *parhomoeon* and *annominatio* in the *Cárcel*.

249. Mal y Pena. The archetype is not clear since each reading is found in all three branches of the stemma. However, in other cases where the syntax has an enumerative series of single items, the members are all connected by y: e.g., ll. 134-135, 194-195, 216, 247. Thus, *Mal y Pena* has been selected for the critical edition.

277. la moralidad. The use of the term *moralidad* could be a possible reference to the level of meanings standard to the Middle Ages: literal, allegorical, moral, and anagogical. From the literal story, the Auctor and reader have seen the allegory which illustrated certain principles. On the moral level, they should understand a proper course of behavior; and on the anagogical level, a universal meaning, fitting into the total vision of Christianity, should be learned from the narrative. In the period, both *moralidad* and *misterio* carried the meaning of 'allegory'.

290. deliberación. The meaning of *deliberación* is that of 'liberación' in the context, as the variants substantiate. The word *deliberar* is used in both meanings of 'libertar' and 'reflexionar' throughout the *Cárcel de amor;* and in the context of 'libertar', it is often interchangeable with *delibrar* or *librar:* e.g., the variants of *delibrar/deliberar/librar* on ll. 180, 956, 968, 992, 1200. According to Corominas, II, p. 122a, «el vocablo [*deliberar*] debe distinguirse cuidadosamente del antiguo *delibrar* 'librar, libertar' [...]. Aunque en Berceo, *Signos,* 32 c. («esto es deliberado» 'es cosa decidida, definitiva'), se acerca bastante a *deliberar* 'resolver', el vocablo de los SS. XII-XIV es derivado de *librar* [...]; mientras que *deliberar* 'reflexionar', [...] es latinismo introducido en el S. XV [...]. Es verdad que en el S. XV el vocablo viejo y el nuevo se confundieron en parte, de donde los ejs. arriba citados de *delibrar* en la ac. latinizante, y algunos que se pueden hallar de *deliberar* en el sentido de 'libertar' [...]».

303. conplía. According to Covarrubias, p. 387a, *cumplir* took on the meaning of 'convenir': «No cumple se haga esto, vale no conviene.»

303. aprender. Whinnom (San Pedro, II, ed. Whinnom, p. 93, note 64) and Moreno Báez (San Pedro, ed. Moreno Báez, p. 63, note 27) agreed that *aprender* here meant 'emprender', as the variants futher substantiate. Yet, there could be found no documentation of *aprender* meaning 'emprender'. Moreno Báez supposed that *aprender* was an erratum — a possibility Whinnom also suggested. However, since the archetype is *aprender,* it has been so maintained in the critical edition. Moreover, *aprender* is an acceptable, although perhaps not the clearest, reading. *Aprender* can be considered in its Latinate meaning of 'coger, apoderarse' derived directly from the Latin *apprehendere,* the same base and similar meaning as that of *emprender.* Or, *aprender,* meaning 'to learn', could be understood as «the business I wanted to learn»: that is, as an apprentice would learn a trade, the Auctor would learn about court life and how it would be best to present his petition on behalf of Leriano. Thus, *aprender* can be understood in the sentence and is thus maintained in the critical edition. The translations read as follows: Catalan - «empendre»; Italian - «bracciare»; French - «emereprendre»; English - «had in hand».

305. quanto. The same variant also occurs several times in the *Arnalte y Lucenda,* ll. 1030, 1078, 1101, 1107, 1154, 1175-1176, 1298, where *quanto* and *quando* are interchanged.

309-310. como generalmente... buena criança. Whinnom (San Pedro, II, ed. Whinnom, p. 94, note 65) understood the lines as indirect praise of the Alcayde de los Donzeles.

311. fui. According to Ramón Menéndez Pidal, *Manual de gramática histórica española* (1st. ed., 1904; Madrid: Espasa-Calpe, 1977), § 120.5, p. 319, and Lapesa, § 72.1, *fue* for *fui* was common in the fifteenth century, and Nebrija registered the analogical conjugation: *fue, fueste, fue, fuemos, fuestes, fueron.* The *Cárcel de amor* variants show that both forms *fue/fui, fueste/fuiste,* etc., were used interchangeably in the romance: e.g., l. 1343. The same variation appeared earlier in the *Arnalte y Lucenda* as well: ll. 109, 482, 687, 1449, 1885, 1887, 1971, 2171, 2319.

326. hallé. Diego de San Pedro, *Cárcel de amor,* ed. R. Foulché-Delbosc (Barcelona: L'Avenç, 1904), p. 16; Diego de San Pedro, *Cárcel de amor,* ed. Marcelino Menéndez y Pelayo, *Orígenes de la novela,* II, NBAE, 7 (Madrid: Bailly-Baillière, 1907), p. 52; Gili Gaya (San Pedro, ed. Gili Gaya, p. 128); and Moreno Báez (San Pedro, ed. Moreno Báez, p. 64), all printed *halle.* However, I agree with Whinnom (San Pedro, II, ed. Whinnom, p. 94) in the preterite usage, *hallé.* Since *porque* here means 'because' and would, therefore, not need the subjunctive mood, the preterite indicative seems more clear in context.

338. lo desuela. This is the only case where *leísmo* is not observed in the enumerative series. Whinnom (San Pedro, II, ed. Whinnom, p. 95) emended the text to read *le desvela;* however, since strict *leísmo* is not observed throughout the archetypal text, as noted in the Linguistic Description, there is no reason to impose *leísmo* where the archetype does not suggest it.

348-349. entre las mugeres nacidas... nacieron. Moreno Báez (San Pedro, ed. Moreno Báez, p. 64, note 29) stated: «Nótese la impiedad, tan típica de la literatura cortesana del XV, de no excluir del superlativo a la Virgen María, a pesar de la reminiscencia del *Benedicta tu in mulieribus...*»

351. cargo. The word is also found with the same meaning of 'deuda' in *Celestina,* 1499?, auto v, f. e²v., where Celestina says: «o diablo a quien yo conjure: como conpliste tu palabra en todo lo que te pedi: en cargo te soy».

351-352. pues si le remedias... Dios. The line echoes the *Sermón* (San Pedro, I, ed. Whinnom, p. 180): «creéis que podéis hazer lo mismo que Dios».

352. le remedias. The archetype is here unclear. Each branch of the stemma has a different reading. The *le* and *lo* of $\beta$ and $\delta$ refer to Leriano; the *la* of $\gamma$ refers to the Passion. Both $\beta$ and $\delta$ refer to the same antecedent, which, therefore, would be archetypal since it is authorized by two of the three branches. The *le* option referring to Leriano has been chosen for the critical edition because there is no clear preference in the variants for or against *leísmo,* and in general, *leísmo* is dominant in the *Cárcel de amor* prose, as noted earlier in the Linguistic Description.

356-357. no te suplica... de su mal. The lines echo the *Sermón* (San Pedro, I, ed. Whinnom, p. 181): «no quiere de su amiga otro bien sino que le pese de su mal».

357. pidirýa. The archetype is here uncertain. However, since texts of three branches have a past tense (either *pidirýa* or *pidiera*), a past tense would be archetypal. Given that texts of two branches support *pidirýa*, rather than *pidiera*, and that *pidiera* can carry a compound meaning which is not warranted in the context, *pidirýa* has been selected as the clearest reading for the critical edition.

358. serte a. The archetypal reading is here unclear, because both readings are found in two branches of the stemma. Since in other variants involving dative pronouns, the archetype accepts the indirect object pronoun in over 75 per cent of the variance, and since in Spanish the prepositional form of the dative usually does not appear unaccompanied by the pronoun, the *te* is accepted in the critical edition. Other examples of dative variance where the pronoun is accepted in $\alpha$ are: ll. 66, 354, 621, 687, 689, 714, 762, 903-904, 933, 994, 1026, 1197.

366-367. tu razonamiento y tu vida acabaran a vn tienpo. The passage has later resonance in *Celestina*, 1499?, auto iv, f. d⁶v., where Melibea says: «que tu razon y vida acabaran en vn tienpo». The coincidence was also noted in Castro Guisasola, pp. 183-184.

372. tenidas. The variance between *tener* and *temer* is common not only in the *Cárcel de amor* (e.g., ll. 506, 719, 1316, 1401, 1408-1409, 1666, 2179); but the same variant is found also in the *Arnalte y Lucenda*, ll. 200, 568, 788, 1375, 1972.

375. deuías. The variants *deuías* and *deuieras* are each found in two branches of the stemma. However, a pluperfect tense does not seem to be required in context. The imperfect indicative, *deuías*, seems to fit contextually after *porque* meaning 'because' and is supported by the majority of the editions.

380. entiendes en. According to Covarrubias, p. 523a: «entender en algo, es trabajar».

383-385. en detenerme... no digo más... lo dicho basta. The passage is an example of the *occupatio* or *brevitas* topic, a technique consonant with the *Cárcel de amor* prose style.

385. hablé. Foulché-Delbosc (San Pedro, ed. Foulché-Delbosc, p. 18), Menéndez y Pelayo (San Pedro, ed. Menéndez y Pelayo, p. 6a), Gili Gaya (San Pedro, ed. Gili Gaya, p. 130), all printed *hable*, the present subjunctive.

405. crédito. According to the *Diccionario de Autoridades*, vol. II, pp. 652b-653a, *crédito* «por extension significa seguridád, apoyo, abono, firmeza y comprobacion de alguna cosa». *Crédito* is also a possible neologism in San Pedro's prose. Corominas, vol. I, p. 936a, listed the first occurrence of the word as mid-sixteenth century, before 1568. Other uses of the word in the *Cárcel* are found in ll. 782, 1225, 1349, 2179, 2204.

406. negociación. The same variant *negociación/negocio* also appeared in the *Arnalte y Lucenda*, l. 1266 where the Burgos 1491 edition and the Manuscript 22021 read *negocio* and the Burgos 1522 edition reads *negociación*.

408, 411. desenpacho, desenpachado. Covarrubias, p. 457b, cited *desempacho* as meaning «liberalidad y desemboltura».

414-416. y como avnque en sus palabras... dezir. Whinnom (San Pedro, II, ed. Whinnom, p. 98, note 76) stated: «No parece enteramente lógico lo que dice el autor aquí; lo más probable es que sobre el *menos de menos esquividad,* tal vez por error del cajista que acababa de componer *menos saña.*»

428. forçáuala la passión. The archetype is unclear for β uses *la*; δ, *-le la*; and γ, *-la la*. Contextually, *passión* is the subject; the first *la* or *le,* an accusative referring to Laureola; the second *la,* a definite article accompanying the subject. Since two branches of the stemma, δ and γ, have both the pronoun and article, the archetypal reading should have both elements as well. Since the accusative pronoun for Laureola is usually not *le,* which is mainly reserved for male antecedents, *la* is accepted as the archetypal direct-object pronoun. Also, the inclusion of the article maintains a balance between the members of the sentence: «forçáuala *la* passión piadosa a *la* disimulación discreta» (emphasis mine).

432. despacho. Covarrubias, p. 46a, stated: «Despacho, el recaudo que se

213

lleva»; thus, by extension, the 'embajada'. *Despacho* is possibly a neologism in San Pedro. Corominas, vol. II, p. 236a, listed the first use of *despacho* as mid-sixteenth century. The word also appears in the *Cárcel* in ll. 557 and 1764.

435.  proferiéndome. According to Covarrubias, p. 883b, *proferirse* means «ofrecerse a hazer alguna cosa voluntariamente, como yo me profiero a proveer de trigo la ciudad».

436-437.  escriuió las razones de la qual eran tales. Whinnom (San Pedro, II, ed. Whinnom, p. 98, note 81) recommended an emendation: «la sintaxis parece ser defectuosa; la enmienda más sencilla sería *escrivióla, las razones...*». While Whinnom's point is valid, the archetype is intelligible as it stands without emendation.

446.  merced te meresciese. One of the few examples of *annominatio* in the *Cárcel de amor*. Also, the archetype is unclear in the passage; both readings are supported by two branches of the stemma. The *te* is a dative referring to Laureola: Leriano deserves Laureola's mercy. The use of the *te* makes the sentence clearer and, as noted earlier in the note to l. 358, variant dative pronouns are usually accepted by the archetype, $\alpha$. Thus, *te* has been maintained in the critical edition.

454-455.  el afición... el atreuimiento. The lines are an example of rhetorical *gradatio*.

456.  merezco muerte, mándamela. Another example of *parhomoeon* found in the *Cárcel de amor*.

469.  pena. According to Whinnom (San Pedro, II, ed. Whinnom, p. 100, note 85), there is a possible play on words between *pena* and its two meanings 'sorrow' and 'pen', as discussed by Francisco Rico, «Un penacho de penas», *Romanistisches Jahrbuch*, 17 (1966), 274-284.

470-473.  para hazer saber... quien las enbía. San Pedro here briefly states a theory of letter writing: conciseness is the key. Humanistic theorists such as Fernando de Manzanares, *Flores rhetorici* (Salamanca: 1485?), also supported the same approach of brevity in the *ars dictaminis*.

471-473.  quando se cree... enbía. Whinnom (San Pedro, II, ed. Whinnom, p. 100, note 86), suggested an emendation: «*se cree que ha* (o sea 'tiene') o *hay* [*en*] *quien las recibe...*». However, the archetype suggests no such change and all editions unanimously agree with the $\alpha$ reading.

482.  antes. As the variants verify, *antes* and *ante* were interchangeable in Old Spanish. Other variants of *antes* and *ante* occur in ll. 722 and 765 in the *Cárcel de amor*. The same variant also is found in the *Arnalte y Lucenda*, ll. 653, 870, 873, 1378, 1521, where the Burgos 1491 edition and the Manuscript 22021 read *antes* and the Burgos 1522 reads *ante*.

485.  querría. Whinnom (San Pedro, II, ed. Whinnom, p. 100, note 87) did not consider *quería/querría* a substantive variant: «como en muchos otros textos de la época por la frecuente confusión ortográfica de *r* y *rr*. En este mismo texto se encuentran *guera, coren, arepentir*, etc.». However, while the deviation between *r* and *rr* spellings in such words as *guera* for *guerra* causes no semantic confusion, the change in *quería* and *querría* does; therefore, it can not be a mere accidental variant. The variance of *quería* and *querría* is common in the *Cárcel de amor*: e.g., ll. 486, 494, 601, 725, 997, 1062, 1299. Moreover, the archetype for *querría* or *quería* is unclear here. Each reading occurs in three branches of the stemma. However, contextually, the conditional tense more accurately expresses the meaning of the sentence. Leriano has not already pardoned himself, but rather would like to beg Laureola's forgiveness through his proxy, the Auctor.

486.  alma. The variant *alma/ánima* is also found in the *Cárcel*, ll. 613, 665, 755, 1697, 1940; and in *Arnalte y Lucenda*, l. 878, where the Burgos 1491 edition and the Manuscript 22021 read *ánima* and the Burgos 1522 edition reads *alma*.

489.  pesado. The same variant is found in the *Arnalte y Lucenda*, l. 1198: the Burgos 1491 and 1522 editions read *pasado* and the Manuscript 22021 reads *pesado*.

490.  causará. The same variance of *causar/acusar* is also found in the *Cárcel*, in ll. 1100 and 1326, and in the *Arnalte y Lucenda*, l. 611, where the Burgos 1491 and 1522 editions read *causar* and the Manuscript 22021 reads *acusar*.

494.  quería. As in l. 485, the archetype between *quería* and *querría* is again unclear. Contextually, however, the imperfect indicative is required. Each previous

member of the parallel enumerative series used the present indicative as the finite verb tense. In the last member, here under question, the action is past indicative, and since there is no conditionality or potentiality suggested in the context, the imperfect has been selected.

509. al auctor. The *Arnalte y Lucenda* also has similar variants where the recipient of the discourse is omitted from the heading: e.g., Burgos 1491 and 1522 editions read *Respuesta de Lucenda a Arnalte* and *Responde Lucenda a Arnalte,* respectively, while the Manuscript 22021 reads *Responde Lucenda* (l. 578); or the Burgos 1491 and 1522 editions read *Responde Lucenda a Belisa,* while Manuscript 22021 reads *Responde Lucenda* (l. 1089); or, finally, the Burgos 1491 reads *Responde Lucenda a Belisa su hermana de Arnalte,* while the Burgos 1522 reads *Responde Lucenda a Belisa* and the Manuscript 22021 reads *Responde Lucenda* (l. 1193).

510. estrecho. According to Covarrubias, p. 569a, «estar puesto en estrecho, estar en necessidad y en peligro».

554. medio. The same variant *medio/remedio* appears in the *Arnalte y Lucenda,* l. 877: the Burgos 1491 edition and Manuscript 22021 read *remedio* while the Burgos 1522 edition reads *medio.*

564. saber. Menéndez y Pelayo (San Pedro, ed. Menéndez y Pelayo, p. 8a), Gili Gaya (San Pedro, ed. Gili Gaya, p. 138), Whinnom (San Pedro, II, ed. Whinnom, p. 104) and Moreno Báez (San Pedro, ed. Moreno Báez, p. 73) emended the text to read *sabré,* the same as the G, J, and bilingual variant. However, the change is not necessary since the archetype gives a coherent reading: «ni puedo entenderlas ni saber dezirlas», where the *entenderlas* and *saber dezirlas* are compound verbal complements of *puedo.*

575. parecen. The archetype is unclear for each branch has a different reading: $\beta$ - *parecer,* which functions as a verbal noun in apposition to *cosa;* $\delta$ - *parecen,* a finite verb linking *cosa* and *diferencias* and agreeing with the plural noun *diferencias;* $\gamma$ - *parece,* a finite verb linking *cosa* and *diferencias* and agreeing with the singular noun, *cosa.* While Whinnom (San Pedro, II, ed. Whinnom, p. 105, note 93) suggested the $\beta$ variant as a better reading than that of A, two out of three branches of the stemma suggest a finite verb linking *cosa* and *diferencias.* The latter, then, would seem archetypal. The question remains if the linking verb should agree with the plural or singular noun. According to Hayward Keniston, *The Syntax of Castilian Prose* (Chicago: University of Chicago Press, 1937), § 36.35c, there is great flexibility in the agreement of such cases, and it is very common that the predicate complement and verb agree, especially when there is a plural predicate. Keniston, p. 483, stated: «In order to have some reasonably consistent basis for analysis, it has seemed wise to adopt as a principle that, of the two, the more specific and definite should be regarded as the subject.» Since *dos diferencias* is a plural predicate complement and is more definite than the generic *cosa,* the verb has been selected to agree with *diferencias* in the critical edition.

580. espacio. As seen earlier in ll. 147-148 and accompanying note, *espacio* means 'consuelo' or 'sosiego'.

585. fortunas. Corominas, vol. II, p. 558a, noted that ca. 1300, *fortuna* also had the meaning of 'borrasca': that is, 'riesgo o peligro', figuratively.

587. cata. The $\delta$ family replaced *catar* with *mirar* on several occasions: e.g., ll. 934 and 1226. The same variant also occurred in the *Arnalte y Lucenda,* ll. 1235, 2248: the Burgos 1491 and 1522 editions read *catar* and the Manuscript 22021 reads *mirar* in both cases.

589. No quiero dezirte todo. Another example of the *occupatio,* or *brevitas,* topic typical of the *Cárcel* style.

590. tus ansias. The archetype is uncertain since both variants are found in two branches of the stemma; however, contextually only *tus* fits in the sentence. The Auctor is talking to Leriano and is referring to Leriano's cares, not to Laureola's. The Auctor is worried about increasing, rather than curing, Leriano's pain. Thus, *tus* must be the referential required. The bilingual editions, probably realizing the inconsistency of $\beta$'s reading, *sus,* dropped the possesive adjective completely.

593. Respuesta de Leriano. The same type of variant occurred in the *Arnalte y Lucenda* in two instances: the Burgos 1491 and 1522 editions read *Respuesta de*

*Lucenda a Arnalte* and *Responde Lucenda a Arnalte,* respectively, while the Manuscript 22021 reads *Responde Lucenda* (1. 578); and the Burgos 1491 edition reads *Responde Arnalte a Lucenda* while the Burgos 1522 reads *Carta de Arnalte a Lucenda* and the Manuscript 22021 reads *Respuesta de Arnalte a Lucenda* (1. 1292).

612-613. pero como los oýdos... consuelo. The passage has resonance in *Celestina,* 1499?, auto xv, r. l⁶v., when Melibea says: «porque quando el coraçon esta embargado de passion: estan cerrados los oydos al consejo». The same idea is again found in the *Cárcel de amor,* ll. 1245-1246.

620. obligan. The *obligan* and *obligauan* readings are each supported by two branches of the stemma. There is no clear archetype. However, texts of three branches read plural *(obligan, obligauan),* and the context also confirms that a plural reading is needed to agree with the compound subject *trabajo* and *deseo.* The question is, then, whether a present or imperfect indicative tense is required. There is no indication that the action is past; on the contrary, Leriano's offering of his life for Laureola is an ongoing, present situation and is best described by a present tense. Therefore, the plural present tense has been selected for the critical edition.

625. della. The *della* and *ella* readings are each supported by texts in two branches of the stemma. *En ella* only appears partially in the β branch. In the two readings with prepositions, *ella* refers to the letter, and in the θ reading *ella* is a personal subject pronoun referring to Laureola. Since the former antecedent is supported by three branches, it would be archetypal. The choice is, then, between the *de* and *en* prepositions. *De ella* seems to read more coherently than *en* with *saber* and has thus been selected for the critical edition.

652. quedo. Foulché-Delbosc (San Pedro, ed. Foulché-Delbosc, p. 28) transcribed the abbreviation *q̃do* as *quando,* which is inconsistent with the abbreviation system of the *Cárcel.*

655. su condición. Menéndez y Pelayo (San Pedro, ed. Menéndez y Pelayo, p. 9a) emended the text to read *tu condición,* an unnecessary change since it is not the condition of Laureola, but that of her *saber.*

664. Dexadas más largas. The antecedent of *largas* is *razones.* Also, the passage is an example of the *brevitas* topic, a typical device in the *Cárcel* prose.

673. puse. The archetype is unclear since each variant is found in two branches of the stemma; however, by context, *puse* is the only logical choice. It is the Auctor, who having started his journey, put Leriano's letter in an envelope, and since the passage is being narrated by the Auctor, he would use the first person to refer to his actions: i.e., *puse.* Leriano is not on the road to the court, so he can not possibly seal up his own letter; Leriano is still back in the Prison of Love.

677. partiese. Covarrubias, p. 845b, stated that *partir* «es dividir y algunas vezes mudarse de un lugar a otro».

689-690. no escriuo... razonamiento. Another example of the *brevitas* topic.

690. honestidad. The archetype is not clear; however, in other cases where *honestidad* and *onestad* vary, *honestidad* is the archetypal reading: e.g., ll. 1651, 1730, 1857, 1922. Only once is *onestad* established in α: 1. 1349. Thus, based on the *Cárcel*'s preference for *honestidad* over *onestad,* the former has been selected for the critical edition.

707. fin a Aquél. Technically, the archetype is *fin Aquél* which appears in all three of the stemma branches. However, *Aquél,* as a dative, should be preceded by a marker *a.* In the archetypal reading the *a* has probably fused by synaloepha with *Aquél,* a phenomenon frequent in the *Cárcel* texts: e.g., ll. 291, 796-797. Therefore, to make the sentence clearer, I have selected the reading which separates the archetypal elision.

711. digo que. Throughout the *Cárcel de amor,* and in the language of the period, *digo que* meant 'aunque'.

725-726. Por hazerte creer esto... acabo. Another example of the *brevitas* topic.

726-727. y para que... otro tanto. Whinnom (San Pedro, II, ed. Whinnom, p. 110, note 104) noted that later sixteenth-century editions omitted these lines; however, more precisely, it is only the bilinguals which suppressed the last sentence of the section. Whinnom attributed the omission to the difficulty of the lines. He suggested the meaning as follows: «la vida (fortuna) tendría que tratarme tan justa-

NOTES

mente como yo he obrado», which is what the text suggests. The sentence, with all antecedents included, would read: «para que mis obras recibiesen galardón iusto, la vida auía de hazerme igual galardón iusto».

736. batalla. The *Diccionario de Autoridades,* vol. I, p. 572b, defined *batalla* as: «Tambien se halla usado en lo antiguo por cuerpo de tropas, ó trozo de gente de guerra unído como batallón».

738-739. verde y colorada. The color symbolized *Esperança* and *Alegría,* which the Auctor carried to Leriano.

741. sobreora. *Sobreora* meant 'deshora'.

747. espacio. As noted earlier on ll. 147-148, *espacio* meant 'consuelo', 'sosiego'.

748. tiniebla. Moreno Báez (San Pedro, ed. Moreno Báez, p. 80) misread A and noted: «En *ed. prínc., timbra.*»

770. vfanía. The archetype is unclear since both *vfanía* and *vfana* are found in two branches of the stemma. Both forms came into the language in the thirteenth century, according to Corominas, vol. IV, pp. 642b-646a. However, *ufana* existed in other Romance tongues while *ufanía* is a Castilian form created by analogy with *lozanía.* Since *ufana (o)* can also be an adjective, and *ufanía* only a noun, to avoid any confusion and to maintain the uniquely Castilian form, *vfanía* has been selected for the critical edition.

779. Gauia. *Gavia (Gabia)* is a term of possible pre-Romance origin referring to France.

796-797. forçaua a otorgarlo. The archetype is unclear. However, it is possible that the texts without the *a* represent a synaloepha of *forçaua+a;* therefore, the *a* would technically be present in all editions. Evidence of synaloepha was seen earlier in l. 707 and accompanying note.

797. mando. The same variant, *mando/mandado,* also occurred in the *Arnalte y Lucenda,* l. 696: the Burgos 1491 and 1522 editions read *mandado* and the Manuscript 22021 reads *mando.*

809. desvirtud. *Desvirtud* is a possible neologism in San Pedro's prose. Although Corominas, vol. IV, pp. 748b-749a, does not list *desvirtud,* he registered *desvirtuado* and *desvirtuar* from the seventeenth and eighteenth centuries, respectively. However, *desvirtud* is found not only in San Pedro's *Cárcel de amor,* but also in the *Arnalte y Lucenda,* l. 568. The Burgos 1522 edition and the Manuscript 22021 read *desvirtud* while the Burgos 1491 edition reads *invirtud.*

824-825. Las armas... hago seguro. The passage echoes the *Arnalte y Lucenda,* ll. 1567-1569: «Por eso, las armas que dadas te son a escojer, escoje, que darte el campo y señalarte el día, en viendo tu rrespuesta lo haré.» The passage in both romances is similar to formulary letters of challenge written in the fifteenth and sixteenth centuries. See, for example, Erasmo Buceta, «Cartel de desafío enviado por D. Diego López de Haro al Adelantado de Murcia, Pedro Fajardo, 1480», *RH,* 81 (1933), 456-474; *Lletres de batalla,* 3 vols., ed. Martín de Riquer (Barcelona: Editorial Barcino, 1963-1968); Alfonso de Cartagena, *Doctrina y instrucion de la arte de caualleria* (Burgos: Juan de Burgos, 1497); and Mosén Diego de Valera, *Tratado de los rieptos é desafíos,* in *Epístolas de Mosén Diego de Valera enbiadas en diversos tiempos é á diversas personas,* ed. José Antonio de Balenchana, Sociedad de Bibliófilos Españoles, 16 (Madrid, 1878), pp. 243-303.

827. fortuna. See note to l. 585.

833. yo confiaua. The archetype here is unclear. A, B, C read *y;* θ, *om.;* β, *yo.* Menéndez y Pelayo (San Pedro, ed. Menéndez y Pelayo, p. 11b), Gili Gaya (San Pedro, ed. Gili Gaya, p. 149), Whinnom (San Pedro, II, ed. Whinnom, p. 115), and Moreno Báez (San Pedro, ed. Moreno Báez, p. 82) emended the A text to read *yo,* the reading which has also been selected for the critical edition. The *y* reading does not fit in the context and is most likely an erratum for *yo,* giving the *yo* reading support from three branches of the stemma. The inclusion of the pronoun makes the passage clearer and balances the two members of the sentence: «yo confiaua... y tú vsauas».

841-842. No quiero responder a tus desmesuras. Another example of a *brevitas* topic in the *Cárcel de amor.*

217

850. ál. *Ál,* meaning 'otra cosa', deriving from the Latin *aliud,* was archaic in the Spanish language of the sixteenth century. Juan de Valdés, *Diálogo de la lengua,* 101.17, considered it preferable to use *otra cosa* instead of *ál,* a preference found in the variants of the bilingual editions. Corominas, vol. I, p. 72b, stated that «aunque todavía lo [*ál*] emplean alguna vez Cervantes y Quevedo, se percibe un matiz irónico en el uso que hacen de este pronombre». *Ál* is also found in the *Arnalte y Lucenda,* ll. 609, 898, 978, 1137.

857-862. Las armas... sobrello. The passage echoes the *Arnalte y Lucenda,* ll. 1600-1603: «yo escojo las armas en esta manera: a la brida, armados los cuerpos e cabeças como es costumbre, y los braços derechos syn armas ningunas; las lanças yguales con cada sendas espadas; los caballos con cubiertas y cuello y testera». The passage in both romances is similar to formulary letters of challenge written in the fifteenth and sixteenth centuries. See note to ll. 824-825.

858. bryda. Corominas, vol. I, p. 519a, registered the word, *bryda,* ca. 1460 and defined it as follows: «de una forma germánica emparentada con el ingl. *bridle,* ags. *brîdel* íd».

859-860. cubiertas y cuello y testera. These are parts of the armor that protected the body, neck, and head of the horse.

867. conbidan. Foulché-Delbosc (San Pedro, ed. Foulché-Delbosc, p. 35), Gili Gaya (San Pedro, ed. Gili Gaya, p. 151), and Whinnom (San Pedro, II, ed. Whinnom, p. 116) emended the text to read *conbidavan.* Whinnom stated: «el original tiene *conbidan,* pero lo corrijo de acuerdo con Gili Gaya; el *oye* del original se explica no como tiempo presente sino como el imperfecto en *-ié,* o sea *oía.* Aunque el tiempo presente apenas afecta al sentido, el equilibrio retórico parece exigir el imperfecto». However, the archetype does not suggest such a change in verbal tense.

870. la hiziesen. Both *hiziesen* and *hiziesen+complement* are found in two branches of the stemma. The inclusion of the complement makes the reading more clear; however, the question then arises whether to use the nominal or pronominal form of the accusative. Since *batalla* has already been mentioned a line earlier, the antecedent is clear, and, in order to avoid repetition, the pronominal form seems most logical. Thus, *la hiziesen* has been selected for the critical edition.

875. fieles. According to the *Diccionario de Autoridades,* vol. III, p. 745b, *fieles* «se llamaba en lo antiguo la persona diputada por el Rey para designar el campo, y reconocer las armas de los que havían de lidiar en desafio público, cuidar de ellos, y de que huviesse la debida igualdad en el duelo: y venía à ser como Juez del desafio».

880. por no detenerme en esto. Another example of the *brevitas* formula.

881. ystorias vieias. It is supposed Diego de San Pedro alluded to the chivalric romances here. Gili Gaya (San Pedro, ed. Gili Gaya, p. 151, note 25) stated: «Con esta declaración quiere Diego de San Pedro diferenciar el género novelesco que cultiva de los *cuentos de historias viejas.*» Whinnom (San Pedro, II, ed. Whinnom, p. 117, note 119) added: «pero también parecería una historia vieja porque tales lides formales delante del rey ya no tenían lugar en España». San Pedro is consciously noting a relationship between his romance and the chivalric genre. The Auctor abbreviated the duel episode in the *Arnalte y Lucenda;* and in the *Cárcel de amor,* he cut short the narrative of the battle to free Laureola and the account of the duel between Persio and Leriano. By the fact that San Pedro not only included duels (as did Juan de Flores), but a full-fledged battle, he differentiated the *Cárcel* from other sentimental romances. The Auctor's signaling out the war and duel episodes with qualifications and *occupatio* devices draws attention to the unique position of the discourse which contains elements of both the chivalric and sentimental genres.

882. le viese. Gili Gaya (San Pedro, ed. Gili Gaya, p. 152) emended the A text to read *la viese,* the same as the variant of BB, CC, CCc, FF, HH, II, IIi. The change is not needed, however, since *le,* referring to Persio, is clear and logical in the context: «Leriano saw the best part of Persio's person lost.»

888. diole tanta priesa. According to the *Diccionario de Autoridades,* vol. V, p. 375b, *dar priesa* «vale tambien acometer con impetu, brio y resolución, obligando à huir al contrario».

891. echar el bastón. Covarrubias, p. 200a, stated «echar el bastón es entrar de

por medio y poner paz entre los amigos que se van encoleriçando. Está tomada la semejança del maestro de esgrima, que quando le parece han entrado en cólera los que juegan las armas, atraviessa el bastón que tiene en la mano». The judge's action put an end to the contest. Whinnom (San Pedro, II, ed. Whinnom, p. 117, note 122) stated that «de esta práctica deriva el sentido figurativo de *meter el bastón*».

907. No quiero dezir. Another example of the *brevitas* convention.

927. natural. *Natural* means a person born in the region or kingdom: that is, a subject. Covarrubias, p. 824b, defined the word as «natural de Toledo, el que nació y tiene su parentela en Toledo».

932. tercia. Both variants are found in two branches of the stemma, and both are appropriate usages in context. However, in the language of the period, *tercia parte* seems to be the most frequent expression. In *Celestina*, 1499?, the phrase *tercia parte* appeared three times (ff. c³r., k²v., k⁷v.), and *tercera parte* does not occur at all. Therefore, *tercia* has been selected for the critical edition.

936. corronpa. Whinnom (San Pedro, II, ed. Whinnom, p. 120, note 124) emended the text to read *corronpa,* the archetypal reading.

937-938. otra culpa... culpado. The passage has later resonance in *Celestina*, 1499?, auto iv, f. d⁷v., where Celestina says: «no tengo otra culpa sino ser mensajera del culpado». Castro Guisasola, p. 184, also noted the coincidence.

950. los otros. The antecedent is *reinos*.

989. aquello. The archetype is unclear for each reading is found in two branches. Both would be acceptable in context, depending on the grammatical function. *Aquel* would be a demonstrative adjective modifying *consejo;* and *aquello,* a neuter demonstrative pronoun functioning as a subject whose predicative complement is *consejo*. Since both are possible readings and the majority of the texts support *aquello, aquello* has been chosen for the critical edition.

991. aceleración. *Aceleración* is possibly a neologism in the prose of San Pedro. Corominas, vol. I, p. 753b, listed the first occurrence of the word as 1623. *Aceleración* also appears in the *Cárcel* on l. 1165.

1009-1010. como gran pesadunbre... determinar. Whinnom (San Pedro, II, ed. Whinnom, p. 123, note 129) emended the text to read *con gran pesadunbre,* because «*pesadunbre* no significa 'disgusto' sino 'gravedad', y se explica fácilmente el error del cajista por el *como* inmediatamente arriba de la línea anterior». While the reading suggested by Whinnom is very coherent, the collation does not fully support the variant *con*. However, the archetypal reading *como* is acceptable and maintains a parallelism between the clauses: «porque como... assí como...». With *como,* the phrase would read: «since what you have to undertake is a great cause, therefore it [the undertaking, the plan] ought to be resolved as a grave situation».

1026. sanar. According to Corominas, IV, p. 141a, *sanar* is an older form (ca. 1140) than *sanear* (ca. 1400). The *Arnalte y Lucenda* has the same type of *-ar/-ear* variance, ll. 701, 720: the Burgos 1491 and 1522 editions read *momear* and the Manuscript 22021 reads *momar*. Menéndez Pidal discussed the *-ar/-ear* variance in § 125.2c.

1038. Gaula. Although the archetype technically reads *Gausa, Gaula* seems the more accurate reading. In other cases in the *Cárcel de amor,* Diego de San Pedro used existing geographical names: Suria, Macedonia, Spain, Sierra Morena, Italy, Greece, Castile, Gabia. It seems too coincidental that a simple erratum of *l* for long *s* would change a fictional name to an historical one. It is more likely to be the other way around. Also, the English, French, and Italian translations all use *Gaula,* and the French and Italian translations technically should read *Gausa* since they derive from the δ family. Thus, the δ text, from which the two translations came, could have originally read *Gaula,* which was maintained in translation and changed in the δ-family Spanish texts. A typesetter could easily have confused the *l* and long *s* in the text from which he copied.

1045. proferirme he. The A, B variant *proferirme al* most likely is not a substantive variant, but an accidental of synaloepha (*proferirme+e* [*he*]). The phenomenon of synaloepha is not uncommon in the *Cárcel de amor* texts, as noted earlier in ll. 707, 796-797.

1052. no puede ser. The bilinguals omit the *no;* however, DD, the British Library exemplar, has the *no* written in as a correction in pen and script.

1068. tan. The same type of variant between *tan* and *tanto* occured in the *Arnalte y Lucenda,* ll. 962, 1044, 1112: the Burgos 1491 edition reads *tanto* and the Burgos 1522 and Manuscript 22021 read *tan* in all cases.

1087. iniusticia. The same *iniusticia/iusticia* variant occurred in the *Arnalte y Lucenda,* l. 1605: the Burgos 1491 edition reads *ynjusticia* while the Burgos 1522 and the Manuscript 22021 read *justicia.*

1089. osará. Since accent marks are rarely used in the early editions, the reader must determine by context whether *osara* is a future or pluperfect indicative tense. Gili Gaya (San Pedro, ed. Gili Gaya, p. 160) and Moreno Báez (San Pedro, ed. Moreno Báez, p. 92) printed *osara.* Yet, the critical edition agrees with the *osará* reading. The variant of L, M, O, R, *osa,* supports the future/present indicative reading, and the context before and after the verb in question also suggests a future tense: «¿Quién podrá... tú las pones... vn mal ay...» There is no indication that a past tense is required.

1102-1103. No te escriuo... cunple. Another example of the *brevitas* convention.

1105. recebida. This begins a series of ablative absolute constructions functioning as rhetorical *abbreviatio.*

1121. pude. J originally read *puede,* but the *e* was crossed out in pen so that the text read *pude.*

1132. cargo. Gili Gaya (San Pedro, ed. Gili Gaya, p. 162) emended the text to read *carga.*

1148. grandes guardas me guardan. One of the few examples of *parhomoeon* and *annominatio* in the *Cárcel de amor.*

1150. delicado. *The Diccionario de Autoridades,* vol. III, p. 61a, defined the word as «metaphoricamente vale lo mismo que sutíl, agúdo, delgádo è ingeniosa».

1150-1151. sin que... cárcel. Whinnom (San Pedro, II, ed. Whinnom, p. 127, note 134) reworded the sentence as the following: «sin que mi padre pronunciase la sentencia de muerte, pudiera haberse vengado, que me muero en esta dura cárcel».

1154-1155. A lo que toca... fama. Another example of the *brevitas* convention.

1157-1158. determina que segund. The archetype is unclear since each reading is found in two branches of the stemma. The *que,* meaning 'porque', subordinates the last clause rather than leaving it as an independent thought. Either reading is coherent; however, in other cases where *que (porque)* is variant, the *que* is included: e.g., l. 1969. Thus, given the precedent to maintain *que, determina que segund* is selected for the critical edition.

1178. sinrazón. Foulché-Delbosc (San Pedro, ed. Foulché-Delbosc, p. 47), Menéndez y Pelayo (San Pedro, ed. Menéndez y Pelayo, p. 15b), Gili Gaya (San Pedro, ed. Gili Gaya, p. 164) emended the text to read *no sin razón,* like the S, T, U, Uu, and bilinguals variant. The change is not warranted, however, since the archetype clearly reads *a sinrazón.*

1181-1184. porque meior... como deue. The passage echoes the *Sermón* (San Pedro, I, ed. Whinnom, p. 177). «porque los honbres ocupados de codicia, o amor, o desseo, no pueden determinar bien en sus cosas propias, lo cual yo no repruevo».

1189. el. The archetype is unclear since both variants appear in two branches of the stemma. There is no need for the *a* before the inanimate accusative *parecer.* No personification or characteristic preposition is here required. The *el* reading is clearest and most concise.

1195-1197. más queremos... conseio. The passage had later resonance in *Celestina,* 1499?, auto ii. f. c⁴r., when Pármeno says: «Señor mas quiero que ayrado me reprehendas porque te do enojo que arrepentido me condenes porque no te di consejo». Castro Guisasola, p. 183, noted the coincidence.

1207. establécenles. Gili Gaya (San Pedro, ed. Gili Gaya, p. 165) emended text A to read *establéceles.*

1208-1210. Propriedad es... en peso. The passage has later resonance in *Celestina,* 1499?, auto iv. f. d⁸r., where Melibea says: «Quiero pues en tu dubdosa desculpa tener la sentencia en peso.» Castro Guisasola, p. 184, noted the relationship.

1215. con tenplança y contenplar. One of the few examples of *annominatio* in the *Cárcel de amor*.

1221-1222. ser iusticiada... iuez. Another example of *annominatio*.

1231. No seas... sangre. The passage had later resonance in *Celestina*, 1499?, auto xiv, f. l⁴r., when Melibea says: «como serias cruel verdugo de tu propia sangre». Castro Guisasola, p. 184, mentioned the relationship.

1236-1238. menos palabras... dezir. Another example of the *brevitas* topic.

1245-1248. quando... la saña. The passage had later resonance in *Celestina*, 1499?, auto xv, f. l⁶v., when Melibea says: «quando el coraçon esta embargado de passion: estan cerrados los oydos al consejo. y en tal tienpo las frutuosas palabras en lugar de amansar acrecientan la saña».

1248. reuerdecen. Each reading appears in two branches of the stemma, making the archetype uncertain. However, contextually, the subject of the transitive verb *reuerdecer* is *palabras,* thus requiring a plural verb.

1253. culpante. According to the *Diccionario de Autoridades,* vol. II, p. 697a, *culpante* means: «pues equivale à lo mismo que Culpado».

1256. generosidad. Covarrubias, p. 636a, defined the word as «Generosidad, nobleza, hecho generoso».

1265. leyes. Gili Gaya (San Pedro, ed. Gili Gaya, p. 168, note 9) stated: «Es la 'ley de Escocia' que pocos años después condenó a Mirabella en la novela de Juan de Flores; *l'aspra legge de Scozia* de Ariosto menciona a imitación de este último autor. Véase B. Matulka, *The Novels of Juan de Flores and Their European Diffusion,* New York, 1931, págs. 55 y sigs.»

1268. quebrase. The variant *quebrar/quebrantar* is also found in the *Arnalte y Lucenda,* ll. 905, 1500, 1866.

1272. fauorable. *Fauorable,* according to Covarrubias, p. 587a, and the *Diccionario de Autoridades,* III, p. 727b, is defined as 'lo que se hace en favor de alguno.'

1283-1284. no os. The A variant *nos* represents a synaloepha of *no+os*. Synaloepha is frequent in the *Cárcel de amor* editions, as mentioned earlier in notes to ll. 707, 796-797, 1045.

1286-1288. No respondo... largo processo. Another example of the *brevitas* convention.

1310. salua. The meaning in context is 'inocente'.

1310. mataría. Moreno Báez (San Pedro, ed. Moreno Báez, p. 101) emended A to read *mataría*.

1330. soledad. *Soledad* meaning 'melancolía' is possibly a neologism in the prose of San Pedro. According to Corominas, vol. IV, p. 269b, «en la ac. 'añoranza' es hermano del port. *saudade:* 2.ª mitad del S. XVI».

1343. fuiste. The variance of *fueste/fuiste* was common in the language of the period, as mentioned earlier in the note to l. 311.

1346. he. The A variant probably is a confusion of *e* (*he*), the verb form, with *e* (*τ*), the conjunction.

1354. quiso. Menéndez y Pelayo (San Pedro, ed. Menéndez y Pelayo, p. 17b, note 1) misread the A text, and although he printed *quiso* in his edition, he added the note: «*Quiero,* en la primera edición.»

1358. sacaré. Foulché-Delbosc (San Pedro, ed. Foulché-Delbosc, p. 53) and Whinnom (San Pedro, II, ed. Whinnom, p. 136) printed *sacare.* In note 153, Whinnom stated: «parece preferible *sacare;* la reina quiere decir que si pudiera, le quitaría a Laureola el deseo de estar con ella acompañándola al cielo». However, according to Keniston, § 31.23, there was no recorded occurrence of the future condition in the «si tuviere, diere» combination. On the contrary, though, Keniston did list «si tuviere, dará» as a vivid future condition. Since the latter construction is documented in the fifteenth- and sixteenth-century syntax, it has been chosen for the critical edition.

1399. seguro de. According to the *Diccionario de Autoridades,* vol. VI, p. 69a, *segurar* is «lo mismo que assegurar». Thus, *seguro de* would be equivalent to 'assegurado contra', as Whinnom (San Pedro, II, ed. Whinnom, p. 138, note 157) suggested.

1409. darás en exenplo. Menéndez y Pelayo (San Pedro, ed. Menéndez y Pelayo,

p. 18b, note 1) suggested emending the text to: «*un* en vez de *en*». Also Menéndez y Pelayo transcribed *darés* instead of *darás*.

1430. El auctor. Bruce W. Wardropper, «El mundo sentimental de la *Cárcel de Amor*», *RFE*, 37 (1953), 168-193, saw the romance as a conflict between four medieval codes: love, chivalry, honor, and virtue. Wardropper pointed to the interruption of the love narrative with duels and battles as the result of the conflict between courtly love and chivalry codes. A different interpretation came from Francisco Márquez Villanueva, «*Cárcel de amor*, novela política», *RO*, 14 (1966), 185-200, who saw this romance as strong but veiled social criticism. According to Márquez Villanueva, the king's deliberation and decision and Persio's and Leriano's actions and the battle scene are all indicative of imperialistic politics. The author uses the narrative and battle to show the evils of an all-powerful monarch. Thus, the *Cárcel* becomes an anti-imperialistic work and a reflection of *converso* attitudes. However, Márquez Villanueva's emphasis on the battle scenes seems excessive. For as Peter Dunn, «Narrator as Character in the *Cárcel de amor*», *MLN*, 94 (1979), 189, pointed out: «The *Cárcel de amor* can only be political in a way which is both excessively general and very peculiar, just as our modern romances of science fiction are scientific in a very broad and also a special way. The science, such as it is, is 'poetic' science, which serves to make the action possible: it does not come under scrutiny in terms of science so much as in terms of poetic verisimilitude. The same can be said of the political facts of life in the *Cárcel de amor*.»

1439. a la ora. The phrase meant 'entonces' in the language of the period.

1448. di. Whinnom (San Pedro, II, ed. Whinnom, p. 140, note 162) suggested using «*di*, como en las ediciones posteriores del siglo XVI». The archetype necessitates the use of *di*; *dio* is a variant of texts A and B.

1456. sacar. The only two variants which are possible archetypal readings are *sacar* and *sacarle*, both of which occur in two branches of the stemma. The *le* in *sacarle*, according to Keniston, § 7.18, can refer, although not commonly, to a feminine accusative — in this case Lucenda. Thus, both *sacar* and *sacarle* fit the context and grammatical function of the passage. Menéndez y Pelayo (San Pedro, ed. Menéndez y Pelayo, p. 19a), Gili Gaya (San Pedro, ed. Gili Gaya, p. 176), Whinnom (San Pedro, II, ed. Whinnom, p. 141), and Moreno Báez (San Pedro, ed. Moreno Báez, p. 106) emended the text to read *sacarié,* the same as the B variant. In note 163, Whinnom explained the choice: «el original dice *sacarle;* una enmienda alternativa sería el suprimir el *que: cuando pensaua sacarle a Laureola*». The α text has solved the problem of the *que*, found only in A and B: the archetypal reading is *de* which allows the infinitive to grammatically function in the sentence. Since, then, both readings are possible and the majority of the texts read *sacar*, and *sacarle*, while possible in the language, is not standard usage, the critical edition includes the reading *sacar*.

1467. quedando. D, the Bodmer Library exemplar, reads *quando*; however, in the margin there is a correction in pen and script which says *quedando*.

1487-1488. fuese a ayuntar. Readings of *fuese a ajuntar* and *fuese a juntar* appear in all three branches, making the archetype uncertain. The single *a* possibly represents a synaloepha of *a+ajuntar*, a common phenomenon in the *Cárcel* editions, as seen earlier in notes to ll. 707, 796-797, 1045, 1283-1284. Since there is a precedent for synaloepha, I have chosen the variant which separates the elision in the critical edition so that there is no confusion as to the complete reading of the text. *Ajuntar, ayuntar,* and *juntar* all existed in the Spanish language of the fifteenth century and all had equivalent meanings according to Corominas, vol. II, p. 1077b.

1494. començase a amanecer. As in the note above, the archetype is unclear, but most probably the variant *començase amanecer* represents a synaloepha of *a+amanecer*. The archetypal reading has been chosen to separate the elision and make the complete text visible.

1512. hacanea. Covarrubias, p. 673a, defined *hacanea* as «hacas y hacaneas, todo viene a significar una cosa, salvo que llaman hacanea a la que es preciada, cavallería de damas o de príncipes, y es nombre italiano, *canea* o *chinea*». The *Diccionario de Autoridades,* vol. IV, p. 110a, added that *hacanea* is «caballo algo mayor que las hacas, y menór que los caballos».

NOTES

1530. de paso. According to the *Diccionario de Autoridades,* vol. V, p. 156b, *de passo* was «modo adverb. que vale ligeramente, sin detencion ò reflexion en las especies».

1540. asentaua real. In Covarrubias, p. 897a, *real* was defined as: «El exército, y particularmente el lugar donde está el rey y tiene su tienda. Assentar real es poner casa. El campo o exército representa su rey.»

1540-1541. estancias. The *Diccionario de Autoridades,* vol. III, p. 627a, defined *estancia* as: «En la Milicia es el campamento y reales donde hace mansion el exército: y regularmente en este significado se usa en plurál diciendo Estáncias.» Also, the word is repeated in the *Cárcel de amor:* e.g., ll. 1548, 1602, 1621, 1623-1624.

1545. osaua. The archetype is unclear since each reading is found in two branches. However, contextually, *osar,* not *usar,* is intended. In other instances of *osar/vsar* variance in the *Cárcel, osar* is the archetypal reading: e.g., l. 1591.

1546. proueyó. The variance *proueyó/proueó* is also recorded in the *Arnalte y Lucenda,* l. 91.

1547. cunplían. Foulché-Delbosc (San Pedro, ed. Foulché-Delbosc, p. 60), Menéndez y Pelayo (San Pedro, ed. Menéndez y Pelayo, p. 20a), Gili Gaya (San Pedro, ed. Gili Gaya, p. 179), and Whinnom (San Pedro, II, ed. Whinnom, p. 145) emended the A text to read *cunplía.* However, the change is not warranted since the subject, *todas las cosas,* is plural.

1548. cerca de la cerca. Another case of *annominatio* in the *Cárcel de amor.* According to Corominas, vol. I, p. 771b, *cerco* meant «'cercado, villado', hoy olvidada en España, donde se dice *cerca* o *cercado».*

1554. deputados. Menéndez y Pelayo (San Pedro, ed. Menéndez y Pelayo, p. 20a), Gili Gaya (San Pedro, ed. Gili Gaya, p. 180), Whinnom (San Pedro, II, ed. Whinnom, p. 145), and Moreno Báez (San Pedro, ed. Moreno Báez, p. 110) emended A to read *diputados,* the same as the B variant.

1554. esforçaua. Menéndez y Pelayo (San Pedro, ed. Menéndez y Pelayo, p. 20a) emended the text to read *se esforçaua;* Gili Gaya (San Pedro, ed. Gili Gaya, p. 180) and Whinnom (San Pedro, II, ed. Whinnom, p. 145) emended A to read *esforçaua,* the same reading as the archetype. The *Arnalte y Lucenda* also has the same variant *esforçar/forçar:* in ll. 697 and 1354, the Burgos 1491 edition and Manuscript 22021 read *forçar* when the Burgos 1522 edition reads *esforçar.*

1555-1556. concluyendo, porque me alargo. Another example of the *brevitas* convention in the *Cárcel de amor.*

1557-1558. en especial... gloria. In this passage, Whinnom (San Pedro, II, ed. Whinnom, p. 145, note 176) noted another reference of praise to the *donceles.*

1588. compañas. As the variants substantiate, *compaña* meant 'compañía'.

1594. os. The archetype is uncertain in this case. *Os* and *vos* appear in various instances in the *Cárcel de amor.* However, *os* is always archetypal in all instances excepting the reading under questions: e.g., ll. 1251, 1283-1284, 1594, 2167. As Menéndez Pidal, § 94.1 and 115.3, and Lapesa, § 72.1, pointed out, Nebrija still used *vos* in the fifteenth century; however, Juan de Valdés later rejected the form and preferred *os.* The late fifteenth century was the turning point for the preference of *os* over *vos.* With respect to the other writings of Diego de San Pedro, in the *Arnalte y Lucenda os* was archetypal, as discussed in the note to l. 30 in the critical edition of *Arnalte y Lucenda.* The use of *os* would be consistent in Diego de San Pedro's prose if the *Cárcel* variant read *os.* Since there is evidence of *os* as archetypal in both San Pedro's romances, and since it is the form contemporarily being established in the language, *os* has been selected for the critical edition.

1601. a dexar con las obras las hablas. Another example of the *brevitas* convention.

1617. y estuuo. In 60 per cent of the *Cárcel's* variants of coordinating conjunctions, the archetype does not accept the conjunction as part of α. In 40 per cent of the variant cases, the archetype does include the conjunction. The percentages are not very decisive in either case. In general, the prose style of San Pedro relies heavily on conjunctions linking bimembered phrases and enumerations. The immediate context of ll. 1604-1626 is a case in point. Almost every independent clause is linked by a coordinating conjunction: l. 1605 - «y porque»; l. 1607 - «y poco»;

IVY A. CORFIS

l. 1608 - «y en pequeño espacio»; ll. 1610-1611 - «y segund»; l. 1615 - «y en su rostro»; l. 1616 - «y en su sentimiento»; l. 1619 - «y otro día»; l. 1624 - «y como»; l. 1627 - «y puesto en poder». Thus, since y is a frequent element in San Pedro's prose, and since variant cases show no great preference for rejecting or accepting coordinating conjunctions, the y has been accepted in the critical edition.

1626. dañados. *Dañados* is the vulgar form of *damnados* from the Latin *damnatos*.

1642. se entregauan. According to Corominas, vol. II, p. 301a, *entregar,* in Old Spanish, originally meant 'reintegrar, restituir', derived from the Latin, *integrare* which came from *integer.*

1645. graueza. According to Corominas, vol. II, p. 775b, *graveza* meant 'molestia, pesadez'.

1657-1658. todas las que la veýa... suplicaua. Whinnom (San Pedro, II, ed. Whinnom, p. 150, note 180) stated: «así el original; ningún editor moderno ha sentido la necesidad de enmendarlo, pero cabría pensar en un *la* omitido por el cajista: *todas las (vezes) que la veía...*, como en ediciones posteriores de la novela en el siglo xvi». In effect, the archetype establishes the *la* which Whinnom supposed omitted.

1663. entretenelle. *Entretener* is possibly a neologism in San Pedro's prose. Corominas, vol. IV, p. 421b, listed the first occurrence of the word as 1605, in the *Quijote.* However, the word *entretener* is also found earlier in the *Cárcel,* l. 1533, and in the *Arnalte y Lucenda,* ll. 591 and 1130, where in the first case all editions read *entretener* and in the second, only the Manuscript 22021 includes *entretener.*

1663. díxele. As Whinnom (San Pedro, II, ed. Whinnom, p. 150, note 181) noted, *dixile,* the A reading, as well as *fuisti* (l. 1343, the A reading), may be errata or Latinisms. However, only these two cases of Latinate verb formation occur in the *Cárcel,* and they are only found in text A. If they are conscious Latinisms, they are limited. In the *Arnalte y Lucenda,* l. 1610, there also is one instance of a Latinate verb ending: the Burgos 1522 edition reads *fizile* while the Burgos 1491 and Manuscript 22021 read *fizele* and *hizele* respectively.

1666. tenía de. The archetype is uncertain since each branch has a different reading. Since two of the three brances do agree on *tenía* rather than *temía,* the former is archetypal. The problem is, then, if *que* or *de* accompanies *tener. No tenía de* seems the more logical choice since *tener que,* according to Keniston, § 34.8, was not a frequent usage in the sixteenth century.

1669. se defiende. According to the *Diccionario de Autoridades,* vol. III, p. 47b, *defender* «vale igualmente vedar, prohibir ò embarazar el que se diga ò execute alguna cosa».

1679. pensado. The use of the past participle refers the *lo* to the clause «que me satisfazes», and the gerund refers *lo* to «a sinrazón muero». Both are possible readings; however, in context, the γ reading seems more logical since it is not Leriano's death which is considered desirable, but rather it is his passion being a gift from Laureola which is thought to be the solution.

1686. pude. The subject is either *yo* or the *servicios. Puede* does not fit the sentence since there is no referential third-person singular subject. The other readings *(pude/pueden)* are authorized each in two branches of the stemma. The *pueden* reading sets the passage in a more general, universal tone: no services can ever meet the worth of Laureola. *Pueden* gives no indication that Leriano ever tried to serve Laureola. *Pude* indicates that Leriano did try to serve his lady, but failed in his service. Although both readings are possible, the past tense fits the context better, for the preceding verb sets the time frame of the services as a preterite action: it was not that he did not serve the woman, but that he could not raise the services to the level of her worth. The *pude* reading seems most appropriate in context.

1702-1703. yeruas y árboles. The green of the trees and grass symbolizes *Esperança,* as noted earlier in ll. 738-739.

1712-1713. no me quieres. Text I has the *no* crossed out in pen.

1720. y él. There is no need for the *a* before the inanimate accusative, *él,* referring to *el pesar.* Neither is *a,* as a characteristic preposition, required with *tomar.* Syntactically and contextually, *y él* is the clearest reading.

224

1732. enemigas. Gili Gaya (San Pedro, ed. Gili Gaya, p. 187) and Whinnom (San Pedro, II, ed. Whinnom, p. 153) emended the text to read *enemigos*. There is no textual basis for the change.

1744. ello vuiera. Edition A has the word *no* added to the text in pen and script. Thus, A, with the correction, reads *ello no vuiera*. Gili Gaya (San Pedro, ed. Gili Gaya, p. 188) included the emendation as part of his edition.

1755-1756. No quiero más dezirte. Another example of the *brevitas* convention.

1787. desconfiado. The archetype is unclear here since both readings are found in two branches of the stemma. In the series of members preceding the independent clause, both past participles and gerunds occur: *aquexado, podiendo;* so both types of actions are being referred to in the sentence. The only clue to the resolution of α is context. The *desconfiado/-ando* and *aquexado* phrases are similar in construction; therefore, to maintain the parallelism and balance, both would be past participles. The *ya* reinforces the past nature of the *desconfiado/-ando* phrase. The two phrases of *desconfiado* and *aquexado* describe Leriano's state — he has already despaired of all hope and remedies and has been afflicted by mortal illnesses. *Desconfiado* and *aquexado*, as absolutes, describe why Leriano came to his deathbed and function as rhetorical *abbreviatio*.

1791. seruicio a Laureola, quitándola. Moreno Báez (San Pedro, ed. Moreno Báez, p. 118) emended the text to read *servicio quitándola*.

1797. Tefeo. The δ family generally reads *Teseo* in all uses of the name. Menéndez y Pelayo (San Pedro, ed. Menéndez y Pelayo, p. 23a, note 1) stated: «*Tefeo* dice claramente la primera edición, y no *Teseo*, aunque más corriente parecía el segundo nombre que el primero.» The English, Italian, and French translations all used the name *Teseo*. Yet, the stemmatic archetype is clearly *Tefeo* which was an acceptable, classical name: Tefeo/Tifeo, a monster of a hundred serpentlike eyes who was the personification of the violent force of volcanos and was one of the giants who fought against the gods and whom Zeus threw from Mt. Etna. Juan de Mena mentions Tifeo in his *Laberinto de fortuna*, stanzas 53 and 150.

1806. Leriano contra Tefeo. Leriano's apology of women has been the object of much literary criticism. José Amador de los Ríos, *Historia crítica de la literatura española*, VI (Madrid: the author, ptd. José Fernández Cancela, 1865), pp. 349-350, claimed Rodríguez del Padrón's *Triunfo de las donas* as San Pedro's source for the defense of women. María Rosa Lida de Malkiel, «Juan Rodríguez del Padrón: influencia», *NRFH*, 8 (1954), 1-38, stated that San Pedro was influenced by Don Álvaro de la Luna's *Libro de las claras e virtuosas mugeres*. Marcelino Menéndez y Pelayo, *Orígenes de la novela*, I, *NBAE*, 1 (Madrid: Bailly-Baillière, 1905), p. cccxxii, like Amador de los Ríos, claimed San Pedro's source to be Rodríguez del Padrón. Later Arturo Farinelli, *Italia e Spagna*, I (Torino: Fratelli Bocca, 1929), p. 237, claimed Boccaccio's *De claris mulieribus* and *Filocolo* and Bernat Metge's *Lo somni* as influences on the *Cárcel*'s defense. However, most convincingly, Anna Krause, «El 'tractado' novelístico de Diego de San Pedro», *BH*, 54 (1952), 249; José F. Gatti, *Contribución al estudio de la 'Cárcel de amor' (La apología de Leriano)* (Buenos Aires: n.p., 1955); Pamela Waley, «Love and Honour in the *Novelas sentimentales* of Diego de San Pedro and Juan de Flores», *BHS*, 43 (1966), 253-275; and Joseph F. Chorpenning, «Rhetoric and Feminism in the *Cárcel de amor*», *BHS*, 54 (1977), 1-8, defended the position that Diego de Valera's *Tratado en defensa de virtuosas mugeres* was San Pedro's source.

1827. nación. The *Diccionario de Autoridades*, vol. IV, p. 644a, defined *nación* as «la coleccion de los habitadóres en alguna Provincia, Pais ò Reino». Corominas, vol. III, p. 490a, added that *nación* in its Latinate meaning meant 'raza': that is, a class of people, which in this case is women collectively.

1836. desconocimiento. Covarrubias, p. 456b, defined the word as «desconocimiento, la tal ingratitud».

1841. defendido. See note to l. 1669.

1856. tenudo. According to Menéndez Pidal, § 121.2, *tenudo* is the archaic form of the past participle of *tener*. The *-udo* form was common in the thirteenth century, but was an antiquated form in the time of San Pedro. The *Diccionario de Autoridades*, vol. IV, p. 249b, listed *ser tenudo* as meaning «estar obligado ò precisado. Es

IVY A. CORFIS

antiquado». Gili Gaya (San Pedro, ed. Gili Gaya, p. 193) said the use of *tenudo* was due to the influence of legal texts which San Pedro read as a student of law. Whinnom (San Pedro, II, ed. Whinnom, p. 158, note 190) understood the usage due to the language of the manuals of chivalry to which San Pedro referred and which he read. There are other examples of the form *tenudo* in the *Cárcel:* e.g., variant to 1. 1984.

1860. adelgazauan. *Adelgazar* in context means 'estimar'; however, no such meaning of the word can be found in the vocabularies and dictionaries of the period. The translations define *adelgazar* as the following: Catalan - «les coses de bondat aprimauen»; Italian - «cun tanta subtilitate guardauano le cose di bontate»; French - «gardaient avec subtilité»; English - «with greate deligence and study kepte and observed always such thynges as perteyned to bountie».

1860. la tenían. Gili Gaya (San Pedro, ed. Gili Gaya, p. 193) emended the text to read *las tenían.* There is no textual basis for the change.

1862. a la virtud. Although the archetype technically is «de la virtud», the more precise reading is «a la virtud». Whinnom (San Pedro, II, ed. Whinnom, p. 158, note 193) also emended the text, stating «significa 'prefieren la maldad a la bondad', y no encuentro ningún ejemplo paralelo del uso de *de* en tal caso». The translations also support the change: Catalan - «la fidelitat de la virtut postponen»; Italian - «anteponeno la turpitudine a la virtute»; French - «proposent la turpitude à la vertu»; English - «prefereth turpitud & fowlnes before vertue». The only translation to maintain the *de* is the Catalan; however, the phrase becomes transformed: «they put loyalty to virtue last». The Italian translation, which derives from δ, prints *a,* and therefore, the *a* reading seemingly has support from two branches of the stemma. Since the reading verified by the translations is more accurate in context, it has been included in the critical edition.

1864, 1867, 1876. nouena/dezena/.xij. Each reading, ordinal and cardinal, is found in two branches of the stemma. The archetype maintains one through eight and fifteen in ordinal numers; eleven, thirteen, and fourteen, in cardinal numbers; and nine, ten, and twelve, variant. To be consistent with the non-variant numbers, nine and ten have been selected in their ordinal form, *nouena* and *dezena,* in order to coincide with *primera... octaua.* The cardinal number, *.xij.,* has been included to be consonant with *xi, xiij,* and *xiiij.*

1880. a todos. All modern editors emended A to read *a todos,* the same as the archetype.

1881. algunos... amigas. The context suggests the reading *algunos... amigas:* some men, in order to satisfy women, do harm to those who speak ill of womankind, even though the women do not ask or want the men to take retribution. To reverse the actions of the men and women would be illogical in the context. Whinnom (San Pedro, II, ed. Whinnom, p. 159, note 197) and Moreno Báez (San Pedro, ed. Moreno Báez, p. 122) also emended the text to read *algunos... amigas.*

1882. quieran. Menéndez y Pelayo (San Pedro, ed. Menéndez y Pelayo, p. 24a) and Whinnom (San Pedro, II, ed. Whinnom, p. 159, note 199) emended the text A to read *quieran* and thus agree with the archetype.

1884. copiesen. According to the *Diccionario de Autoridades,* vol. II, p. 17b, «Todo *cabe* en Fulano. Phrase que expressa ser capáz uno de qualquiera acción mala, segun el mal concepto que de él se tiene hecho.»

1885. les. The archetype is unclear, for both readings are found in two branches of the stemma. Foulché-Delbosc (San Pedro, ed. Foulché-Delbosc, p. 72), Menéndez y Pelayo (San Pedro, ed. Menéndez y Pelayo, p. 24a), Gili Gaya (San Pedro, ed. Gili Gaya, p. 195), Whinnom (San Pedro, II, ed. Whinnom, p. 159), and Moreno Báez (San Pedro, ed. Moreno Báez, p. 122) all emended A to read *les.* The context clearly suggests a plural indirect object — *a ellas;* and *les* seems the most logical, coherent reading.

1887. que. Both readings are found in two branches of the stemma. However, since the antecedent, *cosas,* is inanimate, *que* seems the clearer reading. The *que/quien* variance was seen earlier in the *Cárcel de amor,* 1. 192.

1891. fuerças. Cobarruvias, p. 614b, defined *fuerças* as «el castillo fuerte».

1897. dexada toda prolixidad. An example of the *brevitas* convention.

226

1910. sufrientes. Technically the archetype is *suficientes;* however, as Whinnom (San Pedro, II, ed. Whinnom, p. 160, note 203) also noted, the context suggests *sufrientes,* and no meaning of *suficientes* can be found to imply the sense of *sufrientes.*

1914. abonarse. According to the *Diccionario de Autoridades,* vol. I, p. 15b, and Corominas, vol. I, p. 531b, *abonarse* meant 'darse por bueno'.

1930-1931. La quinta... cardinales dichas. The irreverent hyperboles referring to women are generally considered the major reason why the *Cárcel de amor* was prohibited by the Inquisition beginning with the Seville 1632 *Index.* For example, here is reference to women, acting as God, bestowing cardinal virtues on men. The bilingual editions omitted the reasons five through nine, as mentioned earlier in the Introduction and Stemma of the critical edition. Whinnom (San Pedro, II, ed. Whinnom, p. 161, note 206) generally attributed the variant to «las ediciones de la segunda mitad del siglo XVI».

1934. hazer a aquella. The *a* is found in two branches of the stemma. The *a* seems necessary as the personal *a* before the human accusative, *aquella [mujer].* The reading without the *a* is most likely a synaloepha of *a+aquella.* Synaloepha, as mentioned above, is a frequent phenomenon in the *Cárcel de amor* editions: e.g., ll. 707, 796-797, 1045, 1283-1284, 1487-1488, 1494.

1947, 1957. .vij./.viij. Each reading is found in two branches of the stemma. Here, there is no systematic usage of ordinals and cardinals as there was in the previous section where below ten appeared in ordinals and above ten generally appeared in cardinal numbers. However, the majority of the texts do use cardinal numbers in each reading under question. For that reason *.vij.* and *.viij.* have been selected for the critical edition.

1964. nouena. The ordinal number is archetypal since it is found in two out of three branches of the stemma. However, one branch uses *nouena;* and another, *nona.* Since in the previous section *nouena* was found, *nouena* has been selected for the critical edition reading.

1966. acostunbrados. Foulché-Delbosc (San Pedro, ed. Foulché-Delbosc, p. 75) and Whinnom (San Pedro, II, ed. Whinnom, p. 163 note 208) emended A to read *acostunbrados,* the same as the archetype.

1968. .x. .x. was selected for the critical edition reading for the same reason as given in the note to ll. 1947, 1957.

1970. que nosotros con muy largo estudio. Although the δ and γ reading is archetypal (A being a derivative variant of the B and δ reading), the most coherent reading is the β variant. The δ and γ reading breaks the relative *lo que* clause into two parts and sets the *diligencias buscamos* apart as a separate unit. β unifies the sentences and fuses *diligencias* into the *lo que* clause as part of a bimembration: *estudio* and *diligencias.* The balance and bimembration of the β reading are typical of the *Cárcel* prose style, as discussed in the Introduction to the critical edition. β presents a more coherent reading consonant with San Pedro's style. Menéndez y Pelayo (San Pedro, ed. Menéndez y Pelayo, p. 25a), Gili Gaya (San Pedro, ed. Gili Gaya, p. 198, note 19), Whinnom (San Pedro, II, ed. Whinnom, p. 163, note 209), and Moreno Báez (San Pedro, ed. Moreno Báez, p. 125, note 80) emended A to read *que nosotros con largo estudio.*

1974. se. Both readings are found in two branches of the stemma. However, *se* is the only logical choice. *Si* is not consistent with the context or syntax of the passage.

1980. estudiamos. Moreno Báez (San Pedro, ed. Moreno Báez, p. 126) printed *estuaimos.*

1981. .xij. Both readings are found in two branches of the stemma. Since there is no systematic use of ordinal or cardinal numbers in the section, and since all numbers following twelve are cardinal, *.xij.* has been selected for the critical edition.

1982. liberalidad. Technically *libertad* is archetypal. However, *liberalidad* is the true meaning required in context. Since I could find no cases of *libertad* meaning 'liberalidad', I have selected the reading *liberalidad* for the critical edition.

The translations also read *liberalidad:* Catalan - «liberalitat»; Italian - «liberalitate»; French - «liberalité»; English - «lyberalyte».

2004. pidiendo. Menéndez y Pelayo (San Pedro, ed. Menéndez y Pelayo, p. 25b) noted that perhaps the text should read *puliendo* instead of *pidiendo.* The translations defined the word as follows: Catalan - «demanant»; Italian - «portando»; French - «portant»; English - «deuysing».

2207. entretalles. According to the *Diccionario de Autoridades,* vol. III, p. 522a, «Entretallar. Vale tambien cortar por en medio de una tela ò pieza lisa, algunos retacitos de ella, haciendo diferentes agujeros, como si fuesse un enrejado ò como se labran algunos encaxes ò tarjétas caladas, para que sobresalga la labór, y se vea el fondo. Es término de Bordadóres, que para aprovechar las bordadúras, cortan el fondo de la tela sobre que está hecho el bordado, y cosiendolas sobre otra tela ò fondo, sirven como si fuessen nuevas.» Thus, *entretalle* is probably a type of lace.

2006-2011. por las mugeres... romances? Francisco López Estrada, «Tres notas al *Abencerraje», RHM,* 31 (1965), 267-268, discussed the relationship of the passage to the *Abencerraje.* He concluded: «La similitud de las palabras [...] y el mismo orden de las expresiones aseguran la relación entre los dos textos. El que sí se aprovechó del trozo y lo eligió para este fin, mostró la relación que intuía entre los libros sentimentales de fines de la Edad Media y la obrita renacentista.» López Estrada also mentioned the relationship of the same passage to Castiglione's *Cortegiano,* Book III, cap. IV, a coincidence noted earlier by Menéndez y Pelayo, *Orígenes de la novela,* I, pp. cccxxii-cccxxiii, and A. Giannini, «La *Cárcel de amor* y el *Cortegiano* de B. Castiglione», *RH,* 46 (1919), 561.

2012. sotilizan. Foulché-Delbosc (San Pedro, ed. Foulché-Delbosc, p. 77) and Gili Gaya (San Pedro, ed. Gili Gaya, p. 200) emended text A to read *fertilizan.*

2014. braceros. Covarrubias, p. 233b, defined *braceros* as «el que tiene buen braço para tirar una lança. Bracero, el que lleva de braço a alguna señora. Bracero, el peón que se alquila para cabar o hazer otra obra de labrança donde ha de menear los braços». The first definition seems most appropriate in context.

2015. boltean. A possible neologism in San Pedro's prose. Corominas, vol. IV, p. 749b, gave *voltear's* first occurrence ca. 1580.

2018. alcança. Each reading is found in all three branches of the stemma. However, contextually the subject is *lo más perfeto,* and thus requires a singular verb. If the subject were plural, it would be *los que tañan y cantan,* and the verb *alcançar,* in that case, would not be reflexive. Menéndez y Pelayo (San Pedro, ed. Menéndez y Pelayo, p. 25b); Gili Gaya (San Pedro, ed. Gili Gaya, p. 200); Whinnom (San Pedro, II, ed. Whinnom, p. 165, note 217); and Moreno Báez (San Pedro, ed. Moreno Báez, p. 127), all emended A to read *alcança.*

2023. postrimera. The variant *postrimera/postrera* shows a usage of *postrera* which is not typical in the *Cárcel* prose. The use of *postrimera* and *postrera* has a strict division of functions in the *Cárcel de amor. Postrimero* is only used as an adjective and always in pre-position to the noun: e.g., ll. 543, 601-602, 663, 672, 889, 1036, 1762, 1823. *Postrero* is only used as a noun: e.g., ll. 1008 and 1532. In the *Arnalte y Lucenda,* ll. 1322, 2064, 2128, the same variance is found but the same division of function does not hold true.

2027-2028. no me da lugar a que. Each reading is found in two branches of the stemma. However, contextually, the clause is not a relative introduced by *que,* but an adverbial subordinate clause where *que* means 'para que' or 'a que'. To make the difference obvious and the reading clear, *a que* has been selected to avoid confusing the adverbial *que* with the relative *que.* It is possible the *da lugar que* is an erratum where the typesetter accidentally omitted the *a,* and the error was then repeated in subsequent editions. The line is also an example of the *brevitas* technique in the *Cárcel de amor.*

2040-2041. las menos. *Las menos* means 'la minoría'.

2042-2043. alabadas por piadosas... culpadas. An echo of the *Sermón* (San Pedro, I, ed. Whinnom, p. 181): «Assí que, remediado su mal, antes seréis alabadas por piadosas que retraídas por culpadas.»

2042-2043. retraýdas. *Retraýdas* meant 'reprochadas' in the period. According to Juan de Valdés, *Diálogo de la lengua,* ed. José Montesinos (Madrid: Espasa-Calpe,

1976), p. 102, *retraer* meant «lo que el italiano, en la qual sinificación he tambien oído usar de otro vocablo que yo no usaría, que es *asacar*, y otras vezes lo usamos por escarnecer, creo sea porque, assí como el que retrae a uno, su intento es imitar su natural figura, assí el que escarnece a otro parece que quiere imitar o sus palabras o sus meneos».

2049. vírgines. *Vírgines* is a Latinate plural form as noted earlier in *imágines*, ll. 148 and 215. *Vírgines*, in the same Latinate form, also occurs in the *Cárcel* in l. 2154 and *in Celestina*, 1499?, f. c⁶v.: «pocas virgines a dios gracias has tu visto en esta cibdad que hayan abierto tienda a vender».

2062. Lucrecia. Lucretia was the wife of Lucius Tarquinius Collatinus. During the war against Ardea, Collatinus, Sextus Tarquinius, and others decided to test their wives' virtue. All agreed, that after all the wives had been tested, Lucretia proved herself the most virtuous of all. However, Sextus was resentful of Lucretia and lusted after her. A few nights after the test, he raped her at the point of a sword. She told her story to her father and her husband, making them vow to avenge her, and then took her own life. The vow led to the death of Sextus and the overthrow of his tyrannical father, Lucius Tarquinius Superbus, all of which ended the kingship at Rome. Lucretia's story is told by Livy 1.57.6-1.60.4.

2071-2072. Porcia. Portia, the daughter of Cato of Utica, committed suicide upon hearing of the death of her husband, Brutus, in 43 B. C. She is referred to in Cicero, *Ad Brutus*, 1.9.2, 17.7; Plutarch, *Cat.* 25, 73, *Brutus*, 2, 13, 15, 23, 33, 53; Valerius Maximus iii. 285, iv. 6 § 5; Martial, i. 43.

2074-2075. Penolope. Penelope, the wife of Odysseus, daughter of Icarius, and mother of Telemachus, avoided all suitors for three years by weaving a shroud for her father-in-law, Laërtes, while waiting for the return of her husband from the Trojan War. She was faithful to her husband until his return, according to most sources. When Odysseus was unintentionally killed by Telegonus, Penelope married the latter. Penelope is a prominent figure in Homer's *Odyssey* and is mentioned in many other works, including: Apollodorus, «Epitome», 7.31-39; Hyginus, *Fabulae*, 126-127; and Ovid's *Heroïdes*, i. 83. In medieval sources, Penelope is referred to by Guido delle Colonne, *Historia Destructionis Troiae*, 33.301-317.

2076. Ytalia. Gili Gaya (San Pedro, ed. Gili Gaya, p. 203), Whinnom (San Pedro, II, ed. Whinnom, p. 167), and Moreno Báez (San Pedro, ed. Moreno Báez, p. 129) all emended the text to read *Itaca*. However, no text supports that reading. *Italia* seems an accurate reading since Magna Graecia was southern Italy and the archetype overwhelmingly supports the reading *Italia*. The only other textually recommended reading is *Grecia*.

2080. le. Even though the archetype is not certain, the indirect object makes the text more clear. Also, the archetype usually accepts the dative pronoun in those cases where the pronoun is variant, as mentioned earlier in the note accompanying l. 358. Therefore, the critical edition has included *le*.

2084. Julia. Julia, daughter of Julius Caesar and Cornelia and wife of Pompey, lived between the years 82-54 B.C. Julia is referred to in many texts, such as: Plutarch, *Caes.* 14, *Pomp.* 48, *Cat. Min.* 31; Lucan, i. 113; Cicero, *Ad Att.* ii. 17, viii. 3; Suetonius, *Caes.* 50; Gellius, iv. 10 § 5. In medieval sources, Julia is mentioned in Augustine, *Civ. Dei.*, iii. 13 and Alfonso X, *Primera crónica general*, caps. 79, 91.

2085. del. Since one branch of the stemma, δ, omitted the section from Julia through Ypo la greciana, the critical edition must rely on the hyparchetypes β and γ to establish the archetype. *Del*, rather than *de*, has been chosen for the critical edition reading since *César* refers to Julius Caesar, the first caesar and, therefore, the Caesar.

2085-2088. siendo muger... murió. The use of absolutes and gerunds is typical of the rhetorical *abbreviatio*.

2086. Ponpeo. Pompey (106-48 B.C.) was a Roman statesman and general, as well as member of the First Triumvirate and a rival of Caesar. Pompey was cited by many authors, including: Sallust, *Historiae*, 2.14; Cicero, *Fam.* 8.I.3, *Att.* 11.6.5; Plutarch; the *Civil Wars* of Caesar, Appian, and Velleius Paterculus. In medieval sources, Pompey is referred to in the *Primera crónica general* of Alfonso X,

229

caps. 75-91. Regarding the spelling of *Ponpeo,* since the variance of *Ponpeo/Ponpeyo* is more of spelling than of semantic, substantive value, the A copy-text has been followed.

2088. Artemisa. Artemisa II, queen of Halicarnassus, of Caria, built her husband Mausōlos a tomb which was considered one of the seven wonders of the world (335 B.C.). According to Gatti, p. 15, «la historia de Artemisa: la versión de Diego de San Pedro es absurda en un pormenor. Prescindamos de la antigua errata *(muerta* por *muerto),* que no ha corregido la edición de Gili Gaya y que contribuye a empeorla decisivamente: queda siempre el significado irrazonable del pasaje 'le dió sepoltura en sus pechos, quemando sus huesos en ellos'. Tan absurdo es que, comprendiéndolo así, la edición de Rubió Balaguer suprime el complemento *en ellos.* En este caso, el afán de concisión y brevedad que preside la tarea refundidora de San Pedro lo traiciona, sorprendentemente, porque el texto de Valera [*Tratado en defensa de virtuosas mugeres*] es claro y fácil de sintetizar». Artemisa is referred to in: Cicero, *Tusc.* iii. 31; Strabo, xiv, p. 656; Gellius, x. 18; Pliny, *H.N.,* xxv. 36, xxvi. 4. § 9; Valerius Maximus, iv. 6. ext. 1.

2089. Manzol. Foulché-Delbosc (San Pedro, ed. Foulché-Delbosc, p. 79) and Gili Gaya (San Pedro, ed. Gili Gaya, p. 203) and Moreno Báez (San Pedro, ed. Moreno Báez, p. 130) emended the A spelling to *Mausol.* Whinnom (San Pedro, II, ed. Whinnom, p. 167) printed *Mausolo.* Menéndez y Pelayo (San Pedro, ed. Menéndez y Pelayo, p. 26b) transcribed *Mauzol.* Mausōlos is referred to in Pausanias, viii. 16, 4; Lucian, *Infer. Dialog.,* xxiv; Vitruvius, ii. 8; Pliny, *H.N.,* xxxvi. 30; and Hyginus, *Fabulae.*

2091. con fuego. The β reading is more clear, for the antecedent of γ's reading, *ellos,* is ambiguous and confusing. β represents a more logical interpretation of the context. Gatti, p. 15, as cited above, also noted the confusion of the A reading.

2093. Argia. Argeia, the daughter of Adrastrus and Amphithea, married Polyneices and was mother of Thersander. Hyginus, *Fabulae,* 72, claimed she helped Antigone to lift Polyneices's unburied body onto Eteocles's funeral pyre. Argeia is also mentioned in Vergil, *Aeneid,* 6.480 and Apollodorus, iii. 6 § 1, i. 9 § 13 and Hyginus, *Fabulae,* 69, 70. In medieval sources, Argeia is found in Alfonso X, *General estoria,* II («Jueces»), cap. CCL, CCCX. The story of Polyneices and Adrastus and Argeia is told in the *General estoria,* II («Jueces»), cap. CCXLII-CCLIII.

2095. Edipo. *Edipo* is the correct reading since Oedipus was Polyneices's father. Oedipus's story is told in many sources: for example, Homer, *Odyssey; Iliad,* 23.679; and in the medieval text of Alfonso X's *General estoria* II («Jueces»), cap. CCXXI-CCXL. The variant *Egisto* was a well-known figure in the period and was recorded in such medieval texts as Guido delle Colonne, *Historia Destructionis Troiae,* 21.116-143, 32.25-74.

2099-2100. tinieblas de la noche. Gatti, pp. 15-16, stated: «Diego de San Pedro, acaso porque su obra se dirige a un público cortesano y con preferencia femenino o porque su índole de escritor lo impulsa a ello, elimina —en el episodio de Argia— todo detalle macabro. Valera describe la escena del hallazgo del cadáver de Polínices por Argia con cierta amplitud y fuerte tintas: San Pedro sólo conserva del original la simple pintura de 'la escuridat de la noche', que transforma en 'las tinieblas de la noche', pero rehuye trasladar este pasaje realista: 'Ni le estorvó al conoscimiento suyo la cara estar comida de las bolantes aves, nin la finchason que suelen cobrar los cuerpos muertos de feridas, nin la muchedumbre del polvo, nin los ensusiamientos del triste bulto los besos de aquella escusar pudieron...'»

2101. haziéndole. The *le* is a dative and would not be replaced by *lo* as found in the β readings.

2102. sus cenizas. The plural form is more logical in context since, as a singular noun, *ceniza* is not linked to a plural context here, so it would not take on a collective plurality as it did earlier on l. 2091. In context, the plural expresses the quantitative meaning better than the singular.

2103. Ypo la greciana. Foulché-Delbosc (San Pedro, ed. Foulché-Delbosc, p. 80) emended the name to *y Pola greciana;* Menéndez y Pelayo (San Pedro, ed. Menéndez y Pelayo, p. 26b) and Moreno Báez (San Pedro, ed. Moreno Báez, p. 168) printed *Ipola greciana;* Gili Gaya (San Pedro, ed. Gili Gaya, p. 204) printed *Yno la greciana;*

and Whinnom (San Pedro, II, ed. Whinnom, p. 168), based on the testimony of
Valerius Maximus, vi, 1, ext. 1 («Graeca femina nomine Hippo, cum hostium classe
esset excepta, in mare se, ut morte pudicitiam tueretur, abiecit»), emended A to read
*Hipo la greciana.*

2108-2109.  muger de Amed.  Admetus, king of Pherae, elder son of Pheres, who
was founder and king of Pherae, a city of Thessaly, by Periclymene, daughter of
Minyas, joined Jason, his cousin, and the Argonauts in search of the golden fleece.
The cousins took part in the Calydonian boar hunt. According to Diodorus Siculus
(4.53.2, 6.7.8), Jason gave Pelias's daughter Alcestis to Admetus as his bride. Yet,
versions as to how Admetus and Alcestis were married differ. Alcestis was a pious
and exemplary wife. When Admetus fell ill, Apollo won him a special dispensation
from either Artemis or the Fates. The king need not die if someone would take his
place in death. Admetus appealed to his parents who were unwilling to give up their
few remaining years. Alcestis took the responsibility and accompanied Thanatos to the
Underworld. Admetus grieved, but let her go. Alcestis was saved, however, by either
Heracles, who fought with Thanatos and brought Alcestis back, or Persephone,
who sent her once again to the mortal world. Euripides's play, *Alcestis,* told of
Alcestis's death and resurrection. Apollodorus (1.1.14-16, 3.10.4) gave the most
extensive account of Admetus's life. Admetus and Alcestis were also mentioned by
Marshall, 4.75; Juvenal, 6.652; Hyginus, *Fabulae,* 50, 51, 251; Homer, *Iliad.,* ii. 715;
and Ovid, *Ars. Am.* iii. 19.

2113.  Sarra.  Sarah, the wife of Abraham, formerly named Sarai (Genesis, 17:15)
died in Hebron at the age of 127 years. The spelling, *Sarra,* was also found in
Feliciano de Silva, *Segunda Celestina,* and Cervantes, *Quijote,* I, 12. Covarrubias,
p. 928a, as well, spelled the name «Sarra, muger de Abrahán». The story of Sarah
and the Pharaon was also told in Alfonso X's *General estoria* I, Book V,
caps. V-VI.

2113-2114.  Sarra... Faraón.  A marginal note in edition D, written in pen and
script, says: «muger de que avn que esta [...]er de faraon [...] su castidad». Part of
the script, here transcribed with suspended periods and brackets, was cropped off
on the edge of the margin.

2118.  Délbora.  Deborah was one of the four prophetesses mentioned in the Old
Testament. From the tribe of Issachar and wife of Lappidoth, she was deliverer of
the Israelites when they were oppressed by Jabin, king of Hazor. Deborah was
looked up to as the 'mother of Israel'. Her story is told in the Bible in Judges, parti-
cularly chapters 4 and 5. The *General estoria* II («Jueces»), cap. CLXXXV-CLXXXVI,
CXCVI, also tells the story of Deborah.

2119-2120.  profecía.  Gili Gaya (San Pedro, ed. Gili Gaya, p. 204), emended A to
read *profecías.*

2123.  Ester.  Esther succeeded Vashti as wife of the Persian king Xerxes. The
wisdom of Mordecai and the courage of Esther helped the Jews under the Persian
rule. Esther brought about the reversal of the decree to slay all Jews in the king's
dominion. The Book of Esther relates the story of Queen Esther.

2127.  madre de Sansón.  The birth of Samson is described in Judges, chapter 13.
Additionally, the *General estoria* II («Jueces»), cap. DCXXIII-DCXXIV, mentioned
the birth of Samson.

2129.  Elisabeth.  Elizabeth was wife of Zachariah and mother of John the
Baptist (Luke 1:5 and ff.).

2133.  pero por la breuedad.  Another example of the *brevitas* formula in the
*Cárcel de amor.*

2134.  Doña María Cornel.  Doña María Cornel (or Coronel) was wife of Juan
de la Cerda who was condemned to death by Pedro I. After the death of her
husband, doña María withdrew to a convent. Juan de Mena referred to the lady in
his *Laberinto de fortuna,* strophe 79. The Brocense commentary to the Laberinto
added the following annotation: «estando el marido ausente vínole tan grande ten-
tación de la carne que determinó de morir por guardar la lealtad matrimonial, y
metióse un tizón ardiendo por su natura, de que vino a morir» (Juan de Mena,
*Laberinto de fortuna,* ed. Louise Vasvari Fainberg [Madrid: Editorial Alhambra,
1976], p. 119).

2137. Doña Ysabel. According to Gili Gaya (San Pedro, ed. Gili Gaya, p. 206, note 1), «Doña Isabel de las Casas, dama de buen linaje sevillano, estaba unida a don Pedro Girón, maestre de Calatrava. Sus hijos, don Alonso Téllez Girón, primer conde de Ureña; don Rodrigo, maestre de Calatrava, y don Juan, segundo conde de Ureña al morir su hermano mayor, fueron legitimados por bulas pontificias y cédulas reales. Al morir don Pedro, vivió retirada en Peñafiel, dominio de su hijo mayor, y fué sepultada con éste en la capilla mayor del monasterio de San Francisco de aquella villa (v. F. Fernández de Bethencourt, *Historia genealógica y heráldica de la Monarquía española*, II, 1900, pág. 523).» Whinnom (San Pedro, I, ed. Whinnom, pp. 21-25) also discussed the identity of doña Ysabel.

2138-2139. Hurueña. As Whinnom (San Pedro, I, ed. Whinnom, pp. 22-23, note 36) pointed out, the two names Ureña and Urueña were often confused and interchanged; but the correct reading here is Hurueña, which was the original title of the counts. Urueña is near Toro; and Ureña, which also belonged to the Girón family, was in the province of Salamanca.

2141. no podía biuir si no casasse. On the subject of such illnesses, Huarte de San Juan, vol. II, cap. XV.2, p. 368, stated: «Galeno [Libro VI, 'De locis affectis' cap. VI] el cual dice y afirma que muchas mujeres, quedando mozas y viudas, vinieron a perder el sentido y movimiento, el pulso, y la respiración, y tras ello la vida. Y el mesmo Aristóteles [4ª sectione Problem. 29°] cuenta muchas enfermedades que padescen los hombres continentes por la mesma razón.»

2149. Doña Mari García. According to Gili Gaya (San Pedro, ed. Gili Gaya, pp. 206-207, note 16): «En el siglo XIV, doña María García de Toledo fundó una comunidad de beatas en compañía de otras mujeres virtuosas, entre ellas María Martín Maestro, llamada también María de Ajofrín, por ser natural de este pueblo. La fundadora falleció en 1404 rodeada de la admiración general. En 1408, la comunidad por ella fundada, que hasta entonces había vivido sin sujetarse a una Orden religiosa determinada, adoptó la regla de San Jerónimo, quedando así establecido el *Monasterio de Jerónimas de San Pablo,* con clausura y votos forzosos. María García y María de Ajofrín se hallan sepultadas en la iglesia que fué del monasterio de la Sisla (v. Parro, *Toledo en la mano,* t. II, pág. 161).» However, according to Gatti, p. 17, «En la alabanza de la beata María García, copiada también del *Tratado,* se borra —como era lógico que sucediera— la frase 'no ha diez años que murió', que Juan de Mata Carriazo estima útil para fechar la obra de Valera con mayor exactitud. La nueva relación que establecemos parece probar que la persona nombrada no debe ser la que menciona Gili Gaya (p. 206, nota), puesto que si suponemos el *Tratado* escrito entre 1440 y 1445, en todo caso no mucho antes de 1440 —hay que recordar que Valera nació en 1412—, el plazo de diez años nos lleva hacia 1430-1435 como probable fecha de la muerte de la beata María García: Gili Gaya se refiere a una María García de Toledo, fundadora de una comunidad de beatas, que falleció en 1404.»

2154. Atrisilia. Juan de Mena, *Laberinto,* st. 121, mentioned Erithia. Gatti, p. 17, maintained, «El curioso *Atrisilia* no figura entre los hombres de las diez sibilas que enumera Lactancio en el capítulo VI de su *De falsa religione deorum,* ni lo hemos hallado citado en otros libros. De *Herófila,* [la legendaria sibila] por metátesis, Valera hace *Erífola.* Las grafías medievales son, como siempre, sumamente vacilantes: *Erutea, Erithea, Erethea; Eriphila, Erifola.*» Herophile is the sibyl that prophesied of the Trojan War. Saint Isidore said she was originally from Babylon, but Lactantius placed her from a city of Jordan called Eritras.

2155-2163. por su mérito... la muerte guardaron. The bilingual editions shorten this passage regarding the Gentile virgins. Whinnom (San Pedro, II, ed. Whinnom, p. 171, note 236) referred to the omission as «Por desgracia este catálogo se abrevia muy pronto en las ediciones tempranas de la novela [...].»

2157. Palas o Minerva. Both are names identified with Athena.

2158. Tritonio. Tritonis is a large lake in western Libya, now called Chott Djerid. The lake was the site of one of the Argonauts' adventures and was often connected with the sea-god Triton. *Tritogeneia* was a title of Athena —«Lady of Trito»—, Trito being identified as the Libyan lake, or a stream in Arcadia, or various other bodies of water.

2159. Atalante. Atalanta or Atalante was a virgin huntress, daugher of Iasus, king of either Tegea or Maenalus, by Clymene, daughter of Minyas. Some writers say Atalanta sailed with the Argonauts, but Apollonius Rhodius, *Argonautica* (1.769-773) said Jason refused her company because he feared problems if a woman was aboard the Argo. Atalanta's participation in the Calydonian boar hunt led to the death of the sons of Thestius and perhaps also to that of Meleager who fell in love with Atalanta. The story of Atalanta and the boar hunt is also found in Ovid, *Met.*, viii, 290-327; and Hyginus, *Fabulae*, 99. In medieval sources, Atalanta's participation in the hunt is recorded in the *General estoria* II («Jueces»), caps. CCCLXXVII-CCCLXXX.

2161. Camila, hija de Macabeo. Camilla, daughter of Metabus, king of the Volsci, was dedicated to the service of Diana, by whom she was loved and protected. Camilla joined Turnus in his war against Aeneas and rode at the head of the Volscian army with a company of warrior-maidens. Camilla killed many of the enemy but was finally herself killed by Arruns, aided by Apollo. Diana took vengeance on Arruns, whom she ambushed and shot with an arrow. The story of Camilla is found in Vergil, *Aeneid*, 7.803 &c., 11.430 &c.; Hyginus, *Fabulae*, 252; Servius, *Ad Aen.* xi. 543, 558.

2162. Claudia bestal. As Whinnom (San Pedro, II, ed. Whinnom, p. 171, note 239) cited, Mosén Diego de Valera, in his *Epístolas*, told how the father of Claudia won a great triumph; but a Roman tribune, who was his enemy, tried to stop the triumphal procession. The vestal virgin, Claudia, ran out of the temple and avenged the offense against her father by attacking the tribune. I could find no classical or medieval source for Claudia vestal, except in Valera.

2162-2163. Clodia romana. Whinnom (San Pedro, II, ed. Whinnom, p. 171, note 240) noted that this woman was Cloelia, and San Pedro spelled the name *Clodia* due to the influence of Valera's text. Cloelia, as hostage of the Etruscans, managed to escape by swimming across the Tiber. Cloelia was able to bring the band of hostages to safety. Porsenna demanded Cloelia's return, but was so impressed by her bravery that he soon restored her to Rome. An equestrian statue of her was erected by the Romans on the Sacred Way. The account of Cloelia is found in: Valerius Maximus, iii.2 § 2; Pliny, *H. N.*, xxxiv.6.x.13; Livy, II.13.6-7; Vergil, *Aeneid*, 8.650; Juvenal, viii. 265.

2164. si el alargar no fuese enoioso. Another example of the *brevitas* convention in the *Cárcel de amor*.

2180. le dezían. The archetype is unclear. Each reading is found in two of the stemma branches. The reading with the indirect object pronoun is clearer and more complete in context. Also, as discussed in the note to l. 358, the archetype tends to include dative pronouns rather than omit them. Thus, the *le* reading has been accepted for the critical edition.

2188. traspassamiento. Covarrubias, p. 975b, defined the word as: «el traspasso sinifica, o el gran desmayo o el trance y agonía de la muerte».

2188. muerte. Whinnom (San Pedro, II, ed. Whinnom, p. 172) and Moreno Báez (San Pedro, ed. Moreno Báez, p. 135) emended the A text to read *muerte*. Whinnom globally referred to the reading of B and the β family as «lo enmiendan las ediciones del siglo XVI». However, the archetype is not clear since both readings occur in two branches of the stemma. Yet, in context, *muerte*, the generic noun, reads best. She had a death-like swoon, not the swoon of a dead woman.

2189. boluió. Menéndez y Pelayo (San Pedro, ed. Menéndez y Pelayo, p. 27b) noted «parece que debe leerse *lavó*». Gili Gaya (San Pedro, ed. Gili Gaya, p. 208) followed the A text and printed *viuió*. Whinnom (San Pedro, II, ed. Whinnom, p. 172, note 243) maintained that «*vivió* [...] es difícil aceptarlo como lección auténtica; alguna edición del s. XVI lo cambia en *vio* que tampoco parece acertado; cabría pensar en *lavó* o *bañó*». Moreno Báez (San Pedro, ed. Moreno Báez, p. 135) also doubted the authenticity of the *vivió* reading. Of the four textual variants (*viuió, aviuió, boluió,* and *vio*), only *boluió* or *vio* fit the context: «she turned her face to him» or «she saw his face». If the manuscript from which the typesetters worked read *voluió/boluió*, the word could have been misread as *viuió* or transformed by erratum to *vio*. Thus, since *boluió* represents a logical possible reading and could give rise to the other variants, *boluió* has been accepted for the critical edition.

233

2193. de dezirte. A reads *dexas dezir* and a script emendation changes *dezir* to *de ser*. In the modern editions, Foulché-Delbosc (San Pedro, ed. Foulché-Delbosc, p. 83) emended the text to read *de ser*. Menéndez y Pelayo (San Pedro, ed. Menéndez y Pelayo, p. 28a) concluded «debe leerse *de ser* en vez de *decir*». Gili Gaya (San Pedro, ed. Gili Gaya, p. 209) also emended the text to read *de ser*. Whinnom (San Pedro, II, ed. Whinnom, p. 172) changed his edition to read *de dezirte*, like the archetype, and explained in note 244, «sigo la lectura de ediciones seiscentistas; el paralelismo entre *dezirte* y *llamarme* cuadra muy bien con el estilo de San Pedro». Moreno Báez (San Pedro, ed. Moreno Báez, p. 135) followed Whinnom's emendation.

2200. gran pieça. According to the *Diccionario de Autoridades*, vol. V, p. 269a, *pieça* «se toma tambien por espacio ò interválo de tiempo. AMAD. lib. 3. cap. 2. Assi anduvieron una *piéza*, hasta que fueron encima de la montaña. CERV. Quix. tom. 1. cap. 4. Cayó Rocinante, y fué rodando su amo una buena *piéza* por el campo».

2202. cortó. Both readings are found in two branches of the stemma. The subject contextually could be the *can* or the *yo* (the mother). The majority of the texts understand that the dog and his howls froze the mother with fear. Thus, a third-person subject is used: *cortó*.

2211. sin tiempo. According to the *Diccionario de Autoridades*, vol. VI, p. 272a, *tiempo* «vale assimismo oportunidád, ocasion, ò conyuntura de hazer algo». Therefore, *sin tiempo* would mean 'fuera de ocasión'.

2211-2213. bienauenturados... entienden. An echo of the Beatitudes, Matthew 5:3-11.

2214. trascenden. According to Whinnom (San Pedro, II, ed. Whinnom, p. 173, note 274), «la falta de diptongo se explicaría por ser ésta la primera vez que aparece la palabra en español (Corominas la encuentra sólo en 1499) y por ser cultismo tomado directamente del latín». Yet, some editions of the *Cárcel* (e.g., J, M, R, bilinguals) do include the diphthong; however, these are later texts. Whinnom's explanation for the lack of diphthong in A is well founded, but the claim that the *Cárcel de amor* usage was the first time the word appeared in Spanish seems a bit excessive. Diego de San Pedro used many words which, according to Corominas, appeared contemporary to or shortly after the *Cárcel de amor* printing in 1492, e.g.:

*acatamiento*, ll. 345, 715, 1504, 1847. Ca. 1495 (Corominas, vol. I, p. 728a).
*acondicionada*, l. 1754. Ca. 1504 (Corominas, vol. I, p. 879a).
*brevedad*, l. 2133. Ca. 1495 (Corominas, vol. I, p. 157a).
*condenación*, ll. 708, 1865. Ca. 1495 (Corominas, vol. II, p. 109a).
*desconcierto*, l. 650. Ca. 1495 (Corominas, vol. I, p. 876a).
*desdecir*, ll. 862, 884, 1156. Ca. 1495 (Corominas, vol. II, p. 115a).
*desesperación*, l. 1708. Ca. 1495 (Corominas, vol. II, p. 389a).
*enfrenar*, l. 1277. Ca. 1495 (Corominas, vol. II, p. 573b).
*enmudecer*, l. 1457. Ca. 1495 (Corominas, vol. III, p. 469b).
*hartura*, l. 2192. Ca. 1495 (Corominas, vol. II, p. 884b).
*injusticia*, l. 1087. Ca. 1495 (Corominas, vol. II, p. 1079b).
*plática*, ll. 72, 89, 383, 537, 1763, 1854, 2046. Ca. 1498 (Corominas, vol. III, p.866a).
*sinrazón*, ll. 1178, 1677. Sixteenth century (Corominas, vol. III, p. 1021b).
*trascender*, l. 2214. Ca. 1499 (Corominas, vol. II, p. 138a).

However, the first-known written documentation of a word does not indicate that the word was not in use earlier. If that were the case, a disproportionate amount of San Pedro's lexicon would be classified as neologisms. In actuality, Diego de San Pedro used a vocabulary current to his period with a few possible neologisms not established in the language until the mid- or late sixteenth century or early seventeenth century. Words such as *trascender* and *sinrazón* contemporary to the *Cárcel* production were possibly already in use even though Corominas does not register them until after the date of the first-known edition of the *Cárcel de amor*. A case in point is *sinrazón* which was not registered by Corominas until the sixteenth century but which appeared in the *Arnalte y Lucenda*, l. 405, and *Celestina*, ff. f7v. and l6r., as well as the *Cárcel*. *Sinrazón* was part of the vocabulary of the late fifteenth century. The same might also be true for *trascender* and other words documented by Corominas in the late 1490s.

2223. Más razón auía. The sentence has resonance later in *Celestina*, 1499?, auto xvi, f. l⁸v., when Pleberio says: «O mi hija y mi bien todo: crueldad seria que viua yo sobre ti. Mas dignos eran mis sesenta años de la sepultura: que tus veynte. Turbose la orden del morir: con la tristeza que te aquexaua.» Castro Guisasola, p. 183, noted the coincidence.

2224. sesenta. The archetype is not clear. Both readings *(sesenta/setenta)* are found in two branches of the stemma. There is no way, by filiation, context, or syntax, to determine the archetypal reading. In *Celestina*, which shows some influence of the *Cárcel de amor*, the father's age is sixty; however, we do not know from which text *Celestina* was influenced: from a manuscript, A, B, or a lost edition? Thus, the *Celestina* reading cannot aid in the archetypal decision. However, since the A copy-text reads *sesenta*, the *sesenta* reading will be accepted for the critical edition.

2231. O hijo. A similar variant occurs in the *Arnalte y Lucenda*, ll. 751, 1090, 2240.

2247. dos cartas. There were in all three letters from Laureola to Leriano: «Carta de Laureola a Leriano», ll. 698-727; «Carta de Laureola a Leriano», ll. 1125-1158; «Carta de Laureola a Leriano», ll. 1718-1759.

2254-2255. sentasen... sentado. These are rare archetypal usages of *sentar* in the *Cárcel*; other cases read *assentar*: e.g., ll. 144, 160, 194, 234, 238, 1540. According to Corominas, vol. IV, pp. 188a-b, «El aparente primitivo *sentar* es mucho más tardío, y no encuentro ejs. originales seguros hasta APal. [...] mientras que *assentar*, único registrado por Nebr., es muy frecuente en todos los textos medievales [...]. Sea como quiera está claro que *sentar* es una forma tardía, extraída secundariamente de *assentar*.»

2255. beuióselas. The affinity between the Passion of Christ and the courtly love tradition and motifs has been noted especially in Leriano's death scene. Critics such as Gili Gaya (San Pedro, ed. Gili Gaya, pp. xii-xiii); Wardropper («El mundo sentimental de la *Cárcel de amor*», 168-193); and Whinnom (*Diego de San Pedro* [New York: Twayne, 1974], pp. 101, 109) have shown the connection between the Christian and secular traditions. However, Joseph F. Chorpenning, «Leriano's Consumption of Laureola's Letters in the *Cárcel de Amor*», *MLN*, 95 (1980), 445, concluded that Leriano's drinking of the letters «is neither a 'sacramental communion' nor a 'travesty of the Eucharist'. Rather, it is the portrayal of Leriano's total assimilation and incarnation of the proposition of the novel/oration and part of a moving death scene that serves to sum up the oration and appeal to the emotions of the reader/listener to arouse his/her sympathy and, hopefully, persuade him/her to San Pedro's profeminist point of view». E. Michael Gerli, «Leriano's Libation: Notes on the *Cancionero* Lyric, *Ars Moriendi*, and the Probable Debt to Boccaccio», *MLN*, 96 (1981), 418, casts doubt on the Biblical allusions adduced by Chorpenning and views the episode as a conflation of sources: *cancionero* lyrics, *artes moriendi*, and medieval tales. In this way, according to Gerli, San Pedro was «able to accommodate the imagery of the devouring of the beloved derived from Boccaccio to that of the *Gloria Passionis*, as well as to the Last Rites as they are outlined in the medieval treatises on the art of dying, all of which was attuned to the aristocratic, courtly sensibilities of his readers. Leriano's last act is thus probably shaped by a confluence of numerous recollections coming into contact with San Pedro's artistic aims, needs, and priorities».

2259. ligero. According to the *Diccionario de Autoridades*, vol. IV, p. 405a, *ligero* «significa assimismo facil; pero en este sentido no tiene oy mucho uso. Lat. *Facilis*. AMAD. lib. 1. cap. 12. No os será tan *ligéro* de conocer como pensais».

2260-2261. sus onrras. Covarrubias, p. 697b, defined *honras* as «las obsequias que se hazen al difunto dentro de los nueve días de su entierro».

2261. fueron. Moreno Báez (San Pedro, ed. Moreno Báez, p. 138) misread A and noted «En *ed. princ., fuersa*».

2264. passatienpos. The same variant occurs in the *Arnalte y Lucenda*, ll. 83 and 533. In all cases the Burgos 1522 edition and the Manuscript 22021 read *passatiempo*, while the Burgos 1491 edition reads *pensamiento*. Gili Gaya (San Pedro, ed. Gili Gaya, p. 212) emended the text to read *pensamientos* in the *Cárcel de amor*. Whinnom (San Pedro, II, ed. Whinnom, p. 176, note 251) referred to the G, J variant as found in «algunas ediciones del s. XVI (no las que tienen la continuación de Nicolás Núñez, las cuales suprimen el último párrafo de San Pedro)». The last reference to the texts with the Núñez continuation is not entirely clear since G and J, which have the variant *pensamientos,* also have Núñez's text. Those editions which suppress the last paragraph are the bilinguals, but they exclude Núñez's continuation. Perhaps what Whinnom meant to say was «las que tienen la continuación de Nicolás Núñez, las cuales no suprimen el último párrafo de San Pedro», or «no las que no tienen la continuación de Nicolás Núñez, las cuales suprimen el último párrafo de San Pedro».

# BIBLIOGRAPHY

*Early Editions of the «Cárcel de amor» in Spanish*

San Pedro, Diego de. *Cárcel de amor.* Sevilla: Quatro conpañeros alemanes, 1492.
— — Burgos: Fadrique Aleman de Basilea, 1496.
— *Cárcel de Amor del cunplimiento de Nicolás Núñez.* Toledo: Pedro Hagenbach Aleman, 1500.
— — Logroño: Arnao Guillen de Brocar, 1508.
— *Cárcel de amor.* Sevilla: Jacobo Cromberger, 1509.
— — Zaragoza: Jorge Coci, 1511.
— — Zaragoza: Jorge Coci, 1516.
— — Sevilla: Jacobo Cromberger, ca. 1511-1516.
— — Burgos: Alonso de Melgar, 1522.
— *Cárcel de amor compuesto por Diego de Sant Pedro a pedimento del señor don Diego Hernández, alcayde de los donzelles Ƹ de otros caualleros cortesanos: Nueuamente correydo.* Zaragoza: Jorge Coci, 1523.
— *Cárcel de amor compuesto por Diego de Sant Pedro a pedimento del señor don Diego Hernández, alcayde de los donzeles Ƹ de otros caualleros cortesanos: Nueuamente historiados y bien correydo.* Zaragoza: Jorge Coci, 1523.
— *Cárcel de amor.* Sevilla: Jacobo Cronberger Aleman, 1525.
— — Burgos: n.p., 1526.
— *Cárcel de amor compuesto por Diego de San Pedro a pedimento del señor don Diego Hernández alcayde de los donzeles Ƹ de otros caualleros cortesanos: Nueuamente correydo.* Venecia: Juan Batista Pedrezano, 1531.
— *Cárcel de amor.* Zaragoza: Jorge Coci, 1532.
— *Cárcel de amor. Agora nueuamente hecho.* Toledo: Juan de Ayala, 1540.
— — Medina del Campo: Pedro de Castro, 1544.
— *Questión de amor y Cárcel de amor.* Enueres: Martin Nucio, 1546.
— *Cárcel de amor hecho por Hernando de Sant Pedro. Con otras obras suyas va agora añadido el sermón que hizo a vnas señoras que dixeron que le desseauan oyr predicar. Nueuamente ympresso.* Medina del Campo: Pedro de Castro, 1547.
— *Questión de amor y Cárcel de amor.* Paris: Hernaldo Caldera y Claudio Caldera, 1548.
— *Questión de amor y Cárcel de amor.* Zaragoza?: Stevan de Nagera?, 1551.
— *Cárcel de amor hecha por Hernando de Sanct Pedro, con otras obras suyas. Va agora añadido el Sermón que hizo à unas señoras que le desseauan oyr predicar. Dirigida al mvy magnífico señor Antonio de Pola, y nuevamente con diligentia corregida y emmendada por el Señor Alonso de Vlloa.* Venetia: Gabriel Giolito de Ferrariis y sus hermanos, 1553.
— *Qvestión de amor y Cárcel de amor.* Anvers: Martin Nucio, 1556.
— — Anvers: Phillipo Nucio, 1576.
— *Cárcel de amor.* Salamanca: 1580.

— *Cárcel de amor del cumplimiento de Nicolás Núñez.* Lovain: Roger Velpio, n.d., but 1580.
— *Qvestión de amor y Cárcel de amor.* Anvers: Martino Nucio, 1598.
— *Cárcel de amor, del cvmplimiento de Nicolás Núñez.* Anvers: Martin Nucio, 1598.

### Early Bilingual Editions of the «Cárcel de amor»

San Pedro, Diego de. *Cárcel de amor. La prison d'amovr. En deux langages, Espaignol & François, pour ceulx qui uouldront apprendre l'un par l'autre.* Paris: Gilles Corrozet, 1552.
— — Anvers: Iehan Richart, 1555.
— — Anvers: Iehan Richart, 1556.
— — Anvers: Iehan Richart, 1560.
— — Anvers: Iehan Bellere, 1560.
— — Paris: Robert le Mangnier, 1567.
— — Paris: Gilles Corrozet, 1567.
— — Paris: Robert le Mangnier, 1581.
— — Paris: Galio L'Corrozet, 1581.
— — Lyon: Benoist Rigaud, 1583.
— — Paris: Galliot Corrozet, 1587.
— — Paris: Nicolas Bonfons, 1594.
— — Paris: Galiot Corrozet, 1595.
— — Paris: 1598.
— — Lyon: 1604.
— — Paris: Iacqves Bessin, 1616.
— — Paris: Iean Corrozet, 1616.
— — Anvers: Jehan Bellere, 1650.

### Modern Editions of the «Cárcel de amor»

San Pedro, Diego de. *Cárcel de amor.* Facsimile edition by Antonio Pérez Gómez. Valencia: Incunables Poéticos Castellanos, 13, 1967.
— — Ed. R. Foulché-Delbosc. Barcelona: Biblioteca Hispanica, 1904.
— — Ed. Marcelino Menéndez y Pelayo. *Orígenes de la novela.* Vol. II. *NBAE, 7.* Madrid: Bailly-Baillière, 1907.
— — Madrid: Biblioteca de Autores Célebres, 1918.
— — Madrid: Biblioteca Renacimiento, n.d. (but 1912-1919).
— — Ed. J. Rubió Balaguer. Barcelona: Ediciones Armiño, 1941.
— *Obras.* Ed. Samuel Gili Gaya. Madrid: Espasa-Calpe, 1950, 1958, 1967.
— — Ed. Jaime Uyá. Barcelona: 1969.
— *Cárcel de amor, Arnalte e Lucenda, Sermón, Poesías, Desprecio de la Fortuna, Questión de amor.* Ed. Arturo Souto Alabarce. Mexico: 1971.
*Obras completas.* 3 vols. Ed. Keith Whinnom. Madrid: Castalia, 1972-79.
— *Cárcel de amor.* Ed. E. Moreno Báez. Madrid: Cátedra, 1977.

### Early Translations of the «Cárcel de amor»

Catalan

San Pedro, Diego de. *Carcel de Amor, Obra intitulada lo Carcer de Amor.* Barcelona: Johan Rosenbach, 1493.

Italian

— *Carcer d'amore*. Venesia: Gregorio de Rusconi, 1515. (Subsequent editions in Venice: 1513?, 1518, 1521, 1525, 1533, 1537 (two versions), 1546, and 1621.)

French

— *Prison d'amour*. Paris: Antonio Courteau, 1525. (Subsequent editions in Paris: 1526, 1527, 1533, 1581, 1594; Lyon: 1528, 1583; and manuscripts MS Phillipps 3631 sold by Sotheby No. 1971; Bibliothèque Nationale, Paris - MSS Fr. 24382, 7552, and 2150; and Hispanic Society of America - MSS HC 380/636 and HC 327/1475.)

English

— *The Castell of Love*. London: 1549? (Subsequent edition in London, 1550?: Spigurnell's annotated edition *The Castell of Love, translated out of Spanysche into Englysshe, by John Bowichier knyght, lorde Berners. at the instance of the Lady Elyzabeth Carewe, late wyfe to syr Nicholas Carewe knyght. The whiche boke treateth of the loue betwene Leriano and Laureola doughter to the kynge of Masedonia.* n.p.: Robert Wyer, for Richarde Kele, n.d. [1550?].)

German

— *Carcell de amor oder Gefängnis der Lieb*. Leipzig: Ochie 1625. (Subsequent editions in Leipzig: 1630, 1635 and Hamburg: 1660, 1675.)

### Early Editions of the «Tractado de amores de Arnalte y Lucenda»

San Pedro, Diego de. *Tractado de amores de Arnalte y Lucenda*. Burgos: Fadrique Alemán de Basilea, 1491.
— *Arnalte y Lucenda. Tratado de Arnalte y Lucenda*. Burgos: Alonso de Melgar, 1522.
— *Tractado de amores de Arnalte y Lucenda*. Sevilla: 1525.
— *Tractado de amores de Arnalte y Lucenda*. Burgos: 1527.
— *Johan de Sant Pedro a las damas de la Reyna nuestra señora*. n.d., Biblioteca Nacional de Madrid MS, 22021.
— *A las Damas de la Reyna*. n.d., Biblioteca Trivulziana, Milan, MS, 940 (M. 39).

### Bibliography on Diego de San Pedro's Prose

Armas, Frederick A. de. «Algunas observaciones sobre *La cárcel de amor*». *Revista de Estudios Hispánicos*, 8 (1974), 393-411. Also in *Duquesne Hispanic Review*, 10 (1971), 107-127.
Bermejo Hurtado, Haidee and Dinko Cvitanovič. «El sentido de la aventura espiritual en la *Cárcel de amor*». *RFE*, 49 (1966), 289-300.
Bertoni, G. «Nota su Mario Equicola bibliofilo e cortigiano». *Giornale Storico della Letteratura Italiana*, 66 (1915), 281-283.
Borinski, Ludwig. «Diego de San Pedro und die euphuistische Erzählung». *Anglia*, 89 (1971), 224-239.
Bradin, Eleanor Clair. «Balanced Phrasing in Diego de San Pedro's *Cárcel de amor*». M. A. thesis. Univ. of Florida 1971.

Buceta, Erasmo. «Algunas relaciones de la *Menina e moça* con la literatura española, especialmente con las novelas de Diego de San Pedro». *Revista de la Biblioteca, Archivo, y Museo del Ayuntamiento de Madrid,* 10 (1933), 291-307.

Caravaggi, Giovanni. «Un Manuscrit espagnol inédit et un cas curieux de tradition textuelle». *Marche Romane,* 23, nos. 2-4 and 24, nos. 1-2 (1973-74: *Six littératures romanes*), 157-168.

Castro, Adolfo de. «Teatro antiguo español. Diego de San Pedro». *Album del Bardo. Colección de artículos.* Madrid: Boix Mayor y Cía, 1850, pp. 283-290.

Ciocchini, Hector. «Hipótesis de un realismo mítico-alegórico en algunos catálogos de amantes (Juan Rodríguez del Padrón, Garci-Sánchez de Badajoz, Diego de San Pedro, Cervantes)». *RFE,* 50 (1967), 299-306.

Chorpenning, Joseph F. «Leriano's Consumption of Laureola's Letters in the *Cárcel de amor*». *MLN,* 95 (1980), 442-445.

— «Rhetoric and Feminism in the *Cárcel de amor*». *BHS,* 54 (1977), 1-8.

Cotarelo y Mori, E. «Nuevos y curiosos datos biográficos del famoso trovador y novelista Diego de San Pedro». *BRAE,* 14 (1927), 305-326.

Crane, William G. «Lord Berners' Translation of Diego de San Pedro's *Cárcel de amor*». *PMLA,* 49 (1934), 1032-1035.

— *Wit and Rhetoric in the Renaissance: The Formal Basis of Elizabethan Prose Style.* New York: Columbia University Press, 1937.

Damiani, Bruno M. «The Didactic Intention of the *Cárcel de amor*». *Hispanófila,* 56 (1976), 29-43.

Dunn, Peter N. «Narrator as Character in the *Cárcel de amor*». *MLN,* 94 (1979), 187-199.

Earle, Peter G. «Love Concepts in the *La cárcel de amor* and *La Celestina*». *Hispania,* 39 (1956), 92-96.

Flightner, James A. «The Popularity of the *Cárcel de amor*». *Hispania,* 47 (1964), 475-478.

Foulché-Delbosc, R. «*Arnalte y Lucenda*». *RH,* 25 (1911), 220-229.

Gatti, José F. *Contribución al estudio de la 'Cárcel de amor' (La apología de Leriano).* Buenos Aires: n.p., 1955.

Gerli, E. Michael. «Leriano's Libation: Notes on the *Cancionero* Lyric, *Ars Moriendi,* and the Probable Debt to Boccaccio». *MLN,* 96 (1981), 414-420.

Giannini, A. «La *Cárcel de amor* y el *Cortegiano* de B. Castiglione». *RH,* 46 (1919), 547-568.

Hoffmeister, Gerhart. «Diego de San Pedro und Hans Ludwig von Kufstein: über eine frühbarocke Bearbeitung der spanischen Liebesgeschichte *Cárcel de Amor*». *Arcadia,* 6 (1971), 139-150.

Iglesia Ferreirós, Aquilino. «La crisis de la noción de fidelidad en la obra de Diego de San Pedro». *Anuario de la Historia del Derecho Español,* 39 (1969), 707-724.

Jiménez Fernández, Juan. «La trayectoria literaria de Diego de San Pedro». *CHA,* 387 (1982), 647-657.

Johnson, Judith Carolyn. «A Concordance of Diego de San Pedro's *Cárcel de amor*». M. A. thesis. University of Georgia, 1973.

Koszul, A. «La première traduction d'*Arnalte et Lucenda* et les débuts de la nouvelle sentimentale en Angleterre». *Études littéraires: Mélanges 1945.* Paris: Les Belles-Lettres, 1946, pp. 151-167.

Krause, Anna. «Apunte bibliográfico sobre Diego de San Pedro». *RFE,* 36 (1952), 126-130.

— «El *tractado* novelístico de Diego de San Pedro». *BH,* 54 (1952), 245-275.

Kurtz, Barbara E. «Diego de San Pedro's *Cárcel de Amor* and the Tradition of the Allegorical Edifice». *JHP,* 8 (1984), 123-138.

240

Langbehn-Rohland, Regula. *Zur Interpretation der Romane des Diego de San Pedro.* Studia Romanica, 18. Heidelberg: Carl Winter, 1970.

López Estrada, Francisco. «Tres notas al *Abencerraje*». *RHM,* 31 (1965), 264-272.

Mandrell, James. «Author and Authority in *Cárcel de Amor:* the role of El Auctor». *JHP,* 8 (1984), 99-122.

Márquez Villanueva, Francisco. «*Cárcel de amor,* novela política». *RO,* 14 (1966), 185-200. Also in *Relecciones de literatura medieval.* Sevilla: Universidad de Sevilla, 1977, pp. 75-94.

— «Historia cultural e historia literaria: el caso de *Cárcel de amor*». *The Analysis of Hispanic Texts: Current Trends in Methodology* (Second York College Colloquium). Eds. Lisa E. Davis and Isabel Tarán. New York: Bilingual Press, 1976, pp. 144-157.

Panunzio, Saverio. «Sobre la traduccció catalana de la *Cárcel de Amor* de San Pedro». *Miscel.lània Pere Bohigas.* II. Eds. Jordi Carbonell, et al. Montserrat [Barcelona]: Associació Internacional de Llengua i Literatura Catalanes, Publicacions de l'Abadia de Montserrat, 1982, pp. 209-227.

Pérez del Valle, María Andrea. «La estructura del narrador en *Cárcel de Amor*». M. A. thesis. University of Puerto Rico, 1975.

Rey, Alfonso. «La primera persona narrativa en Diego de San Pedro». *BHS,* 58 (1981), 95-102.

Reyes, Alfonso. «La *Cárcel de amor* de Diego de San Pedro, novela perfecta». *Obras completas.* Vol. I. México: 1955, pp. 49-60. First published in *Cuestiones estéticas.* Paris: n.d. [1911?].

Richthofen, E. von. «Petrarca, Dante y Andreas Capellanus: fuentes inadvertidas de la *Cárcel de amor*». *RCEH,* 1 (1976-77), 30-38.

Samonà, Carmelo. «Diego de San Pedro: dall' *Arnalte e Lucenda* alla *Cárcel de amor*». *Studi in onore di Pietro Silva.* Firenze: Felice le Monnier, a cura della Facoltà di Magistero dell' Università di Roma, 1957, pp. 261-277.

San Pedro, Diego de. *Prison of Love.* Trans. Keith Whinnom. Edinburgh: Edinburgh University Press, 1979, pp. i-xxxix.

— *Tractado de amores de Arnalte e Lucenda nella traduzione inglese di John Clerk.* Ed. Clara Fazzari. Firenze: Leo S. Olschki, 1974, pp. 7-30.

Selig, Karl-Ludwig. «A Flemish Translation of *Arnalte y Lucenda*». *RBPH,* 37 (1959), 715-716.

Serrano Poncela, S. «Dos 'Werther' del Renacimiento español». *Asomante,* 5 (1949), 87-103.

Severin, Dorothy S. «Structure and Thematic Repetitions in Diego de San Pedro's *Cárcel de amor* and *Arnalte y Lucenda*». *HR,* 45 (1977), 165-169.

Van Beysterveldt, Anthony. «La nueva teoría del amor en las novelas de Diego de San Pedro». *CHA,* 349 (1979), 70-83.

Waley, Pamela. «*Cárcel de amor* and *Grisel y Mirabella:* A Question of Priority». *BHS,* 50 (1973), 340-356.

— «Love and Honour in the *Novelas sentimentales* of Diego de San Pedro and Juan de Flores». *BHS,* 43 (1966), 253-275.

Wardropper, Bruce W. «Allegory and the Role of El autor in the *Cárcel de amor*». *PhQ,* 31 (1952), 39-44.

— «Entre la alegoría y la realidad: el papel de 'el autor' en la *Cárcel de amor*». *Historia y crítica de la literatura española.* I. *Edad Media.* Ed. Alan Deyermond. Barcelona: Editorial Crítica, 1980, pp. 381-385. [Partial translation of article cited above]

— «El mundo sentimental de la *Cárcel de amor*». *RFE,* 37 (1953), 168-193.

Williams, M. N. «A Study of the Syntax of Diego de San Pedro in *Cárcel de Amor*». M. A. thesis. University of Iowa, 1929.

Whinnom, Keith. *Diego de San Pedro*. New York: Twayne, 1974.
— «Diego de San Pedro's Stylistic Reform». *BHS*, 37 (1960), 1-15.
— «The Mysterious Marina Manuel (Prologue, *Cárcel de Amor*)». *Studia Iberica: Festschrift für Hans Flasche*. Eds. Karl-Hermann Körner and Klaus Rühl. Berne: Francke, 1973, pp. 689-695.
— «Nicolás Núñez's Continuation of the *Cárcel de Amor* (Burgos, 1496)». *Studies in Spanish Literature of the Golden Age Presented to Edward M. Wilson*. Ed. R. O. Jones. London: Tamesis, 1973, pp. 357-366.
— «The Problem of the 'Best Seller' in Spanish Golden-Age Literature». *BHS*, 57 (1980), 189-198.
— «La renovación estilística de Diego de San Pedro». *Historia y crítica de la literatura española*. I. *Edad Media*. Ed. Alan Deyermond. Barcelona: Editorial Crítica, 1980, pp. 386-389. [Partial translation of «Diego de San Pedro's Stylistic Reform» cited above]
— «Two San Pedros». *BHS*, 42 (1965), 255-258.
— «Was Diego de San Pedro a *Converso*? A Re-examination of Cotarelo's Documentary Evidence». *BHS*, 34 (1957), 187-200.
Whinnom, Keith and James S. Cummins. «An Approximate Date for the Death of Diego de San Pedro». *BHS*, 36 (1959), 226-229.

### Bibliography on the Sentimental and Epistolary Novel

Barbadillo, María Teresa. *La prosa del siglo XV*. Madrid: La Muralla, 1973.
Bohígas Balaguer, P. «La novela caballeresca, sentimental y de aventuras». *Historia general de la literatura hispánica*. Vol. II. Ed. G. Díaz Plaja. Barcelona: Editorial Barna, 1951.
Bourland, C. B. «Boccaccio and the *Decameron* in Castilian and Catalan Literature». *RH*, 12 (1905), 1-232.
Cronau, Emily L. «Narrative and Lyric Motifs in the Fifteenth-Century Spanish Sentimental Novel». Diss. Ohio State, 1972.
Cvitanovič, Dinko. *La novela sentimental española*. Madrid: Prensa Española, 1973.
— «La reducción de lo alegórico y el valor de la obra de Flores». *RFE*, 55 (1972), 35-49.
Day, Robert. *Told in Letters*. Ann Arbor: The University of Michigan Press, 1966.
Deyermond, A. D. «El hombre salvaje en la novela sentimental». *Filología*, 10 (1964), 97-111.
Domínguez Bordona, J. «La prosa castellana en el siglo xv». *Historia general de la literatura hispánica*. Vol. II. Ed. G. Díaz Plaja. Barcelona: Editorial Barna, 1951.
Durán, Armando. *Estructura y técnicas de la novela sentimental y caballeresca*. Madrid: Gredos, 1973.
Fernández, Juan. «Edición y estudio de *Tratado notable de amor*, novela inédita de don Juan de Cardona». Diss. University of North Carolina, Chapel Hill, 1977.
Gerli, E. Michael, ed. *Triste deleytaçión: An Anonymous Fifteenth-Century Castilian Romance*. Washington, D. C.: Georgetown University Press, 1982.
Gillet, Joseph E., ed. *Propalladia and Other Works of Bartolomé de Torres Naharro*. IV. Philadelphia: University of Pennsylvania Press, 1961.
Hall, Anne Drury. «Epistle, Meditation, and Sir Thomas Browne's *Religio Medici*». *PMLA*, 94 (1979), 234-246.
Hughes, Helen Sard. «English Epistolary Fiction before *Pamela*». *The Manly Anniversary Studies in Language and Literature*. Chicago: University of Chicago Press, 1923, pp. 156-169.

Impey, Olga Tudoricǎ. «Ovid, Alfonso X, and Juan Rodríguez del Padrón: Two Castilian Translations of the *Heroides* and the Beginnings of Spanish Sentimental Prose». *BHS*, 57 (1980), 283-297.

Kany, Charles E. *The Beginnings of the Epistolary Novel in France, Italy and Spain*. Berkeley: The University of California Publications in Modern Philology, 1937.

Krause, Anna. «La novela sentimental: 1440-1513». Diss. University of Chicago, 1928. *Abstracts of Thesis: Humanistic Series*, 6 (1927-28), 317-322.

Lida de Malkiel, María Rosa. «Juan Rodríguez del Padrón: Vida y obras». *NRFH*, 6 (1952), 313-351.

— «Juan Rodríguez del Padrón: Influencia». *NRFH*, 8 (1954), 1-38.

Menéndez y Pelayo, Marcelino. *Orígenes de la novela*. 4 vols. *NBAE*, 1, 7, 14, 21. Madrid: Bailly-Baillière, 1905-1910.

Pabst, Walter. *La novela corta en la teoría y en la creación literaria*. Madrid: Gredos, 1972.

Pacheco, Arseni, ed. *Novel·letes sentimentals dels segles XIV i XV*. Barcelona: Edicions 62, 1970.

Perry, Ruth. «Women, Letters, and the Origins of English Fiction: A Study of the Early Epistolary Novel». Diss. University of California (Santa Cruz), 1974.

Place, Edwin B. *Manual elemental de novelística española*. Madrid: Victoriano Suárez, 1926.

Post, Chandler R. *Mediaeval Spanish Allegory*. Cambridge, MA: Harvard University Press, 1915.

Reynier, G. *Le Roman sentimental avant 'L'Astrée'*. París: Libraire Armand Colin, 1908.

Rotunda, Dominic P. «The Italian Novelle and their Relation to Literature of Kindred Type in Spanish up to 1615». Diss. University of California (Berkeley), 1928.

Samonà, Carmelo. *Studi sul romanzo sentimentale e cortese nella letteratura spagnola del Quattrocento*. Roma: Facoltà di Magistero dell' Università di Roma, Seminario di letteratura spagnola, 1960.

— «Per una interpretazione del *Siervo libre de amor*». *Studi Ispanici*, 1 (1962), 187-203.

Savage, Howard J. «Italian Influence in English Prose Fiction». *PMLA*, 32 (1917), 1-21.

Schevill, Rudolph. *Ovid and the Renascence in Spain*. University of California Publications in Modern Philology, 4, no. 1. Berkeley: University of California Press, 1913.

Singer, G. *The Epistolary Novel: Its Origin, Development, Decline, and Residual Influence*. Philadelphia: University of Pennsylvania Press, 1933.

Varela, José Luis. «La novela sentimental y el idealismo cortesano». *La transfiguración literaria*. Madrid: Editorial Prensa Española, 1970, pp. 1-51.

— «Revisión de la novela sentimental». *RFE*, 48 (1965), 351-382.

## General Bibliography

Amador de los Ríos. *Historia crítica de la literatura española*. 7 vols. Madrid: the author, 1861-1865.

Bald, R. C. «Editorial Problems — A Preliminary Survey». *Art and Error: Modern Textual Editing*. Eds. Ronald Gottesman and Scott Bennett. Bloomington: Indiana University Press, 1970.

Buceta, Erasmo. «Cartel de desafío enviado por D. Diego López de Haro al Adelantado de Murcia, Pedro Fajardo, 1480». *RH,* 81 (1933), 456-474.

Cartagena, Alfonso de. *Doctrina y instrucion de la arte de caualleria.* Burgos: Juan de Burgos, 1497.

Castro Guisasola, F. *Observaciones sobre las fuentes literarias de «La Celestina».* Anejos de la *RFE,* 5. Madrid: Centro de Estudios Históricos; rpt. Madrid: CSIC, 1973.

Chorpenning, Joseph F. «The Literary and Theological Method of the *castillo interior».* *JHP,* 3 (1979), 121-133.

Covarrubias, Sebastián de. *Tesoro de la lengua castellana o española.* 1611; facsimile rpt. Madrid: Ediciones Turner, n.d.

Cornelius, R. D. *The Figurative Castle: A Study in the Mediaeval Allegory of the Edifice.* Bryn Mawr, PA: Bryn Mawr College, 1930.

Corominas, Joan. *Diccionario crítico etimológico de la lengua castellana.* 4 vols. Madrid: Gredos, 1954.

*Diccionario de Autoridades.* 6 vols., 1726; facsimile rpt. Madrid: Gredos, 1963.

Farinelli, Arturo. *Italia e Spagna.* 2 vols. Torino: Fratelli Bocca, 1929.

Greg, W. W. *The Calculus of Variants An Essay on Textual Criticism.* Oxford: Clarendon Press, 1927.

— «The Rationale of Copy-Text». *Art and Error: Modern Textual Editing.* Eds. Ronald Gottesman and Scott Bennett. Bloomington: Indiana University Press, 1970, pp. 17-36.

Huarte de San Juan, Juan. *Examen de ingenios para las ciencias.* 2 vols. Ed. Rodrigo Sanz. Madrid: Imprenta La Rafa, 1930.

Keniston, Hayward. *The Syntax of Castilian Prose.* Chicago: University of Chicago Press, 1937.

Lapesa, Rafael. *Historia de la lengua española.* 9th ed. Madrid: Gredos, 1981.

Maas, Paul. *Textual Criticism.* Trans. Barbara Flower. 1st German ed., 1927; Oxford: Clarendon Press, 1958.

Manzanares, Fernando. *Flores rhetorici.* Salamanca: 1485.

Matulka, Barbara. *The Novels of Juan de Flores and Their European Diffusion.* New York: Institute of French Studies, 1931.

Mena, Juan de. *Laberinto de Fortuna.* Ed. Louise Vasvari Fainberg. Madrid: Alhambra, 1976.

Menéndez Pidal, Ramón. *Manual de gramática histórica española.* 15th ed., Madrid: Espasa-Calpe, 1977.

*Novvs index librorvm prohibitorvm et expvrgatorvm: editus autoritate & iussu eminent. ac reueren. D. D. Antonii Zapata.* Hispali: Ex typographaeo Fransics de Lyra, 1682.

*Novissimvs librorvm prohibitorvm et expvrgandorvm index.* Pro Catholicis Hispaniarum Regnis, Philippi IIII, Reg. Cath. Ann., 1640.

Rico, Francisco. «Un penacho de penas». *RJ,* 17 (1966), 274-284.

Riquer, Martín de, ed. *Lletres de batalla.* 3 vols. Barcelona: Editorial Barcino, 1963-1968.

Rojas, Fernando de. *Comedia de Calisto y Melibea* (?). Burgos?: F. Basilea?, 1499?

Salvá y Pérez, Vicente. *Catálogo de la biblioteca de Salvá por D. Pedro Salvá y Mallén.* 2 vols. Valencia: 1872.

Sánchez, Juan M. *Bibliografía aragonesa del siglo XVI.* 2 vols. Madrid: 1913-1914.

Valdés, Juan de. *Diálogo de la lengua.* Ed. José F. Montesinos. Madrid: Espasa-Calpe, 1976.

BIBLIOGRAPHY

Valera, Diego de. *Epístolas de Mosen Diego de Valera enbiadas en diversos tiempos é á diversas personas.* Ed. José Antonio de Balenchana. Sociedad de Bibliófilos Españoles, 16. Madrid: SBE, 1878.

Vives, Juan Luis. *Obras completas.* Trans. Lorenzo Riber. Madrid: Aguilar, 1947-1948.

245